首都经济贸易大学·法学前沿文库

从权力到人道：
一部战争法史（古代—1977）

朱路 著

From Power to Humanity:
A History of the Law of War (Ancient Times - 1977)

中国政法大学出版社
2024·北京

声　明　1. 版权所有，侵权必究。

　　　　2. 如有缺页、倒装问题，由出版社负责退换。

图书在版编目（CIP）数据

从权力到人道：一部战争法史：古代—1977 / 朱路著. -- 北京：中国政法大学出版社，2024.10.
ISBN 978-7-5764-1842-2

Ⅰ. D995-091

中国国家版本馆 CIP 数据核字第 2024VA9580 号

出 版 者	中国政法大学出版社
地　　址	北京市海淀区西土城路 25 号
邮寄地址	北京 100088 信箱 8034 分箱　邮编 100088
网　　址	http://www.cuplpress.com（网络实名：中国政法大学出版社）
电　　话	010-58908441(编辑部) 58908334(邮购部)
承　　印	保定市中画美凯印刷有限公司
开　　本	880mm×1230mm　1/32
印　　张	14.25
字　　数	320 千字
版　　次	2024 年 10 月第 1 版
印　　次	2024 年 10 月第 1 次印刷
定　　价	59.00 元

首都经济贸易大学·法学前沿文库
Capitaol University of Economics and Business Library, Frontier

主　编　张世君

文库编委　高桂林　金晓晨　焦志勇　李晓安
　　　　　　米新丽　沈敏荣　王雨本　谢海霞
　　　　　　喻　中　张世君

总　序

首都经济贸易大学法学学科始建于 1983 年。1993 年开始招收经济法专业硕士研究生。2006 年开始招收民商法专业硕士研究生。2011 年获得法学一级学科硕士学位授予权，目前在经济法、民商法、法学理论、国际法、宪法与行政法等二级学科招收硕士研究生。2013 年设立交叉学科法律经济学博士点，开始招收法律经济学专业的博士研究生，同时招聘法律经济学、法律社会学等方向的博士后研究人员。经过 30 年的建设，首都经济贸易大学几代法律人的薪火相传，现已经形成了相对完整的人才培养体系。

为了进一步推进首都经济贸易大学法学学科的建设，首都经济贸易大学法学院在中国政法大学出版社的支持下，组织了这套"法学前沿文库"，我们希望以文库的方式，每年推出几本书，持续地、集中地展示首都经济贸易大学法学团队的研究成果。

既然这套文库取名为"法学前沿",那么,何为"法学前沿"？在一些法学刊物上,常常可以看到"理论前沿"之类的栏目；在一些法学院校的研究生培养方案中,一般都会包含一门叫作"前沿讲座"的课程。这样的学术现象,表达了法学界的一个共同旨趣,那就是对"法学前沿"的期待。正是在这样的期待中,我们可以发现值得探讨的问题：所以法学界一直都在苦苦期盼的"法学前沿",到底长着一张什么样的脸孔？

首先,"法学前沿"的实质要件,是对人类文明秩序做出了新的揭示,使人看到文明秩序中尚不为人所知的奥秘。法学不同于文史哲等人文学科的地方就在于：宽泛意义上的法律乃是规矩,有规矩才有方圆,有法律才有井然有序的人类文明社会。如果不能对千差万别、纷繁复杂的人类活动进行分门别类的归类整理,人类创制的法律就难以妥帖地满足有序生活的需要。从这个意义上说,法学研究的实质就在于探寻人类文明秩序。虽然,在任何国家、任何时代,都有一些法律承担着规范人类秩序的功能,但是,已有的法律不可能时时处处回应人类对于秩序的需要。"你不能两次踏进同一条河流",这句话告诉我们,由于人类生活的流动性、变化性,人类生活秩序总是处于不断变换的过程中,这就需要通过法学家的观察与研究,不断地揭示新的秩序形态,并提炼出这些秩序形态背后的规则——这既是人类生活和谐有序的根本保障,也是法律发展的重要支撑。因此,所谓"法学前沿",乃是对人类生活中不断涌现的新秩序加以揭示、反映、提炼的产物。

其次,为了揭示新的人类文明秩序,就需要引入新的观察视角、新的研究方法、新的分析技术。这几个方面的"新",可以概括为"新范式"。一种新的法学研究范式,可以视为"法学前沿"的形式要件。它的意义在于,由于找到了新的研究范式，人们可以洞察到以前被忽略了的侧面、维度，它为人们认识秩序、认识法律提供了新的通道或路径。依靠新的研究范式，甚至还可能转换人们关于法律的思维方式，并由此看到一个全新的秩序世界与法律世界。可见，法学新范式虽然不能对人类秩序给予直接的反映，但它是发现新秩序的催生剂、助产士。

再其次，一种法学理论，如果在既有的理论边界上拓展了新的研究空间，也可以称之为法学前沿。在英文中，前沿（frontier）也有边界的意义。从这个意义上说，"法学前沿"意味着在已有的法学疆域之外，向着未知的世界又走出了一步。在法学史上，这种突破边界的理论活动，常常可以扩张法学研究的范围。譬如，以人的性别为基础展开的法学研究，凸显了男女两性之间的冲突与合作关系，就拓展了法学研究的空间，造就了西方的女性主义法学；以人的种族属性、种族差异为基础而展开的种族批判法学，也为法学研究开拓了新的领地。在当代中国，要拓展法学研究的空间，也存在着多种可能性。

最后，西方法学文献的汉译、本国新近法律现象的评论、新材料及新论证的运用……诸如此类的学术劳作，倘若确实有助于揭示人类生活的新秩序、有助于创造新的研究范式、有助于拓展新的法学空间，也可宽泛地归属于法学理论的前沿。

以上几个方面，既是对"法学前沿"的讨论，也表明了本套文库的选稿标准。希望选入文库的每一部作品，都在法学知识的前沿地带做出新的开拓，哪怕是一小步。

喻　中
2013年6月于首都经济贸易大学法学院

目 录
CONTENTS

第一章　希腊罗马世界的宗教与战争 … 1

第一节　希腊罗马世界的战争 … 2

一、希腊人和"野蛮人"的二元对立和作为竞赛的战争 … 2

二、希腊的宗教和战争 … 10

三、追求绝对胜利的罗马战争及其维系机制 … 19

四、"祭司团法"和罗马战争的法律维度 … 37

第二节　基督教和罗马帝国 … 48

一、《旧约》和《新约》中的战争叙事 … 49

二、罗马的原始宗教和罗马帝国对基督教的迫害 … 57

三、《米兰敕令》和作为新的帝国宗教的基督教 … 68

第二章　中世纪垄断和控制战争的努力 … 80

第一节　中世纪的战争和正义战争学说 … 82

一、中世纪的正义战争学说 … 82

二、垄断战争的尝试：公战和私战之分 … 90

三、教会试图控制战争："上帝的和平"与"上帝的休战" … 97

四、围城战的规则和对特定武器的限制 … 107

第二节　骑士、纹章法和雇佣军 … 116

一、骑士的兴起和消失 … 118

　　二、骑士精神和纹章官 … 131

　　三、纹章法和赎金法 … 139

　　四、雇佣军及其对常备军的推动 … 152

第三章　近现代时期战争法的演变 … 166

第一节　文艺复兴时期 … 168

　　一、正义战争学说的转变和战时法的凸显 … 169

　　二、宣战方式的变化：新大陆和旧大陆 … 175

　　三、军队和平民两分法的出现 … 189

第二节　殖民地战争、法国大革命时期的战争和拿破仑战争 … 197

　　一、七年战争 … 199

　　二、美国独立战争 … 208

　　三、法国大革命时期的战争 … 216

　　四、拿破仑战争 … 242

第四章　"漫长的十九世纪"和战争法的突进 … 248

第一节　连绵不绝的战争及其对战争法的推动 … 249

　　一、克里米亚战争和《巴黎宣言》 … 249

　　二、美国内战和《利伯守则》 … 258

　　三、红十字国际委员会的成立和"日内瓦法"的出现 … 272

　　四、普法战争和布鲁塞尔会议 … 277

　　五、布尔战争和游击战 … 295

第二节　1899年和1907年海牙和会 … 298

　　一、1899年海牙和会 … 299

二、1907 年海牙和会 ... 311

三、两次海牙和会与"文明国家"的战争法 ... 322

第五章 20 世纪的两次世界大战和两次外交会议 ... 339

第一节 第一次世界大战 ... 341

一、比利时中立之破坏 ... 341

二、封锁、无限制潜艇战和报复 ... 349

三、齐柏林飞艇、火焰喷射器和毒气 ... 358

第二节 第二次世界大战和两次日内瓦外交会议 ... 362

一、第二次世界大战和 1949 年日内瓦外交会议 ... 364

二、1974 年至 1977 年日内瓦外交会议 ... 376

结　论 ... 392

参考文献 ... 407

后　记 ... 443

第一章
希腊罗马世界的宗教与战争

欧洲在近现代国际法的形成和发展过程中起到了十分重要的作用，战争法作为国际法的一部分自然也是如此。二战之前，战争法是按照欧洲国家间的战争模式和现实量身打造的，例如，民族国家通过其军队进行大规模对抗、不具有战斗员特权的人不得从事战斗行为否则即为非法等。20世纪是战争法编纂和发展最密集、最迅速的世纪，无论是讨论达成《巴黎会议关于海上若干原则的宣言》（以下简称《巴黎宣言》）的1856年巴黎和会，还是大规模签订战争法条约的1899年和1907年的两次海牙和会，在与会的国家中，欧洲国家不仅数量居多，而且发挥了决定性的影响，起到了主导作用，而欧洲国家及与其有密切联系的美洲国家，无论是信仰天主教、东正教还是新教，都是基督教国家。通过1856年《巴黎宣言》的7个国家中，仅有奥斯曼土耳其不是纯粹的欧洲国家，也不是基督教国家；1899年第一次海牙和会上的26个与会国中，有19个欧洲国家，如果把美国和墨西哥这两个信仰基督教、与欧洲渊源深厚的美洲国家排除，就只有中国、波斯（今伊朗）、日本、暹罗（今泰国）、奥斯曼土耳其（今土耳其）这5个非欧洲、非基督教国家；1907年第二次海牙和会上的44个与会国中，有20个欧洲国家，如果把美国等19个美洲国家排除，也同样只有上述中国、波斯等 5 个非欧洲、非基督教国家。

欧洲和基督教在战争法发展过程中起到了实质性影响，但基督教最初的教义决绝地反对暴力、反对战争，只是在罗马帝国后期，这种立场才发生大转向。包括欧洲在内的西方文明源于古希腊、古罗马，希腊罗马世界的战争惯例如何，对于欧洲在后来千百年中如何逐渐塑造战争法也有着不可抹去的影响。本章将分析希腊罗马世界的战争观念以及基督教对战争法产生了哪些影响。

第一节　希腊罗马世界的战争

古希腊和古罗马时代的战争都相当频繁，希腊城邦国家十分关注自己的生死存亡，彼此之间既为争夺平原而战，也为争夺商路而战，还为保卫边界而战。而"罗马的故事几乎和其军队的故事一模一样"。[1]罗马起初只是意大利众多城邦国家中不起眼的一个，但其靠着组织、训练、装备皆有素的军队不断征战、开疆拓土，不仅在意大利的城邦国家中脱颖而出，而且慢慢变成幅员辽阔的庞大帝国。希腊和罗马虽然在诸多方面有着传承关系，但在关于战争的理念、制度、技术和方式等方面并不完全相同。

一、希腊人和"野蛮人"的二元对立和作为竞赛的战争

公元前 6 世纪中期，波斯人建立了庞大的阿契美尼德王

---

[1] David J. Breeze, *The Roman Army*, Bloomsbury Academic, 2016, p. 15.

朝，波斯帝国的疆域从埃及延伸至中亚，从印度河（Indus River）延伸到爱琴海，波斯人第一次实现了对小亚细亚西海岸的统治，甚至巴尔干的部分地区也在其统治之下。半个世纪之后，波斯帝国西部边境爱琴海沿岸最初平淡无奇的各希腊城邦小国，尤其是其中最大的城邦雅典，在政治组织、军事调动和行动能力方面达到了一定水平，成为一股新兴势力。"希波战争"即公元前499年至公元前449年间波斯帝国与希腊城邦之间爆发的一系列战争，"这是东西方的第一次斗争，最终以希腊人的胜利而告终"，"这些胜利不仅改变了希腊世界的坐标，而且把他们推至了一个全新的位置。眨眼之间，雅典由一个蕞尔小邦发展为统治世界的霸主。"[1]

无论将希波战争视为西方文明的重要转折点，还是认为其开启了古典文明时代，基本共识是希波战争使得希腊文明更加明确地定义了自己。少数希腊城邦攻击强大的波斯帝国，带来了突如其来、颇为意外的胜利，不仅大大增强了希腊的自信，而且迫使希腊对自己进行再定位并审视自己的胜利。换言之，就是审视较弱的一方获胜的原因为何，未来的前景又是怎样，胜利是否能够持续。面对波斯人，希腊人一向自视甚高，"他们之前总觉得自己的自由制度优于东方的专制制度……亚细亚的统治者用严刑拷打和鞭笞来迫使人们服从；希腊人通过辩论和说服来做出决定，然后齐心行动如同一人"。希腊人在公元前480年的萨拉米斯（Salamis）海战和公元前479年的普拉提亚（Plataea）战役中大败波斯军队确认了希腊人的这种印象，

---

[1]〔德〕克里斯蒂安·迈耶：《自由的文化：古希腊与欧洲的起源》，史国荣译，文化发展出版社2019年版，第26—27页。

"自由和理性战胜了专制和恐惧",[1]希腊人笃信自己比波斯人这样的"野蛮人"优越许多。希腊人关于世界和其在世界中的地位及其权力的最终思考结果是,希腊人和波斯人甚至整个东方处于对立状态,这种对立同时也是"希腊人"和"野蛮人"的对立,是敬畏神灵、恪守自然法则的希腊人和亵渎神明、傲慢狂妄的波斯人的对立,[2]是希腊的自由和波斯的专制之间的对立,[3]因此,希腊的胜利理所当然,而维护"自由"的

---

[1] [英]H. D. F. 基托：《希腊人》,兰莹译,社会科学文献出版社2022年版,第134—135页。

[2] 古希腊悲剧诗人埃斯库罗斯(公元前525年—前456年)的《波斯人》不是严肃的历史作品,而是以希波战争作为素材进行的文学演绎,但其中有关叙述对于了解当时希腊人对波斯人的看法仍具有重要的参考价值。剧中,波斯长老组成的合唱队称雅典人"不对任何人卑躬屈膝",是"无王的群众",雅典人在战斗中呼喊着"解放国家",而薛西斯"盲目自大和幼稚",亵渎神明,下令在神所划分的亚欧边界希利斯蓬(Hellespont,达达尼尔海峡的古称)架起一座浮桥,"他梦想像锁住奴隶那样,锁牢神圣的希利斯蓬的滚滚波涛、神海博斯普鲁斯;他竟敢别出心裁,对付它的巨浪,随心所欲将铁镣砸牢,变成锁链将它束缚,成为他军队行走的通衢。作为一介凡人,竟敢对所有的神冒险开战;对海洋的主人波塞冬的王国——真是大大失算——挑战,想征服它。单凭这一点,难道还不是发疯、丧心病狂?"最终,波斯军队全军覆没。参见[古希腊]埃斯库罗斯:《埃斯库罗斯悲剧全集》,张炽恒译,吉林出版集团有限责任公司2010年版,第82、90、107页。当浮桥被风暴摧毁后,薛西斯不仅处决了负责的工程师,还向达达尼尔海峡发泄怒火;他将一副脚镣投入水中,然后将海峡抽打了300鞭,并用烧红的铁给它留下烙印。希罗多德逐字引用了薛西斯咒骂海峡的话,但来源并不清楚,他认为这种行为"是典型的蛮族风格"。薛西斯是否真的这样做过,以及如果真的这样做过,那到底是象征性的巫术、幼稚的狂妄行为,还是二者兼而有之,抑或希腊作者为突出波斯人"野蛮"而进行的夸大或者虚构,很难判断。参见[古希腊]希罗多德:《历史:详注修订本》(下册),徐松岩译注,上海人民出版社2018年版,第653页;[英]彼得·格林:《希波战争》,王志超译,广东旅游出版社2022年版,第104页。

[3] 例如,无论是在埃斯库罗斯还是希罗多德的笔下,希波战争中的波斯国王总是高高在上的专制君主,希腊一方则总是志愿参战、训练不足但充满自豪感的独立公民,波斯士兵总是被鞭子赶上战场,而且鞭打、毁肢和酷刑这样的事情反复出现。

理念自此成为希腊人思想中的一个基本要素。[1]

其中最值得注意的是"希腊人"和"野蛮人"的对立。希腊语中的"野蛮人"（barbaros）是指不会讲希腊语、说话时发出类似"巴巴"声音的人，是拟声词，也是指代外邦人、异邦人的中性词，本不含厌恶或轻蔑之意，也与文明或者开化程度无关，无论相对于希腊人是先进还是落后，只要不会讲希腊语，就是"野蛮人"，但希腊人与"野蛮人"更深层次的不同在于后者"既不以希腊人的方式生活，也不以希腊人的方式思考。他们对待生活的整体态度似乎有所不同"。[2]波斯的崛起增强了希腊人的自我意识（Hellenic self-consciousness）并使其将"野蛮人"普遍视为希腊文明的敌人，[3]而前古典时代的希腊人（比如荷马）不会如此提及"野蛮人"，之所以希腊人和"野蛮人"之分在古典时代已经司空见惯，正是因为希腊战胜波斯帝国这个时代背景。也正是因波斯帝国的原因，"野蛮人"和"亚洲人"对希腊人而言常常合二为一，民族之间的差异成为希腊胜利的合理解释，尤以古希腊历史学家希罗多德（Herodotus，约公元前484年—前425年）的观点为代表，他在《历史》（Historiae）中写道，"希腊这个地方在任何时代都是贫穷的，但是我们（希腊人）凭借着智慧和严密的法律，从中得到了勇气；而这样的勇气使得我们驱除了贫穷，摆

---

〔1〕［英］查尔斯·弗里曼：《埃及、希腊与罗马：古代地中海文明》，李大维、刘亮译，张强审校，民主与建设出版社2020年版，第282页。

〔2〕［英］H. D. F. 基托：《希腊人》，兰莹译，社会科学文献出版社2022年版，第1—2页。

〔3〕Edith Hall, *Inventing the Barbarian: Greek Self-Definition Through Tragedy*, Clarendon Press, 1989, p.9.

脱了暴政……希腊人，都是勇敢无畏的"。[1]希罗多德是第一位民族志作者，其对族群的全面描述成为后来欧洲民族学的基础，但他并不认为族群之间存在种族或生物般的区别，而且他"观察风俗和族群时采用的方法本质上来说不涉及价值判断，这把之后的希腊人和罗马人搅得烦躁不安"。希罗多德拒绝贬低他者，而后来的古代作者都视不讲希腊语的人为下等人，于是希罗多德被他们称为"亲蛮族者"（philobarbarian）和"谎言之父"。[2]被称为"西方医学之父"的希波克拉底（Hippocrates，公元前460年—前370年）对民族差异的讨论不仅涉及气候，还强调政治制度的重要性，"亚洲人经常处于国王统治之下"，"为统治者而不是为自己出生入死，因此缺乏勇敢、坚韧、主动和灵活的精神"，"在不受君主统治的亚洲地区，人们按照自己的法律'独立'生活，他们似乎更加勇敢——无论是希腊人还是异邦人"。类似的观点以各种不同的形式表达出来，强调欧洲人、希腊人"比起亚洲人的数量，他们更注重自己的质量"，最终，"异邦人"成为野蛮、未开化的同义词，"野蛮人"也开始成为贬义词。然而讽刺的是，强调自由并将自由视为自身特质且与"野蛮人"的专制水火不容的希腊人，却"为东方文化的独特魅力所吸引"，不仅试图学习和运用东方的知识，而且将东方视为灵感的源泉，"他们反对君主制，可与东方大部分君主文化的密切接触却增强了他们的实力……东方很可能是促使希腊人发展自由文化的众多因

---

[1] [古希腊]希罗多德：《历史：详注修订本》（下册），徐松岩译注，上海人民出版社2018年版，第678—679页。
[2] [美]帕特里克·格里：《民族的神话：欧洲的中世纪起源》，吕昭、杨光译，广西师范大学出版社2022年版，第40—42页。

素之一。"[1]

希腊人和"野蛮人"/外邦人之间的差异,自然而然地使得希腊人认为战争分"内部战争/内战"(stasis)和"外部战争"(polemos)两类,希腊人之间的战争只能是内战,而外部战争是指希腊人和"野蛮人"/外邦人之间的战争。[2]区分希腊人和"野蛮人"的标准则是有没有能力形成"城邦"(polis),在亚里士多德(公元前384年—前322年)看来,一旦若干村坊组合为城邦,"社会就进化到高级而完备的境界,在这种社会团体以内,人类的生活可以获得完全的自给自足",因此城邦"是社会团体发展的终点",而这正是希腊人引以为傲的地方,也正是因为没有能力形成城邦,"野蛮民族天然都是奴隶"。[3]"野蛮人"是如此天然地臣服于希腊人、如此理所当然地是希腊人的奴隶,以至于埃斯库罗斯假借波斯长老之口描述雅典人珍视自由、"不对任何人卑躬屈膝"的同时,特意加上了一句解释:雅典人"将不属雅典公民的称为奴隶"。[4]

希腊城邦的军队中最广为人知的是重装步兵(hoplite)及其作战阵型"方阵"(phalanx),即头戴青铜头盔、手持盾牌、身着胸甲护胫、装备剑和长矛的步兵组成方阵向前推进,每排

---

[1] [德]克里斯蒂安·迈耶:《自由的文化:古希腊与欧洲的起源》,史国荣译,文化发展出版社2019年版,第37、60页。

[2] Everett L. Wheeler, "Ephorus and the Prohibition of Missiles", *Transactions of the American Philological Association*, Vol. 117, 1987, p. 180.

[3] [古希腊]亚里士多德:《政治学》,吴寿彭译,商务印书馆1965年版,第5、7页。

[4] [古希腊]埃斯库罗斯:《埃斯库罗斯悲剧全集》,张炽恒译,吉林出版集团有限责任公司2010年版,第82页。

士兵要么把盾牌扣在一起并把长矛举过头顶,要么左手持盾并把长矛夹在右腋下,形成比较封闭稳固、可攻可守的作战阵型。[1]"这种方阵最多有两排实际参与作战,两排交错排列,接战时第二排从空隙中出击。后排起预备队的作用,前排有伤亡则马上递补;不过,后排也会施加身体和士气上的压力。"[2]科林斯和阿尔戈斯城邦在公元前7世纪率先倡导重装步兵及方阵战术,[3]这种全新且非常有效的军事技术产生了巨大的战斗力,[4]迅速传遍了整个希腊世界,产生了深远的影响。第一,重装步兵主要是城邦中的公民,而不是雇佣军或专业的常备军,因为城邦财力有限,负担不起这两者。城邦是公民的集合,而非凌驾于个人之上的"国家",因此公民参军时装备需要自理:财力足以供养战马的人可以在骑兵队服役,家境尚可的人可自备铠甲加入重装步兵,身无长物、只有力气的穷人则充当辅助人员或军舰上的桨手。[5]由于重装步兵战术的引入,可能参与战争的人数比以往更多,"将一个城邦的

---

[1] 埃斯库罗斯的《波斯人》就曾提到这种阵型。剧中,波斯太后、大流士遗孀、薛西斯之母阿朵莎询问波斯长老组成的合唱队,雅典军队是不是"伟大的弓箭手"。合唱队回答说,"太后,不是这样:不是箭矢利,也不是弓弩强,使他们可怕;他们冲锋陷阵,善于近战,手持长矛圆盾。"参见[古希腊]埃斯库罗斯:《埃斯库罗斯悲剧全集》,张炽恒译,吉林出版集团有限责任公司2010年版,第82页。

[2] [德]汉斯·德尔布吕克:《战争艺术史:古典时代的战争》,姜昊骞译,世界图书出版有限公司北京分公司2021年版,第13页。

[3] [英]理查德·迈尔斯:《古代世界:追寻西方文明之源》,金国译,社会科学文献出版社2018年版,第163页。

[4] 最著名的例子可能当属公元前490年的马拉松战役中希腊联军使用方阵战术击败波斯军队。

[5] [英]H. D. F. 基托:《希腊人》,兰莹译,社会科学文献出版社2022年版,第145—146页。

武装力量最大化了"。[1]第二，重装步兵带来了对城邦和自身身份的认同。"重装步兵间的战斗规模通常不大，双方各自仅仅有数百兵力。决战的主要目的是向邻邦炫耀军力，且重装步兵也无力攻占对方的城市"，因此，"重装步兵这种战斗方式并不单纯以杀戮为主要目的，更主要还是为了宣示对城邦的认同以及为之感到自豪"。[2]对于士兵个人来说，"为城邦而战是一种特权而非义务"。[3]第三，重装步兵改变了战争文化。合作对于方阵至关重要，因为每名士兵都依赖身旁的战友用盾牌提供掩护，方阵的出现使得英雄主义不再通过荷马史诗中随处可见的单人对决来表现，而是在方阵前列勇敢作战、奋力保卫旁边和身后的战友，[4]个人的勇气、荣誉以及他人的尊敬成为士兵和军队最看重的事情之一。荣誉感根植于希腊人心中，"希腊人对在同胞中的地位非常敏感……同胞和后世的称颂才是对德性（卓越的长处）的奖赏"。希腊人看重荣誉，如同柏拉图在《会饮篇》中记述狄奥提玛（Diotima）指导学生苏格拉底时所言，希腊人"都在追求无限的名声，想要获得不朽的荣誉"，为此，"甚至不惜牺牲自己的生命"。[5]

乍看之下，对希腊这么一个如此锐意进取的民族而言，数

---

[1]［英］理查德·迈尔斯:《古代世界：追寻西方文明之源》, 金国译, 社会科学文献出版社2018年版, 第164—165页。

[2]［英］查尔斯·弗里曼:《埃及、希腊与罗马：古代地中海文明》, 李大维、刘亮译, 张强审校, 民主与建设出版社2020年版, 第215页。

[3]［英］理查德·迈尔斯:《古代世界：追寻西方文明之源》, 金国译, 社会科学文献出版社2018年版, 第165页。

[4]［英］查尔斯·弗里曼:《埃及、希腊与罗马：古代地中海文明》, 李大维、刘亮译, 张强审校, 民主与建设出版社2020年版, 第214—215页。

[5]［英］H. D. F. 基托:《希腊人》, 兰莹译, 社会科学文献出版社2022年版, 第279—280页。

百年的城邦间战争主要依靠重装步兵和方阵战术,而骑兵和轻型武装部队只能充当辅助,这种战术愚蠢得出奇。"原因很简单。士兵由公民充任,而大多数公民是农民。战争不可持续时间过长,因为如果不能种植并收获作物,城邦就会挨饿。所以人们要求速战速决,而长于山地作战的部队很难做到这一点。此外……公民……没有时间掌握更困难的山地战术"。[1]总之,方阵战术的出现很可能是为了满足泛希腊社会城邦的交往需求,即彼此适用所谓"希腊人的习俗",希腊人的共性至少避免了摧毁城市等过激行为,"城邦的多样性和数量众多也是希腊世界需要保持的特色之一。战争的存在,在一定程度上促进了大希腊共同体的形成",而泛希腊社会不以政治统一而以"竞争的冲动"为标志,并将后者视为"希腊人的性格发展趋势和社会兴盛的原因",[2]这也体现在方阵战术一定程度的竞赛特点上。

二、希腊的宗教和战争

希腊世界中,宗教、政治和战争密不可分。希腊人认为战争不仅仅是人类之间的冲突,众神也参与其中并直接干预战争的进程和结果,从德尔菲神庙求取神谕往往必不可少。[3]因

---

[1] [英] H. D. F. 基托:《希腊人》,兰莹译,社会科学文献出版社 2022 年版,第 190 页。

[2] [德] 克里斯蒂安·迈耶:《自由的文化:古希腊与欧洲的起源》,史国荣译,文化发展出版社 2019 年版,第 129—130 页。

[3] 正因如此,德尔菲祭司与政治常常纠缠不清,希波战争爆发之前甚至还被质疑涉嫌"通敌"。公元前 481 年夏天和秋天,德尔菲祭司就希腊在对波斯的战争中的存活机会这个关键问题,对雅典、斯巴达、阿尔戈斯、克里特给出了不同的答复。斯巴达的宿敌和竞争对手阿尔戈斯早就收到薛西斯秘密派来的使者带来的条件:只要保持中立,他们就能得到波斯的照顾和好处。当阿尔戈斯派人向

此，要以恰当的方式发动战争，就要给众神提供充足的献祭，尊重圣地，保证任何与宗教有关的人和动物的完好，承认有宗教约束力的誓言，允许战败方从战场上收集尸骸，并避免进行任何不义的残忍之举，战争结束后，还要再向神祇献上贡品。例如，根据古希腊历史学家色诺芬（约公元前440年—约公元前354年）的记载，雅典人会将有罪将军财产的十分之一献给雅典娜女神的金库，斯巴达人和其他希腊人则会将战利品的十分之一奉献给位于德尔菲的阿波罗的金库。[1]宗教和战争对希腊人而言都是十分严肃的事项，尽管有时战争中宗教理由与政治目的相吻合，[2]但在缺乏强有力证据的情况下，断言希腊人

（接上页）德尔菲神庙求神谕时，祭司给出的建议和波斯人一模一样。祭司给克里特的答复也是严守中立。但是，当斯巴达和雅典这两个最主要的抵抗波斯人侵者向德尔菲神庙求神谕时，祭司们发表的神谕极为悲观，尤其是给雅典的神谕中看不到一丝一毫的希望，德尔菲"从未发布过如此令人绝望的灾难预告"。不仅如此，德尔菲还安然度过波斯控制希腊北部的一年多时间。不过，尚无任何可靠的理由怀疑德尔菲祭司通敌，他们可能只是在政治上消息灵通，并非常警惕地关注事态发展，针对每一个神谕申请者的不同回复都是基于现实的深思熟虑。神庙免于破坏既可能是波斯帝国的政策，也可能是因为其显而易见的宣传效果。而且，德尔菲神庙及神谕在希腊人获胜后仍然继续保持声望，实际上就已经排除了祭司们与波斯人公开合作的任何可能性。给雅典的神谕是真实还是伪造、语义如何解读，在当时和后来都引发了激烈的辩论。参见［英］彼得·格林：《希波战争》，王志超译，广东旅游出版社2022年版，第92—96、129—134页。

〔1〕［古希腊］色诺芬：《希腊史：详注修订本》，徐松岩译注，上海人民出版社2020年版，第87、166、212页。

〔2〕有一个著名的例子。公元前491年，波斯大军出征希腊，登陆马拉松平原，大约24英里之外的雅典危在旦夕，雅典派人向斯巴达求援，斯巴达表示虽然很同情雅典，但需要等大约一周，月圆之后才能出兵，即8月11日到12日之后，否则就会破坏一项很可能与向阿波罗祭祀的卡尼亚节有关的宗教禁忌。斯巴达在边境集结了一支远征军，准备按照月亮或战争局势行动，同时避免了做出承诺。随后，雅典在马拉松战役中大获全胜，其势力和成就也因此役发展到一个真正的高峰。月圆的8月12日，斯巴达派出了一支2000人的军队，但到达之时，战斗已

一贯伪善地利用宗教服务政治也显得武断。平时，适龄的男性公民在公民大会上会捐钱供奉神灵，希冀神灵在战时会保佑自己的军队，如果不出这份钱，将被视为对神灵不敬的危险举动。每一场战争前，占卜师（diviner/manteis）都会查看献祭的动物的内脏以寻找任何可能获知战事结果的线索（即"脏卜"），还要咨询传达神谕的人（oracle）并根据其回应进行投票，最终决定是否进行战争。决定进行战争时，要正式宣布已处于战争状态，然后派遣使者前往敌人处宣战，而军队在每一次军事行动前都会向神灵祈求胜利。[1]理论上，宗教义务优先于纯粹的军事考量，关于战争的最终决定由政治家和占卜师共同做出。每一次军事行动中伴随部队的都有占卜师，随军占卜师负责解释迹象（signs）、前兆（portents）和梦，或者说解释一切超出正常秩序之外的事件，占卜师将自己视为神明在人间的传声筒。"占卜仪式对战斗而言具有决定性，希腊社会中占卜师最重要的作用就是在战场上。没有将军会不去首先咨询占卜师而开始战争，而且战役的每一个阶段也都会先通过脏卜（extispicy）查验形势。只有在占卜师同意并且特定的条件得到满足的情况下，军队才会进行战斗"，不同意占卜师的意见或对其视而不见意味着不祥的开始和厄运的降临。可见，占卜师不仅有军事上的作用，也有战略上的作用，占卜师的解释

（接上页）经结束，斯巴达人看了看波斯人的尸体，称赞了雅典人，然后就返回了。斯巴达人究竟是真诚地遵守宗教禁忌还是故意错过战斗仍存争议。参见[英]彼得·格林：《希波战争》，王志超译，广东旅游出版社2022年版，第43—56页。

〔1〕 Krzysztof Ulanowski, *Neo-Assyrian and Greek Divination in War*, Brill, 2021, p. 117.

和将军们的讲话可以说是维持和提升士气最重要的手段，[1]"每当需要采取一种很有必要但不受欢迎的战术的时候，预言家和占卜家总是平息公众舆论的有用工具……希罗多德用很长的篇幅仔细描述这些宗教性准备活动……只表明当时的希腊人是多么认真地对待这些准备活动。"[2]当然，也常会发生错误的解读，做出错误的决定。[3]

希腊的战争一般始于宣战。5世纪中叶以前，希腊人之间的战争很少有突袭，也很少有不宣而战的情况。[4]宣战是古希腊世界里一项公认的义务，战争开始前，希腊人会正式宣战并明确废止和敌人缔结的现有条约，宣布战争状态的开始与和平关系的终结，不过宣战义务并非一直会被尊重和履行，斯巴达人最经常地既不宣战也不事先公开宣布终止与敌人的友好关系而发动攻击。宣战时，希腊人会派遣使者（herald/keryx），使者手持上有两条缠绕的蛇的图案的白色权杖（caduceus）以表明身份和职务，带着关于不满事项（grievances）的列表并且宣称，如果敌人不接受所提要求，作为法律和宗教上的惩罚就会进行

---

[1] Krzysztof Ulanowski, *Neo-Assyrian and Greek Divination in War*, Brill, 2021, pp. 154-156.

[2] [英]彼得·格林：《希波战争》，王志超译，广东旅游出版社2022年版，第341页。

[3] 最典型的例子是公元前413年西西里远征时的雅典主将尼基阿斯，希罗多德在记载此事时曾予以痛斥。8月27日晚，尼基阿斯率军登船即将撤退，但发生了月食，"尼基阿斯沉迷于占卜和预言之中，他依预言家所说，要等待三个九天之后，才可以再讨论军队撤离的问题。这些雅典围攻者就这样不合时宜地滞留在那里。"尼基阿斯的决定导致全军覆没，这次战败也使雅典元气大伤，最终输掉了伯罗奔尼撒战争。参见[古希腊]修昔底德：《伯罗奔尼撒战争史：详注修订本》（下册），徐松岩译注，上海人民出版社2017年版，第622页。

[4] Victor Davis Hanson, *The Wars of the Ancient Greeks, and Their Invention of Western Military Culture*, Cassell, 1999, p. 68.

战争。使者恳求敌人的神抛弃他们，战败则被视为是神对被击败一方的审判。未经使者宣布而开始的战争被视为犯罪，而犯此罪行者不得赎罪。此外，使者宣战时还常伴有一些仪式，例如，赶一只羊到敌人的土地上，表明要将敌人的土地变成草场。除了宣战，使者还传达和约条款或者投降的条件。[1]

公元前431年至公元前404年，以雅典为首的提洛同盟与以斯巴达为首的伯罗奔尼撒联盟之间爆发了伯罗奔尼撒战争，古希腊历史学家修昔底德（约公元前460年—前400/396年）在《伯罗奔尼撒战争史》中详细记载了这场战争，其中多处涉及希腊人的宣战实践。例如，公元前433年，科林斯人派遣使者宣战后，才派遣75艘舰船和2000名重装步兵同科基拉人作战。[2]还有一个著名的例子不仅涉及宣战，对正义和正义战争的看法也极具思辨价值。公元前416年，雅典人远征米洛斯岛，米洛斯人是斯巴达的移民，在战争爆发之初保持中立，而雅典人试图迫使米洛斯人加入雅典帝国。大规模的雅典远征军到达并驻扎在米洛斯岛，但雅典并未立即开始战争，而是派遣使者与米洛斯人谈判，试图使对方接受雅典的要求。雅典人说："因为我们双方都知道，当今世界通行的规则是，公正的基础是双方实力均衡；同时我们也知道，强者可以做他们能够做的一切，而弱者只能忍受他们必须忍受的一切。"[3]修昔底德在此冷静又超然地指出，现实是强者塑造的，正义和正义战

---

[1] Frederic J. Baumgartner, *Declaring War in Early Modern Europe*, Palgrave Macmillan, 2011, pp. 8-9.

[2] [古希腊]修昔底德：《伯罗奔尼撒战争史：详注修订本》（上册），徐松岩译注，上海人民出版社2017年版，第78页。

[3] [古希腊]修昔底德：《伯罗奔尼撒战争史：详注修订本》（下册），徐松岩译注，上海人民出版社2017年版，第496页。

争也是强者定义的。双方的谈判以失败告终,而当雅典的使者们带回米洛斯人没有屈服意向、不满足雅典结盟要求的消息后,将军们决定立即进入战争状态。

宣战与否对于希腊人之间如何对待战俘没有影响。战俘,或者更确切来说,俘虏,不仅包括对方的士兵,也包括对方的居民,无论是男是女,是老人还是儿童。早期的希腊战争中,如上所述,战胜方视战败方被神抛弃,因此常常就地处决战俘,但后来则会留存战俘性命以换取赎金。战俘常常因其城镇被毁而失去其公民身份,被战胜方视为物品、完全剥夺权利。一般而言,战俘的命运取决于战胜方的政治、经济、军事考量以及诸如冲动和仇恨等情感因素。[1]公元前500年之前,战俘的命运通常就是当作奴隶,"凡战败者都归战胜者所有"是"战争的一些常例",但在希腊城邦彼此间的战争中,为留存性命而将战俘作为奴隶,属于"法定奴隶",与特指外族人的"自然奴隶"性质是不一样的。[2]因此,希腊人对低一等的"野蛮人"的战争不需要进行宣战等正式程序。[3]至于战利品,在献给德尔菲、奥林匹亚和科林斯地峡等地的神庙后,则在将领和士兵之间分配,上层人士所得份额当然远超普通士兵,同时,私人抢劫被严格禁止,违者处死。[4]

---

[1] "Prisoners of War in Ancient Greece", *International Review of the Red Cross*, Vol. 9, Issue 100, 1969, p. 386.

[2] [古希腊]亚里士多德:《政治学》,吴寿彭译,商务印书馆1965年版,第16页。

[3] Frederic J. Baumgartner, *Declaring War in Early Modern Europe*, Palgrave Macmillan, 2011, p. 10.

[4] [英]彼得·格林:《希波战争》,王志超译,广东旅游出版社2022年版,第370—372页。

希腊战争的仪式感还突出地体现于将战争视为犹如竞技体育一样的"君子之战"。希罗多德记载道:"在希腊人之间,通常只有边界冲突,旨在征服对方的远征闻所未闻……战争仅仅是邻国之间的局部冲突而已。"[1]战争的范围和目标相对有限和克制,使得希腊城邦之间的战争呈现出类似竞赛的特征。根据公元前2世纪的古希腊历史学家波利比乌斯(Polybius,约公元前203年—前121年)的记载,希腊人"事先相互公开通报战况,告知对方进军时间、进军方向,乃至布阵地点",[2]以至于"在前古典时代的希腊,战争是一件让人饶有兴趣的文明活动,它具有周期性,而且仪式化。对抗的时间是经由选择的。要看什么时候庄稼收割完毕。不仅如此,双方还有许多交战规则,好使伤亡最小化。"[3]通常在交战之前,双方的将军要就交战的地点达成一致,一般会选择开阔的平原以防止任何一方因占据制高点居高临下而取得不当优势。希罗多德就记载了这种著名的希腊作战方式以及波斯将领对此的嘲讽:"就是这些希腊人,他们彼此间的作战方式是荒谬可笑的,自始至终都是反常的、愚蠢的。他们一旦宣战,就马上尽力去寻找一块最为平坦开阔的地方,在那里展开较量。"[4]交战方也会限制作战方式。公元前7世纪的尤比亚岛

---

〔1〕[古希腊]修昔底德:《伯罗奔尼撒战争史:详注修订本》(上册),徐松岩译注,上海人民出版社2017年版,第66页。
〔2〕[英]查尔斯·弗里曼:《埃及、希腊与罗马:古代地中海文明》,李大维、刘亮译,张强审校,民主与建设出版社2020年版,第215页。
〔3〕[英]理查德·迈尔斯:《古代世界:追寻西方文明之源》,金国译,社会科学文献出版社2018年版,第165页。
〔4〕[古希腊]希罗多德:《历史:详注修订本》(下册),徐松岩译注,上海人民出版社2018年版,第637页。

第一章　希腊罗马世界的宗教与战争

(Euboea)〔1〕上曾爆发一次大规模冲突，作为当时最强大、最富有的城邦，卡尔基斯（Chalcis）和爱利特里亚（Eretria）为争夺十分肥沃的利兰丁平原（Lelantine plain）开战，许多希腊城邦选边站队加入其中，使得这场战争"最接近于联合行动"，〔2〕与战争通常是因边界问题而致使两国交战颇为不同。然而最值得注意的是，"双方达成协议，禁止使用像弓箭、投枪或者投石器一类的远程武器，此内容铭刻在了阿尔特弥斯圣地的一块石碑上。"〔3〕虽然缺乏足够充分的证据，但希腊城邦的战争中无论是开始战争的时间（通常是收获季到来之前的初夏时节）、进行战争的地点（常常是开阔的平原，而非地势险要之地），还是战斗持续的时间（一般只持续几个星期，甚至一天内以一战决胜负），抑或休战协定的时间（一般为五年到三十年，以便每一代人都有机会战斗），都表明希腊人意在防止个别城邦无情利用军事优势拼杀到底、彻底消灭敌人，有意追求"点到为止"，减少伤亡和破坏，使这种作战方式"有效缓解城邦生存的压力，稳定城邦的发展"。〔4〕也许正因如此，希腊城邦世界作为整体才会持久存在，而不是一种偶然。

然而，随着希腊城邦争斗的加剧，"君子之战"在公元前5世纪末逐渐消失。公元前5世纪，由于雅典和斯巴达分别在

---

〔1〕 该岛是仅次于克里特岛的希腊第二大岛，隔非常狭窄的尤里普斯海峡（Euripus Strait）与希腊大陆相望。
〔2〕 ［古希腊］修昔底德：《伯罗奔尼撒战争史：详注修订本》（上册），徐松岩译注，上海人民出版社2017年版，第66—67页。
〔3〕 ［德］克里斯蒂安·迈耶：《自由的文化：古希腊与欧洲的起源》，史国荣译，文化发展出版社2019年版，第153页。
〔4〕 ［德］克里斯蒂安·迈耶：《自由的文化：古希腊与欧洲的起源》，史国荣译，文化发展出版社2019年版，第146—151页。

爱琴海与希腊本土维持着各自的霸权，希腊世界尚处于相对稳定的阶段，到了公元前4世纪，这种局面随着伯罗奔尼撒战争的结束而结束了：斯巴达一败涂地，底比斯的霸权转瞬即逝，而雅典亦无力再继续维持一个帝国。斯巴达与雅典的霸权相继瓦解，从而在希腊留下了一个由弱小城邦组成的纷乱世界，在希腊世界四处游荡寻找生计的穷人、难民以及失地农民不断增加，催生了一个新的职业，即雇佣军。希波战争结束后不久，雅典的海军水手就完全由雇佣军担任了，伯罗奔尼撒战争期间，重装步兵也逐渐雇佣军化，"雇佣兵制真正成为希腊民族、希腊历史的重要因素，基本上是伯罗奔尼撒战争的产物"。[1]实际上，"公元前4世纪，希腊最显著的变化之一就是大规模运用雇佣军"，主要参战人员的变化以及攻城技术的发展也使战争发生了相应变化，"传统意义上的战斗只是为了争夺土地，城市通常不会成为攻击目标。但从公元前4世纪开始，战争变得更加残酷，而城市成为进攻的直接目标。之所以发生这样的转变，既有利用所掠得的战利品支付雇佣军报酬的想法，也有彻底荡平敌人的目的。"[2]

概言之，希腊时期的战争法更确切来说是非正式的习惯法，而不是实在法，较少体现于成文法或者协定、条约中，更多地源自共同的理念和实践，即"希腊人的习俗"。因为名誉和地位（status）在希腊世界的重要意义，名誉受损是保证战争惯例得以遵守"最有效的"手段，而名誉受损并不仅仅意

---

[1] [德] 汉斯·德尔布吕克：《战争艺术史：古典时代的战争》，姜昊骞译，世界图书出版有限公司北京分公司2021年版，第79页。
[2] [英] 查尔斯·弗里曼：《埃及、希腊与罗马：古代地中海文明》，李大维、刘亮译，张强审校，民主与建设出版社2020年版，第403—404页。

味着有关个人和家族的声望降低，还会使得有关城邦被视为不可靠、不值得信赖并进而危及其与其他城邦在安全、经济等领域交往的能力。[1]希腊城邦的战争惯例并不包含现代人习以为常的人道元素，而以宗教和荣誉为核心，并且绝大部分源自宗教习惯，旨在保护神圣之物、之人、之事，例如神庙、圣地、祭司、使者、宗教节日等，也正因为神圣之物、之人对于战争的重要意义，他们也常常被侵犯。[2]

三、追求绝对胜利的罗马战争及其维系机制

公元前4世纪，马其顿人在30年的时间里蹂躏了整个希腊和波斯。从公元前3世纪开始，罗马势不可挡：罗马在公元前226年皮洛士战争的末期完成了对大希腊的征服，在公元前212年叙拉古之战后吞并西西里，在公元前168年的皮德纳战

---

[1] Adriaan Lanni, "The Laws of War in Ancient Greece", *Law and History Review*, Vol. 26, Issue 3, 2008, pp. 474-475.

[2] 例如，公元前491年波斯大军出征希腊，大流士派遣使者遍访爱琴海诸岛和希腊本土，要求他们献出象征屈服的水和土，但雅典和斯巴达拒绝了他的要求。根据希罗多德的记载，雅典人将波斯使者像普通罪犯一样扔进了深坑，而斯巴达人将波斯使者推入井里，还嘲讽说井里有水和土。雅典和斯巴达无疑是在公然违背"两军交战，不斩来使"的习惯法，或者说当时的国际法。此前，爱奥尼亚和雅典组成的希腊联合舰队攻陷波斯重要城市撒尔迪斯并焚毁城中神庙，使得大流士将其视为奇耻大辱，并发誓进行惩罚。波斯将领达提斯深知宣传的效果，向希腊人承诺永远不会伤害阿波罗和阿耳忒弥斯降生的岛屿，还在阿波罗的祭坛大肆烧香作为敬献，但波斯军队攻下埃勒特里亚后，就焚毁了城中所有的神庙以示对希腊联军焚毁撒尔迪斯神庙的报复。公元前480年，薛西斯派出4000人劫掠阿波罗神庙，但此事真实性相当存疑；随后，薛西斯在穿过阿提卡时，毁坏神庙和祭坛，推倒诸神的雕像，开进雅典后，攻陷阿格劳洛斯神庙，将躲进其中的所有人（包括男女祭司）全都杀光，将财宝洗劫一空，然后放火烧掉整座卫城。参见［英］彼得·格林：《希波战争》，王志超译，广东旅游出版社2022年版，第41—42、223—227页。

役中打败马其顿。自此以后,罗马接连降服了马其顿帝国中所有作为希腊继承者的国家。罗马广泛吸收和继承了希腊文明,宗教上完全接纳了奥林匹亚众神,文学上将希腊作家奉为典范,哲学上将希腊哲学视为圭臬,但罗马在军事、法律、行政等领域则颇有自己的建树。

罗马的战争和政治密不可分,战争也在罗马人的公共生活中处于中心位置,胜利者得到赞美和公众的感恩,甚至还有永久的纪念碑。领导者既需要在广场领导公共生活,也需要按照要求指挥军队作战,"许多世纪以来,罗马的高级官员和军队指挥官全都出自元老院",罗马的指挥官们也一直兼具政客和军人的身份,直到古典晚期,指挥官们都遵循固定的职业晋升体系,担任一系列民事和军事职位,即"荣耀之路"(*cursus honorum*)。[1]战争的胜利意味着盛大的荣誉和巨大的财富,这些威望和资源能够使指挥官在未来的政治生涯中获益良多,在与其他元老的竞争中取得优势。因此,共和时期罗马的精英阶层对战争趋之若鹜,制造战争在共和国的政治生活中占据中心地位。[2]

罗马对战争有十分独特的理解。罗马和希腊化世界很早就有过外交接触,随着罗马实力的增强,二者开始有直接军事交锋。希腊化世界结束战争的通常方式是由中立第三方开启交战双方的谈判,促成双方做出让步达成和约,而"罗马人对战争有着完全不同的理解。罗马的战争只能以一种方式结束,那

---

[1] [英]阿德里安·戈兹沃西:《以罗马之名:缔造罗马伟业的将军们》,敖子冲译,广东旅游出版社2022年版,第15页。

[2] [英]阿德里安·戈兹沃西:《罗马和平:古代地中海世界的暴力、征服与和平》,薛靖恺译,广东旅游出版社2022年版,第34页。

第一章　希腊罗马世界的宗教与战争

就是由罗马制定条约，施加于完全战败、甘愿受支配的民族身上"，[1]在战争中很少与敌人达成妥协、总是追求绝对胜利、将战争视为决一死战（war to the death/*guerre mortell*）。胜利者可任意屠戮或奴役战败方就是所谓"罗马战争（Roman War）"一词的由来，即便惨败时罗马人也是如此认为，第二次布匿战争（公元前218年—前201年）期间罗马在坎尼会战后的表现[2]即是最典型的例子，结束第二次布匿战争的和约[3]和结束第二次马其顿战争（公元前200年—前197年）的和约[4]

---

[1]　[英]阿德里安·戈兹沃西：《以罗马之名：缔造罗马伟业的将军们》，敖子冲译，广东旅游出版社2022年版，第75页。

[2]　罗马军队在公元前216年8月的坎尼会战中完败于汉尼拔率领的迦太基军队，汉尼拔也因此赢得了其一生中最伟大的胜利。汉尼拔手中有数以千计的罗马战俘，其中不乏位高权重之人，而罗马人手中几乎没有迦太基战俘。汉尼拔无疑已经获胜，遂派使者前往罗马交涉战俘问题，暗示期望与罗马元老院展开停战谈判。然而，罗马元老院根本不见迦太基的使者，甚至不允许其进城。罗马人不顾坎尼会战的灾难性打击，坚持将战争进行到底，让迦太基人备感震惊。参见[英]阿德里安·戈兹沃西：《布匿战争：罗马、迦太基与地中海霸权的争夺》，李小迟译，广东旅游出版社2022年版，第260—261页。

[3]　罗马与迦太基签订的和约十分苛刻：迦太基无偿交还所有罗马俘虏、逃兵以及所有战象，舰队只保留10艘三列桨座战船；迦太基保留了在非洲的大部分领土，但丧失了所有海外领地；迦太基分50年还清巨额赔款，以持续提醒自己惨败的事实；迦太基不能在非洲以外发动战争，在非洲本土发动战争也要先得到罗马的许可；迦太基对内自治，但所有外事必须服从罗马的安排；等等。参见[英]阿德里安·戈兹沃西：《布匿战争：罗马、迦太基与地中海霸权的争夺》，李小迟译，广东旅游出版社2022年版，第378—379页。

[4]　罗马与马其顿签订的和约规定：马其顿作为战败国无论现在还是将来，永远屈居罗马之下，马其顿国王放弃在希腊和小亚细亚所有的附属和同盟城邦，而且日后在没有罗马明确同意的情况下不得在马其顿领土之外发动战争。马其顿不仅要向罗马赔款，还要同时遣返所有罗马战俘，但需要向罗马支付赎金才能赎回被罗马扣押的己方战俘。马其顿舰队只能保留少量仅作仪式性用途的战船。参见[英]阿德里安·戈兹沃西：《以罗马之名：缔造罗马伟业的将军们》，敖子冲译，广东旅游出版社2022年版，第77页。

也是最典型的罗马式和约。罗马帝国（imperium Romanum）主义[1]的表现正是先发动残酷的毁灭性战争，而后重建稳定的帝国，建立法治。公元前 1 世纪后期诗人维吉尔（Vergil/Virgil，公元前 70 年—前 19 年）借朱庇特之口说道，罗马的命运"就是要安抚投降者，战胜骄傲自大者"（parcere subiectis et debellare superbos），给世界制定法律，建立世界的秩序。[2] 塔西佗（Tacitus，约公元 56 年—120 年）则将其精准概括为"他们制造荒凉，却称其为和平"（atque ubi solitudinem faciunt, pacem appellant），[3]所谓"罗马和平/罗马治下的和平"（Pax Romana）的前提就是罗马的胜利和征服。

战争是罗马扩张领土的基本手段。共和时期的罗马军队采用了希腊的方阵战术，公元前 406 年开始的与维伊（Veii）[4]长达 10 年的战争以及随后的高卢人入侵意大利使得罗马军队一方面扩大了军队规模，另一方面改变了战术，将方阵拆解为

---

〔1〕英语中的"帝国"（empire）、"帝国主义"（imperialism）和"帝国主义者"（imperialist）都源自同一个拉丁单词 imperium，在罗马历史的不同时期，该词的含义也不尽相同。共和国初期，该词指军权或指挥权；共和国末期指权力、权势，后演化为"帝国"，imperium Romanum 也从"罗马的权势"成为"罗马帝国"。参见［英］阿德里安·戈兹沃西：《罗马和平：古代地中海世界的暴力、征服与和平》，薛靖恺译，广东旅游出版社 2022 年版，第 13 页。

〔2〕［英］阿德里安·戈兹沃西：《以罗马之名：缔造罗马伟业的将军们》，敖子冲译，广东旅游出版社 2022 年版，第 211 页。

〔3〕Tacitus, *Agricola and Germany*, trans. by Anthony R. Birley, Oxford University Press, 1999, p.22. 此话源自塔西佗为其岳父、公元 1 世纪的罗马将领阿格里科拉（Gnaeus Ivlivs Agricola）歌功颂德所写的同名传记，在与阿格里科拉开战前，一位喀里多尼亚（今苏格兰）领袖向其部下发表演讲，痛斥罗马，其中就包括这句话。

〔4〕维伊是亚平宁半岛伊特鲁里亚（Etruscan）文明的一个重要且富庶的城市，位于现在的罗马西北方向 16 公里处。维伊是罗马的劲敌，曾经几乎灭亡罗马，但在公元前 396 年结束的战争中被罗马击败并占领，现为遗址公园。

人数较少的小队（maniple）以增加灵活性和机动性，而方阵中主要作为防御用的长矛现在则被当作标枪掷向敌人，待敌人阵型错乱后再用剑砍杀，这些变化被视为"罗马最终征服地中海世界的主要因素"之一。[1]罗马与迦太基之间的三次布匿战争在罗马扩张过程中最具标志性意义，"倘若罗马人输掉了布匿战争，那么世界历史有可能会完全不同"。从公元前265年初次交锋至公元前146年迦太基灭亡，在这一个多世纪的时间里，罗马从一支局限于意大利境内的势力成长为地中海世界无出其右的巨头，同时也在缔造帝国的征程上稳步前进。布匿战争使罗马习惯于开展超大规模的、在相隔甚远的各地同时进行的战争，而"最终胜利强化了罗马根深蒂固的决心。正是凭着这份决心，罗马人不断发动战争，并变得愈发不可战胜。"[2]

但是，罗马人统治新征服的土地并不仅仅是靠暴力或恐吓，而是通过给予新征服土地上的人民以罗马的公民权来巧妙地维系统治，有能力整合新征服的土地和人口正是罗马的强大之处。公民权是罗马人自我身份认同的关键，罗马人坚信"罗马人民（populus Romanus）"的历史"是一群接受同一部法律的人如何成为罗马人的故事……是否属于罗马人是一个与……法律有关的问题，而与自然法无关。理论上来说，罗马人的身份是向所有人开放的。"[3]实际上，"公民权一直是新

---

[1] Lawrence Keppie, *The Making of the Roman Army: From Republic to Empire*, Routledge, 1998, p. 7.

[2] [英]阿德里安·戈兹沃西：《布匿战争：罗马、迦太基与地中海霸权的争夺》，李小迟译，广东旅游出版社2022年版，第1—2页。

[3] [美]帕特里克·格里：《民族的神话：欧洲的中世纪起源》，吕昭、杨光译，广西师范大学出版社2022年版，第46页。

臣服地区民众高度追逐之物，只有公民才能在罗马人新建城镇的管理层中占有一席之地，只有公民才能享受私法特权并有资格来撰写一份具有法律约束力的遗嘱。假如非公民被确认违法犯罪的话，他们所面临的惩罚要比公民严酷得多。"[1]公元前70年，西塞罗（Marcus Tullius Cicero，公元前106年—前43年）曾说，远在罗马帝国边境之外，就算是野蛮人也不会伤害一个呼喊着"我是罗马公民（civis Romanus sum）"的穷苦人，[2]罗马公民身份的威力可见一斑。罗马公民权附带特权最典型、最广为人知的例子是使徒保罗的故事，保罗关于罗马公民不应受到随意体罚和监禁的主张得到了当地官员的支持，[3]还因是罗马公民而享有在皇帝面前受审的权利，[4]而且在被处死时也因是罗马公民而适用斩首这种干脆利落、较为"仁慈"

---

〔1〕［英］理查德·迈尔斯：《古代世界：追寻西方文明之源》，金国译，社会科学文献出版社2018年版，第393页。

〔2〕［英］阿德里安·戈兹沃西：《罗马和平：古代地中海世界的暴力、征服与和平》，薛靖恺译，广东旅游出版社2022年版，第90页。

〔3〕保罗和西拉在腓立比治愈了一名被巫鬼附体的使女，导致其主人无法再利用其法术获利，于是使女的主人们抓住保罗二人见官。未经审判，保罗二人就被剥了衣服用棍打，然后关进监狱。二人在狱中祈祷，引发地震和监门、锁链全开之异象，当地官员于是准备释放二人，但保罗说："我们是罗马人，并没有定罪，他们就在众人面前打了我们，又把我们下在监里。现在要私下撵我们出去吗？这是不行的。"当地官员"听见他们是罗马人，就害怕了。于是来劝他们，领他们出来，请他们离开那城。"参见《使徒行传》中文和合本第16章。

〔4〕保罗在耶路撒冷传教，还带着四个外邦人进入耶路撒冷圣殿，使得犹太人认为保罗在"糟践我们百姓，和律法，并这地方……污秽了这圣地"，于是将保罗捉住要杀死他，当地千夫长前来处理纠纷，准备鞭打保罗，但保罗说自己是罗马人，而且"生来就是"罗马人，没有定罪而受鞭打不符合罗马法律，而自陈"用许多银子，才入了罗马的民籍"的千夫长听闻此言感到害怕，就把保罗解开。面对犹太人的种种指控，保罗辩驳说自己既没有违反犹太人的律法，也没有冒犯凯撒，因此要向凯撒上诉，并得到了当地官员的准许，于是保罗便在军队护送下坐船渡海前往罗马，在皇帝面前受审。参见《使徒行传》中文和合本第21、25章。

第一章　希腊罗马世界的宗教与战争

的方式。相比之下，使徒彼得则因不是罗马公民而被钉在十字架上受死。[1]是否为罗马公民，以及如果不是罗马公民是否为自由人，这两种法律上的根本区别是整个罗马社会赖以存在的基础，也据此形成了一套严格的、世袭的社会秩序和财产体系。[2]起初，因为拥有共同的语言、节日和起源传说，自公元前8世纪罗马建城伊始，罗马便与散布在台伯河与阿尔巴山区之间的拉丁姆平原上的其他三十多个群体共享"拉丁"文化和所谓"拉丁权"，即彼此的成员之间有通婚、订立商业契约的权利，迁徙到另一群体即可获得该群体的公民权。[3]随着罗马的扩张，罗马对几乎所有拉丁城市的人口都授予完整的罗马公民权，但对意大利半岛上更偏远的新殖民地人口，也同时给予旧式的拉丁权以确保其权益。公元前338年，罗马粉碎了拉丁城市最后一次大规模的反叛，加速了吸收意大利剩余地区的进程，也第一次将完整的公民权授予母语非拉丁语的社群。[4]打破公民权同单一城市（即罗马）之间的领土联系，重新定义"拉丁人"，使之不再表示民族身份，最终将公民权塑造为与种族或地理无关的政治身份，罗马这种模式的影响可谓是"革命性的"，"最终奠定了罗马帝国的基础"。[5]对于

---

[1]〔英〕玛丽·比尔德：《罗马元老院与人民：一部古罗马史》，王晨译，民主与建设出版社2018年版，第527页。

[2] Norman Davies, *Europe: A History*, Harper Perennial, 1998, p.165.

[3]〔英〕查尔斯·弗里曼：《埃及、希腊与罗马：古代地中海文明》，李大维、刘亮译，张强审校，民主与建设出版社2020年版，第487页。

[4]〔英〕阿德里安·戈兹沃西：《布匿战争：罗马、迦太基与地中海霸权的争夺》，李小迟译，广东旅游出版社2022年版，第34页。

[5]〔英〕玛丽·比尔德：《罗马元老院与人民：一部古罗马史》，王晨译，民主与建设出版社2018年版，第160页。

受罗马吸引的人而言,罗马是"*civitas*",[1]它指一个以罗马为基础但没有任何固定地理位置的社会,它通过"罗马精神"(*Romanitas*)调和并同化以建立起特定的身份认同,使所有人最终聚集为西塞罗所说的"神与人"的单一共同体。[2]总之,罗马的"这一步棋下得非常高明",从而使来自五湖四海的三教九流都能畅通无阻地迅速融入罗马这个国家,这些社群还可以维持自己的政治机构和单位实体,"正是这样一个框架蓝图,才帮助罗马得以将广袤的大帝国凝聚在一起并长达数百年"。[3]罗马公民权利覆盖的地理范围扩大、人口享有的特权程度提高当然并非一蹴而就,而是经历了一个漫长的过程,到公元212年,当时的皇帝卡拉卡拉决定让帝国内的每一位自由居民都获得完整的罗马公民权,"一举消除了统治者与被统治者间的法律差异,把已经延续将近千年的过程推向顶峰。超过3000万的行省居民一夜间成了法律上的罗马人。这是世界历史上最大的授予公民权的单次行动之一"。[4]

反过来,公民群体的扩大又为罗马军队提供了庞大的兵源基础,对罗马后来的成功十分关键。"对罗马而言,在法律权益和公民资格方面的慷慨之举,其最关键的益处隐藏在募兵一事上。'拉丁权益'同时附带了服兵役的义务,随着罗马领土的增加,军队的潜在规模也在膨胀,这给予了罗马相对于其他

---

[1] 该词为英文单词"文明"(civilization)的词源。

[2] [美]安东尼·帕戈登:《两个世界的战争:2500年来东方与西方的竞逐》,方宇译,民主与建设出版社2018年版,第86—87页。

[3] [英]理查德·迈尔斯:《古代世界:追寻西方文明之源》,金国译,社会科学文献出版社2018年版,第313—314页。

[4] [英]玛丽·比尔德:《罗马元老院与人民:一部古罗马史》,王晨译,民主与建设出版社2018年版,第535页。

国家的巨大优势,其掌握的有限资源要远多于那些对手……由此,罗马从又一个略有所成的意大利小城邦转型成为一股不可抵挡的力量。"[1]罗马人在被他们控制的所有人身上强加了为罗马军队提供士兵的义务,但对大部分被罗马打败的民族而言,唯一要尽的长期义务就是为罗马提供兵源和补给,罗马没有以任何其他方式进行接管,既没有派军占领,也没有强行指派政府。罗马的这种控制方式可能是无心的,但也是开创性的,"因为这种同盟是一种有效的机制,能将被罗马打败的敌人转变成其日益壮大的军事机器的一部分;与此同时,通过在获取胜利时分享战利品与荣耀,它使盟友们参与了罗马的事业。一旦开始,罗马的军事成功便能以其他古代城市从未系统性地实现过的方式自我维持下去。"[2]如果没有融合其他民族的能力,无法持久维持外族与罗马忠实同盟关系,那么罗马将只是众多侵略成性的帝国主义政权中的一例。罗马之所以与众不同,"不在于它独一无二地好战,而在于它是如此成功"。[3]

由于兵源充足,罗马有能力组建由公民组成的军队。与希腊城邦军队后期多为雇佣军不同,公元前579年罗马建立的第一个军团就是由自备武装的公民组成的,外来者如能证明对罗马忠诚并在某种程度上被罗马化,就会被授予公民身份,甚至被释放的奴隶的后代也可以理所当然地成为罗马公民,这与希

---

[1] [英]理查德·迈尔斯:《古代世界:追寻西方文明之源》,金国译,社会科学文献出版社2018年版,第236—237页。
[2] [英]玛丽·比尔德:《罗马元老院与人民:一部古罗马史》,王晨译,民主与建设出版社2018年版,第158页。
[3] [英]阿德里安·戈兹沃西:《罗马和平:古代地中海世界的暴力、征服与和平》,薛靖恺译,广东旅游出版社2022年版,第45页。

腊将公民身份视为特权而且绝不允许外邦人染指截然不同，即便跟古代世界的其他城邦相比，罗马对扩大公民群体的态度也无疑是最开放的。[1]罗马公民根据人口普查时的登记财产数目被选拔进入军团、自备武器装备服役，绝大多数士兵是农民，因此，在罗马建城之后的数个世纪里，战争只是与相邻且相似的敌人小规模的冲突，是农业年度的短暂季节性中断，一般也仅在农闲的时候爆发。但是，随着罗马的扩张，战争开始在越来越远的地方进行，规模也越来越大，导致军团士兵服役的时间也越来越长。[2]罗马采取了各种措施鼓励入伍，例如，因参战而无法耕种自己田地的士兵每天都会领到现金津贴（*stipendium*），对待被打败的非拉丁群体和城邦时，罗马人发展出无投票权的公民权（*civitas sine suffragio*），享有这一罗马公民身份的人必须履行服兵役的义务，但不享有公民权利，即投票和竞选罗马官职。这使得罗马自公元前4世纪中叶能够一一击败劲敌，成为军事强国。[3]共和时期罗马军队的士兵除了定期得到收入，另外一个主要收入来源就是能和将军们瓜分战利品。进入帝国时期，劫掠型的战争已不那么普遍，但士兵们可以获得被称为"捐款"（donative）、数额巨大的奖金，而要得到这种奖金，除了皇帝登基、举行婚礼，就是在战场上取得胜利了。[4]公元前107年，时任罗马执政官马略打

---

[1][英]查尔斯·弗里曼：《埃及、希腊与罗马：古代地中海文明》，李大维、刘亮译，张强审校，民主与建设出版社2020年版，第488页。

[2][英]阿德里安·戈兹沃西：《罗马和平：古代地中海世界的暴力、征服与和平》，薛靖恺译，广东旅游出版社2022年版，第15页。

[3][英]查尔斯·弗里曼：《埃及、希腊与罗马：古代地中海文明》，李大维、刘亮译，张强审校，民主与建设出版社2020年版，第493—495页。

[4] David J. Breeze, *The Roman Army*, Bloomsbury Academic, 2016, p.77.

破先例，从拥有足够财产和服役资格的富有阶层以外招募"无产者"[1]入伍，从军自此成为一种职业和摆脱贫穷的方式，而不再是一项打断正常生活的义务。到了公元前1世纪末，罗马共和制政体终结，"罗马军队的性质也发生了根本性的转变，由过去有财产的阶层组成的民兵军队转变成了主要从穷人中招募的半职业军队。"[2]作为"罗马有史以来最激进的创新者之一"，奥古斯都（公元前63年—公元14年）对罗马军队的改革中包含一项简单而有实效的养老金改革，士兵退伍时由国家出资保证他们能拿到相当于年俸大约12倍的现金补偿或者同样价值的土地，"这场改革无疑是他整个统治期间最重要的创新之一"，"也是奥古斯都最昂贵的方案之一"。[3]"说到底，奥古斯都及其继任者的权力建基于其对军队的控制"，元首制里，"士兵要向皇帝宣誓效忠，而且还要定期重新宣誓，这与过去向将军、元老院和罗马人民宣誓效忠不同。现在，士兵领薪水、拿奖赏、受嘉奖都是以皇帝的名义。"[4]奥古斯都时期，"所有的军人都是长时间服役的职业军人，在奥古斯都统治时期的后期，每位军团战士应服役25年。所有

---

[1] 也叫"人头数"（*capite censi*），因为他们没有多少财产，所以在人口普查时只是一个数字。

[2] ［英］阿德里安·戈兹沃西：《以罗马之名：缔造罗马伟业的将军们》，敖子冲译，广东旅游出版社2022年版，第129、137—138页。

[3] 按照这个养老金方案，粗略估算可知，整个罗马帝国每年总税收的一半以上都需要用来支付全军的固定薪俸和退休金，即便将国家和皇帝的巨额储备加在一起，要筹到这笔钱也很不容易。奥古斯都死后，日耳曼前线士兵的抱怨无疑与此有关。参见［英］玛丽·比尔德：《罗马元老院与人民：一部古罗马史》，王晨译，民主与建设出版社2018年版，第375—376页。

[4] ［英］阿德里安·戈兹沃西：《以罗马之名：缔造罗马伟业的将军们》，敖子冲译，广东旅游出版社2022年版，第323—324页。

将士的军饷由奥古斯都一人支付,接受他一人的奖赏和提拔"。[1]自公元235年起,"捐款"取代了现金津贴成为士兵的主要经济来源,每一位皇帝在登基、每年的登基纪念日、生日等帝国庆典时都会发放常规"捐款",在"内战和战役的关键节点"还会发放额外的非常规"捐款"。[2]除了优渥的物质条件,士兵也享有超过普通罗马公民的法律权利。例如,士兵的遗嘱即便没有完全满足适用于公民立遗嘱的一般法律要求也仍然有效,士兵也更容易寻求法庭乃至皇帝本人的救济等。这些权利和物质收入一样不是静态的,而是由皇帝根据情况变更,军队实际上是罗马帝国内一个单独的法律阶层,"士兵"(miles)不仅是战士的简单称呼,本身也是法律术语。[3]可见,公民权和附带的服兵役义务、经常的金钱给付和不时发放的巨额赏金,以及相比普通公民而言更多的法律权利和法律保障,有效确保了罗马军队的人员供给和强大的战斗力。

罗马并不倾向于使用雇佣军,因为没有忠诚可言的雇佣军如果收不到军饷便会转而危害雇主,在第一次布匿战争(公元前264年—前241年)中即有生动的例子,罗马人对此十分清楚。公元前241年,第一次布匿战争以迦太基战败求和并失去西西里领土而结束,当时迦太基面临的最大问题是如何处置在西西里的军队,这支两万人的军队全部是雇佣军,如果战

---

[1] [英]阿德里安·戈兹沃西:《罗马和平:古代地中海世界的暴力、征服与和平》,薛靖恺译,广东旅游出版社2022年版,第171页。

[2] Mark Hebblewhite, *The Emperor and the Army in the Later Roman Empire, AD 235-395*, Routledge, 2017, pp. 77-83.

[3] Mark Hebblewhite, *The Emperor and the Army in the Later Roman Empire, AD 235-395*, Routledge, 2017, pp. 120-121.

败,迦太基或许就有理由拒绝履行自己所负的金钱义务,但这支军队几乎毫发无伤,而和平协议规定之一就是迦太基必须撤走在西西里的全部军队。经济状况惨淡的迦太基难以支付巨额的雇佣军费用,最终导致了"一次根本目的在于推翻迦太基在北非的统治的全面叛乱",而处于生死存亡之际的迦太基人"别无选择,只能动员、训练一支公民军,最终才很不容易地镇压了这场雇佣军之乱。"[1]迦太基用了三年多时间才镇压了这场本不应发生的雇佣军叛乱,虽然耗时比第一次布匿战争短,"但它却对迦太基的存亡似乎造成了更严重的威胁","叛军大肆践踏当地领土,甚至一度攻到了迦太基城下。这场战争极其惨烈,伴随着双方的残暴行径。"[2]罗马的做法则是,"许多罗马人在二三十岁的年纪,会不时在军队中服役。对步兵来说,最长的役期是 16 年(在国家处于紧急状况下则是 20 年),而骑兵则是 10 年。通常他会连续服役 6 年,之后身为备役人员(evovatus),在必要以及国家需要时,他还可以被征召回军队。征兵是强迫性的,而且没有人可以在完成 10 年的国民兵役前去竞争公职。"[3]行之有效的兵源维系方式,加上严格的军纪、奖惩与授勋系统,保证了罗马军队的战斗力和自我重生的能力,如波利比乌斯所言,"当我们考虑到这民族几乎着迷般地关切军事奖励和惩罚,以及两者的重大意义时,他们

---

[1] [英]理查德·迈尔斯:《迦太基必须毁灭:古文明的兴衰》,孟驰译,社会科学文献出版社 2016 年版,第 293—307 页。
[2] [英]阿德里安·戈兹沃西:《布匿战争:罗马、迦太基与地中海霸权的争夺》,李小迟译,广东旅游出版社 2022 年版,第 153 页。
[3] [英]安东尼·艾福瑞特:《罗马的崛起:帝国的建立》,翁嘉声译,中信出版社 2019 年版,第 284 页。

在每一场战争中都光辉得胜，也就不足为奇了。"[1]

罗马的战争整体上相当残酷，特别是反抗罗马的城市都会被无情对待，罗马人意在制造恐怖的暴行十分普遍。波利比乌斯曾跟随西庇阿（*Publius Cornelius Scipio Africanus*，公元前235年—前183年）[2]参加第二次布匿战争，曾目睹战争的惨状，根据他的记载，"当一座城镇为罗马人所攻占，人们往往不仅能看到人类的尸体，还能看到被拦腰斩断的狗，还有其他动物被肢解之后的肢体。"[3]实际上，蹂躏乡间农地、[4]占领城镇和正面会战是罗马人瓦解敌人斗志的三种主要手段，但相比会战和有规模的行动，罗马军队更经常参与的是攻城和劫掠。城市一旦被攻克，其居民根本无法指望罗马会有仁慈之心，"罗马人洗劫一座城市的方式是屠尽男人，凌辱女人，这即便按照古代的标准来看也是极为残忍的……从被罗马洗劫过的城市出土的遗骨看，罗马人不像在冷静地杀人，而更像是在发泄狂暴的怒火"，这既是为了威慑当地居民，也意在杀鸡儆猴，让其他城市不敢与罗马作对。虽然有时罗马军队在劫掠时会顺便补充粮草，"但他们的首要任务并不是这个，而是尽可能地破坏

---

[1] Polybius, *The Histories*, Vol. III, trans. by W. R. Paton, Cambridge, Harvard University Press/William Heinemann Limited, 1923, p. 359.

[2] 也称大西庇阿，是第二次布匿战争中罗马方面的主要将领之一，也是整个布匿战争期间罗马最富领袖魅力的人物，被视为年轻的军事天才，在亚历山大大帝之后很大程度上塑造了西方的英雄主义概念和典范。在公元前202年的扎马战役中，西庇阿战胜迦太基将领汉尼拔，并使得罗马以绝对优势取得第二次布匿战争的胜利，西庇阿的绰号"非洲征服者"（*Africanus*）即源于此。另有小西庇阿（*Publius Cornelius Scipio Aemilianus Africanus*，公元前185年—前129年），小西庇阿为大西庇阿长子的养子。

[3] Polybius, *The Histories*, Vol. IV, trans. by W. R. Paton, Cambridge, Harvard University Press/William Heinemann Limited, 1925, p. 137.

[4] 蹂躏土地使其荒芜是罗马军队常用的战争手段，以至于拉丁语中有专门的动词（*vastare*）来描述这一行为。

敌方控制下的乡下土地、杀死或俘虏当地居民、摧毁他们的农场和村庄、烧毁庄稼和盗窃牲畜",这些"袭扰最直接的后果之一便是通过显示敌人无法保卫自己的领土而折损他们的威望"。[1]惩罚性的军事行动是罗马"胡萝卜加大棒"式政策的重要组成部分,罗马向来使用武力维系自己的优势,定期的军事干涉是罗马的一大战略,"通常是烧毁可以找到的一切,直到当地国王进入帝国领地表示臣服,然后就可以采取外交手段"。[2]公元前146年第三次布匿战争结束时罗马人对迦太基严密且有计划地毁灭即是典型的例子,迦太基作为一个有生命力的国家和政治实体彻底不复存在,只剩下一片烧焦的废墟。后来凯撒在《高卢战记》中记述的对高卢的征服同样具有代表性。公元前58年至公元前50年,凯撒率大军在高卢地区进行了近十年的战争,除了公元前52年极为残忍地洗劫阿瓦里库姆城,"不分男女老幼将城内几乎所有人屠杀殆尽",[3]罗马军队在整个高卢地区屠杀了100万人,将高卢纳入罗马的版图。但即使是罗马人,也无法忍受凯撒如此大批杀戮妨碍自己的人,例如,老普林尼（Gaius Plinius Secundus/Pliny the Elder,公元23/24年—公元79年）后来试图清点凯撒受害者的人数,并用看上去非常现代的口吻指责凯撒犯下了"反人类罪"。[4]

---

[1] [英]阿德里安·戈兹沃西:《布匿战争：罗马、迦太基与地中海霸权的争夺》,李小迟译,广东旅游出版社2022年版,第335、384—386页。

[2] [英]彼得·希瑟:《帝国与蛮族：从罗马到欧洲的千年史》,任颂华译,中信出版社2020年版,第105页。

[3] [英]阿德里安·戈兹沃西:《以罗马之名：缔造罗马伟业的将军们》,靳子冲译,广东旅游出版社2022年版,第243页。

[4] [英]玛丽·比尔德:《罗马元老院与人民：一部古罗马史》,王晨译,民主与建设出版社2018年版,第284页。

不过，古代世界的战争中并非只有罗马的战争残酷，[1]罗马的战争也并非不受任何限制。虽然"总的来说，只要能够达到有效的目的，罗马人不介意在战争中做出残暴行径，但反对任何在与其他国家的关系上有损罗马信誉的举动"，[2]实际上，宗教和法律这两个因素令罗马人侵略的本能受到节制，"这两个系统互相协助，确保良好行为、忠于职守以及诚信（fides）。不守诚信会带来神明的不悦以及法律的制裁"。[3]希腊罗马世界和其他古代世界一样，在重要性和关注度上能和战争媲美的只有宗教。[4]"与罗马之后的世界普遍因宗教而发动战争不同，古代的多神教用宗教发动战争。神祇最终是获胜可资利用的资源，而不是进行争斗的原因。很可能没有其他国家像罗马那样关注战争与宗教，也很可能宗教在其他地方没有像

---

[1] 仅就地中海范围而言，希腊人、马其顿人和迦太基人参与的战争中，屠杀、劫掠、背信弃义和大规模奴役的例子不胜枚举。古希腊、古罗马的历史学家，无论是李维、波利比乌斯，还是狄奥多罗斯（Diodorus Siculus）等，对此类事件都有记载。据信，古代世界中，迦太基人在战争的残酷性上要比罗马人知名得多，而在波利比乌斯看来，最凶残、最优秀的士兵并非罗马人，而是马其顿人，马其顿"参战犹如去参加宴会"。波利比乌斯虽然详述了新迦太基陷于西庇阿之手的情形，但其关注的重点不是罗马军队的暴力行径，而是罗马军队进行劫掠和屠杀时的组织性和纪律性，相比而言，他对后者的描述要比前者长得多。换言之，古代世界的战争普遍残酷，波利比乌斯虽然觉得罗马军队的劫掠屠杀相当恐怖，但并非不同寻常，不同寻常的是罗马军队的组织性和纪律性。See Arthur M. Eckstein, *Mediterranean Anarchy, Interstate War, and the Rise of Rome*, University of California Press, 2006, pp. 202-205.

[2] [英]阿德里安·戈兹沃西：《以罗马之名：缔造罗马伟业的将军们》，敖子冲译，广东旅游出版社2022年版，第114页。

[3] [英]安东尼·艾福瑞特：《罗马的崛起：帝国的建立》，翁嘉声译，中信出版社2019年版，第177页。

[4] Shirley Jackson Case, "Religion and War in the Graeco-Roman World", *The American Journal of Theology*, Vol. 19, Issue 2, 1915, p. 179.

第一章 希腊罗马世界的宗教与战争

在古罗马那样等同于战争。"[1]罗马的军营宗教和民间宗教略有差异,除了战神玛尔斯的崇拜者尤其多,军人也为无数人格化的抽象事物建起了祭坛,如胜利神、命运神、荣耀神、美德神、忠诚神、纪律神、土地神、校场神、军营神等,"军人的宗教、纪律、荣誉构成了一个三角,而宗教将其余两者联系在了一起。"[2]宗教对于罗马军队的整体士气和良好的精神状态至关重要。于将军而言,打胜仗不仅意味着荣耀与战利品,而且有了与神更接近的机会,例如在凯旋仪式上装扮成朱庇特(Jupiter)神像的样子,一路行进至卡皮托里尼三神[3]神庙(Temple of the Capitoline Triad),在献祭仪式上以金色的绳子勒毙敌军将领作为对神祇赐予胜利的感谢。于士兵而言,宗教贯穿其生活的始终,不仅许多日常训练都围绕着某些宗教仪式展开,行军、打仗、升迁等也都涉及向神祇的祈祷和祭拜。总之,"罗马所有的战争都始于并终于宗教仪式"。[4]发动战争前向罗马的神明祈祷、得到神明的许可和保佑极其重要,[5]罗

---

[1] John F. Shean, *Soldiering for God*: *Christianity and the Roman Army*, Brill, 2010, p.4.

[2] [德]汉斯·德尔布吕克:《战争艺术史:蛮族入侵》,姜昊骞译,世界图书出版有限公司北京分公司2021年版,第85页。

[3] 即朱庇特、朱诺(Juno)和密涅瓦(Minerva)。

[4] John F. Shean, *Soldiering for God*: *Christianity and the Roman Army*, Brill, 2010, p.37.

[5] 例如,大战在即之时,皇帝作为大祭司长(*pontifex maximus*),将圆形的祭饼(*popanum*)放入祭坛的火焰中,与此同时,在军营防御土墙外举行的祭祀仪式(*suovetaurilia*)上,还要向战神玛尔斯献祭公牛、公羊和公猪各一头,以让部队将士得到净化,并确保罗马神明的保佑。参见[英]阿德里安·戈兹沃西:《以罗马之名:缔造罗马伟业的将军们》,敖子冲译,广东旅游出版社2022年版,第405页。

马处于劣势时尤其如此，[1]罗马人甚至还会与敌人的神明交流，使其不再庇护敌人。[2]战争进行期间也得时刻注意可能的神谕并采取相应的行动，[3]战争结束后更须及时向神明献上祭品或者修建神庙以表虔诚和感谢。罗马人深信国家的繁荣和战场的胜利有赖于众神对罗马的眷顾，因此，必须小心翼翼地进行探知神明旨意、安抚神明不悦、最终取悦神明的宗教仪式，确保博得众神的青睐，永续国祚。不仅如此，战争的正义性与神明的庇佑相辅相成，互相加强，"罗马人能够说服自己相信几乎所有他们发动的战争都是正义的——对罗马人来说，几乎持续不断的胜利证明着他们与众神之间有特殊联系……罗

---

[1] 例如，第二次布匿战争开始后，仅前两年就已经使罗马损失惨重，罗马及其盟邦至少伤亡10万人，超过了适合服役人口的10%，而罗马政治精英阶层伤亡尤为严重，元老院至少有三分之一的成员战死沙场，其余也大多失去了一些家族成员，整个罗马岌岌可危。因此，罗马人"向著名的阿波罗神谕寻求指引，询问罗马人应怎样重新获得众神的垂爱，以及罗马整个民族能否度过最近的灾难。"参见［英］阿德里安·戈兹沃西：《布匿战争：罗马、迦太基与地中海霸权的争夺》，李小迟译，广东旅游出版社2022年版，第260—263页。

[2] 例如，公元前146年第三次布匿战争即将结束时，围攻迦太基三年之久的罗马军队在进行最后的进攻之前，罗马的将领"小西庇阿进行'唤神'（evocatio）仪式……劝诱腓尼基神明放弃它们现在的神庙，迁移到罗马的新家。迦太基现在变成没有神明保佑的社群，可以对其施加任何折磨。"参见［英］安东尼·艾福瑞特：《罗马的崛起：帝国的建立》，翁嘉声译，中信出版社2019年版，第349页。

[3] 例如，公元前168年6月21日的皮德纳战役中，当晚出现了月食，这于对阵的罗马和马其顿两军而言都是震撼性的预兆。罗马统帅保卢斯在月亮重新出现时献祭了11头小母牛，黎明时又向赫拉克勒斯献祭公牛。罗马人一直检查到第21头公牛时才得到预兆，显示胜利将属于采取守势的一方。罗马军队如此行事，后来大胜。当然，以现在的眼光看，罗马神明不大可能对罗马军队获胜起到决定性的作用，在此例中，罗马获胜主要归功于战术体系的灵活性。参见［英］阿德里安·戈兹沃西：《以罗马之名：缔造罗马伟业的将军们》，敖子冲译，广东旅游出版社2022年版，第92—100页。

马人重视行为中的公正和信义,但这不是为了尊重他人的权利,而是因为相信这才是正确的做法,且有助于维持与神明的恰当的关系。"[1]

四、"祭司团法"和罗马战争的法律维度

罗马人对宣战仪式和程序十分执着并以此闻名。"敌对行动开始之前要不要宣战很大程度上是欧洲文明的一个问题……当然,非欧洲国家的实践中,宣战和类似宣战的程序或仪式也普遍存在,但欧洲历史中特别强调合乎要求地(properly)宣战主要是由于罗马文化的影响。"[2]罗马有一类被称为"祭司团员"(*fetiales*)的特殊教士,负责通过复杂的宗教仪式和法律程序来判断外国有没有违反其对罗马的义务、有没有不公正地对待罗马,并因此宣布罗马和敌人之间的战争与和平。在交涉战争与和平事宜的过程中,祭司团员还会充当使者或大使,参与条约的谈判、缔结并以宗教程序保障条约的效力,相应的规则因其使用主体而得名"祭司团法"(*ius fetiale*)或意译为"关于宣战和缔约的法律"。[3]根据此法,受到损害(*iniuria*)后寻求救济(*rerum repetitio*)无果是发动正义战争的必要条件之一,而无论是西塞罗还是近代国际法先驱真提利(Alberico Gentili,1552年—1608年),都认为祭司团法及其正义战争程

---

[1] [英]阿德里安·戈兹沃西:《罗马和平:古代地中海世界的暴力、征服与和平》,薛靖恺译,广东旅游出版社2022年版,第458—459页。

[2] Frederic J. Baumgartner, *Declaring War in Early Modern Europe*, Palgrave Macmillan, 2011, p. 5.

[3] Coleman Phillipson, *The International Law and Custom of Ancient Greece and Rome*, Vol. 2, Mac-Millan and Co., Limited, 1911, p. 315.

序的效力源于自然法,恢复财产时尤其如此。[1]古罗马历史学家李维(Titus Livius,公元前59年—公元17年)的《罗马史》多处提及祭司团员,很可能是对祭司团制度最早、最细致的描述。根据他的记载,祭司团制度并非源自罗马,而是王政时期第四任国王安古斯·马奇路斯(Ancus Marcius,公元前678年—前617年)从古国阿奎科里(Aequicoli)[2]借鉴和移植而来。具体的做法是祭司团员进入敌人领土,宣称自己是罗马人民的使者并已得到正当授权,告知敌人罗马的要求并要求对方在33天内予以满足,提出要求时祭司团员会向朱庇特和其他罗马众神庄严起誓,保证罗马有正当的控诉理由,如果罗马的理由不正当或者正当理由不存在,罗马甘愿接受众神的惩罚。如果到期后对方并未满足罗马的要求,祭司团员会返回罗马向元老院报告此事,根据最终做出的正式决定,祭司团员会带着矛头涂血的长矛再次前往敌人的边境,在至少三个成年男子的见证下宣战,然后将长矛掷入敌人领土以示战争开始。[3]李维还详细描述了罗马与阿尔班(Alban)通过彼此的祭司团员进行的缔约仪式和程序,负责以誓言对条约进行宗教批准的祭司团员有专门称呼(pater patratus),双方向朱庇特起誓会善

---

[1] Benedict Kingsbury and Benjamin Straumann, "Introduction: Roman Wars and Roman Laws", in Alberico Gentili, Benedict Kingsbury and Benjamin Straumann eds., *The Wars of the Romans, A Critical Edition and Translation of De Armis Romanis*, trans. by David Lupher, Oxford University Press, 2011, p. xv.

[2] 又作"Aequiculi"或"Aequi"。

[3] Livy, *History of Rome*, Book 1, Chapter 32, available at http://www.perseus.tufts.edu/hopper/text?doc=Perseus:text:1999.02.0026:book=1, last visited on 2022-04-06.

意履行条约,并请求朱庇特严惩违约一方。[1]可见,祭司团是"半政治化的教士团体",而通过祭司团员宣战和缔约本质上具有强烈的宗教色彩。[2]

通过祭司团员宣战首先需要交战方都有祭司团员、都了解这种制度,所祈求的神也是同样的,换言之,祭司团制度是地域性的。李维就特意指出,通过祭司团员提出要求和宣战仪式是公元前6世纪拉丁人的做法,拉丁人的后代也沿用了这个习惯。[3]当罗马的疆域不断扩大,超出了拉齐奥(Latium)地区[4]后,罗马的敌人对祭司团制度闻所未闻,也不可能有祭司团员,这导致罗马的祭司团员没有接触的对象。不仅如此,敌人的土地可能在大洋彼岸或路途遥远,对于罗马的祭司团员来说,举行宣战仪式虽说不是不可能,但将会非常困难。这在罗马史料中有一个生动的例子。公元前281年,罗马开始与伊庇鲁斯国王皮洛士(Pyrrhus of Epirus)争战,而罗马与伊庇鲁斯之间隔着爱奥尼亚海,罗马只能跨海作战(transmarinum bellum),战争之前的宣战仪式如何执行成为难以解决的问题,因为罗马的祭司团首领显然无法将矛掷入大洋彼岸的敌人领土。

---

[1] Livy, *History of Rome*, Book 1, Chapter 24, available at http://www.perseus.tufts.edu/hopper/text?doc=Perseus:text:1999.02.0026:book=1, last visited on 2022-04-06.

[2] Dorrance Stinchfield White, "The Attitude of the Romans toward Peace and War", *The Classical Journal*, Vol. 31, No. 8, 1936, p. 473.

[3] Livy, *History of Rome*, Book 1, Chapter 32, available at http://www.perseus.tufts.edu/hopper/text?doc=Perseus:text:1999.02.0026:book=1, last visited on 2022-04-06.

[4] 该词也被音译为"拉丁姆",意大利语是 *Lazio*,这个地区指现在意大利的中西部地区,是古罗马建城并逐步强盛走向帝国的地方,由于意大利设有拉齐奥大区,此处取"拉齐奥"的译名。

4世纪的拉丁语文法学家塞尔维乌斯（Maurus Servius Honoratus）对维吉尔作品《埃涅阿斯纪》（The Aeneid）所作的注释中提及这一事件，根据他的记载，罗马人的解决办法是强迫被俘的皮洛士的士兵在罗马的弗拉米尼乌斯广场（Circus Flaminius）附近买一小块地，祭司团首领宣布交战原因后将矛掷入这块地，就好像将矛掷入敌人的领土一样（quasi in hostili loco），从而完成宣战仪式。罗马人对宣战仪式的执着可见一斑，就算没有进行仪式的条件，也要想方设法创造条件去实现，哪怕实际上显得有些荒谬，甚至颇为功利和玩世不恭。除了宣战方式的变化，李维笔下负责以誓言对条约进行宗教批准的祭司团员此时已被视为祭司团首领/团长，他前往敌国边界庄严、清楚地宣告罗马人进行战争的具体原因也有了专门术语（clarigatio），塞尔维乌斯对祭司团宣战仪式的其他描述则与李维的叙述基本一致。[1]

如上所述，罗马版图的扩大实际上导致了祭司团制度逐渐消亡，在宣战事宜上，使者或特使取代了祭司团员。公元前3世纪中期的标准做法是，如果敌人没有满足罗马的要求，元老院的特使就前往敌人的边界宣读宣战书。凯撒（公元前100年—前44年）时期的祭司团员已经不再具有宣战的职能，而且可能已经消失，奥古斯都则开创了罗马史上由皇帝本人在自己的领土内宣战的先例，公元178年马可·奥勒留（Marcus Aurelius）向马克曼尼王国（Marcomanni）宣战是史料最后一

---

[1] Maurus Servius Honoratus, *Commentary on the Aeneid of Vergil*, 9.52, available at https://www.perseus.tufts.edu/hopper/text?doc=Perseus%3Atext%3A1999.02.0053%3Abook%3D9%3Acard%3D47, last visited on 2022-04-06.

第一章 希腊罗马世界的宗教与战争

次提及祭司团员投掷涂血长矛的宣战仪式。[1]但是，罗马人继续坚持严格、正式的宣战仪式，因为在罗马人看来，战争是神圣的活动，只有宣战才能让战争具有合法性和正义性。一方面，宣战使得交战方成为正式的敌人，用现在的术语表达就是成为合法的战斗员、具有合法使用武力的权利。如古罗马法学家乌尔比安（*Domitius Ulpian*，约170年—228年）所言："敌人（*hostes*）是指向罗马人民公开宣战或罗马人民向其公开宣战的人，除此以外的其他人则被称为匪徒或强盗（*latrunculi vel pradones*）。"[2]另一方面，战争正义与否也取决于宣战与否，罗马共和国晚期的哲学家、政治家西塞罗在其著述中就多次提到宣战和战争正义性的联系："一切未经通告和宣布的战争都被视为不正义的和不洁的"，"任何战争都不可能是正义的，若没有事先声明，事先宣布，为了补偿遭受的损失"，"战争的正义性曾经由罗马人民的随军祭司法作了严格的规定。由此可以理解，除非事先提出要求或者预先通知和宣布进行战争，否则任何战争都不是公正的。"[3]

不宣而战不仅意味着不合法、不正义，也意味着对神不敬、没有取得神的许可和保佑，是大不韪。例如，363年罗马帝国皇帝尤里安（*Flavius Claudius Iulianus*/Julian，331年—363年）在与波斯的战争中战死，就有罗马人认为这是他没有遵

---

[1] Frederic J. Baumgartner, *Declaring War in Early Modern Europe*, Palgrave Macmillan, 2011, pp. 13-15.

[2] Balthazar Ayala, *Three Books on the Law of War and on the Duties Connected With War and on Military Discipline*, Vol. II, trans. by John Pawley Bate, Carnegie Institution of Washington, 1912, p. 22.

[3] [古罗马] 西塞罗：《西塞罗文集·政治学卷》，王焕生译，中央编译出版社2009年版，第65、106、339页。

守包括宣战在内的古代传统，冒犯了神的后果。[1]如果从宣战和战争正义性的紧密联系来看，那就很容易理解罗马人对宣战仪式为何如此执着：罗马人总能找到正当理由去宣战，而事先宣布的战争永远都是正义战争，一旦正义战争的程序要求得以满足，进行战争就不受任何限制了。从根本上说，"罗马宣战的核心是要求赔偿，而罗马的对手不满足要求的话就使得这些战争成为正义战争了。但是，尽管罗马的文献大谈这些要求是如何做出、告知和被拒的，却从未回答这些要求本身是否正义的问题。"[2]正如古罗马基督教作家拉克坦提乌斯（Lactantius，240年—320年）所精辟总结的，"功利（utility）和正义之间究竟存在多大差距，罗马人民自己的正义学说就能说明。他们通过祭司团员宣布战争，以法律形式伤害他人，一向觊觎并侵夺他人的财产，从而将整个世界占为己有。"[3]

祭司团法有很强的工具主义色彩，满足的是罗马人在战争问题上对自己的宗教、法律和道德要求，但这些要求具体是怎么提出的、得以满足的条件和程度如何，都是罗马人自己决定的。[4]祭司团的宣战仪式形成并体现了罗马的"正义和虔诚"（just and pious）的战争观念，战争之所以是正义的，是因为罗马众神对罗马控诉理由的正当性（justness）做出了见证并

[1] Frederic J. Baumgartner, *Declaring War in Early Modern Europe*, Palgrave Macmillan, 2011, p. 15.

[2] Clifford Ando, *Law, Language, and Empire in the Roman Tradition*, University of Pennsylvania Press, 2011, p. 38.

[3] Lactantius, *The Divine Institutes*, *Book VI Of True Worship*, *Chapter 9 Of the Law and Precept of God*; *Of Mercy, and the Error of the Philosophers*, available at https://www.newadvent.org/fathers/07016.htm, last visited on 2022-04-13.

[4] Clifford Ando, *Law, Language, and Empire in the Roman Tradition*, University of Pennsylvania Press, 2011, p. 60.

第一章 希腊罗马世界的宗教与战争

有相应的惩罚予以保证。根据祭司团法,侵犯了罗马统治、侵犯了罗马使者、违反了条约、友好国家支持罗马的敌人这四种情形下,罗马发动的战争是正义战争。而战争之所以虔诚,是因为如果罗马开战的理由不正当或者不存在,罗马人作为虔诚的信徒甘愿接受罗马众神的诅咒和惩罚,直接后果和证明就是罗马战败。"正义和虔诚"的战争观念源自罗马的原始宗教,但后来,基督教化的罗马帝国采用和改编了这种异教(pagan)的战争观念,由此形成了基督教的正义战争学说。"正义和虔诚"的战争观念的基督教化不仅是其自身历史上的重大事件,对基督教世界(Christendom)关于战争的认识和思考也有着十分深远的影响,而且延续至今。[1]

除了高度仪式化的宣战程序,俘获的人员和财产也是罗马战争中最受关注的问题之一,在当时的战争中,除了割地和赔款,战利品、俘虏以及赎金问题同样是衡量胜利与失败的重要标准。例如,第三次马其顿战争(公元前171年—前168年)之后,为了犒赏将士、夸耀胜利,罗马执政官自伊庇鲁斯各城中抓捕了15万人作为奴隶出售。[2]"对于罗马的军团士兵来说,除了强烈的爱国热情,刺激他们奋勇作战的同样还有对战利品的渴望。元老院也指望战败的敌人支付至少一部分己方的战争消耗",虽然士兵可以在通过战利品以及将战俘卖为奴隶所获的财富中分一杯羹,但大部分财富都流向了统帅及其家族,这些巨额财富也是角斗士竞赛等公共娱乐项目和长方形会

---

[1] Meyer Michael and McCoubrey Hilaire eds., *Reflections on Law and Armed Conflicts: The Selected Works on the Laws of War by the Late Professor Colonel G. I. A. D. Draper*, *OBE*, Brill, 1998, pp. 5-6.

[2] [英]阿德里安·戈兹沃西:《罗马和平:古代地中海世界的暴力、征服与和平》,薛靖恺译,广东旅游出版社2022年版,第159页。

堂（basilica）、神庙和引水渠等纪念性、公共建筑的资金来源，这些拥有军事指挥权的元老们以此纪念自己的成就，并为自己和家族成员在未来的选举中加分。[1]正是因为战利品在罗马的战争中一直十分重要，罗马法中才有"俘获法"（law of capture）一说，并按调整对象分为财产和人员两部分，财产又根据不动产和动产之分有不同的待遇，人员则按照是否为罗马公民而有不同的规定。对罗马人而言，敌方的财产如同大自然里的动物一样被视为无主物（res nullius），被征服的土地成为国家财产，不过惯上原业主可以部分甚至全部保留之前的土地，但需要永久缴纳土地税，而敌方的其他财产或是成为俘获者的个人财产，或是作为整体战利品，在上交国库和/或献给众神后按照军衔分发。[2]罗马人将俘获的人员视为战利品，是"物"而不是"人"，虽然偶有遣返或交换战俘的行为，但这并非受到某种具有约束力的规则驱使，而是出于政治或策略的需要。[3]俘获的人员一般当作奴隶，但有两个条件和两个例外：只有在公开宣战的战争（即正义战争）中俘获的人员才能作为奴隶，只有在将其带往俘获一方军营时才能成为奴隶，即处于"完全控制"（intra praesidia）的状态下；而罗马内战中的交战方不是"正式的敌人"，因此战俘不能作为奴隶，另外，如果罗马人还没处于"完全控制"状态下，则继续享有公民权。根据罗马法，处于"完全控制"状态下的人

---

[1] [英]阿德里安·戈兹沃西：《布匿战争：罗马、迦太基与地中海霸权的争夺》，李小迟译，广东旅游出版社2022年版，第312、398页。

[2] Percy Bordwell, *The Law of War between Belligerents: A History and Commentary*, Callaghan & Co., 1908, p.9.

[3] 朱路：《论国际法中战俘制度的发展及其当代挑战》，载《法学评论》2014年第2期。

第一章 希腊罗马世界的宗教与战争

被视为死亡，其公民权和财产权均被中止，[1] 而一旦从敌方逃脱返回，这些权利便会恢复。调整这些事宜的法律即归复法（law of reverter/*postlimium*），其实质是将因罗马人被俘而导致的权利绝对丧失改为权利的暂时中止。根据归复法，罗马人被俘期间所做的遗嘱无效，但如果在被俘期间死亡，则被视为以罗马公民的身份死亡，以便其继承者继承遗产。归复法适用于土地、奴隶、战船和马，但由于这些类别是特意提及的，归复法可能并不一般适用于所有财产。实际上，罗马法学家对归复法的论述细致程度超过任何其他战争法规则，而归复法对战争法的主要影响在于确立军事占领的土地归属原则，即不等战争正式结束（conclusion of war），交战方对其夺取的领土不能具有和原有领土同等的权利。[2] 归复法既有国际法的元素，也涉及罗马私法，但归复法并不适用于所有被俘的罗马人，逃兵、主动投敌之人等不在其保护之列。[3]

可见，罗马公民身份对于战俘的命运具有决定性：如果交战方都是罗马人，即在罗马内战的情境下，战俘不可能成为奴隶；如果罗马公民被匪徒俘虏，因为被俘过程并非发生在战争中，公民身份仍然得以保留；只有在罗马人对外部敌人即所谓"蛮族"的战争中，战俘才能成为奴隶，而如果罗马人成了外部敌人的奴隶，还有归复法可以保障被俘罗马人在罗马法中的权利。虽然一般而言，成为罗马人的奴隶可以活命，但许多人

---

[1] Aaron X. Fellmeth and Maurice Horwitz, *Guide to Latin in International Law*, Oxford University Press, 2009, p. 143.

[2] Percy Bordwell, *The Law of War between Belligerents: A History and Commentary*, Callaghan & Co., 1908, p. 11.

[3] Coleman Phillipson, *The International Law and Custom of Ancient Greece and Rome*, Vol. 2, Mac-Millan and Co., Limited, 1911, pp. 267-268.

也继而成为罗马竞技场上的角斗士,所以死亡仅仅是被推迟了而已。

当然,史料中关于罗马的战争和战争正义性的记载不一定完全可靠,一是留存至今的几乎都是罗马的史料,而不是迦太基人的记载,罗马人有理由和动机美化其行为和历史,"历史往往是由胜利者书写的,而当失败者被彻底消灭时,这种情况就会变得更为极端";二是"古希腊和罗马史家的写作宗旨与现代史学家大相径庭",古代的史学传统将历史作为一种文学形式,允许和鼓励进行恰当的虚构和发挥;[1]三是史料中的记载也分为事实和观点,要判断哪些是纯粹对事情的描述、哪些是附加的观点并不容易,何况事实和观点也都可能存在虚假的成分。古罗马著名基督教神学家和哲学家德尔图良(Tertullianus,约160年—约225年)也坦承,"战争和胜利都是以对许多城市的占领和毁坏为基础的。这些行为必然包含对神明的亵渎,毁坏城墙和庙宇是这样,屠杀市民和祭司是这样,抢劫祭神的或世俗的财物也是这样。因此,罗马人有多少战争胜利纪念品,便就有多少次亵渎行为;有多少次征服其他民族的胜利凯旋,便就有多少次对神明的亵渎;至今保存着多少被掳来的神像,便获得过多少战争掳获物。"[2]罗马人关于战争不能自圆其说的记载中,最著名的当数公元前321年罗马人与萨莫奈人(Samnite)之间的卡夫丁峡谷战役(Battle of Caudine Forks)。罗马人指责萨莫奈人以诡计打败罗马军队,不仅用

---

[1] [英]阿德里安·戈兹沃西:《布匿战争:罗马、迦太基与地中海霸权的争夺》,李小迟译,广东旅游出版社2022年版,第10—11页。

[2] [古罗马]西塞罗:《西塞罗文集·政治学卷》,王焕生译,中央编译出版社2009年版,第97页。

第一章 希腊罗马世界的宗教与战争

"轭门"这种投降仪式羞辱罗马军队,还背信弃义,不接受两方达成的"口头契约"(sponsio)。然而整个事件疑点重重,有足够的理由认为罗马官方的说法与实际发生的并不相符。尽管细节无法厘清,但"可以确定的是罗马在卡夫丁峡谷遭受过一场灾难级的军事挫败","罗马人在卡夫丁峡谷的挫败及其后续充分提醒我们,无论罗马人崇高的原则是什么,假如有必要的话,他们还是会做出苟且自利的行为",而"战争以其绝对强权,会将每件事调整得对胜利者有利,经常会使某些人行背弃正义之事,却获正义之名。"[1]真提利在其著作《罗马人的战争》(De armis Romanis)中从正反两方面对罗马战争是否正义进行了详细的讨论,[2]意在为帝国内关系和国际关系中规范的内容、适用性和有效性提供明确的法律解答,他更支持罗马战争正义性之说,其辩护的关键理由就是罗马帝国提供的不仅是"教化的和平"(civilizing peace),最重要的是,还有高质量和持久的法律体系带来的优势。[3]尽管真提利或多或少地认为罗马文献中描述的战争正义性的概念和制度框架确有其事,特别是宣布进行正义的战争和缔结公平的条约等问题,但也承认这些都易受操纵,罗马人常常公然以自利的方式使用

---

[1] [英]安东尼·艾福瑞特:《罗马的崛起:帝国的建立》,翁嘉声译,中信出版社 2019 年版,第 143—148 页。

[2] 这本书由两部分组成,全本于 1599 年首次出版。第一部分名为"对罗马战争非正义性的控告",分 13 章,第二部分名为"为罗马战争正义性的辩护",也分 13 章,对第一部分中的观点逐章进行了反驳。

[3] Benedict Kingsbury and Benjamin Straumann, "Introduction: Roman Wars and Roman Laws", in Alberico Gentili, Benedict Kingsbury and Benjamin Straumann eds., *The Wars of the Romans*, *A Critical Edition and Translation of De Armis Romanis*, trans. by David Lupher, Oxford University Press, 2011, p. xviii.

这些语言和规则。[1]总之,"罗马人精明巧慧,尽管经常对别人多加谴责,却相当愿意只遵守法律的字面意思,而非其背后的真正精神。"[2]即便是罗马的海外扩张,许多罗马人也坚持认为是一系列正义战争的结果,根本不是侵略,因为这些战争得到了神明的必要支持,或是出于自卫,或是为了保护盟友,而盟友常常向罗马求助。[3]

第二节 基督教和罗马帝国

基督教是世界主要宗教之一,但原始基督教最初只是犹太教内部的一个异端派系、一个地方性宗教,其传播范围只局限于耶路撒冷,后来进入巴勒斯坦地区,再扩散至环地中海区域。当基督教开始在环地中海地区传播时,它首先面临的是横跨亚洲、欧洲、非洲并称霸地中海的庞大罗马帝国,如何在罗马帝国的政治、文化和社会关系中存在和发展,是这一时期基督教的核心问题。罗马本有自己的原始宗教,基督教后来取而代之成为新的帝国宗教,使得基督教对战争问题的看法产生了巨大的影响力,对于其后千百年间战争惯例和法规的形成和发展也有着直接影响。

---

[1] Clifford Ando, *Law, Language, and Empire in the Roman Tradition*, University of Pennsylvania Press, 2011, p. 38.

[2] [英]安东尼·艾福瑞特:《罗马的崛起:帝国的建立》,翁嘉声译,中信出版社2019年版,第177页。

[3] [英]玛丽·比尔德:《罗马元老院与人民:一部古罗马史》,王晨译,民主与建设出版社2018年版,第188—189页。

第一章　希腊罗马世界的宗教与战争

一、《旧约》和《新约》中的战争叙事

基督教有所谓"两希起源"，即希伯来文化和希腊文化，其圣教历史和道德观念主要来自希伯来文化，神学和哲学概念主要来自希腊文化。基督教起初只是犹太人传统聚居地犹地亚（Judaea）地区[1]的一种隐秘的犹太宗教，虽然脱胎于犹太教，但基督教教义与犹太传统差异极大，不仅犹太教与基督教分歧巨大，犹太教本身也是派系林立，三个主要宗教派别法利赛派、撒都该派和艾赛尼派在大部分问题上都意见不一，而且"正统犹太教自从耶路撒冷陷落后变得越发正统化和越发狭隘了。公元一世纪以后……基督教和犹太教处于一种彻底敌对和形式上的关系之中。"[2]从犹太教正统派观点看，基督教本质上是反犹主义的，而从基督教正统派观点看，犹太教本质上是反基督的温床。[3]公元前4年，大希律王死后，犹地亚成为罗马直接控制的行省，这引起了犹太人的反叛，也被罗马人残酷镇压。不过，相比罗马的其他行省，犹地亚既不起眼也不重要，以至于这里的长官不是元老而是有着长官头衔的骑士，到公元40年左右这一头衔变成经管官（procurator）。对于信奉多神教的罗马人而言，犹太人和后来的基督徒都"非常乖戾，和无神论者差不多"，所以犹地亚贵族即使获得罗马公民的身

---

[1] 中文也音译为"犹地阿"，古语地名，如今位于巴勒斯坦中部，主要城市有耶路撒冷和希伯仑。
[2] [英]罗素：《西方哲学史》（上卷），何兆武、李约瑟译，商务印书馆1963年版，第399—400页。
[3] Norman Davies, *Europe: A History*, Harper Perennial, 1998, p. 197.

份,也会因宗教禁忌而在罗马帝国受到打压和排挤。[1]但相比基督教,犹太教"道德上无可反对"而且"政治上无害",因此,"贯穿罗马对待犹太人的整个历史的主线是宽容以及将犹太教作为宗教加以保护。"[2]

因为基督教和犹太教的敌对关系,2世纪,基督教会中就有人试图斩断基督教与犹太教之间的渊源并将犹太教经典《旧约》从《圣经》中删除,其中最著名的是被教会称为"基督教有史以来最危险的敌人"主教马西昂[3](Marcion,约85年—约160年),他宣称《旧约》中沾满血的神不是基督教的神,但斩断这个历史根源,"耶稣就成为一个莫名其妙的人物了,他来做什么?如果没有亚当、夏娃犯下的原罪,基督耶稣的救赎还有什么意义呢?"[4]所以,基督教保留了《旧约》,但大幅改造了圣教历史,这从《旧约》和《新约》对战争的记载和态度便可见一斑。

作为摩西代表犹太人与上帝订立的和约,《旧约》频频提及战争和杀戮。《民数记》中记载以色列人出埃及地后,耶和华在西奈的旷野晓谕摩西数点计算"二十岁以外,能出去打仗的"所有男丁,并详细列举了"摩西、亚伦,和以色列中十二个首领"能够提供的能出去打仗的男丁数量,"共有六十

---

[1] [英]阿德里安·戈兹沃西:《以罗马之名:缔造罗马伟业的将军们》,敖子冲译,广东旅游出版社2022年版,第362—363页。

[2] E. Mary Smallwood, *The Jews under Roman Rule*: *From Pompey to Diocletian*, Brill, 1976, p.539.

[3] 又译"马吉安",其自立的马西昂派是第一个被基督教会判为异端的派别。马西昂还创建了与罗马教会平行的教会组织并自封主教。

[4] 赵林:《基督教与西方文化》,商务印书馆2013年版,第53页。

第一章　希腊罗马世界的宗教与战争

万零三千五百五十名"，[1]可见战争是《旧约》中的重要主题。《民数记》还以大量细节记载了以色列人攻打米甸人的战况，"以色列众支派中，每支派要打发一千人去打仗"，共一万二千人"与米甸人打仗，杀了所有的男丁"，包括"米甸的五王"，以色列人还"掳了米甸人的妇女孩子，并将他们的牲畜，羊群，和所有的财物都夺了来，当作掳物，又用火焚烧他们所住的城邑和所有的营寨，把一切所夺的，所掳的，连人带牲畜都带了去"，所掳来的人、羊、牛、驴、金子等的具体数量均一一列明。[2]战争对《旧约》之所以重要，可从摩西对不愿打仗、不愿过约旦河的迦得子孙和流便子孙所说的话中找到答案。摩西认为，不打仗的行为"使以色列人灰心丧胆"，不仅"使耶和华向以色列大发烈怒"，而且还会导致耶和华"把以色列人撇在旷野……使这众民灭亡"，因此，"所有带兵器的人都要在耶和华面前过约旦河，等他赶出他的仇敌，那地被耶和华制伏了，然后你们可以回来，向耶和华和以色列才为无罪，这地也必在耶和华面前归你们为业。倘若你们不这样行，就得罪耶和华，要知道你们的罪必追上你们。"也正是听闻此言，"迦得子孙和流便子孙回答说，耶和华怎样吩咐仆人，仆人就怎样行。"[3]

《旧约》中也不乏屠城的记载。以色列人还在约旦河东岸时就已经进行过两次屠城，第一次是与希实本王西宏作战，"夺了他的一切城邑，将有人烟的各城，连女人带孩子，尽都毁灭，没有留下一个。惟有牲畜和所夺的各城，并其中的财

---

[1]《民数记》中文和合本第1章，第3、44、45段。
[2]《民数记》中文和合本第31章，第4—52段。
[3]《民数记》中文和合本第32章，第9—31段。

物,都取为自己的掠物",[1]第二次是与巴珊王噩作战,"把有人烟的各城,连女人带孩子,尽都毁灭。惟有一切牲畜和城中的财物都取为自己的掠物。"[2]在旷野漂泊四十年结束前,耶和华谕告摩西,"你必要用刀杀那城里的居民,把城里所有的,连牲畜,都用刀杀尽。你从那城里所夺的财物都要堆积在街市上,用火将城和其内所夺的财物都在耶和华你神面前烧尽。那城就永为荒堆,不可再建造。"[3]摩西死在摩押地后,他的帮手约书亚接替成为耶和华的仆人,既然耶和华已经下令屠城,甚至将财物都要烧尽,约书亚就可以放心地大开杀戒了。在摩西五经结束的地方,以色列人来到约旦河东岸,对岸便是上帝许诺给亚伯拉罕子孙的"流着奶与蜜之地"的迦南,即今天的巴勒斯坦,然而以色列人心中这块"故土",却已经遍布着成千上万的迦南人。在《圣经》叙述中,迦南人视这些上帝的选民为入侵的外敌,而以色列人则认为迦南人是拜邪神、占据应许之地的非法住民,以色列人必须用刀剑来夺回属于自己的土地。《约书亚记》所记载的就是经过四十年的旷野漂泊、完成更新换代、受到自由熏习的新民,渡河、征战、攻城略地、武装殖民的全过程。[4]

《约书亚记》记载了以色列人对迦南人的多次屠城,是《旧约》中最血腥的一卷。约书亚渡过约旦河后攻陷的第一座迦南大城是耶利哥,这是他进行的第一次屠城,也因其中的宗

---

[1] 《申命记》中文和合本第2章,第34—35段。
[2] 《申命记》中文和合本第3章,第6—7段。
[3] 《申命记》中文和合本第13章,第15—16段。
[4] 高峰枫:《〈圣经〉与暴力(上):〈旧约〉中的"杀绝净尽"》,载 https://www.thepaper.cn/newsDetail_forward_7101856,最后访问日期:2021年8月27日。

教仪式而十分著名。"七个祭司拿七个羊角在耶和华的约柜前,时常行走吹角。带兵器的在他们前面走,后队随着耶和华的约柜行。祭司一面走一面吹",如此这般进行了七天,到了第七天,约书亚命令士兵一齐呼喊,除了保护以色列密探的妓女喇合一家,"这城和其中所有的都要在耶和华面前毁灭","惟有金子,银子,和铜铁的器皿都要归耶和华为圣,必入耶和华的库中。"于是祭司吹响号角,众人大声呼喊,耶利哥的城墙轰然倒塌,以色列人"往前直上,将城夺取。又将城中所有的,不拘男女老少,牛羊和驴,都用刀杀尽。众人就用火将城和其中所有的焚烧了。惟有金子,银子,和铜铁的器皿都放在耶和华殿的库中。"[1]攻陷耶利哥之后,约书亚又派遣三万大军在艾城城外设伏,他自带一支人马攻城,诈败将艾城守军引出,"撇了敞开的城门,去追赶以色列人",结果"伏兵就从埋伏的地方急忙起来,夺了城,跑进城去,放火焚烧",艾城人回头一看城中起火,但为时已晚,诈败的以色列军乘机掩杀回来,夺了城的伏兵也出城迎击艾城人,艾城人困在以色列人中间,被悉数全歼,"以色列人在田间和旷野杀尽所追赶一切艾城的居民。艾城人倒在刀下,直到灭尽。以色列众人就回到艾城,用刀杀了城中的人。当日杀毙的人,连男带女共有一万二千,就是艾城所有的人。约书亚没有收回手里所伸出来的短枪,直到把艾城的一切居民尽行杀灭。惟独城中的牲畜和财物,以色列人都取为自己的掠物,是照耶和华所吩咐约书亚的话。约书亚将艾城焚烧,使城永为高堆,荒场,直到今日。"[2]以色列人陆续攻克迦南重镇的消息传开,耶路撒冷王

---

[1]《约书亚记》中文和合本第6章。
[2]《约书亚记》中文和合本第8章。

甚为惧怕,便联合了希伯仑王、耶末王、拉吉王、伊矶伦王组成联盟攻打以色列人,但是上帝站在以色列人这边,他不仅降下大冰雹,使得"被冰雹打死的,比以色列人用刀杀死的还多",还让日月停止,"直等国民向敌人报仇"。最终,约书亚将五王杀死,然后进行了一系列的屠城。

或许是因为这些屠城过于频繁,《旧约》一改以往对待战争不吝笔墨的叙述方式,只用了十分简略、高度相似的言语一笔带过,像是在无可奈何地机械重复:"夺了玛基大,用刀击杀城中的人和王。将其中一切人口尽行杀灭,没有留下一个";攻打立拿,"用刀击杀了城中的一切人口,没有留下一个";"夺了拉吉,用刀击杀了城中的一切人口";攻打伊矶伦,"当日就夺了城,用刀击杀了城中的人";攻打希伯仑和属希伯仑的诸城邑,"用刀将城中的人与王,并那些城邑中的人口,都击杀了,没有留下一个";攻打底璧和属底璧的城邑,"用刀将这些城中的人口尽行杀灭,没有留下一个"。连续八次屠城之后,"约书亚击杀全地的人,就是山地,南地,高原,山坡的人,和那些地的诸王,没有留下一个。将凡有气息的尽行杀灭,正如耶和华以色列的神所吩咐的。"[1]然而,战争还没有结束,夏琐王耶宾组织了北方山地、东方和西方的迦南人抗击以色列人,"这些王和他们的众军都出来,人数多如海边的沙,并有许多马匹车辆",但以色列人只是又进行了一次屠城,"以色列人用刀击杀城中的人口,将他们尽行杀灭。凡有气息的没有留下一个。约书亚又用火焚烧夏琐。约书亚夺了这些王的一切城邑,擒获其中的诸王,用刀击杀他们,

---

[1]《约书亚记》中文和合本第10章。

将他们尽行杀灭……那些城邑所有的财物和牲畜,以色列人都取为自己的掠物。惟有一切人口都用刀击杀,直到杀尽。凡有气息的没有留下一个。"至此,约书亚夺得迦南全地,"于是国中太平,没有争战了。"[1]简而言之,在《旧约》中,战争是以色列人安身立命的一大手段,屠尽敌人、为耶和华报仇、进入耶和华所赐的地是遵从耶和华意志的表现,否则就可能得罪耶和华,导致以色列人不管不顾,最终走向灭亡。[2]

《旧约》虽然不厌其烦地记载了多次血腥的屠城事件,但也有些许人道保护的痕迹,主要是战俘待遇发生了明显变化。《民数记》中记载道,"你们要把一切的男孩和所有已嫁的女子都杀了。但女孩子中,凡没有出嫁,你们都可以存留她的活命。"[3]而到了《列王记》,则要求善待并遣返战俘:"不可击杀他们。就是你用刀用弓掳来的,岂可击杀他们吗?当在他们面前设摆饮食,使他们吃喝回到他们的主人那里。"[4]

作为耶稣在十字架上代表全人类与上帝订立的约,《新约》则体现出强烈的和平主义色彩,几乎没有提及战争或暴力。对待争斗和伤害,《旧约》坚持绝对的还报,强调要"以命偿命,以眼还眼,以牙还牙,以手还手,以脚还脚,以烙还

---

[1] 《约书亚记》中文和合本第11章。
[2] 尽管从人在《约书亚记》后面的《士师记》和后世考古发现来看,《约书亚记》中所载的屠城真实性值得怀疑,"但'杀绝净尽'所树立的先例和圣战模式,却仍然在历史上产生了不可逆转的影响。考古学可以证明在《旧约》历史上,约旦河西岸无战事,但后续历史中已经发生过的那些残杀,恰恰就是从这些虚构的屠城中得到了启示和榜样。"参见高峰枫:《〈圣经〉与暴力(下):圣经考古与想象的杀戮》,载 https://www.thepaper.cn/newsDetail_ forward_ 7117980,最后访问日期:2021年8月27日。
[3] 《民数记》中文和合本第31章。
[4] 《列王记下》中文和合本第6章,第22段。

烙，以伤还伤，以打还打"，[1]但《新约》则以宽恕、隐忍、友爱为基调，耶稣告诫他的门徒"不可杀人……凡杀人的，难免受审判"，向弟兄动怒或骂弟兄的，"难免受审判"或"难免地狱的火"，因此要"同弟兄和好"，同理，"告你的对头还在路上，就赶紧与他和息"。[2]最著名的例子当属耶稣对《旧约》中还报律法的直接反驳，"你们听见有话说，以眼还眼，以牙还牙。只是我告诉你们，不要与恶人作对。有人打你的右脸，连左脸也转过来由他打。"[3]总之，"要爱你们的仇敌。为那逼迫你们的祷告"，[4]"你们饶恕人的过犯，你们的天父也必饶恕你们的过犯。你们不饶恕人的过犯，你们的天父也必不饶恕你们的过犯"，[5]"这样，就可以做你们天父的儿子。"[6]耶稣显然也不支持战争，因为"民要攻打民，国要攻打国。多处必有饥荒，地震。这都是灾难的起头"，[7]所以，耶稣教导他的信徒"收刀入鞘吧。凡动刀的，必死在刀下。"[8]

从《旧约》到《新约》，基督教对待暴力和战争的态度发生了明显变化，《旧约》中耶和华是战神，而《新约》中讲述的则是"和平之君（Prince of Peace）"，早期基督教反对暴

---

[1]《出埃及记》中文和合本第 21 章，第 23—25 段。

[2]《马太福音》中文和合本第 5 章，第 21—25 段。

[3]《马太福音》中文和合本第 5 章，第 38—39 段。《路加福音》里也有类似的话，即"有人打你这边的脸，连那边的脸也由他打"，见《路加福音》中文和合本第 6 章，第 29 段。

[4]《马太福音》中文和合本第 5 章，第 44 段。

[5]《马太福音》中文和合本第 6 章，第 14—15 段。

[6]《马太福音》中文和合本第 5 章，第 45 段。

[7]《马太福音》中文和合本第 24 章，第 7—8 段。《马可福音》同样记载了这段话，见《马可福音》中文和合本第 13 章，第 8 段。

[8]《马太福音》中文和合本第 26 章，第 52 段。

力、反对战争的和平主义基调源自《新约》。"基督的学说本质上是和平的。福音书没有彻底谴责战争,但基督教教义实际上反对使用武力,在基督教的前几个世纪里,基督教神父激烈地反对战争。其中有些人认为不仅禁止信徒在自卫中使用武力,教徒甚至也不能援引最合法的理由,即国家的法律,来使用武力……任何使用武器的理由都被谴责为非正义。对他们而言,和平属于上帝,而战争属于魔鬼。"[1]随着基督教在罗马帝国的传播并最终成为新的帝国宗教,基督教截然反对战争的态度也将发生变化。

二、罗马的原始宗教和罗马帝国对基督教的迫害

城邦时期的罗马宗教多是地方性的自然崇拜,神灵与人们的日常生活关系密切,早期的罗马家庭献祭是以灶火神和谷仓神为核心的家神崇拜,市民生活以一系列保护神崇拜为核心。全盘接受希腊的奥林匹亚众神后,公元前431年,第一座阿波罗神庙在罗马落成。共和国晚期,东方神秘崇拜流行起来。[2]但到了帝国时期,罗马宗教出现了两个特点,一是继承并融合了希腊宗教的神灵系统,二是政治化程度不断加深,把罗马帝国皇帝及其家人进行神化和崇拜,形成了所谓"帝国宗教"。罗马世界中,皇帝的神明身份根据生死而有些许差异:活着的皇帝受到的待遇非常类似神明,但皇帝仍然受奥林波斯神明的保佑,并非与其平起平坐;皇帝死后,经元老院决定,就会享有祭司和神庙以及为其举行的祭祀,加入奥林波斯天神的行列

---

[1] Lothar Kotzsch, *The Concept of War in Contemporary History and International Law*, E. Droz, 1956, pp. 30-31.

[2] Norman Davies, *Europe: A History*, Harper Perennial, 1998, p. 160.

中，与神明的区别可以忽略。[1]皇帝的形象渗透到罗马公共生活的每一个方面，以至于无法想象没有他们的世界，"每一座城市都拥有献给皇帝的纪念建筑，为皇帝的健康和成功举行的祭祀活动也成为定例。重要的社区会拥有供奉罗马及其皇帝的庙宇或神殿。"[2]罗马将皇帝神化加以崇拜的做法其实只是延续了希腊传统，希腊化时代上起亚历山大统治时期（公元前336年—前323年），下至公元前30年罗马征服埃及，长达300余年，此时的希腊-马其顿世界疆域广袤，存在着众多不同的种族、文化和派系，亚历山大开创了将君主作为众神的宠儿进行神化和崇拜的先例，即使统治者从未自视为神，但他们依然可以享受传统上只属于神明的种种荣耀，基于传统宗教框架对国王的崇拜仪式迅速传遍整个希腊化世界，正是因为"被神化的统治者成为一种媒介，用以调节凡人与众神、凡人与半人半神的统治者或英雄的关系，通常对凡人和神祇都有好处。"[3]

"罗马帝国推广一种在政治、法律、文化和宗教方面相互包容的模式，而这在古代世界是前所未见的"，[4]同时，"罗马帝国在本质上是一个宗教多元化的世界。帝国的行省内部地方崇拜之多令人咋舌，其中大部分受到罗马统治者的宽

---

[1] [英]玛丽·比尔德：《罗马元老院与人民：一部古罗马史》，王晨译，民主与建设出版社2018年版，第436—437页。

[2] [英]阿德里安·戈兹沃西：《罗马和平：古代地中海世界的暴力、征服与和平》，薛靖恺译，广东旅游出版社2022年版，第309页。

[3] [英]查尔斯·弗里曼：《埃及、希腊与罗马：古代地中海文明》，李大维、刘亮译，张强审校，民主与建设出版社2020年版，第447页。

[4] [英]理查德·迈尔斯：《古代世界：追寻西方文明之源》，金国译，社会科学文献出版社2018年版，第376页。

第一章　希腊罗马世界的宗教与战争

容"。[1]这样做当然是着眼于罗马帝国的既得利益,为了取得和维持帝国的政治统一和政局稳定,通过宗教信仰不知不觉地将不同的族群联合在一起,[2]"罗马帝国让境内不同地区的臣民相信,虽然帝国的神祇有着不同的名字,但它们终究都是同样的神祇……于是,帝国各地的众多神祇被搬进了罗马万神殿",[3]宗教都保持着当地传统,罗马帝国的"世界里充满了形形色色的神明和节日,任何描述都难掩饰它们的怪异"。[4]但是,罗马的统治者"仍以其一贯对细节的注意,维持着罗马官方宗教里那种迷信和安抚神明的祭典。任何变化都不受欢迎,信守'祖宗成法'(mos maiorum)对共和国的福祉来说是根本的"。[5]这种随意融合各种宗教的不同元素的做法被称为宗教调和主义(syncretism),和帝王崇拜一起成为罗马帝国寻求宗教统一的两大主要途径,二者相辅相成,相比而言,帝

---

[1] [英]西蒙·普莱斯、[英]彼得·索恩曼:《古典欧洲的诞生:从特洛伊到奥古斯丁》,马百亮译,中信出版社2019年版,第329页。

[2] 罗马的宗教融合最著名的例子当属伊西斯(Isis)。罗马作家阿普列乌斯(Apuleius,约124年—约189年)的《金驴记》(Metammorphoses)里说,弗里吉亚人将众神之母伊西斯称为佩西努提娅(Pessinuntia),而雅典人称其为帕拉斯雅典娜(Pallas Athena),塞浦路斯人称其为维纳斯帕菲娅(Venus Paphia),凯尔特人称其为狄安娜(Diana),西西里人称其为普洛塞尔皮娜(Prosperpina),伊洛西斯人称其为克瑞斯(Ceres),其他族群则将伊西斯称为朱诺(Juno)、贝罗(Bello)、赫卡塔(Hecata)、奈麦芬(Nemefin)等。参见[美]帕特里克·格里:《民族的神话:欧洲的中世纪起源》,吕昭、杨光译,广西师范大学出版社2022年版,第69页。

[3] [美]胡斯托·L. 冈萨雷斯:《基督教史:初期教会到宗教改革前夕》(上卷),赵城艺译,上海三联书店2016年版,第20页。

[4] [英]玛丽·比尔德:《罗马元老院与人民:一部古罗马史》,王晨译,民主与建设出版社2018年版,第497页。

[5] [英]安东尼·艾福瑞:《罗马的崛起:帝国的建立》,翁嘉声译,中信出版社2019年版,第295页。

王崇拜对于罗马帝国在如此辽阔的领土上维持统治更为关键。自奥古斯都开创罗马的元首制政体以来，罗马就一直将帝王崇拜视为根基，在帝国各处，"皇帝被人们当作神灵一样崇拜着，还有许多神庙供奉他们"，罗马"帝国就恰似一块海绵，乐此不疲地吸收外国神灵，如同它侵占外国领土那样狼吞虎咽。罗马人是坚持'大帐篷政策'的多神教信仰者，欢迎所有神灵都加入他们自己传统的诸神队伍里，只要外来者也准备向'帝王崇拜'增添些许香火即可。"[1]换言之，"罗马当局将崇拜皇帝视为维系国家统一与查验臣民是否忠诚的一种手段。拒绝在皇帝像前焚香就表示叛国，至少是对皇帝不忠。"[2]

基督教能够在罗马存在的首要前提就是罗马的宽容政策。成为世界性的帝国后，外来宗教也进入罗马，只要不扰乱公共秩序，罗马就允许其存在，普通民众也不会天然地敌视陌生的宗教。但此时，基督教的传播还需要首先解决内在的障碍和束缚。最初传播基督教的人都是犹太人，早期的基督徒也都是犹太人，随着彼得奉神之命向外邦人即非犹太人传福音，许多外邦人加入了教会，受了圣灵的洗，《使徒行传》第1—12章就详细记述了彼得向外邦人传福音、被希律王捉拿，最后被天使从监狱中救走的过程。外邦人是否需要像犹太人一样"按摩西的规条受割礼"，否则就"不能得救"，[3]引发了巨大的争议，问题的关键在于外邦人是只需要接受耶稣就能得救，还是既要接受耶稣还要按照摩西律法受割礼才能得救。因此，保

---

〔1〕[英]理查德·迈尔斯：《古代世界：追寻西方文明之源》，金国译，社会科学文献出版社2018年版，第394—395页。

〔2〕[美]胡斯托·L.冈萨雷斯：《基督教史：初期教会到宗教改革前夕》（上卷），赵城艺译，上海三联书店2016年版，第21页。

〔3〕《使徒行传》中文和合本第15章，第1段。

罗、巴拿巴等人前往耶路撒冷见使徒和长老就该问题展开辩论，即著名的耶路撒冷会议（Council of Jerusalem）。在公元49年召开的这次会议上，坚持"必须给外邦人行割礼，吩咐他们遵守摩西的律法"的法利赛教门的主张没有得到支持，会议决定"不可难为那归服神的外邦人"，只"吩咐他们禁戒偶像的污秽和奸淫，并勒死的牲畜，和血"。[1]耶路撒冷会议在基督教历史上具有独一无二的地位，不仅因为它取消了外邦人必须受割礼才能信基督的要求，清除了基督教传播的障碍，而且使基督教摆脱了摩西律法的影响与束缚，为基督教神学提供了发展空间，还开创了召开大公会议的先例，使得以后教会和教徒能以会议的方式解决教义上的争论，统一立场。基督教与犹太教分道扬镳是一个重要的历史节点，因为"犹太人的神与其他任何多神崇拜的系统都是无法兼容的。对他们来说，只有一个真正的、全能的神"，[2]基督教用普世主义代替了犹太教的民族主义，向所有人敞开了信仰的大门，不分民族和种族，这就为基督教向外族、外邦传播创造了前提条件。

扫清了基督教传播的内在障碍后，在罗马帝国的宽容环境下，基督教慢慢传播开来，古罗马文献第一次提及基督教是一起著名的驱逐基督徒事件，但驱逐的原因并非针对基督徒，而是基督徒与犹太人之间的骚乱扰乱了公共秩序。根据古罗马历史学家苏维托尼乌斯（Gaius Suetonius Tranquillus，公元69年—122年）的记载，"犹太人由于在耶稣基督的蛊惑下不断地制造骚乱"而被罗马帝国的第四任皇帝克劳狄一世（Tiberius

---

[1]《使徒行传》中文和合本第15章，第2—20段。
[2][英]西蒙·普莱斯、[英]彼得·索恩曼：《古典欧洲的诞生：从特洛伊到奥古斯丁》，马百亮译，中信出版社2019年版，第329页。

Claudius Drusus Nero Germanicus）逐出罗马，[1]此事在《使徒行传》中得到印证，保罗在哥林多遇见的犹太人亚居拉和他的妻子百基拉，就是"因为革老丢命犹太人都离开罗马"。[2]苏维托尼乌斯提到的"耶稣基督"（Chresto/Chrestus）究竟是指耶稣基督（Jesus Christ）还是指一个叫"基督"的犹太人存在争议，但多认为，"对苏维托尼乌斯这句话唯一合理的解释就是其指的是基督教"，克劳狄驱逐犹太人是因为"基督教传教士到达罗马已经引发了骚乱"。[3]即便认为驱逐犹太人的确切原因尚不清楚，他也承认，对罗马帝国来说，"秩序从来都是首要关切"，当犹太人与基督徒之间关系紧张到"内部异议成为公开骚乱"时，确有可能导致犹太人被逐出罗马。[4]罗马人、犹太人和基督徒都认为犹太人与基督徒的矛盾只是犹太人的内部冲突，只要没有产生溢出效应，罗马更愿意选择置身事外，但情况很快发生了变化。

克劳狄一世死后，罗马帝国皇帝是以凶残荒淫无度著称的尼禄，罗马帝国对基督教迫害与镇压自此拉开序幕。公元64年，罗马城发生史无前例的大火，苏维托尼乌斯直接指责尼禄"公然将罗马城付之一炬"，"自古保存下来的令人叹为观止和具有纪念意义的一切东西亦被烧得干干净净"。[5]塔西佗的记

---

〔1〕[古罗马]苏维托尼乌斯：《罗马十二帝王传》，张竹明等译，商务印书馆1995年版，第209页。中文又作"克劳狄乌斯"。

〔2〕《使徒行传》中文和合本第18章，第1—2段，此处的"革老丢"即克劳狄一世。

〔3〕E. Mary Smallwood, *The Jews under Roman Rule: From Pompey to Diocletian*, Brill, 1976, p. 211.

〔4〕Barbara Levick, *Claudius*, Routledge, 2015, p. 142.

〔5〕[古罗马]苏维托尼乌斯：《罗马十二帝王传》，张竹明等译，商务印书馆1995年版，第251页。

载更为详细：罗马 14 个市区中只有 4 个保持完整，3 个市区被烧成一片空地，7 个市区被烧得只有断壁残垣，而尼禄之所以有纵火嫌疑，是因为他试图烧光罗马后再以自己的名字重建都城。造成如此巨大的灾祸后，为了逃避责任、转移罗马人的怒火，尼禄便嫁祸基督教这种"在首都本城再度流行起来"的"有害的迷信"，并以极其残忍的手段杀害基督徒，"他们被披上了野兽的皮，然后被狗撕裂而死；或是他们被钉上十字架，而在天黑下来的时候就被点着当作黑夜照明的灯火"。罗马民众虽然怜悯基督徒，但更多是因为其恐怖的死亡方式、死于"一个人的残暴手段之下"，而不是真正的同情或支持基督教的信仰。[1]

尼禄宣布基督教非法并残酷地杀害基督徒并未根除罗马帝国内的基督教和基督徒，基督教在罗马帝国内仍继续蔓延。罗马帝国元老小普林尼（*Gaius Plinius Caecilius Secundus*/Pliny the Younger，约公元 61 年—约 113 年）流传后世的大量信件是研究当时历史的珍贵材料，担任比提尼亚与本都（Bithynia et Pontus）行省[2]总督期间，他发现比提尼亚的基督徒数量大大增加，作为坚定的罗马宗教的护教者，小普林尼对此十分不快，111 年，他给罗马帝国皇帝图拉真写信报告了有关情况。小普林尼调查发现，基督教早在公元 90 年就已在比提尼亚存在，到他担任总督时，此地的基督徒已经数量众多，"不只在城市，还在农村地区"，"什么年龄都有，什么阶层都有，男

---

〔1〕《塔西佗：〈编年史〉》（下册），王以铸、崔妙因译，商务印书馆 1981 年版，第 535—542 页。

〔2〕 该行省由比提尼亚和本都合并而成，位于小亚细亚、黑海沿岸，在如今的土耳其境内。

女都有",但这些基督徒只是"在每周固定的日子的傍晚集会,将耶稣视为神轮唱赞美诗,遵守誓言的约定……不去盗窃、抢劫、通奸,不失信,当有人来要存放的钱时也不扣着不给",甚至在酷刑讯问两名女执事(deaconess)后,除了发现基督教是"低劣的、无尽的迷信",也无法找到基督徒任何违法犯罪的事情。尽管如此,他还是处决了那些拒不放弃基督教信仰、"极其顽固"、"精神错乱"的基督徒,按照皇帝的命令宣告基督教这种地下兄弟会(secret brotherhoods)非法,并询问皇帝对基督徒进一步调查和处理的意见。皇帝的回复是,小普林尼处理基督徒"遵守了合适的程序",因为"不可能制定一般规则,规定确切的通常做法",不过,"不要去找基督徒。如果(基督徒)在你处受审并被判有罪,那必须对其进行惩罚,但如果有人否认自己是基督徒并用崇拜我们的神灵这种行动来如此表明,可就其悔改之举而赦免之,即便其之前的形迹可疑。"[1]可见,图拉真治下的罗马帝国对基督徒的态度比较模糊,整体上尚算宽容,尽管基督徒仅仅可能由于具有此种身份就会被定罪,但官方并不会主动去搜寻基督徒,这似乎意在达成一种"井水不犯河水"的默契,而且即便是将基督徒定了罪,也可以通过放弃信仰改信罗马宗教而得到赦免,虽然当时的基督徒几乎不会这么做。

图拉真定下的"井水不犯河水"式政策基本上就是此后罗马帝国对待基督教的官方政策,充其量就是漠不关心,只要地方长官没有遇到基督徒给本地造成的麻烦。实际上,"图拉真和3世纪中叶之前的多数皇帝都不曾将基督教视为一个重大

---

〔1〕 Pliny the Younger, *Complete Letters*, trans. by P. G. Walsh, Oxford University Press, 2006, pp. 278-279.

威胁，这可能是因为基督徒的数量仍旧十分有限，或其活动仍旧显得微不足道，不足以威胁罗马的统治。"[1]但是，根据4世纪著名的教会历史学家优西比乌的记述，基督教在罗马帝国时期受到了10次大规模迫害，始于尼禄，终于戴克里先，[2]从公元64年尼禄嫁祸基督徒算起至312年戴克里先亡故，近250年的时间里平均下来二三十年就会经历一次。例如：3世纪50年代，罗马皇帝德西乌斯镇压过基督教，要求帝国所有居民向帝国的神灵献祭；4世纪初，皇帝伽列里乌斯发动了一次规模最大的镇压基督教的行动，企图彻底消灭基督教，迫使基督徒改信罗马宗教、放弃自己的信仰。教会强调甚至可能夸大被迫害可以理解，然而大规模的迫害是罕见的，这些镇压活动也都没有起到什么持久的效果，而且"事实上早期基督教所遭受的迫害都是间歇性的、地区性的，并不会持续发生"，"绝大部分的基督徒都不会受到罗马政府的打扰，他们会像他们的其他罗马人邻居一样在家长里短的吵闹声中平淡地度过他们的一生。[3]

基督教最初之所以不受罗马帝国的欢迎，大致有如下几个原因：一是基督教作为一神教注重唯一性和排他性，强调只能信奉耶稣，因为耶稣曾经教导过他们的门徒，"天上，地下所有的权柄，都赐给我了。所以你们要去，使万民做我的门徒，

---

[1] [英]阿德里安·戈兹沃西:《罗马和平：古代地中海世界的暴力、征服与和平》，薛靖恺译，广东旅游出版社2022年版，第285页。
[2] 详情参见[古罗马]优西比乌:《教会史》，[美]保罗·L.梅尔英译、评注，瞿旭彤译，生活·读书·新知三联书店2009年版。
[3] [美]詹姆斯·奥唐奈:《新罗马帝国衰亡史》，夏洞奇、康凯、宋可即译，中信出版社2016年版，第169页。

奉父子圣灵的名，给他们施洗。"〔1〕这不仅与信奉多神教的罗马有根本冲突，而且拒绝承认多个世纪以来确保罗马取得成功的神明们，尤其是就基督徒拒绝崇拜罗马帝国的皇帝而言，〔2〕他们虽然只是坚持自己的信仰，但对罗马当局来说，这几乎是在宣布对皇帝、对罗马不忠，并有煽动叛乱的嫌疑，而耶稣本人就是先因对纳税的态度而受到质询、后作为叛乱分子被处死。〔3〕二是基督教没有大本营。虽然犹太教也是一神教，而且因拒绝对皇帝的偶像崇拜而与犹太行省总督和罗马皇帝有过多次不快和较量，〔4〕"但犹太人成功地在罗马文化中找

---

〔1〕《马太福音》中文和合本第28章，第18—19段。

〔2〕 有一个著名的故事讲述了基督徒因不崇拜罗马帝国皇帝而被处死。维比娅·珀佩图阿（Vibia Perpetua）是一位大约22岁、刚生完孩子的基督徒，被捕后审判者劝她"可怜一下你白发苍苍的父亲和你幼小的孩子，只要为皇帝的安康进行一次献祭就行了"，但她拒绝了。审判者又问："你是基督徒吗？"她回答说是，然后被处以死刑，被丢进圆形剧场喂野兽。官员和观众都为此感到惊讶，因为圆形剧场里被处死的只会是野兽、罪犯和下层奴隶，而非年轻的母亲。参见[英] 玛丽·比尔德：《罗马元老院与人民：一部古罗马史》，王晨译，民主与建设出版社2018年版，第524页。

〔3〕 耶稣不是罗马公民，如本章第一节第二部分所述，这使得他在罗马法律中处于非常不利的位置。《马太福音》和《路加福音》中都有这么一个情节，法利赛人想用耶稣的话陷害他，便问耶稣关于纳税的态度，"纳税给该撒，可以不可以"（"该撒"即凯撒）。耶稣回答，"该撒的物当归给该撒，神的物当归给神。"参见《马太福音》中文和合本第22章，第15—21段；《路加福音》中文和合本第20章，第20—25段。要求处死耶稣的是一群犹太祭司，他们对耶稣最主要的指控就是"他自己说我是犹太人的王"，而这正是反叛、是挑战罗马的权威，因为"除了该撒，我们没有王"，于是，犹太人向总督彼拉多说，"你若释放这个人，就不是该撒的忠臣。凡以自己为王的，就是背叛该撒了。"参见《约翰福音》中文和合本第19章。

〔4〕 例如，本丢·彼拉多（Pontius Pilate）自公元26年至公元36/37年前后担任犹太行省总督，在他率军进驻耶路撒冷时，与军旗一同携带的皇帝塑像令本地犹太教徒认为受到了冒犯，一群耶路撒冷长老组成代表团面见彼拉多，要求撤除耶路撒冷的罗马军队携带的皇帝形象的标志物，但被拒绝，于是这些长老们

到了生存空间,这显得异乎寻常,在某些方面颇为出人意料",其中一个重要原因就是"在罗马人井然有序的宗教地理中,他们认为神明应该来自某个地方……犹太人的上帝来自犹地阿。基督教的上帝则没有根据地,而是宣称自己是普世的",这使得"对罗马人来说,基督教要糟糕得多"。[1]三是基督教早期教义坚持绝对的和平主义,基督徒出于基督教信仰的仁慈信条不愿杀人、不能参军,况且在皇帝生日的时候,参加阅兵的军队要向皇帝和罗马的众神宣誓效忠,军人还得"向皇帝与神祇献祭",[2]这些都是早期基督徒不能接受的。基督徒不参军虽然不是故意反抗罗马当局,但与以征战立国、开疆拓土的罗马帝国精神完全相悖。战争、扩张和征服是罗马势力不断增强的一个基本手段,如果本土的罗马人加入军队参加战争,便会领到薪水,赢得战争后还可以分享战利品,还可

(接上页)匍匐在彼拉多的法庭上五天五夜,彼拉多命令士兵拔剑包围犹太长老们,而后者声称宁死也不愿看到自己的宗教律法被亵渎。彼拉多最终妥协,撤除了耶路撒冷军中的皇帝塑像。公元41年,皇帝卡里古拉命令在耶路撒冷的犹太圣殿内竖起他的雕像和其他帝国标志,公开挑衅犹太民族并作为对之前犹太人捣毁某座希腊祭坛的报复。卡里古拉命令叙利亚总督率军进驻耶路撒冷,确保其雕像设立在圣殿中,但总督遇到大量抗议的犹太人,声称宁愿被杀也不愿他们最神圣的场所被亵渎。总督写信给卡里古拉请求撤销命令,但卡里古拉回信命令将总督处决,不过他自己很快就死于谋杀,而由于送信的船耽搁了行程,先到的反而是新上任的皇帝克劳狄一世的命令,他下令撤销处决叙利亚总督的命令,并撤销在耶路撒冷圣殿中树立皇帝雕像的决定。参见[英]阿德里安·戈兹沃西:《罗马和平:古代地中海世界的暴力、征服与和平》,薛靖恺译,广东旅游出版社2022年版,第244—246页。

[1] [英]玛丽·比尔德:《罗马元老院与人民:一部古罗马史》,王晨译,民主与建设出版社2018年版,第525页。

[2] [美]胡斯托·L.冈萨雷斯:《基督教史:初期教会到宗教改革前夕》(上卷),赵城艺译,上海三联书店2016年版,第60页。

能在新征服的领土上分配到土地，[1]到了公元前4世纪，罗马人成为常胜军，罗马也成为一个靠士兵立国的国家，战争或多或少每年都会发生，成为一种生活方式，甚至连罗马宪法都将军事与政治混合在一起。[2]基督徒不参军、反暴力的立场使得罗马政府更有理由怀疑基督徒是否忠诚、是否密谋反叛，实际上，"几乎所有对基督教的迫害大多是由皇帝处理有人拒绝当兵的案件启动，对于帝国的精神统一可能皇帝们没那么敏感，但帝国的兵源是皇帝最关心的事情。"[3]四是基督徒的一些行为引发了怀疑，激起了厌恶之情。例如，为了不招人注意，基督徒常三更半夜在荒郊野外或者地下墓穴聚集举行宗教仪式，使得罗马人怀疑基督徒密谋造反，或者至少是鬼鬼祟祟做一些见不得人的勾当，此外，罗马法律也明确禁止占用坟墓；[4]基督徒领圣餐时喝一口葡萄酒含一块饼表示耶稣基督的圣灵进入体内也被认为是愚昧的迷信，甚至以讹传讹成吃人肉喝人血。[5]

三、《米兰敕令》和作为新的帝国宗教的基督教

基督教在罗马帝国迎来真正的转折点是在君士坦丁大帝执政期间。起初，君士坦丁只是一名年轻的统帅，在戴克里先皇

---

[1] [英]安东尼·艾福瑞特：《罗马的崛起：帝国的建立》，翁嘉声译，中信出版社2019年版，第162—163页。

[2] [英]安东尼·艾福瑞特：《罗马的崛起：帝国的建立》，翁嘉声译，中信出版社2019年版，第175—176页。

[3] 李筠：《罗马史纲：超大规模共同体的兴衰》，岳麓书社2021年版，第407页。

[4] [英]玛丽·比尔德：《罗马元老院与人民：一部古罗马史》，王晨译，民主与建设出版社2018年版，第450页。

[5] 赵林：《基督教与西方文化》，商务印书馆2013年版，第105页。

帝时期从其父亲那里看到了掌管帝国的可能性。戴克里先皇帝为了消除世袭制给罗马帝国带来的动荡，设计出一套复杂的继承体系，即所谓"四帝共治制"（Tetrarchy）：将帝国分为东西两部分，东西两部分各设皇帝，称为奥古斯都（Augustus），两位皇帝再各择一名副手，称为凯撒（Caesar），凯撒将直接管理各自的帝国。奥古斯都退位或者死去后，两名凯撒将分别成为新的奥古斯都，然后再选出新的凯撒，如此循环下去，每位凯撒和自己日后要继承其位的奥古斯都的女儿成婚，帝国就这样由这四位统治者分治。戴克里先自己统治罗马帝国东部，伽列里乌斯是他的凯撒，马克西米安统治罗马帝国西部，而他的凯撒是君士坦提乌斯·克罗鲁斯。君士坦提乌斯是君士坦丁的父亲，十分同情基督教，尽管必须遵守执行对基督教大迫害的命令，但他只是采取了一些象征性的动作，比如摧毁少量教堂，尽力保护其领地内的基督徒。[1]"四帝共治制"在实施不久后就崩溃了，君士坦丁继承了其父对基督教的温和政策，经过一系列争斗、身份在罗马帝国西部的奥古斯都和凯撒之间反复切换后，征服了整个西部并最终成为整个罗马帝国的统治者，基督教在罗马帝国的地位即将发生翻天覆地的变化。

君士坦丁从高卢率兵起家，势力不断壮大，其军队中许多士兵是基督徒，君士坦丁的母亲也是基督徒。312年夏，君士坦丁进军意大利，所向披靡，"挥师横扫意大利境内的大片土地，直逼罗马城"。10月底，米尔维安桥战役（Battle of the Milvian Bridge）打响，这座桥位于台伯河上游，是进军罗马的

---

[1] [古罗马] 优西比乌：《教会史》，[美] 保罗·L. 梅尔英译、评注，翟旭彤译，生活·读书·新知三联书店2009年版，第403—404页。

必经之路,君士坦丁击败宿敌马克森狄,成为名副其实的罗马帝国西部奥古斯都。"他在一片凯旋声中进入罗马,所有的元老院成员、上层贵族、女士、孩童和罗马全城的人们,把他赞颂为释放者、拯救者和恩人,喜笑颜开地迎接他的到来。然而,君士坦丁与生俱来就敬畏上帝……因为他深深知道自己的帮助来自上帝"。[1]不仅如此,还有说法声称在那场决定性战斗前,君士坦丁曾梦见两个希腊字母"XP",即"基督"在希腊文中的前两个字母,或是他和士兵在行军路上曾看见十字形亮光,后来梦见基督。争辩这些故事的真实性意义不大,但米尔维安桥战役"对于教会历史或世俗历史而言,堪称最最重大的事件之一",[2]因为这场战役后,君士坦丁与其盟友、罗马帝国东部奥古斯都李锡尼在313年6月就帝国内的基督教事宜达成一致意见,颁布了著名的《米兰敕令》(Edictum Mediolanense/Edict of Milan),不仅使长期以来只是"地下教派"的基督教合法化,更使得基督教取代了传统的帝国宗教成为新的国教。《米兰敕令》明确规定"每位渴望遵守基督教崇拜形式的人,都应被允许不受任何干扰地这样做……已允许这些基督徒自由与无限制地践行他们自己的崇拜方式",还要对基督徒进行赔偿,"至于基督徒的聚会场所……须将其归还原先的基督徒所有者,不得索要报酬,不得提出任何补偿要求,不得疏忽或迟疑",无论如何,都要"毫不拖延,好让这些所有财

---

〔1〕[古罗马]优西比乌:《教会史》,[美]保罗·L.梅尔英译、评注,翟旭彤译,生活·读书·新知三联书店2009年版,第417—419页。

〔2〕[古罗马]优西比乌:《教会史》,[美]保罗·L.梅尔英译、评注,翟旭彤译,生活·读书·新知三联书店2009年版,第430页。

第一章　希腊罗马世界的宗教与战争

产能够即刻移交到基督徒社团手中"。[1]

君士坦丁改信基督教无疑引发了一场文化上的强震，传统的希腊罗马信仰认为死人是危险的传染源，任何成年人都不能埋葬在城墙之内或有人居住的地方，墓地都在居住区之外。然而，基督徒对殉道者和其他圣徒的看法有所不同：他们认为这些人非但不是污染源，还是配受尊敬的，实际上有时基督徒尊崇这些圣徒的方式就好像他们没有真正死去一样。最早从4世纪开始，圣徒的骨骸就开始和主要的教堂联系在一起，这些教堂也越来越多地出现在城市边界之内。随着人们越来越多地认为圣徒的遗体拥有积极的力量，他们也越来越希望自己可以埋葬在这些人周围。[2]简而言之，"希腊罗马异教崇拜传统上将死者与生者分开的做法告一段落，墓地开始在城里涌现。教堂取代神殿……君士坦丁本人开启了捐赠先河……久而久之，帝国各地的教会都获得大量资产"，罗马帝国与基督教在思想上很快达成一致，帝国与神的关系迅速且毫不费力地被重新定义，"基督教的上帝被塑造成帝国的保护神，人类可能达到的最高境界是信仰基督教和救赎……虽然不能再神化皇帝，但是他们仍具有神性。基督教统治下的罗马宣称皇帝是由上帝选定的，和他一起统治人类，并在一定程度上代表他统治人类。"[3]在君士坦丁治下，基督教开始在罗马帝国占据主导地位，自此以后罗马帝国的皇帝基本上都信奉基督教，尽管也出现过反基

---

[1]［古罗马］优西比乌：《教会史》，［美］保罗·L.梅尔英译、评注，瞿旭彤译，生活·读书·新知三联书店2009年版，第458—459页。

[2]［英］克里斯·威克姆：《罗马帝国的遗产：400—1000》，余乐译，中信出版社2019年版，第70页。

[3]［英］彼得·希瑟：《罗马帝国的陨落：一部新的历史》，向俊译，中信出版社2016年版，第141—143页。

督教的皇帝，如361年至363年在位、被称为"背教者"的尤里安，[1]但都没有引起大的波澜，尤里安之后上台的约维安（Flavius Claudius Iovianus，332年—364年）恢复了基督教会和教徒的特权，罗马帝国从此再未出现过异教徒皇帝。

到了君士坦丁统治末期，基督教会胜局已定，基督教在帝国境内迅速传播，"到了公元400年，罗马帝国的每一个城市都有了自己的主教和至少一座教堂"，[2]从长期以来受过多次程度不等的迫害的边缘宗教摇身一变为新的、正统的帝国宗教，基督教自身的组织化和体系性也大大提升，"基督教会已经成为罗马帝国内部高度组织化的、全国性的国中之国。经过一番和像马西昂派那样的异端教派的斗争，基督教会已经形成了严格的内部等级制度、教会自己的法律体系和通过普通的大公会议决定教义问题的程序。"[3]不仅如此，基督教还将曾经的传统帝国宗教视为异端并进行打击，391年至392年，狄奥多西一世（Theodosius I，约346年—395年）下令禁止传统异教的主要活动，这项强制禁令在5世纪又得到加强，查士丁尼完成了清除传统异教的最后一步，禁止各种异端邪说，加强了基督教的洗礼制度，拒绝受洗者会被没收财物，有些时候甚至会被处死。至此，罗马帝国官方已经将异教彻底清除，到400

---

[1] 希腊修辞学家利巴尼乌斯（Libanius，314年—393年）记载的一个流言声称尤里安死于愤恨的基督徒士兵之手。根据该说法，尤里安在战斗中被一支标枪射中，落马后不久就死在了帐篷里，掷出标枪的则是一名被尤里安对异教的宣扬激怒的基督徒罗马士兵。参见［英］阿德里安·戈兹沃西：《以罗马之名：缔造罗马伟业的将军们》，敖子冲译，广东旅游出版社2022年版，第449页。

[2] ［英］西蒙·普莱斯、［英］彼得·索恩曼：《古典欧洲的诞生：从特洛伊到奥古斯丁》，马百亮译，中信出版社2019年版，第372页。

[3] ［英］西蒙·普莱斯、［英］彼得·索恩曼：《古典欧洲的诞生：从特洛伊到奥古斯丁》，马百亮译，中信出版社2019年版，第345页。

年时，基督教的语言、意象和公开行为已经在帝国的政治生活中占据统治地位，这种统治的强度此后有增无减。[1]

当基督教还是地下教会时，只要罗马帝国不处于危险之中，统治者几乎不会去征募基督徒参军。到了"罗马帝国晚期，宗教上最基本的情况就是基督教的绝对主导地位",[2]保卫罗马帝国成为基督徒的责任。但问题在于，如前所述，早期的基督教坚持绝对的和平主义，战争不仅是被禁止的，更重要的是它是邪恶的、属于恶魔的，基督徒参军、参战是与基督教信仰相悖的，"在君士坦丁时代之前，找不到一名神职人员以任何一个字、一段话明确授权信徒参战。"[3]到了君士坦丁时代，基督教成为新的帝国宗教，"异教徒"数量减少而基督徒数量大大增加，基督徒、基督教和罗马之间的关系发生巨变，基督教会必须重新思考基督徒能否参军、能否上阵杀敌/人等问题。不仅如此，由于日耳曼部落严重威胁帝国边疆，罗马帝国也迫切需要基督教会拿出对战争的正式态度。如果基督徒参加战争的唯一障碍是整个罗马帝国的异教徒本质以及皇帝的神性，那么君士坦丁在位时期及之后基督徒反对战争的理由就已经消失了，基督教对皇帝的支持和拥护以及其本身成为新的帝国宗教这个事实，也意味着基督教必须在原则上不能反对战争，不能再坚持绝对的和平主义。基督教神学家对基督徒与战争关系的思考和调整最终体现于"正义战争"（bellum justum/

---

[1] [英]克里斯·威克姆：《罗马帝国的遗产：400—1000》，余乐译，中信出版社2019年版，第66页。

[2] [美]詹姆斯·奥唐奈：《新罗马帝国衰亡史》，夏洞奇、康凯、宋可即译，中信出版社2016年版，第148页。

[3] Lothar Kotzsch, *The Concept of War in Contemporary History and International Law*, E. Droz, 1956, p. 31.

just war）学说。可见，罗马帝国内部的权力关系和外部威胁共同催生了正义战争学说，而正义战争学说的出现呼应了基督徒和基督教所处的时代变化。

基督教和罗马帝国能顺利结合，也因为其与罗马的自然哲学观兼容。希腊罗马的自然哲学认为，宇宙有一个基本秩序，其结构自始至终反映的是神圣的组织原则，而基督教的罗马帝国则宣称罗马帝国是神圣力量的特殊工具，其目的是完善人类，因此，"基督教诞生于奥古斯都统治时期并非偶然。基督教的创始人和罗马帝国的缔造者出现在同一时期，这是神圣计划的一部分。更普遍地说，基督教皇帝擅自宣称自己为基督在世间的代理人。帝国的仪式呼应了上天的威严，基督教的神圣灵晕笼罩着皇帝和他的官员"。[1]基督教罗马帝国出现后，皇帝们坚持帝国内所有人只能信奉唯一的官方宗教基督教，如果没有基督教化的军队，这种政策不可能得以执行，而罗马军队的基督教化始于君士坦丁大帝改信基督教并将十字架作为军队的标志。一方面，对罗马帝国的基督教化来说至关重要、不可或缺的不仅仅是皇帝本人支持和信奉基督教，因为皇帝需要依靠军队的忠心来保证其政治存续，宗教政策的任何更改都需要得到军队的实质支持才可以，像整个帝国宗教从传统多神崇拜转向一神教的基督教这种重大变化，毫无疑问，君士坦丁必须能够得到军队广泛的支持，他实际上也采取了加速军队基督教化的政策来巩固和强化军队对他的支持。[2]另一方面，达马

---

[1] [英]彼得·希瑟：《罗马的复辟：帝国陨落之后的欧洲》，马百亮译，中信出版社2020年版，第64页。

[2] John F. Shean, *Soldiering for God: Christianity and the Roman Army*, Brill, 2010, p.19.

苏斯任教宗期间（366年—384年），努力使基督教教士和来自下层贵族的新富结盟，小贵族本身常常来自帝国军队，或是军人，或是官吏，并靠为帝国服务获得财富与地位，他们希望受人尊敬的教士群体也具备与帝国一样的等级制，于是教士们在小贵族们的默许下成了罗马的第三等级，并且吸引了小贵族们向基督教会捐赠。下层贵族与基督教教士共同"打造一个新罗马，罗马主教的财富和威望很大程度上来自这一结盟"，而"基督教会适合那些在帝国的管理中获得了社会经验、形成了相应世界观的人；教会提供了他们渴求的环境"。基督教会和罗马帝国上层阶级互相帮衬、成就彼此可从罗马基督徒的石棺上得到鲜明反映，石棺上"用以表达基督徒礼敬的图像直接取自宫廷与军队"，旨在表明"基督徒是效力上主的战士，是他们的皇帝——基督的仆人。到了4世纪末，这些石棺上的帝国色彩变得愈加明显。3世纪多神教贵族的石棺表现他们与缪斯面对面地或站或坐，而4世纪的基督徒们则将已故者画得很小，并使他们向他们的基督皇帝鞠躬"。[1]

　　君士坦丁直到临终前不久才接受洗礼成为基督徒，他从未对基督教的道德规范、生活方式和信仰形式表现出丝毫兴趣，对他来说，基督教最重要的作用是充当将分崩离析的帝国重新统合在一起的工具，他也没有放弃传统宗教崇拜并且严令不得干扰传统信仰。但无论如何，君士坦丁并不仅仅是"敬神的皇帝"，他是真正的"加冕的基督教护教士"，[2]基督教得到了他

---

　　[1] [美]彼得·布朗：《穿过针眼：财富、西罗马帝国的衰亡和基督教会的形成，350~550年》（上），刘寅等译，李隆国、吴彤校，社会科学文献出版社2021年版，第444—445页。
　　[2] [美]安东尼·帕戈登：《两个世界的战争：2500年来东方与西方的竞逐》，方宇译，民主与建设出版社2018年版，第111—112页。

的鼎力支持，他也是罗马帝国的第一位基督徒皇帝。君士坦丁所开启的罗马军队的基督教化是整个罗马帝国基督教化的先决条件和实质保证，他和他之后的皇帝是重要的推动力量，而通过与来自帝国军队的小贵族结盟，基督教巩固并提升了自身在帝国的地位，基督教和军队的关系更加密切。概言之，基督教、皇帝、军队和罗马帝国交织在一起并互相加强。"尽管异教徒仍能继续参军直到408年被最终禁止，但军队象征性地成为第一个正式接受基督教的帝国机构，而且早在皇帝强制要求所有帝国国民信奉基督教几代人的时间前就已经如此了。"[1]自此以往，士兵们的衣服和饰物上出现各种基督教的标志和图像，战斗前会做弥撒，教会也公开、正式支持每一次的重大军事行动，"纵有基督教和平主义，但教会和国家结成了联盟，接受了好战的说辞，而且常常成为军事机制中的一个轮齿（cog）"，"基督教、罗马军事传统和君士坦丁大帝在位时确立的国家主义"这三者结合，形成了基督教化的罗马帝国对战争的态度。[2]

325年，君士坦丁大帝召开第一次尼西亚会议（The First Council of Nicaea）[3]后，基督教士兵在皇帝派遣下上阵杀敌、为国捐躯已是常态，基督教会已认为，对于基督徒来说，在正义战争中不仅可以杀敌，杀敌甚至还是荣耀。[4]换言之，基

---

[1] John F. Shean, *Soldiering for God: Christianity and the Roman Army*, Brill, 2010, p.369.

[2] Łukasz Różycki, *Battlefield Emotions in Late Antiquity: A Study of Fear and Motivation in Roman Military Treatises*, Brill, 2021, pp.49-50.

[3] 这次会议是在东罗马帝国即拜占庭帝国的尼西亚（今土耳其布尔萨省伊兹尼克）召开的基督教大公会议，是基督教历史上第一次世界性主教会议，确立了一些影响深远的宗教法规和现今普遍接受的传统教义。

[4] Lothar Kotzsch, *The Concept of War in Contemporary History and International Law*, E. Droz, 1956, p.31.

督教、神学家通过区分正义和非正义战争，完美解决了基督徒参战杀人的难题，而这是基督教化的罗马帝国最迫切需要解决的问题之一。西方正义战争学说的开创者和奠基人是罗马帝国的基督教神学家奥古斯丁（Saint Augustine，354年—430年），这可能与他所处的年代正值罗马被异族和异教徒入侵、遭受巨大破坏有关，尤其是西哥特人（Visigoth）410年攻陷并洗劫罗马以及汪达尔人（Vandal）入侵北非。对罗马帝国的基督徒来说，这两个日耳曼人部落既是"野蛮人"也是异教徒，因此是双重威胁，基督徒上阵杀人的现实需求从未如此强烈。当然，奥古斯丁并非西方从哲学角度思考"正义"或"战争"的第一人，他之所以被视为西方正义战争学说之父，是因为自5世纪之后整个西方正义战争的传统，无论是基督教还是世俗的版本，其根源都可追溯至奥古斯丁，而非柏拉图或亚里士多德，更非早期的基督教神父。[1]

奥古斯丁在《上帝之城》不同的主题中多次提及战争的正义性。他注意到如果战争比预计的时间长，就会马上出现对基督教"猛烈的、蛮横的攻击"，以及指责基督教不如罗马原本的神灵，罗马的勇士们不能像在罗马的男战神（Mars）和女战神（Bellona）的帮助下迅速地结束战争。他反驳道，战争持续时间的长短和结果取决于上帝的意志，而罗马人的战争有时持续数十年和受到重创，是"由于他们不是为了公义（justice）的缘故"。[2] 奥古斯丁还谈到正义战争的必然性，他

---

[1] John Mark Mattox, *Saint Augustine and the Theory of Just War*, Bloomsbury Academic, 2006, pp. 1-2.

[2] ［古罗马］奥古斯丁：《上帝之城》（上下卷），王晓朝译，人民出版社2006年版，第225页。括号内英文为笔者所加。

认为，"聪明人会发动正义的战争"，而且"处在发动正义战争的必然性之下。因为若战争不是正义的，他就不会去发动，但这样一来这个聪明人也就没有要发动的战争了。"[1]换言之，奥古斯丁认为战争必然是正义的，只要是由"聪明人"发动的。在讨论战争与和平的关系时，奥古斯丁强调，"与义人的和平相比，不义（unjust）者的和平根本不配称作和平"。[2]针对基督徒中残存的反对战争的思想，奥古斯丁的解决办法是将《旧约》中由神所批准的战争和罗马的正义战争传统相结合，如果上帝可以命令战争，那么战争不可能在所有情况下都是邪恶的。他还反驳了很多基督徒从《新约》中拿来作为不能参战的理由，认为如果仁爱（charity）是最大的美德，那么对作恶者发起战争以防其继续作恶则是仁爱的行为，如果需要使用武力使罪人不再犯罪，那是为了他的利益着想。因此，只要没有恶意，基督徒可以杀死或者奴役敌人，而不去抵抗邪恶是更大的错误，而且是不仁爱的表现。[3]"战争的正义性因此取决于心灵的意向（disposition）和良心的推动（motivation）。这也是为何一人向敌人信守承诺，避免无谓的暴力、亵渎教会、暴行和报复，因为如果行为过于残忍的话，就会成为一场因对谋杀之癖而非对正义之爱而发动的战争的迹象，而且也显露出邪恶的意图。"[4]

---

〔1〕［古罗马］奥古斯丁:《上帝之城》（上下卷），王晓朝译，人民出版社2006年版，第915页。

〔2〕［古罗马］奥古斯丁:《上帝之城》（上下卷），王晓朝译，人民出版社2006年版，第922页。括号内英文为笔者所加。

〔3〕Frederic J. Baumgartner, *Declaring War in Early Modern Europe*, Palgrave Macmillan, 2011, p. 16.

〔4〕Philippe Contamine, *War in the Middle Ages*, trans. by Michael Jones, Blackwell, 1991, p. 265.

概言之，在奥古斯丁看来，正义战争如此必要，而且因为能减轻战争的残酷性也更是必要的。奥古斯丁的正义战争学说反映了他所处时代的政治背景，该学说一方面是辩护神学（apologetic theology），另一方面是针对非基督徒的武器，因为这些人谴责是基督徒导致了罗马帝国的衰落和崩溃。奥古斯丁学说的核心是正义战争和非正义战争的区别，而这种区别意味着战争可以因正义而有合法性，但奥古斯丁的正义战争学说并非试图详尽地界定战争，也没想过要给国际法确立什么原则，而主要是一个神学概念，其目标主要有四个：第一，满足基督教会和世俗权力之间关系的需要；第二，当神职人员需要对某一特定的战争表达基督徒的态度时，给其提供指南；第三，与摩尼教主张恶的根源独立于神和人做斗争，特别是在涉及进行战争的权利时；第四，满足当时罗马帝国抵御"野蛮人"入侵的迫切政治需要。[1]

---

[1] Lothar Kotzsch, *The Concept of War in Contemporary History and International Law*, E. Droz, 1956, pp. 31-32.

第二章
中世纪垄断和控制战争的努力

中世纪（The Middle Ages）指从5世纪后期到15世纪中期，是欧洲历史三大传统划分（古典时代、中世纪、近现代）的一个中间时期，始于476年西罗马帝国的灭亡，终于1453年东罗马帝国的灭亡，最终融入文艺复兴运动和大航海时代（地理大发现）中。中世纪的一大显著特点就是拥有惊人的财富和权力的教会和教皇。771年至778年间，法兰克人和伦巴第人的国王查理曼（Charlemagne，742年—814年）统一了分裂的法兰克人，征服了伦巴第王国，降伏了今天的下萨克森和威斯特伐利亚的部落并让其皈依基督教。800年，查理曼被教皇利奥三世加冕为"罗马人的皇帝"，西罗马帝国由此复活，最重要的是，它是通过教会和教皇属灵的祝福而复活的。查理曼大帝的加冕正式宣告了皇帝理论上是基督教世界的捍卫者，挥舞着基督教世界的"第二把剑"（第一把在教皇手里）以武力守护教皇，但实际上开启了教皇和皇帝、世俗王国与神圣王国数百年的权力争斗，到1075年教皇格里高利七世发布包含了27项规定的《教皇敕令》时达到顶点。[1]

---

〔1〕《教皇敕令》规定，教皇在整个基督教世界享有至高无上的立法权和司法权，教皇有废黜不论教俗的君王贵族的权力，可以废黜皇帝，有权解除臣民对不义的主人所做的效忠宣誓。这个敕令对欧洲所有君主都构成了直接挑战，而基

第二章 中世纪垄断和控制战争的努力

中世纪自身也分为前、中、后期三个阶段。查理曼大帝的时代，西欧大部得以统一，甚至那些从来不在罗马帝国统治范围内的领土也被纳入加洛林王朝的统治范围，欧洲无政府状态一时得到了遏制。然而，查理曼大帝之后未能出现强有力的帝王，欧洲分崩离析的趋势再次浮现，进入"无法无天的中世纪"阶段，这时的欧洲一方面在政治上呈现碎片化的特征，大大小小的国王、君主和贵族不断争权夺利，另一方面又时有穆斯林等外敌入侵。整体而言，中世纪的欧洲内外交困，战争是常态。整个中世纪，教会对战争和战争法规惯例的发展具有明显影响，欧洲的战争本身也在悄然改变，到了"950—1350年，在西北欧的中心地带有三大战争特点：重装骑兵的统治地位、弓箭手（特别是十字弓手）所扮演的日益重要的角色，以及一种特别的防御工事——城堡——的发展和与之抗衡的攻

（接上页）督教世界最重要的世俗统治者皇帝亨利四世受威胁最大，后世所谓的"叙任权斗争"就此拉开序幕。"叙任"是指任命帝国内主教区主教的权力，叙任权之争本质上是皇帝还是教皇掌握着基督教世界的绝对权力。1076年1月，亨利四世命令帝国的主教们将格里高利革出教门，宣布他"不再是教皇，而只是一个冒牌的修士"。格里高利将亨利四世施以绝罚，并宣布皇帝的臣民不需要再对他效忠，使得德意志贵族们的野心得以释放，随后发生了被称为"萨克逊大叛乱"的内战。亨利四世无法平定叛乱，只好服软，进行了一次卖力的表演，携妻带子在隆冬时节穿过阿尔卑斯山的塞尼山口，到意大利北部的卡诺萨城堡面见教皇。他穿着粗毛衬衣和忏悔者的长袍光脚在城堡外的雪地上站了三天，第三天时格里高利允许他觐见。1077年1月，格里高利解除了对亨利四世的绝罚，条件是亨利四世遵守《教皇敕令》。双方的和解充满戏剧性，但维持时间很短。1081年，亨利四世消灭了叛乱的贵族，就率军前往罗马要废掉格里高利，格里高利则找来意大利南部的诺曼人帮忙，但诺曼人击退了亨利四世后自己攻陷了罗马，愤怒的罗马人决定自己解决问题，并迫使格里高利逃到南部，最终也于1086年死在那里。参见［美］安东尼·帕戈ތ：《两个世界的战争：2500年来东方与西方的竞逐》，方宇译，民主与建设出版社2018年版，第120—123页。

城术。骑士、弓手和城堡。"[1]与此同时,欧洲国际舞台的生态也发生了变化,"十三世纪见证了主权国家这一概念的兴起,即作为独立单位、有能力自行判断决定何时以及如何为自卫而发动的战争是合理的。"[2]

第一节 中世纪的战争和正义战争学说

如第一章所述,罗马本有与其原始宗教密不可分的"正义和虔诚"的战争观念,但随着罗马帝国将基督教定为新的帝国宗教并打压"异教",基督教就不得不根据现实情况的剧烈变化重新思考基督教对战争的看法,修正其最初截然反对暴力的立场,以奥古斯丁为代表的基督教神学家对罗马本有的"正义和虔诚"的战争观念进行改造并开创了正义战争学说,解决了基督徒因信仰而无法上阵杀敌的问题。正义战争学说在中世纪得到进一步论述和发展,实际上,"中世纪万国法(ius gentium)的最高成就就是正义战争学说"。[3]

一、中世纪的正义战争学说

相比基督教化的罗马帝国基于基督教神学创建正义战争学说,中世纪正义战争学说从神学、宗教和法律的混合逐渐演变为以法律为主,要解决的主要问题不再是基督徒个人参战如何

---

[1] [英]罗伯特·巴特利特:《欧洲的创生》,刘寅译,民主与建设出版社2021年版,第77页。

[2] Frederick H. Russell, *The Just War in the Middle Ages*, Cambridge University Press, 1975, p. 300.

[3] Stephen C. Neff, *Justice among Nations: A History of International Law*, Harvard University Press, 2014, p. 67.

第二章 中世纪垄断和控制战争的努力

与基督教教义和学说兼容,而是谁有权合法地发动战争。中世纪正义战争学说的首要、核心关切是是否允许诉诸武力,而不是进行敌对行动的方式或方法,其基本框架定型于13世纪,两大渊源分别是《圣经》和罗马法:神学家们认为耶稣已经用剑对付祂的敌人,所以对教会和基督教的敌人进行战争是正义的;"罗马法给教会法学家提供了交战状态所需条件的法律摘要。因此,发动正义战争是合法政治权威的权利,而只有正义战争才能产生对正义的交战方有利的法律后果。"[1]罗马遗留的宣战传统仍然是判断战争合法与否、正义与否的一个重要标准,除了法律意义,宣战也有一个重要的实际功能,因为当时还没有常驻使节,不宣战,有关国家就不知道彼此间和平状态已经终结、战争状态已经开始,彼此的人员和货物往来等会陷入巨大的不确定性和危险之中。

4世纪的米兰主教安布罗斯(Ambrose of Milan,340年—397年)或是提出基督教战争道德观的第一人,或至少是有意识地将基督教道德观和罗马发动战争的实践要求相混合的第一人。在他看来,罗马对野蛮人的战争之所以合法,是因为后者是罗马天然的敌人,他也扩展了西塞罗表述的罗马的传统战争理由,使其包括基督教正统理论。[2]6世纪以博学著称的基督教神学家伊西多尔(Isedore of Seville,570年—636年)著有百科全书式的著作《词源》(*Etymologiae*),其中第18卷涉及战争,他认为,"正义战争是经过正式宣战并且是为了恢复被

---

[1] Frederick H. Russell, *The Just War in the Middle Ages*, Cambridge University Press, 1975, pp. 292-293.

[2] Christian Hofreiter, *Making Sense of Old Testament Genocide: Christian Interpretations of Herem Passages*, Oxford University Press, 2018, p. 162.

敌人夺走的财产或将敌人赶走而进行的战争。非正义战争是始于愤怒而且没有合法原因的战争。"可见，伊西多尔深受西塞罗对正义战争看法的影响，实际上，伊西多尔随后就直接引用了西塞罗《论共和国》中对正义战争的论述。[1]到了12世纪，另一位著名的基督教神学家托马斯·阿奎那（Thomas Aquinas，约1225年—1274年）在《神学大全》中构建了成熟的、完整的正义战争学说，即流传至今的"三要素论"。阿奎那在《战争》专章中讨论了四个问题，最重要的是第一个问题，即"是否某些种类的战争是合法的"。[2]他认为，只有满足三个条件战争才能是正义的，并因此是合法的：第一，以主权者（sovereign）的权力发起并在其指挥下进行；第二，有正当理由（just cause），即被攻击者有某种过错；第三，交战方有正确意图（rightful intention），即向善避恶。简单地说，"由合法权威宣布（declared）、具有正当理由、不被邪恶的意图致使非法的战争"就是正义战争。[3]从奥古斯丁到伊西多尔再到阿奎那，不同阶段的正义战争学说关切的主要事项和解决的主要问题存在显著区别，正义战争学说也逐步从辩护神学转向法律应用，宣战长期以来是判断战争正义与否的标准，但中世纪欧洲的实际情况使得正义战争的判断标准多元化起来。到中世

---

[1] Stephen A. Barney et al., *The Etymologies of Isidore of Seville*, Cambridge University Press, 2006, p. 359.

[2] 其他三个问题是神职人员战斗是否合法、交战方设下埋伏是否合法和在宗教节日战斗是否合法。

[3] St. Thomas Aquinas, *Summa Theologica*, translated by The Fathers of the English Dominican Province, Second Part of the Second Part, Treatise on the Theological Virtues, Question. 40-*Of War*(*Four Articles*), available at https://www.sacred-texts.com/chr/aquinas/summa/index.htm, last visited on 2022-03-15.

纪末期，基于"三要素论"的正义战争学说已被广为接受：必须首先有一位君主存在才可以进行敌对行动，正当开战的理由是为之前的不公或伤害寻求救济，正当意图是尽快纠正导致争端的、不正义的情形，尽快恢复和平。

正义战争学说使得基督教世界确信参战但不违背基督教的道德准则是完全可能的，而且经过神学家们的论证，某些情况下事实上是进攻性的战争也仍然可能是正义的。中世纪的正义战争学说非常容易被滥用是尽人皆知的事实，"著名的、恶性的（malignant）'正义战争'学说……完全是给其信徒提供对战争和其所有丑行（infamy）的正当理由罢了"。[1]然而无论是奥古斯丁还是阿奎那，关注的主要是"诉诸战争的权利"，(jus ad bellum)而非"战时法"(jus in bello)，即关注的主要是发动战争的理由是否正当，而不是战争中的具体行为是否正当，这是中世纪正义战争学说的一个显著特点。对奥古斯丁来说，即便不是唯一的任务，那他的首要任务也是去回答基督徒参战是否正确、是否符合基督教教义，因此，重要的是以什么理由去参战是正确的，而不是在战争中什么样的行为是正确的。奥古斯丁很少讨论战争中具体行为应该如何，绝大部分提及战争中的克制行为都明显是为了贬抑罗马异教、夸赞基督教的仁慈。例如，他反复宣称"胜利者为失败者的神的缘故而宽恕失败者不合战争惯例"，[2]"野蛮人"即西哥特人410年攻陷并洗劫罗马时饶过罗马人的命"没有遵行战争常规"，但

---

[1] Jean Pictet, *Development and Principles of International Humanitarian Law*, Martinus Nijhoff Publishers, 1985, p. 13.

[2] [古罗马]奥古斯丁：《上帝之城》（上下卷），王晓朝译，人民出版社2006年版，第4页。

这是因为"基督的缘故"、是"由于敬重基督",[1]因此,"上帝允许罗马被敬重基督教的蛮族人占领",[2]"罗马沦陷时发生的暴行符合战争习俗,而那些仁慈行为的发生在于基督圣名的影响"。[3]在他看来,基督徒杀死被征服的敌人"不受战争法则或军令的约束",[4]他唯一明确提及战争中对行为的限制是在正义战争的前提下,即有合理理由"自卫"(另一国拒绝归还不正当地获取的财产或拒绝纠正不义之举时)且由合法权力机构宣战时,参战的基督徒士兵不应受"残忍、嗜血或复仇的欲望"驱使,而应出于对正义的爱,把参战当作类似祈祷的礼拜仪式一样行事。然而,讽刺的是,奥古斯丁这么一个大谈和平好处的人却在基督教形成关于战争合法化的一整套思想上起了关键作用。[5]除了将战争合法化,而不是去约束战争,"深深的讽刺"还在于,奥古斯丁只是相当零散地讨论什么样的战争才是正义战争,他的论述也深受西塞罗等人的影响,理论原创性不高。[6]奥古斯丁认为,参战的个人只要

---

[1] [古罗马]奥古斯丁:《上帝之城》(上下卷),王晓朝译,人民出版社2006年版,第2—3页。

[2] [古罗马]奥古斯丁:《上帝之城》(上下卷),王晓朝译,人民出版社2006年版,第226页。

[3] [古罗马]奥古斯丁:《上帝之城》(上下卷),王晓朝译,人民出版社2006年版,第10页。

[4] [古罗马]奥古斯丁:《上帝之城》(上下卷),王晓朝译,人民出版社2006年版,第36页。

[5] Paul Weithman, "Augustine's Political Philosophy", in Eleonore Stump and Norman Kretzmann eds., *The Cambridge Companion to Augustine*, Cambridge University Press, 2001, p. 247.

[6] Gareth B. Matthews, "Post-Medieval Augustinianism", in Eleonore Stump and Norman Kretzmann eds., *The Cambridge Companion to Augustine*, Cambridge University Press, 2001, p. 271.

没有抛弃上帝、没有复仇和残忍等诸如此类的感觉，几乎不受其他任何限制，至于战争中谁有罪、谁无辜则是由战士的灵魂和内心（soul and heart）决定的，人员归于哪一类根本上取决于"内在"（即灵魂）而不是外在（即行为），"要考虑的不是那个人做了什么，而是做的时候他是什么心态和意愿"。换言之，"奥古斯丁根本没有具体写过如何保护战争中无辜的人，确立战时非战斗员免受攻击的权利的依据更远不清楚"，[1]而这正是战时法的主要内容。

阿奎那的正义战争学说确实涉及何时可以杀害无辜的人，但有关讨论是放在谋杀而不是在战争的章节，因此也主要是对谋杀问题的回答。他认为，尽管"无法合法地杀害无辜之人"，但如果上帝如此要求，"在上帝的命令下杀死无辜之人就不是罪"，这种杀戮就是可以接受的。[2]也就是说，阿奎那关注的是谁可以杀人以及在什么条件下可以杀人，而不是被杀的人。奥古斯丁和阿奎那都远没有提出明确的豁免权概念，虽然他们都赞成《申命记》中曾讨论的胜利中的节制，同意不应任意伤害妇女、儿童和树木，但那是因为他们在性、繁殖、劳工、维持生计方面对胜利者可能有潜在用处。他们都没有将无辜之人、豁免权和非战斗员身份联系起来，传统上把他们的理论视为区分原则和平民概念的起源实际上是相当牵强的，之所以如此，也许并非这两位基督教圣人真的那么写过，而更多

---

[1] Helen M. Kinsella, *The Image Before the Weapon: A Critical History of the Distinction Between Combatant and Civilian*, Cornell University Press, 2011, p. 35.

[2] St. Thomas Aquinas, *Summa Theologica*, translated by The Fathers of the English Dominican Province, *Second Part of the Second Part*, Treatise on the Cardinal Virtues, Question. 64-*Of Murder* (*Eight Articles*), available at https://www.sacred-texts.com/chr/aquinas/summa/sum320.htm, last visited on 2022-03-22.

是由于当代人的诠释。总之，在阿奎那和奥古斯丁的著述中，最不关注的就是战争中的具体行为。尽管阿奎那确实考虑了谁可以参加战争、哪一天可以开战，但他对战争手段的关注仅仅在于欺骗和诈术。阿奎那关切的不是区分谁战斗和谁不战斗的方式，而是一套复杂的标准去判断谁可以在何时杀谁和赦免谁。他提到的任何节制，如果按战争中的限制来理解，也是源自爱、仁心和慈悲这些美德，而不是绝对的豁免权。[1]

中世纪的正义战争学说之所以如此关注发动战争的理由是否正义，不仅因为它事关诉诸战争的权利，而且也因为在当时，进行战争的理由是否正义会直接决定交战方是否有权占有战利品。[2]"必须认识到中世纪的正义战争学说（用现代术语来说）就涉及战争行为的原则而言是根本不对称的。只有正义一方有使用暴力的任何权利。非正义一方的任何杀戮都仅仅是凶杀（homicide），任何俘虏行为都是绑架。为此，非正义一方有法律义务赔偿其在冲突中给正义一方造成的任何损害。"[3]因此，"'正义战争'理论成了战争中严重不人道和苦难的幌子。在教会法学家的微妙考证下，'正义战争'中几乎所有事情都有正当理由。"[4]而且，从逻辑上来说，既然如此强调战争的正当理由，既然是在一场正义战争中捍卫无可争议

---

[1] Helen M. Kinsella, *The Image Before the Weapon: A Critical History of the Distinction Between Combatant and Civilian*, Cornell University Press, 2011, pp. 36-37.

[2] Theodor Meron, *Henry's War and Shakespeare's Laws: Perspectives on the Law of War in Later Middle Ages*, Clarendon Press, 1993, p. 40.

[3] Stephen C. Neff, *Justice among Nations: A History of International Law*, Harvard University Press, 2014, p. 71.

[4] Meyer Michael and McCoubrey Hilaire eds., *Reflections on Law and Armed Conflicts: The Selected Works on the Laws of War by the Late Professor Colonel G. I. A. D. Draper*, *OBE*, Brill, 1998, p. 15.

第二章 中世纪垄断和控制战争的努力

的正义事业，约束战争行为就显得没有缘由甚至是反逻辑的了。

在这种传统影响下，16世纪正义战争的理论家有许多关于战利品权利的冗长作品，如阿亚拉（Balthazar Ayala, 1548年—1584年）这样的战争法先驱人物即是如此，更不必说稍晚一点的格劳秀斯（1583年—1645年）的早期作品涉及的都是战利品法了。不夸张地说，中世纪正义战争学说的基调离现代人道主义的基调异常遥远，"它将通过战争实现的财产取得之正当性视为理所当然，而且它对正义问题的关注很大程度上是一种对财产权的关注。人们进行战争，是为了夺取财物和土地，而战争法关注的就是对胜利者的正当主张予以批准。"因此，"战利品法在正义之战分析中始终占据一个中心位置"，只要战争是正义的，"你从敌人手中获得的任何东西就都是你的"，当然，战利品不完全归士兵所有，除去必须归于君主的部分，士兵能保留多少取决于其社会等级和对战争的贡献。[1] 对于中世纪的士兵来说，他的战利品就是在正义战争中获得的那些动产，如果不是正义战争，这些财物就可能要归还。换言之，"正义战争不仅可以使在其他情况下被认为是犯罪的行为合法化，而且赋予该行为法律后果。因此，所有种类的犯罪行为都能以其是根据战争的权利而为之为由进行辩解。"[2] 此外，战争正义与否也直接关系到参战的所有人是否能得到救赎，而不仅仅是一个生死或道德问题。如果发动战争的理由是

---

[1] [美]詹姆斯·Q.惠特曼：《战争之谕：胜利之法与现代战争形态的形成》，赖骏楠译，中国政法大学出版社2015年版，第111—112页。

[2] M. H. Keen, *The Laws of War in the Late Middle Ages*, Routledge & Kegan Paul, 1965, p.65.

善良而且正义的,那么进行战争就问心无愧,而且必然会得到救赎,因为按照战争法则,"如果争端是非正义的,那么使自己陷入其中的人的灵魂则是有罪的。如果他在这样的情形中死去,那么他将走向地狱的深渊"。[1]

二、垄断战争的尝试:公战和私战之分

表面上看,宣战在阿奎那的"三要素论"正义战争学说中位居首位,但宣战的适当主体,即"主权者",才是阿奎那正义战争学说中最重要的部分,而当时的"主权者"主要就是教皇、神圣罗马帝国皇帝和君主,这显然是教会试图控制战争的一个重大举措。既然只有"主权者"才可以(合法地)宣布和进行战争,非"主权者"必然在理论上不具有此种权力,阿奎那认为与"主权者"相对的是"私人",私人之所以不能宣战,是"因为他可以从其上级的法庭寻求对其权利的救济",私人也不能召集民众,因为这是"城市、王国或省"的统治者在镇压内部骚乱和抵御外敌威胁时的专属权力。[2]但中世纪的欧洲,大大小小的王公贵族之间战争频仍,许多都不是所谓的"主权者",欧洲独特的封建制度产生了中世纪欧洲独特的"公战"(public wars)与"私战"(private wars)之分,这种区别源自正义战争学说,同时也是正义战争学说在中世纪的进一步发展。

---

[1] [英]朱丽叶·巴克:《阿金库尔战役:百年战争中最传奇的胜利》,王超斑译,汕头大学出版社2021年版,第319—320页。

[2] St. Thomas Aquinas, *Summa Theologica*, translated by The Fathers of the English Dominican Province, Second Part of the Second Part, Treatise on the Theological Virtues, Question. 40 - *Of War* (*Four Articles*), available at https://www.sacred-texts.com/chr/aquinas/summa/index.htm, last visited on 2022-03-15.

第二章 中世纪垄断和控制战争的努力

近代国际法之父格劳秀斯在《战争与和平法》中专章论述了战争的分类问题，他将战争分为公战、私战和混合战三类，其中，公战是由主权者进行的战争，私战是指没有国家权力的私人彼此之间进行的战争，而混合战是指一方为国家、另一方为私人的战争。对格劳秀斯来说，私战不仅历史"更为久远"，而且重要到需要放在第一位来论述。[1]事实上确实应该如此，因为私战是"无法无天的中世纪"阶段最显著的特点，在欧洲各地十分普遍。私战虽然是私人之间的战争，但并不是任何私人间的战争都能称得上私战，与"主权者"相对的"私人"绝非普通百姓，而是封建贵族，只有封建贵族之间的战争才是私战。"进行私战的权利只属于绅士（gentleman），而其所属的阶层则从国王处得到此种特许。结束战争可以缔结和约，可以由一方向宗主（suzerain）发出吁请，也可以是因为战斗的胜负或得到了对犯罪的妥善处理（satisfaction）。如果一方不想进行战争，可请求宗主将另一方召唤到庭，但要其保证的并非不再进一步伤害原告的人身或货物安全，而是保证将纠纷提交宗主处理并遵守其裁决。"[2]中世纪早期，私战既可能在隶属同一个君主的封臣之间进行，也可能在不同君主的封臣之间进行，但本质上都是"私人之间的武力竞争"，是"被美化了的决斗（glorified duel）"。[3]对于中世纪晚期的君王和贵族而言，私战是理所当然的事情，即便是在当时欧洲统治状

---

[1] Hugo Grotius, *On the Law of War and Peace*, Book I, Batoche Books, 2001, p. 42.

[2] Percy Bordwell, *The Law of War between Belligerents: A History and Commentary*, Callaghan & Co., 1908, p. 15.

[3] Lothar Kotzsch, *The Concept of War in Contemporary History and International Law*, E. Droz, 1956, p. 35.

况最好的英国,14世纪、15世纪也有多达46%的公爵死于暴力冲突,贵族们解决彼此间的矛盾和分歧,靠的不是中央政府,而是与其他贵族拉帮结派、缔结联盟。[1]

和公战要求宣战才能合法类似,虽然私战的主体不是主权者,因此没有资格宣战,但也要向对方发出挑战(defiances)或挑战信(letter of defiance),实际上起到宣战的作用,否则"就会降格为抢劫(brigandage)"。[2]挑战最初涉及封建领主(lord)和封臣(vassal)之间的争端,在法国的封建制度中,当封臣指责领主侵犯了他的权利时(领主偶尔也会指责封臣),封臣会折断一根棍子扔在领主脚下,由于这种行为会导致二人之间立即拳脚相加,后来很快出现通过代理人或通过文书进行挑战的惯例。[3]私战并非完全不受限制,但国王对私战通常只做时间上的要求,例如,1128年,阿方索七世(Alfonso VII)规定,必须在之前受到挑战并在9天后才可以进行私战;1187年,腓特烈一世(Fredrich I)也规定3天后才可以进行私战;近一个世纪后,法兰克王朝的国王将推迟私战的期限延长到40天;[4]1356年的教皇诏书规定在挑战之后要等3天才可以放火、抢劫或劫掠。如果争端涉及封建制度最高等级的人员,例如亲王(prince)或公爵(duke),他们会派遣使者(herald)

---

[1] [美]乔纳森·德瓦尔德:《欧洲贵族1400—1800》,姜德福译,商务印书馆2008年版,第124—127页。

[2] Percy Bordwell, *The Law of War between Belligerents: A History and Commentary*, Callaghan & Co., 1908, p. 19.

[3] Frederic J. Baumgartner, *Declaring War in Early Modern Europe*, Palgrave Macmillan, 2011, p. 22.

[4] Percy Bordwell, *The Law of War between Belligerents: A History and Commentary*, Callaghan & Co., 1908, p. 16.

宣布挑战。使者这一职业源自 13 世纪，[1] 到 15 世纪，通过使者宣战已明确成为西欧的惯例，不过在同时代的东欧，书面宣战的做法也仍存在。谁可以正当地宣战之所以是西方持续讨论的问题，"中世纪晚期的思想家之所以对正义战争和怎么宣布一场正义战争如此关注，主要原因就是封建制度内权威的碎片化"。[2]

私战既削弱了神圣罗马帝国的权力，也损害了教会对整个基督教世界的道德权威。直到中世纪即将结束，随着国家权力的增强，才出现强有力的措施压制私战，私战才逐渐退出历史舞台。总体上看，欧洲国家中，国王的权力越大，私战出现得就越少，延续的时间就越短。例如，英国受私战影响最少，尽管玫瑰战争期间[3]也曾受其困扰，但到了亨利七世时，由于其强有力的统治，英国的私战问题已经得到解决。法国的情况也有些类似。1296 年，腓力四世（Philip IV the Fair）就已经禁止所有私战，但在其死后，法国的私战出现了强烈反弹，甚至连 40 天的延缓期限都被弃之不顾，直到 1361 年才有法令彻底禁止私战，大约一个世纪之后，路易十一（Louis XI）才有效遏制住了私战。而在国王权力较弱的国家，私战则猖獗得多，尤以在波兰和苏格兰存续的时间最长，苏格兰的私战甚至

---

[1] Frederic J. Baumgartner, *Declaring War in Early Modern Europe*, Palgrave Macmillan, 2011, p. 23.

[2] Frederic J. Baumgartner, *Declaring War in Early Modern Europe*, Palgrave Macmillan, 2011, p. 29.

[3] 玫瑰战争（Wars of the Roses, 1455 年—1485 年）是英王爱德华三世（1327 年—1377 年在位）的两支后裔，即兰开斯特家族和约克家族的支持者为了争夺英格兰王位而进行的内战。

延续到18世纪。[1]1495年，神圣罗马帝国通过"永久和平"（Ewigen Landfrieden）法令宣布私战非法，"其结果是，并非君主的摄政王（regents）之间的敌对行为，从法律的角度来说不再是战争的一类，而是反叛的争斗。"一个世纪后，真提利认为"战争是用武器进行的正义的和公开的争斗"就反映了将私战排除于战争概念之外这种观念上的演进。[2]

公战与主权问题紧密关联，判断一场战争是否为公战，最关键的要素是看宣战的人是否具有正当的权力。"什么构成公战，是与中世纪神学、法律和政治问题成为一个整体这个特征密切相关的问题。它特别与主权问题、主权概念、诞生和成熟交织缠绕在一起。"[3]相比私战，公战有内在的逻辑难题，因为公战必须要在主权者之间进行，教皇和神圣罗马帝国皇帝都是当时欧洲公认的主权者，但教皇是所有基督教统治者和基督徒的神父，不可能向自己的信徒宣战，而皇帝作为西欧基督教世界唯一的世俗权威，他又该向谁宣战？例如，962年，奥托一世（Otto I，912年—973年）加冕为神圣罗马帝国皇帝，神圣罗马帝国也宣告成立，之后超过500年的时间里都没有皇帝宣战的例子。[4]皇帝和国王也无法向自己的封臣宣战，例如，勃艮第（Burgundy）公爵从法国国王和神圣罗马帝国皇帝那里都取得封

---

[1] Percy Bordwell, *The Law of War between Belligerents: A History and Commentary*, Callaghan & Co., 1908, pp. 16-17.

[2] Lothar Kotzsch, *The Concept of War in Contemporary History and International Law*, E. Droz, 1956, pp. 35-36.

[3] William Ballis, *The Legal Position of War: Changes in its Practice and Theory from Plato to Vattel*, Martinus Nijhoff, 1937, p. 33.

[4] Frederic J. Baumgartner, *Declaring War in Early Modern Europe*, Palgrave Macmillan, 2011, p. 22.

第二章 中世纪垄断和控制战争的努力

地，也是后两位的封臣，但 1470 年，法国国王路易十一却向当时的勃艮第公爵勇士查理（Charles the Bold）[1]正式宣战，"这就特别成问题了"。[2]大大小小的君主更不可能向教皇或皇帝宣战，否则不仅可能丧失其统治的宗教和法律基础，还可能实际上使自己孤立无援，陷入更糟糕的处境中。不过，教皇向异教徒特别是穆斯林宣战，进行讨伐和收复圣地的"圣战"，即十字军东征（The Crusades），不仅不存在障碍，而且当然是正义战争，甚至是最正义的战争。1095 年 11 月 18 日至 28 日，天主教会在法国克莱蒙举行宗教会议，史称克莱蒙会议（Council of Clermont），教皇乌尔班二世于 11 月 27 日进行了演讲，号召基督徒前去征讨东方的穆斯林、夺回圣地，这是欧洲历史上第一次正式发起"圣战"，第一次十字军东征就此开始。参加这场战争的部队是"上帝的军队""主的军队"，战士是"基督的士兵"（milites Christi），之前的教皇从未清楚地说过参与战争可以被视为一种美德，而乌尔班称之为"正确的牺牲方式"（Recta oblatio），参战者的灵魂可以因此得到救赎，基督教自此完全背离了此前原谅敌人和"左脸也转过来由他打"的教义。[3]

在基督教世界内部，异端（heretics）也成为战争所针对的目标。例如，1208 年，教皇英诺森三世宣布对法国南部朗格多

---

[1] 勇士查理 1467 年起为瓦卢瓦王朝的勃艮第公爵，是计划统一法兰西的国王路易十一最危险的敌人。勃艮第公国本来就势力庞大，而勇士查理还努力扩张力量，企图使勃艮第成为完全独立的政治实体。由于路易十一的外交手腕，勇士查理逐渐陷于孤立。在 1477 年南锡战役中，勇士查理阵亡。

[2] Frederic J. Baumgartner, *Declaring War in Early Modern Europe*, Palgrave Macmillan, 2011, p. 31.

[3] [美] 安东尼·帕戈登：《两个世界的战争：2500 年来东方与西方的竞逐》，方宇译，民主与建设出版社 2018 年版，第 184—185 页。

克（Languedoc）地区的卡特里派（Catharism）教徒宣战，但英诺森三世清楚表明由于这些异端是反叛分子，而且还背叛了上帝，不配适用战争的习惯程序，而且和异端的战争不可能有停战，除非铲除了所有错误，和平才会降临。[1]中世纪后期，教皇与世俗国家的对抗愈发频繁和激烈，不服从教皇之人和异端一样有罪，也成为打压的对象。例如，1309年，因为威尼斯不服从教皇的命令，教皇便讨伐威尼斯，结果威尼斯的雇佣军没有战斗，使得威尼斯屈从。更典型的例子是1480年教皇英诺森八世下教皇诏书（bull）将阿奎拉市（Aquila）置于教皇保护之下，并派兵抵抗那不勒斯的斐迪南一世（King Ferrante）。由于神职人员不能参战，英诺森八世号召意大利的战士们前往保卫教会，并宣布不仅会给这些人钱财，还有"祈祷和灵体武器（spiritual weapon）"的支持。[2]由于实际上并不存在判断战争理由是否正义的第三方或者存在更高地位的一方能够进行此种判断，战争双方无疑都会宣称自己进行的战争是正义的，因此，到14世纪、15世纪，"（正当法律意义上的）正义战争和公战就是一回事"。[3]随着欧洲国家政府日渐强大，16世纪晚期在英国、17世纪中期在大多数欧洲大陆国家，私战消失了，公战或者说国家间战争当然还存在，但对平民而言破坏性减小了。[4]

---

〔1〕 这次十字军运动于1229年结束，持续了21年，卡特里派教徒明显减少，该教派也转入地下，到14世纪中叶基本消失。

〔2〕 Frederic J. Baumgartner, *Declaring War in Early Modern Europe*, Palgrave Macmillan, 2011, p. 21.

〔3〕 M. H. Keen, *The Laws of War in the Late Middle Ages*, Routledge & Kegan Paul, 1965, p. 71.

〔4〕 [美] 乔纳森·德瓦尔德：《欧洲贵族1400—1800》，姜德福译，商务印书馆2008年版，第229页。

三、教会试图控制战争:"上帝的和平"与"上帝的休战"

中世纪欧洲有独特的社会分层结构。加洛林王朝的社会划分更多是在自由人和非自由人之间,但加洛林帝国的解体和新军事技术的发展导致以武力作为职业的贵族(即骑士)数量增长,封建贵族骑士逐渐成为有别于城镇居民和农民的单独一类。到了 1000 年前后,当时的欧洲人已经普遍认为"从一开始,人类就被分成了三部分:僧侣、农夫和武士","有些人祈祷,其他人战斗,还有一些人劳作",[1]即社会分为"祈祷者(oratores)""战斗者(bellatores)"和"劳动者(laboratores)"三类群体。根据这个社会三分法,每一类人有自己明确的社会职能,"祈祷者"(即教士)通过祈祷和虔诚力争社会所有成员的拯救(salvation),"战斗者"(即贵族)特别是骑士使用残忍的武力保卫"祈祷者"和"劳动者",而"劳动者"(即农民和市民)负责维持祈祷者和战斗者的生计。[2]尽管宗教改革运动爆发后,教士这个等级发生了很大变化,[3]

---

[1] Georges Duby, *The Three Orders: Feudal Society Imagined*, trans. by Arthur Goldhammer, University of Chicago Press, 1981, p. 13.

[2] Jeppe Büchert Netterstrøm, "Military and Civilian in Fifteenth- and Sixteenth-Century Denmark", in Gunner Lind ed., *Civilians at War: From the Fifteenth Century to the Present*, Museum Tusculanum Press, 2014, p. 86.

[3] "在信奉新教的领地国家和帝国城市之中,教士不再是一个享有特权和特殊社会地位的等级,更多的是一份职业,其成员主要来自市民阶层,受邦君和城市市政当局的掌控;而在信奉罗马天主教的领地国家和帝国城市之中,教士(尤其是修道院院长以上头衔的高级教士)仍然由贵族来担任,享有较高的社会地位和特权。在教会领地国家中,大主教、主教和修道院院长是领地国家统治者,他们依靠领地国家等级议会(其中包括教士团成员、领地贵族或者领地城市)的协助,进行社会治理。在世俗领地国家中,教士大都是协助领地国家统治者进行社

但社会三分法在中世纪一直存在,也是中世纪社会思想的基础,并且延续到整个近代早期,直到法国大革命前夕才寿终正寝。中世纪的欧洲战乱频仍,处于实际的无政府状态,在社会分层中占据重要位置的教会试图解决暴力泛滥的问题,推动了战时法的发展。

10世纪末,欧洲出现了教会发起和领导的和平运动,这既是出于希望保持社会和平,也是因为需要在饥荒和瘟疫频仍的年代维持一定水平的粮食生产,反映了当时的经济和社会需求,[1]是对当时欧洲动荡乱局的回应,也是教会控制和约束战争的另一个尝试。和平运动的两个主要组成部分是"上帝的和平"(Pax Dei/Peace of God)与"上帝的休战"(Treuga Dei/Truce of God),前者是永久停止对具有神圣地位的个人(如神职人员)和地方(如教堂)进行敌对行动;后者是暂时停止敌对行动,但涵盖的人员类别和地点更广泛,不限于神职人员和宗教场所。这两种做法主要是通过当地教会发布文告,提出要求并公布相应的惩罚措施。"上帝的和平"源于法国,始于975年安茹主教盖伊(Bishop Guy of Anjou)在勒皮会议(Council of Le Puy)上要求士兵(milites)发誓尊重教会和农民的财产,至少在教会和农民位于士兵控制的土地之外时应当如此。盖伊的主张当然遇到了一些抵抗,但在他两位伯爵亲戚的帮助下仍得以实现,也因为他并非针对所有人,而只是反对劫

(接上页)会治理的人。"参见钱金飞:《近代早期德意志民族神圣罗马帝国的多层次治理》,载https://epaper.gmw.cn/gmrb/html/2020-12/07/nw.D110000gmrb_20201207_2-14.htm,最后访问日期:2021年8月27日。

[1] Christopher Allmand, "War and the Non-Combatant in the Middle Ages", in Maurice Keen ed., *Medieval Warfare: A History*, Oxford University Press, 1999, p.256.

掠者和闹事者。989 年的沙鲁会议（Council of Charroux）将保护范围扩大，一般性地禁止劫掠教会和农民的财物，禁止攻击没有携带武器的神职人员，1016 年杜河畔凡尔登会议（Council of Verdun-sur-Doubs）则进一步要求在战争中保护农民。"上帝的和平"的局限性在于只是试图制止日常的暴力、压榨和非法罚款，但公战并不在其调整范围内。[1]由于在 10 世纪末、11 世纪初中断了近 20 年，"上帝的和平"呈现明显的前后两个阶段，运动的中心地区也发生了变化，但 20 余次宗教会议通过的命令都包含保护教会、保护特定人群特别是教士、保护家畜和农业生产三个部分，[2]本质上都是教会试图以神明的惩罚作为威胁来抑制世俗领主和骑士日渐增加的权力以及愈加猖狂的掠夺，是基督教会通过规定区分合法和不合法的暴力的教规，在变动的社会政治秩序中得到并且保持教会主宰地位的举动。[3]11 世纪 40 年代后，"上帝的和平"在整个法国已普遍衰退，[4]逐渐被"上帝的休战"代替。"上帝的和平"未能消除私战，部分是因为缺少封建法律的支持，部分是因为没有

---

[1] Philippe Contamine, *War in the Middle Ages*, trans. by Michael Jones, Blackwell, 1991, pp. 271-272.

[2] Hans-Werner Goetz, "Protection of the Church, Defense of the Law, and Reform: On the Purposes and Character of the Peace of God, 989-1038", in Thomas Head and Richard Allen Landes eds., *The Peace of God: Social Violence and Religious Response in France around the Year* 1000, Cornell University Press, 1992, pp. 261-270.

[3] Helen M. Kinsella, *The Image Before the Weapon: A Critical History of the Distinction Between Combatant and Civilian*, Cornell University Press, 2011, p. 38.

[4] Geoffrey Koziol, "Monks, Feuds, and the Making of Peace in Eleventh-Century Flanders", in Thomas Head and Richard Allen Landes eds., *The Peace of God: Social Violence and Religious Response in France around the Year* 1000, Cornell University Press, 1992, p. 240.

对发动战争进行任何时间限制,[1]而是想当然地试图一劳永逸。

"上帝的休战"和"上帝的和平"一样源自法国,始见于1027年的图卢兹会议(County of Toulouse)。根据该会议制定的规则,从周六晚上9点到周一早上6点,埃尔纳(Elne)教区和鲁西隆(County of Roussilon)不得有任何暴力行为。[2] "上帝的休战"后来迅速扩展到法国其他地方,经过教皇介入,最终在整个基督教世界推行。1095年克莱蒙会议上宣布了"上帝的休战",1179年第三次拉特兰会议(Council of the Lateran)又予以批准,规定从周三日出时开始到下周一日出时为止,[3]从降临节(Advent)[4]到主显节期间(Epiphany),[5]从复活节前的七旬斋(Septuagesima)[6]到复活节(Easter)期间,[7]均不得从事敌对行动,有的规定包括的休战期间更多。即使在允许进行敌对行动的期间,也不能攻击神职人员、僧侣、凡人修士(lay brothers)、朝圣者、商人、劳工和驮畜。违反休战规定会被开除教籍,但违反行为仍然经常发生。[8] 无论是战争的实际参与者还是普通百姓,他们首先是基督徒,

---

[1] William Ballis, *The Legal Position of War: Changes in its Practice and Theory from Plato to Vattel*, Martinus Nijhoff, 1937, p. 38.

[2] Philippe Contamine, *War in the Middle Ages*, trans. by Michael Jones, Blackwell, 1991, p. 272.

[3] 其中,周四是纪念耶稣升天(Ascension),周五是耶稣受难日(Day of the Passion),周六、周日要做礼拜。

[4] 起自圣诞节前四周,由最接近11月30日之主日算起直到圣诞节。

[5] 主显节为每年的1月6日,主显节期间为自主显节后起算的8天时间。

[6] 拉丁文 *septuagesimus* 意为"第七十",即复活节前的第70天。

[7] 复活节为每年春分月圆之后第一个星期日,因此每年的具体日期不同,一般为3月至5月的某一天。

[8] Percy Bordwell, *The Law of War between Belligerents: A History and Commentary*, Callaghan & Co., 1908, p. 16.

第二章 中世纪垄断和控制战争的努力

"上帝的休战"具有强大的道德感召力,更迎合了普通百姓对于无节制的暴力的痛恨。不仅如此,由于只要求暂停战斗,"上帝的休战"相比"上帝的和平"而言具有更强的可行性,因此,"上帝的休战"得以迅速从法国南部扩展到意大利和德国以及整个西欧,但无论是"上帝的和平"还是"上帝的休战",都只是基督教世界适用的规则,仅在基督徒之间的战争中适用,针对异教徒或异端的战争不必遵守。而且,大部分神学家都认为正义战争根本不能也不应受时间限制,阿奎那甚至认为即便是在最神圣的日子,如有需要,仍可以进行战斗,因为正义战争的根本特质正是必要性。[1]

"上帝的休战"是对私战最重要的限制,与其说其意在制止战争,不如说是将战争的权力限制在小部分人手中。教会发起的和平运动名义上是限制基督徒对特定人群在特定时间使用武力,但"实践中绝大部分针对的是长期争执不下的骑士",而骑士作为社会三分法中的一个重要群体,当然不可能束手就擒,教会进行了无数限制暴力的努力但并不成功。不过,限制骑士的暴力行为对于更高级的贵族,即皇帝、国王和君主这样的世俗统治者,也有吸引力,就此而言,世俗统治者和教会有着共同的利益。因此,12世纪到13世纪,世俗法和所谓"土地和平法(Peace of the Land)"接受和转换了和平运动的目标和规则,其首要目的就是限制贵族之间的长期不和(feuds)。[2]"上帝的休战"确实包含了禁止在战争中攻击某

---

[1] Philippe Contamine, *War in the Middle Ages*, trans. by Michael Jones, Blackwell, 1991, p.273.

[2] Jeppe Büchert Netterstrøm, "Military and Civilian in Fifteenth- and Sixteenth-Century Denmark", in Gunner Lind ed., *Civilians at War: From the Fifteenth Century to the Present*, Museum Tusculanum Press, 2014, p.87.

些特定人群的要求,也因此常被视为战争法中平民或非战斗员的豁免权起源之一,但这种豁免权并非天然,而是基于中世纪欧洲的封建制度和等级关系巧妙地构建,"这种等级关系依靠农民、动物和商人的劳动而存在,要求教会和贵族的权力来统治。"[1]由于都深受领主和骑士的暴力行径之苦,教会和农民在反对贵族的暴力这件事上就有了共同的利益,在制定休战法令的和平会议上短暂的结盟也成为可能,但双方都想要得到的非战斗员的豁免权更多是由于教会要恢复自己的神圣地位,"这些神职人员有双重利益,因为作为没有武装的领主,他们是暴力的受害者。然而,作为正义的领主,他们从这些新进展中所得甚多。"[2]为了限制无节制的战争,教会指定特定的商品、人员和地点受到特别保护,使之免受暴力和掠夺,但"受保护的人员和商品名单主要取决于教会对其的占有关系","毕竟,教会是当时最大的土地所有者(第二位是贵族),因此,需要保证农业和商业不受阻碍地进行以及保卫私有财产。"归根结底,"教会痛恨战争的恐怖无疑有些影响,但拥有土地的经济利益真正减轻了战争的恐怖。"同理,就人员而言,被保护的有"神职人员、僧侣、行乞修道士(friars)、其他宗教人员、朝圣者、旅行者、商人、耕地的农民。这些人的动物和商品一并受到保护,农民的土地也一样。"之所以保护土地、动物和农民,仅仅是因为其对生产食物和维持资源必不

---

[1] Helen M. Kinsella, *The Image Before the Weapon: A Critical History of the Distinction Between Combatant and Civilian*, Cornell University Press, 2011, p. 38.

[2] Christian Rosaz-Lauranson, "Peace from the Mountains: The Auvergnat Origins of the Peace of God", in Thomas Head and Richard Allen Landes eds., *The Peace of God: Social Violence and Religious Response in France around the Year 1000*, Cornell University Press, 1992, p. 114.

可少，因此，"农民不是因为他们是谁或者在战争中做了或者没做什么而受到保护，而是因为他们对战争的功用。"[1]可见，"教会思想中开始出现非战斗员豁免权时最为犹豫不决，而最初的尝试界定此学说的教规明显是教会利己主义（self-interest）的结果。"[2]这一点，即使是中世纪的人们也能清楚地看到。14世纪学者奥诺雷·博尼特（Honoré Bonet）[3]的观点就颇具代表性，在他看来，司其职的"牧羊人（oxherds）、农夫们（husbandmen）和犁田者（ploughmen）"受到保护是因为他们对于整个社会福利来说是必要的，"耕田犁地的人是为每一个人而劳作，各行各业的人都得靠他们吃饭"。[4]

与农民因其对社会生产的功用而受到保护截然不同，对神职人员的保护源于教会的神圣地位，但这种保护并非纯粹保护神职人员的人身安全，也有着净化教会的考虑。例如，和平会议除了要求保护神职人员，还禁止其携带武器，禁止发生流血事件，禁止僧职买卖（simony）和发生性行为。实际上，11世纪、12世纪的教会法规定了双重禁止，既禁止伤害非武装的神职人员，也禁止神职人员参战，其目的是期待通过提供保

---

[1] Helen M. Kinsella, *The Image Before the Weapon: A Critical History of the Distinction Between Combatant and Civilian*, Cornell University Press, 2011, p. 39.

[2] James Turner Johnson, *Just War Tradition and the Restraint of War: A Moral and Historical Inquiry*, Princeton University Press, 1981, p. 199.

[3] 奥诺雷·博尼特（1340年—1410年）是法国普罗旺斯的本笃会修士，在阿维尼翁大学获得博士学位，写作主题包括哲学、法律、政治和纹章学。在其著述中，尤以1382年—1387年完成的《战斗之树》（*L'arbre des batailles/The Tree of Battles*）最为著名，该书讨论了当时的战争和战争法，是研究中世纪战争、骑士和战争法十分重要的文献，影响巨大。

[4] M. H. Keen, *The Laws of War in the Late Middle Ages*, Routledge & Kegan Paul, 1965, p. 190.

护强化神职人员对宗教事务的责任，使神职人员成为教会精神事务和财产事宜上恰当的监护人，因此是独特而且格外神圣的一个人员类别，"神职人员的净化和保护互相依存"。对农民和神职人员的保护并非纯粹源自高尚的、人道的考虑，而是"挑战和改变中世纪的一个社会分层（strata）同时强化其他分层的复杂社会运动。区分神职人员与骑士，区分农民与神职人员，区分土地贵族和农民，并在每一个等级内进行区分，'上帝的和平'是社会差异化和规制的努力"，帮助形成并巩固了欧洲封建社会三个等级的封建秩序。[1]简而言之，中世纪基督教世界平民或非战斗员的豁免权来自教会所列的名单，其根据是特定群体的职业或社会分工无关作战，因此战争也不应针对他们，[2]将平民视为单一类别的人群从一开始就缺乏现实中的支持。

中世纪的和平运动源自社会三分法，反过来又加强了社会三分法，负责交战的贵族、负责祈祷的教士和负责劳动的农民之间的界限更加鲜明，教士和农民以及教士与世俗统治者之间因反对贵族和骑士长期争斗而产生了共同的利益，形成了暂时的同盟，其结果是和平运动宣布了对战争的限制，也凸显了军队和平民之间的区别，这为后来军队和平民之间截然的区别奠定了基础。虽然相当模糊和初级，但中世纪的欧洲存在战斗员和非战斗员的区别，"然而，这种区别不是国家界定的。恰恰相反，它的出现是对国家解体（或不存在）的回应，而且在许多方面与当今的区分大有不同，部分是因为这种区分不是基

---

[1] Helen M. Kinsella, *The Image Before the Weapon: A Critical History of the Distinction Between Combatant and Civilian*, Cornell University Press, 2011, p. 40.

[2] James Turner Johnson, *Just War Tradition and the Restraint of War: A Moral and Historical Inquiry*, Princeton University Press, 1981, pp. 131-132.

第二章 中世纪垄断和控制战争的努力

于任何普遍的人权概念,而是基于人员等级差异的不平等社会意识形态。"[1]尽管对于神职人员和农民等特定人群有理论上的保护,但实效甚微,尤其是对农民的保护几乎从一开始就形同虚设,如中世纪的作者所言,"这些规则在我这个时代的法国从未得到遵守","如今所有战争都是针对可怜的劳作者","不知道怎么放火、怎么抢劫教堂……怎么囚禁神父的人,不适合进行战争。"相比之下,虽然教会和修道院的财富常被交战方洗劫一空,房产也常被占领或者被用作堡垒,如果不交保护费还会被进一步毁坏,但"不顾教会和牧师的豁免权并不像不顾农夫的豁免权那样普遍"。[2]总之,不像"上帝的休战"在实践中还得到一些骑士的支持(虽然很有限),大部分战争中骑士都很少在意"上帝的和平"的规定,教士和农民及其财产仍是首要攻击目标,因为从教会和教士处可以掠夺大量财富,而攻击农民和烧毁庄稼则直接破坏敌方的经济基础和粮食生产,造成敌方社会动荡。在中世纪的欧洲,"蹂躏(ravaging)对政治胁迫和进行战争来说都不可或缺",[3]以烧毁庄稼、村庄和杀死农民为特征的蹂躏及其所代表的经济战是中世纪战争的有机组成部分,因此,教会将农民指定为非战斗员的尝试注定失败,主张教会人员和财产享有战时豁免权也同样难逃厄运。概言之,"中世纪的和平主张对世界事件的进程

---

[1] Jeppe Büchert Netterstrøm, "Military and Civilian in Fifteenth-and Sixteenth-Century Denmark", in Gunner Lind ed., *Civilians at War: From the Fifteenth Century to the Present*, Museum Tusculanum Press, 2014, p. 90.

[2] M. H. Keen, *The Laws of War in the Late Middle Ages*, Routledge & Kegan Paul, 1965, pp. 190-192.

[3] Matthew Strickland, *War and Chivalry: The Conduct and Perception of War in England and Normandy, 1066-1217*, Cambridge University Press, 1996, p. 336.

影响微乎其微",但确实"为未来的国际人道法的培育播下了一些种子"。[1]

此外,试图通过保护神职人员而使其专注于宗教事务同样没有达到预期的目的。英法百年战争期间,[2]英国曾有过要求教士参军服役的做法。1368年,爱德华三世(1312年—1377年)发出第一份要求组建教士阵列的军令状,1372年和1373年也发布过。随后,理查二世(1367年—1400年)和亨利四世(1367年—1413年)都发布过类似的军令状,1415年和1418年,亨利五世(1386年—1422年)也要求王国内所有的神职人员均应武装起来,成为地方志愿军(home guard)或民兵保卫王国,主教则需要在指定时间向大法官法院(Chancery)证明其组建的教士阵列的人数和武器装备情况。神职人员之所以默许甚至支持国王命其参军服役以及进行战斗这种超乎寻常的要求,可能是因为当时的英国民族主义高潮,国内弥漫着反法和反苏格兰的情绪,也因为在封建制度下,君主有权要求包括神职人员在内的领主(tenants-in-chief)提供人身服务。爱德华三世时期,神职人员以很大的热情和爱国精神亲自参与了战役,直到后来战事受挫,才有神职人员打破了这种长时间的默许,质疑起神职人员参战的可行性和所引发的道德问题。而由于其流动性,神职人员甚至还主动充当起间谍的角色,爱德华三世和理查二世都曾采取应对措施要求修道院院长禁止外国教

---

[1] Douglas M. Johnston, *The Historical Foundations of World Order: The Tower and the Arena*, Brill, 2008, pp. 295-296.

[2] 百年战争是1337年至1453年期间发生在金雀花王朝及其治下的英格兰王国和瓦卢瓦王朝及其治下的法兰西王国之间的一系列战争,其间常有长期休战。百年战争是中世纪最引人注目的战争,英法两国由此发展出强烈的民族意识。

士入内，亨利五世更要求从英格兰彻底驱逐一切外国教士。[1]

四、围城战的规则和对特定武器的限制

7世纪至8世纪，西欧开始大规模修筑高地城堡，该趋势在8世纪中期到10世纪期间日益加强，对法兰克国王来说，这是为了抵御萨克森人以及9世纪诺曼人和10世纪匈牙利人的入侵。[2]11世纪中期，法国人将城堡传入英格兰。[3]中世纪早期和盛期的城堡含义存在模棱两可或重合之处，无法绝对清楚地区分开来，但10世纪开始，城堡对于领主的重要意义开始变得十分明显，如时人所言，"因为依仗城堡的保护，他可以肆无忌惮地为所欲为，而其他人因为无处逃遁，一旦犯事就很容易被击败。"[4]中世纪的欧洲，国王只是与贵族、大臣等分享权力，而非独占权力，"他是封建等级统治制度下的最高君主，但并未获得与最高地位相匹配的无上的权力或资源"，[5]

---

[1] Theodor Meron, *Henry's War and Shakespeare's Laws: Perspectives on the Law of War in Later Middle Ages*, Clarendon Press, 1993, pp.97—99.

[2] ［德］乌尔里希·格罗斯曼：《城堡的世界：历史、建筑与文化》，孟薇译，生活·读书·新知三联书店2020年版，第103—105页。

[3] 著名的《盎格鲁-撒克逊编年史》（*Anglo-Saxon Chronicle*）是现存英文书籍中最早使用"城堡"一词的，在这本书中，修道士记录了1051年他在赫里福德郡见到的一件奇怪的事情。当时，英格兰两大派系之间爆发了激烈的冲突，一派是国王"忏悔者"爱德华及其盟友，另一派是英格兰最有势力的贵族家族戈德温伯爵和他的儿子们，要解决的是爱德华薨逝后谁来继承王位这个关键问题。修道士见到法国人建造的东西时深感震惊，由于太新奇、太别致，修道士没有合适的语言来描述，只好借用这些外国人的说法称之为"城堡"。参见［英］马克·莫里斯：《城堡的故事：半部英国史》，付稳译，化学工业出版社2018年版，第3—4页。

[4] ［英］罗伯特·巴特利特：《欧洲的创生》，刘寅译，民主与建设出版社2021年版，第83页。

[5] ［美］尤金·赖斯、［美］安东尼·格拉夫顿：《现代欧洲史 卷一 早期现代欧洲的建立：1460—1559》，安妮、陈曦译，中信出版社2016年版，第163页。

这种高度分化的封建制度导致了10世纪至13世纪城堡的大量修建和迅速扩散，即所谓欧洲的"城堡化"（encastellation），这是中世纪的欧洲在军事和政治方面经历的极其重要的变化，[1]因为城堡易守难攻，坚固的城堡一旦建成就反过来使中世纪"无法无天"的状态永久化，[2]二者互为因果。

城堡的首要任务是抵御外部危险，而外部危险可能源于邻近贵族想谋求领地，也可能来自维京人（Vikings）、马扎尔人（Magyars）或撒拉逊人（Saracens）[3]等遥远敌人的入侵和劫掠，可能缘于宿仇或私人恩怨，也可能来自因采邑义务而形成的同盟。城堡又具有地方领主和贵族对抗君主的意味，一旦建成也被贵族用来抗衡国王或其他诸侯，进而成为地方封建权力

---

[1] Robert Bartlett, *The Making of Europe: Conquest, Colonization, and Cultural Change*, 950-1350, Penguin, 1994, p.65.

[2] 建造城堡极其昂贵，但由于其坚固性，拆除城堡不仅可能更昂贵，而且费时费力，效果欠佳。试举一例，尽管其并非发生在中世纪，但足以说明前述观点。1642年至1651年间英国爆发内战，议会党（也被贬称为"圆颅党人"）和保皇党（也称"骑士党人"）进行殊死决斗，最后以议会党胜利而结束。由于围攻城堡的胜利来之不易，议会党曾数次下令拆除被攻克的城堡，可工程难度很大（十字镐虽然可靠，但需要大量人手和时间，炸药效率虽然高一点，但极为危险），代价也过于高昂，庞大的城堡尤其如此。1646年被拆除的科夫城堡和拉格伦城堡以及1649年被拆除的庞蒂弗拉克特城堡就是典型例子，特别是后者，全面拆除后，即便卖掉拆除的铅、石料和林木抵消了1779英镑的成本，镇上的居民仍然要为此项拆除工作背负145英镑的债务。比弗和蒙哥马利两地的城堡由于是保皇党的财产，则被要求自行拆除，巨额成本被转移给保皇党人作为惩罚。此外，拆除城堡需要财政自负的地方，命令较难执行，往往囫囵收场。参见［英］马克·莫里斯：《城堡的故事：半部英国史》，付稳译，化学工业出版社2018年版，第233—239页。

[3] "撒拉逊人"是中世纪欧洲基督徒广为使用的一个词，中世纪早期用来指阿拉伯部落，12世纪前后已经与"穆斯林"同义，该词来自阿拉伯语"东方人"（sharakyoun）。

第二章 中世纪垄断和控制战争的努力

的基础,故其修建往往需要得到君主的许可,[1]而衡量中世纪王权和贵族权力对比一个显而易见的指标就是彼此拥有的城堡数量。[2]争夺城堡、控制城镇对于中世纪的君主和贵族十分关键,围城战也因此成为中世纪最常见的战争形式之一,"围城战比会战更普遍。战利品比纯粹的胜利更令人向往"。[3]围城战对平民来说尤其危险,不仅因为城镇变成了战场,而且士兵会使用各种不分皂白的武器:中世纪的主要攻城装备投石机(catapult)和后来出现的重力抛石机(trebuchet)都不是

---

[1] 例如,中世纪早期的加洛林时代,如查理大帝(742年—814年)和虔诚者路易(778年—840年)统治期间,都规定修建城堡的权利由国王独享,贵族修建城堡需要得到国王的授权。路易的继任者秃头查理于864年为西法兰克王国制定了《皮特雷敕令》,明确规定只有国王拥有城堡的修建权,但可以下放交付公爵和伯爵行使。东法兰克王国没有类似规定,目前尚不清楚加洛林王朝晚期和奥托王朝的国王是否还会独享城堡的修建权。中世纪中晚期,情况有所松动。13世纪神圣罗马帝国皇帝腓特烈二世的两道法令(1220年的《神圣诸侯契约》和1232年的《世俗诸侯法案》)都允诺诸侯无须国王批准即可在自己的土地上修建城堡,但其他法学典籍如《萨克森明镜》则明确定义了未经许可不得修建的城堡的特征,而颁发许可的人是"邦国的法官",即国王的代理人。《萨克森明镜》未影响到的地区,依附于公爵或伯爵的下层贵族若要修建城堡,必须得到采邑主的许可。此外,由于整个中欧并不都是国王的领地,公爵、伯爵和一些下层贵族都拥有大量私产,即"自主地",在这些土地上修建城堡不受采邑权的约束,经常是未经国王明确批准就修建了。参见[德]乌尔里希·格罗斯曼:《城堡的世界:历史、建筑与文化》,孟薇译,生活·读书·新知三联书店2020年版,第31—33页。

[2] 以英格兰为例。1154年亨利二世统治之初,全英格兰只有20%的城堡属于王室,此前20年间是未经国王同意而私建城堡的暴增期,亨利二世即位后发布的首批政策中就包括下令拆除这些私建的城堡,同时和他的儿子们大肆修建新式城堡。等到1216年亨利二世的儿子"无地王"约翰一世去世时,英格兰的王室城堡与贵族城堡的比例已经发生巨大变化,几乎一半的城堡属于王室。参见[英]马克·莫里斯:《城堡的故事:半部英国史》,付稳译,化学工业出版社2018年版,第65页。需要指出的是,该中译本误将约翰一世翻译为"约翰二世",而"约翰二世"指法兰西国王(1319年—1364年)或拜占庭皇帝(1087年—1143年)。

[3] Norman Davies, *Europe: A History*, Harper Perennial, 1998, p.440.

以精确著称的武器，投射物飞行轨迹的不确定性导致它们能击毁城墙，也能毁坏民宅，放火、断粮、断水这些常用的围城战手段也都无差别地杀戮。[1]此外，"一个城镇拒绝投降会被视为对君王权威的侮辱，对这种挑战应该没收城镇内所有财产——有时还包括其居民的性命。如今这种政策会被视为战争罪，但在中世纪让一座反抗的城市彻底屈从是实现而不是违反了战争法。"[2]故此，围城战往往是最残酷、最惨烈的战争。例如，1601年7月西班牙围攻荷兰的奥斯坦德（Oostende）[3]，用了三年多时间才最终于1604年9月攻克该城，荷兰人死亡6万人、西班牙人死亡8万人，[4]这场围城战也是荷兰争取独立的八十年战争（1568年—1648年）中最血腥的一场战役。

基督教神学家的正义战争学说有多少能够实际应用于中世纪的战争可能不易回答，但可以确定《申命记》在中世纪的战争中常常占有一席之地，而这与城堡和围城战密切相关。由于《申命记》中详细记载了围城之事，中世纪攻城的一方常常援引《申命记》中关于投降的要求以确保自己进行的战争是正义的，如果要求敌人无条件投降被拒，也会援引《申命记》证明强攻破城后进行残忍报复的正当性。对中世纪的君主来说，如果发动的是一场正义战争，"他就必须确保自己是

---

[1] David J. Hay, "'Collateral Damage?' Civilian Casualties in the Early Ideologies of Chivalry and Crusade", in Niall Christie and Maya Yazigi eds., *Noble Ideals and Bloody Realities: Warfare in the Middle Ages*, Brill, 2006, pp. 4-5.

[2] Michael Bryant, *A World History of War Crimes: From Antiquity to the Present*, Second Edition, Bloomsbury Academic, 2021, p. 110.

[3] 现位于比利时。

[4] Marco van der Hoeven, "Introduction", in Marco van der Hoeven ed., *Exercise of Arms: Warfare in the Netherlands*, 1568-1648, Brill, 1997, p. 13.

按照战争的法则进行战斗的。一旦偏离了这些法则，无论是在当时的人看来，还是在上帝的眼中，他的主张就不那么正当了"。[1]在围城战中，这些"战争的法则"就是围攻之前先给予敌人投降的权利，拒不投降则被视为主动放弃得到人道待遇的权利，一旦城池被攻陷，攻城一方便可肆意烧杀劫掠，原因有三：一是报复，作为对死亡的攻城人员实现自然正义的方式；二是以儆效尤，威慑其他城镇不要负隅顽抗；三是作为激励攻城人员的手段。围城战的规则不仅是中世纪数百年来的战争惯例和传统，而且直到现代早期，所有主要国际法学家，从弗朗西斯科·维多利亚（Francisco de Vitoria，约1480年—1546年）到真提利再到格劳秀斯，都承认其合法性。[2]亨利五世1415年8月围攻哈弗娄（Harfleur）时严格遵守这些程序要求即为最典型的例子。[3]实际上，杀敌数量和俘虏人数"对

---

[1] [英]朱丽叶·巴克：《阿金库尔战役：百年战争中最传奇的胜利》，王超斑译，汕头大学出版社2021年版，第205页。

[2] Gavin Daly, "Sieges and the Laws of War in Europe's Long Eighteenth Century", in Matt Killingsworth and Tim McCormack eds. , *Civility, Barbarism and the Evolution of International Humanitarian Law: Who Do the Laws of War Protect?* Cambridge University Press, 2024, p. 16.

[3] 莎士比亚在《亨利五世》中有戏剧化的描写，但显然反映了沿袭已久的惯例。在哈弗娄城门前，亨利五世先向城内的总督喊话："城上的总督现在又怎样决定啦？这一次，是我们最后一次的谈判了，所以趁早接受了我们最大的恩典吧……一旦我又发动了攻城，不到把这毁灭殆半的哈弗娄城埋葬在灰烬底下，就决不罢休。那时，一切慈悲之门都将全部闭紧。那些士兵尝过了战争的甜头，就只有一颗又狠又硬的心，只有一双毫无顾忌、到处劫掠的血手；他们的良心，容纳罪恶，就像敞开大门的地狱。你们那些鲜艳娇嫩的姑娘，苗壮的婴儿，就像花草一般，纷纷倒在镰刀底下。那火光熊熊、杀气冲天的战争，本来就像是面目狰狞的魔鬼，魔鬼中的首领，到时候如果它把一切烧杀掳掠的勾当都做尽了，那跟我又有什么相干？如果是你们自己害得自己的闺女落在那火热的奸淫者的手中，那跟我又有什么相干？那邪恶的淫欲正势不可挡地从山坡往下直冲，有谁能将它制住？要想喝住这班疯狂的兵士，叫他们在奸淫掳掠中放下手来，那就跟拿着拘

于中世纪的人来说，这是判断一切军事行动成功与否的准绳"。[1]此外，包括围城战在内的中世纪的战争中也有一些对特定人群的保护。两国一旦开战，敌国的商人会成为一类特殊的群体，或是给予合理的期限让其收拾离开所在国，或是被关押起来但暂时不伤害其人身和财产安全，等该国得知其本国的商人在敌国是何等待遇再适用互惠原则进行处理，如果本国商人在敌国未受侵害，那么敌国商人在本国也会得到安全保障。例如，1215年英国的《大宪章》即是如此规定。[2]

中世纪的教会也曾尝试限制特定的武器。1139年，第二次拉特兰会议禁止对基督徒和天主教徒使用十字弓（crossbow）和长弓（longbow），因为"它们是被上帝如此憎恶的致命技艺，违者将被施以绝罚"。[3]后来，教皇英诺森三世（Innocent III,

---

（接上页）票去召鳄鱼游上岸来，同样地办不到。所以，你们哈弗娄人，顾惜自己的城市和自己的人民吧——趁眼前，我的将士还在我的掌握中；趁眼前，还有那清凉柔和的仁风在吹散那邪念、杀气、狠毒所凝成的重重乌云。要不然，嘿，只要一眨眼，那无法无天的兵丁不管淹手血污，不管耳边的一阵阵尖声惨叫，一把拖住了你们家闺女的秀发往外跑。你们的父老尊长有多么可敬，却给一把揪住了银白的胡须——高贵的额头，也得对准墙脚撞！你们那些赤裸裸的婴孩，被高高地挑在枪尖子上，底下，发疯的母亲们在没命嘶号，那惨叫声直冲云霄，好比当年希律王大屠杀时的犹太妇女一样。你们怎么回答？你们愿意投降、避免这场惨剧呢，还是执迷不悟、自取杀身之祸？"参见［英］莎士比亚：《莎士比亚全集》（第三卷），朱生豪等译，人民文学出版社1978年版，第388—389页。

〔1〕［英］迈克尔·琼斯：《黑太子：中世纪欧洲骑士精神之花的传奇》，王仲译，社会科学文献出版社2021年版，第100—101页。

〔2〕第41段规定："除战时与余等敌对之国家之人民外，一切商人，倘能遵照旧时之公正习惯，皆可免除苛捐杂税，安全经由水道与旱道，出入英格兰，或在英格兰全境逗留或耽搁以经营商业。战时，敌国商人在我国者，在余等或余等之大法官获知我国商人在敌国所受之待遇前，应先行扣留，但不得损害彼等之身体与货物。如我国商人之在敌国者安全无恙。敌国商人在我国者亦将安全无恙。"

〔3〕Council Fathers, *Second Lateran Council*-1139 A. D. , https://www.papalencyclicals. net/councils/ecum10. htm, visited on November 2, 2017.

第二章　中世纪垄断和控制战争的努力

1161年—1216年）又发布过教令（decretal），禁止对基督徒使用劲弩（arbalest）或十字弓，以及弩炮（ballista）之类的投掷机械。[1]尽管如此，这些新式杀伤力强的武器从未仅仅因教会的禁令而在现实中自动消失。以十字弓为例，十字弓大约出现于11世纪中期，相比长弓，它不仅备射程序费时费力，[2]而且发射速率较低，因此不适合骑马作战，但对围城战而言尤其合适，因为围城战中交战方有充分的时间张弓、装箭、瞄准、射击，十字弓的射程和穿透力的优势尽显。十字弓的射程可达约270米，箭镞可射穿盔甲和人骨，骑士面对十字弓毫无生还的可能。[3]拜占庭公主安娜·科穆宁娜（Anna Komnene，1083年—1153年）就曾见识到十字弓的威力，她将十字弓称为"野蛮人的弓""魔鬼的发明"，并称被击中的人"无论多强大，都会在毫无感觉甚至连箭也感觉不到的情况下死去"。[4]虽然教会和教皇都谴责十字弓并将之称为"魔鬼的武器"，但十字弓的巨大威力在当时尽人皆知，十字弓也被广泛使用，因为即便是一名无足轻重的步兵，有了十字弓也可以

---

[1]　Percy Bordwell, *The Law of War between Belligerents: A History and Commentary*, Callaghan & Co., 1908, pp. 21-22.

[2]　使用长弓时，弓箭手只需要单手向后拉开弓弦至其耳廓处然后松开弓弦射出弓箭即可，但使用十字弓时，需要先将十字弓头朝下，弓箭手一只脚踩进十字弓最前端的弓镫里，然后双手拉开弓弦，这一套动作叫作"张弓"。弓弦拉满后，将其挂在牙钩上进行固定，然后再将箭镞装入十字弓前端的矢道。至此，备射工作才完成。

[3]　[英]马克·莫里斯：《城堡的故事：半部英国史》，付稳译，化学工业出版社2018年版，第70页。

[4]　Anna Komnene, *The Alexiad*, edited and trans. by Elizabeth A. S. Dawes, Routledge, Kegan, Paul, 1928, pp. 256-257. 安娜·科穆宁娜为其父、拜占庭帝国皇帝阿历克塞一世（Alexios I Komnene）著有传记《阿历克塞传》（*The Alexiad*），是研究拜占庭帝国的重要史料。

取国王和骑士的性命。例如,1199年,英格兰"狮心王"理查一世被一支十字弓射出的箭镞射中肩膀,随后伤口化脓进而死亡;1215年罗切斯特围城中,理查一世的弟弟、时任国王约翰一世就刻意避开十字弓的射程,但即便如此也差点被十字弓手射杀。获胜后,约翰一世愿意用战俘来换取赎金以示仁慈,但特意绞死了十字弓手。[1] 12世纪末,十字弓手成为最有效的战争工具之一,以至于1241年德意志国王康拉德四世在面对蒙古入侵时列举的五项紧急措施中,其中一项就是"准备十字弓手"。[2]

再以长弓为例。威尔士人发明了长弓,而英格兰国王爱德华一世(1239年—1307年)采用了这种新式武器,英格兰和威尔士人偏好使用长弓作战,而热那亚人尤其擅长使用弩,但相比而言,长弓比弩操作更轻便、更高效,而且制作成本低得多。[3] 1297年爱德华一世开始讨伐苏格兰,其间英格兰军队中长弓逐渐代替了十字弓,到14世纪20年代、30年代,长弓手已开始取代其他步兵部队。[4] 长弓不仅射程远,而且可以十分精准地射击,威力也很大。一张拉力为68公斤的长弓可以将一支重箭(2盎司)射出大约210米,如果是轻箭,更可以达到275米,而一支宽头箭可以轻易穿透链甲,更锐利的

---

[1] [英]马克·莫里斯:《城堡的故事:半部英国史》,付稳译,化学工业出版社2018年版,第71、79页。

[2] [英]罗伯特·巴特利特:《欧洲的创生》,刘寅译,民主与建设出版社2021年版,第82页。

[3] [英]朱丽叶·巴克:《阿金库尔战役:百年战争中最传奇的胜利》,王超斑译,汕头大学出版社2021年版,第98—99页。

[4] [英]乔纳森·萨姆欣:《百年战争(第一卷):战争的试炼》(上),傅翀、吴畋、王一峰译,社会科学文献出版社2019年版,第94页。

第二章 中世纪垄断和控制战争的努力

锥头箭甚至可以对穿板甲的人造成致命伤。1346年8月克雷西战役中英格兰长弓手大破法国重骑兵与热那亚弩兵即是典型例子,根据傅华萨[1](Jean Froissart,约1337年—约1405年)的记载,"英军的长弓手将箭雨倾泻在热那亚人身上,它们分布密集而均匀,令热那亚人像纸片般纷纷倒下",这些箭矢"穿透了他们的手臂、头颅、脸庞"。[2]长弓手在英国军队中始终占据异乎寻常的高比例,数量几乎总会超过重铠兵,比例为三比一,长弓手也是1415年阿金库尔战役胜局的关键。[3]英国采用了长弓而法国没有,这部分解释了为什么英国在百年战争特别是其中一些重要战役中能取得惊人的胜利。长弓作为一种强有力的武器,除了"它在战争中产生的巨大影响几乎可以和后来的火药相比",更重要的是其社会影响,"那些将要摧毁法国骑士制度的英格兰弓箭手,来自各个阶层,自耕农的儿子如今都能打败身穿盔甲的骑士。"[4]

可见,一方面,由于这些新武器能够轻易杀死贵族继而破坏欧洲既有社会秩序,试图控制战争和暴力的教会对此十分关切并尝试通过禁令施以控制;另一方面,这些新武器带来的巨

---

[1] 中文又译成"让·弗鲁瓦萨尔",法国作家,其作品《编年史》(Chronicles)又译成《大事记》,涵盖时间约为1326年到1400年间,是关于14世纪英格兰和法国骑士最重要的文献来源,也是关于百年战争第一部分最重要的散文叙述。

[2] [英]迈克尔·琼斯:《黑太子:中世纪欧洲骑士精神之花的传奇》,王仲译,社会科学文献出版社2021年版,第112—114页。

[3] [英]朱丽叶·巴克:《阿金库尔战役:百年战争中最传奇的胜利》,王超斑译,汕头大学出版社2021年版,第128页。

[4] [美]詹姆斯·特拉斯洛·亚当斯:《缔造大英帝国:从史前时代到北美十三州独立》,张茂元、黄玮译,广西师范大学出版社2019年版,第83页。

大军事优势使得将领和君主无法拒绝使用，而抢占先机尤其重要。对特定作战方法和手段的法律规制是一种动态的、长期的博弈，对于分崩离析、战乱频仍的中世纪欧洲来说，既缺乏时间也缺乏足够的意愿，"第二次拉特兰会议对特定武器的禁止是现实政治（Realpolitik）的一次试练。它是基于骑士阶层战争传统的一次尝试，它注定失败是因为这些传统本身在面对禁令所谴责的武器所具有的潜力时自身难保。"[1]实际上，一直到16世纪末欧洲战场上还在大规模使用十字弓和长弓，而此后二者消失仅仅是因为出现了火药和枪支这样更有效的杀戮工具。由于枪支的潜能十分明显，教皇国和其他世俗国家一样迫切地想要获得枪支，教会从未禁止过使用枪支，甚至还给枪手指定了一位主保圣人圣芭芭拉（Saint Barbara）。[2]

第二节 骑士、纹章法和雇佣军

中世纪的战争以十分残酷、破坏性巨大而为人所知，这一是因为士兵薪水很少或者根本没有，对绝大部分人来说，战争中获得的战利品和保护费是最可靠、最可观的财富来源。二是因为军队组织性和纪律性极差，士兵很少遵守战争惯例和教会的和平法令。一旦攻克某地某城，将其洗劫一空是常有之事，如果是围城战，屠城则司空见惯，坚持抵抗的将领和带头的民众更是在劫难逃。三是因为所谓"马上游击"（chevauchée）能

---

[1] James Turner Johnson, *Just War Tradition and the Restraint of War: A Moral and Historical Inquiry*, Princeton University Press, 1981, p. 129.

[2] Alexander Gillespie, *A History of the Laws of War: Volume 3: The Customs and Laws of War With Regards to Arms Control*, Hart Publishing, 2011, pp. 13-15.

够产生立即的、明显的军事效果。该词字面意思是骑马出行，但14世纪时已经特指对军队行军路线两侧一定宽度内的地域进行残酷的烧杀劫掠，其目的在于让敌方领主无法获得战争所需的物资和财富，同时令其蒙羞，向其臣民展示他没有保护他们的能力。这种战术是暴力威胁、经济战、心理战和宣传战的结合，虽然十分残酷，但在中世纪是广为接受的惯例和军事行为准则，当然，最深受其害的是底层民众，因为他们损失的是粮食、住所、积蓄、肢体甚至生命，而领主损失的只是颜面。[1]由于能够在物质、财富、人员和士气上有效打击敌人，将领和君主频繁采用此种焦土战术。[2]

但是，中世纪的战争也存在一些惯例和规则，不论主观因素为何，客观上确实减轻了战争的残酷性和破坏性。"中世纪军队的主要武装力量是骑兵；中世纪的战役是马背上披盔戴甲

---

[1] [英]迈克尔·琼斯：《黑太子：中世纪欧洲骑士精神之花的传奇》，王仲译，社会科学文献出版社2021年版，第179—180页。

[2] 例如，百年战争期间，1339年9月，英格兰国王爱德华三世进入法国北部准备与法国国王作战，爱德华三世在信中直截了当地向其长子黑太子爱德华和顾问写道，自己已经开始在康布勒齐地区"实施焦土战术，并且接下来的一周都将在这里继续焚烧、掠夺，直到这一地区被完全摧毁——这里的谷物、牛羊和其他物资不是被掠走，就是被烧毁。"爱德华三世随后率军继续深入法国，扩大他军队的破坏面积："每日我军都在不断前进，我军将士将行进路线两侧12里格（20英里）范围内的一切事物都焚烧、摧毁……我要尽我所能地大肆破坏。"1355年11月6日，黑太子指挥部队"有条不紊地"在法国卡尔卡松市镇纵火，将之完全摧毁后离开，然后从大西洋海岸推进到地中海海岸，一路烧杀劫掠，许多地方被烧成灰烬，人们因极度恐惧而逃离，一些现代法国学者认为此即"黑太子"这一别名的由来。黑太子的"马上游击"战术导致整个法国团结一致地对付他，许多法国贵族搁置对国王约翰二世的意见，纷纷响应国王的号召抗击黑太子，因此1356年普瓦捷战役中，黑太子面对的是"14世纪法国规模最大的军队之一"，法军兵力是黑太子兵力的三倍。参见[英]迈克尔·琼斯：《黑太子：中世纪欧洲骑士精神之花的传奇》，王仲译，社会科学文献出版社2021年版，第79—80、189—199、219页。

的贵族之间的冲突"，[1]毫不夸张地说，"骑士是中世纪战争真正的决定性因素"，而"一场典型的中世纪战斗和会战不过是众多骑士间的个人决斗"。[2]因此，中世纪的欧洲存在"进行战争方式的两分法：骑士精神（chivalry）——高贵且上流，以及当兵（soldiering）——污秽的行当。"[3]显然，尽管同在中世纪的战场出现，但骑士和非骑士作战群体存在方方面面的重大区别。如上一节所述，骑士作为中世纪的欧洲社会三分法中唯一负责使用武力的一类人，与另一主要社会群体——负责宗教信仰的教士及其所代表的教会，处于一种微妙的对立和互相依存的关系中。除了教会发起、后为世俗统治者所接受并推行的约束骑士暴力行为的和平运动，骑士自身的行为准则特别是所谓的"骑士精神"，以及当时另一个以武力为生的群体，即雇佣军，对于后来战时法规则的形成和发展也有深远的影响。

一、骑士的兴起和消失

"骑士"（knight）一词的最初含义是从属和处于社会下位。中世纪贵族出现时是没有穷贵族的，但到了11世纪、12世纪，贵族的含义发生了变化，那些追随大贵族左右出征作战的小人物开始分享其主人的荣誉，并越来越多地赢得了高级身

---

[1] [美]尤金·赖斯、[美]安东尼·格拉夫顿：《现代欧洲史 卷一 早期现代欧洲的建立：1460—1559》，安妮、陈曦译，中信出版社2016年版，第17页。

[2] [德]汉斯·德尔布吕克：《战争艺术史：中世纪战争》，姜昊骞译，世界图书出版有限公司北京分公司2021年版，第187、209页。

[3] Matthew Bennett, "Why Chivalry? Military 'Professionalism' in the Twelfth Century: The Origins and Expressions of a Socio-Military Ethos", in D. J. B. Trim ed., *The Chivalric Ethos and the Development of Military Professionalism*, Brill, 2003, p.41.

第二章 中世纪垄断和控制战争的努力

份的外在标志，被称为骑士，包括君王在内的大人物也开始自封为骑士，从前的军事扈从至此已经变成了统治集团的一部分。[1]军事因素是骑士得以出现和兴盛的重要原因，11世纪对于骑士和整个中世纪军事史来说非常重要。从东方传入欧洲的马镫显著提高了骑手在马鞍中的稳定性并彻底改善了骑手对马的控制，自8世纪早期开始就已经大大提升了骑兵的重要性，1000年后或晚至11世纪末，随着其他技术进步，重骑兵开始使用将长枪紧紧夹在右臂腋窝下对准敌人冲锋的战术，这种做法意在以骑兵和马匹的全部体重加上高速行进产生的巨大动能攻击敌人，大量的重骑兵如此作战就势不可挡。第一次十字军东征期间（1096年—1099年），拜占庭公主安娜·科穆宁娜就见识到了这一战术的威力，并感慨重骑兵"战无不胜，甚至可以把巴比伦的城墙弄出一个窟窿"。[2]这种战术常常可以决定一场战斗的胜负，其出现"不是也不可能仅仅是一个军事进展。其实践者需要新的技巧和训练措施，在那个没有常备军以及军事训练还没有体制化的年代，这注定要有社会影响。"[3]而重骑兵之所以"重"（heavy），是因为他们从头到脚都穿着昂贵的铁质盔甲，动辄四五十磅（约18公斤至23公斤），在一个农具多为木质，即便是犁也常常只有犁尖是铁质的年代，身穿铁质盔甲不仅意味着耗资惊人，而且也表明拥有强大的战斗力和威慑力，因为他们虽然"生活在农耕年代，但

---

[1] [美]乔纳森·德瓦尔德：《欧洲贵族1400—1800》，姜德福译，商务印书馆2008年版，第46页。
[2] Anna Komnene, *The Alexiad*, edited and trans. by Elizabeth A. S. Dawes, Routledge, Kegan, Paul, 1928, p. 343.
[3] Maurice Keen, *Chivalry*, Yale University Press, 1984, pp. 23-25.

看起来像是钢铁年代的人"。[1]当时的骑兵和重骑兵就是骑士,但中世纪的骑士有两种含义:一是纯粹的贵族身份,所有达到服兵役年龄(military age)的贵族都是骑士;二是军事意义中的骑士身份(knighthood),虽然以贵族身份为前提条件,但还必须通过使用武器获得一些功绩才能拥有,而不是生来就有。本书采用后一种含义。

骑士是中世纪欧洲封建制度的典型现象,也是中世纪欧洲的基本社会机体之一,骑士身份几乎完全是封建法律问题,拥有领地(fief)是骑士阶层的经济基础,而封建制度给骑士阶层的发展提供了制度基础,是中世纪"使得维持一个骑马的军人职业成为可能的唯一基础"。[2]骑士和领主的关系是典型的附庸关系,扈从提供服务,领主提供赏赐,其中,"土地是一种最不寻常、最稀缺也最值得珍视的特别奖赏。扈从与家臣骑士把地产或封地的赏赐视为目标",法兰克王国和神圣罗马帝国的骑士都因封地一事而倍感压力,也都会在最终获得封地时感到如释重负和欣喜若狂,因为"他们显然更愿意设想自己年老时能在自己的地产上被妻儿簇拥,而非在领主的大厅里靠祈求赏赐度日",所以12世纪至13世纪的法律著作使用越来越技术性的语言界定封地并非偶然。[3]英格兰同样如此。国王之下是他的直接封臣(tenant-in-chief),每人都要亲自向国王宣誓效忠,其承担的义务中最重要的是一旦国王号召,他

---

[1] Robert Bartlett, *The Making of Europe: Conquest, Colonization, and Cultural Change*, 950–1350, Penguin, 1994, p. 61.

[2] Joachim Bumke, *The Concept of Knighthood in the Middle Ages*, trans. by W. T. H. Jackson and Erika Jackson, AMS Press, 1982, p. 36.

[3] [英]罗伯特·巴特利特:《欧洲的创生》,刘寅译,民主与建设出版社2021年版,第59—60页。

们就会提供一定数目的骑士,而为了履行这一职责,直接封臣将自己地产中的小片土地分封给附属的骑士们,形成次级分封关系。1330 年,英格兰的贵族包括大约 50 名伯爵和男爵,他们有权和主教们在议会上院一同议事,以及大约 400 名骑士,他们代表各个郡,其中部分人经过选举可以和各城镇指定的市民一同在议会下院议事。[1]这种土地分封制度源自法兰克王国,由于豪门巨室无法直接经营分布在许多区域的产业,便出现了将大片土地分封出去、大封臣再分封土地的权宜之计,而国王则要求封臣提供兵员。在封地换军役的制度设计中,封地并非封臣的世袭私产,新君即位或封臣去世时会收回,但如果原封臣对新君效忠,则可以经新君同意而继续保留封地,或者当封臣去世时,其家人如有上阵杀敌和继续效忠的意愿和能力,封君可将封地赏赐给去世封臣的家人。如果不满足上述条件,封君则会收回封地。[2]换言之,土地分封制度创造了一个以国王为首的依附体系,骑士们提供军事服务以换取赏赐的地产,国王没有永远放弃自己的土地,而大大小小的封臣世代依赖国王,附庸制和分封制的结合有效维系了骑士阶层的存在,也从根本上保障了国王的统治。反过来,骑士阶级的维系是封建社会关系的核心,而这有赖于拥有土地和骑兵传统。[3]作为附庸,骑士对领主最重要的义务就是服兵役,骑士在领主征召时要全副武装,亲自参战,骑士为领主军事服役的期限是每年 40 天,到 11 世纪末,这个时限几乎成为通行标准,如遇战况

---

[1] [英]迈克尔·琼斯:《黑太子:中世纪欧洲骑士精神之花的传奇》,王仲译,社会科学文献出版社 2021 年版,第 39—40 页。

[2] [德]汉斯·德尔布吕克:《战争艺术史:蛮族入侵》,姜昊骞译,世界图书出版有限公司北京分公司 2021 年版,第 286—287 页。

[3] Norman Davies, *Europe: A History*, Harper Perennial, 1998, p. 311.

或领主特殊需要,骑士可以超期服役,但领主要按习惯法额外支付骑士超期服役的相应报酬。[1]

成为骑士是一件费时、费力、费钱的事,即便对于贵族来说也是如此。贵族之子很小的时候就得开始训练,一般说来,男孩7岁的时候会被送到另一个城堡作为侍从(page),学习遵从、良好的行为举止和剑术(swordmanship)。等到了14岁,男孩就成了护卫(squire)[2],负责帮助骑士准备战斗、保养盔甲和武器,偶尔甚至还跟着骑士进入战斗。拥有四年战争经历后,护卫将成为骑士并通过仪式正式册封,册封仪式(dubbing)常常在守夜(vigil)、整晚祈祷和在圣坛前沉思之后举行,国王或王后用剑的横平面轻拍护卫的肩膀或者脖子,以示对骑士身份的正式确认。[3]如果某场战斗获胜,参战的护卫晋升为骑士的人数和概率都可能大增。[4]册封仪式与基督教密切相关,其意义在于给骑士这一以杀戮和破坏为主的职业披上道德的外衣,根据当时的观念,"尽管战争充满了暴力,但可以取悦上帝",册封后,骑士将"为了对主的信仰,以及为了保卫和维持神圣教会的律法而洒下热血","永不背叛基督教信仰或是神圣的教会的权益"。[5]册封仪式又称入会仪式(initiation ceremony),是培养骑士的最后一步,也可能是

---

〔1〕 倪世光:《中世纪骑士制度探究》,商务印书馆2007年版,第165页。

〔2〕 中文又译作"(骑士)侍从""候补骑士"。

〔3〕 Alan Baker, *The Knight*, John Wiley & Sons, Inc., 2003, pp. 6-7.

〔4〕 例如,1350年8月29日,英格兰国王爱德华三世的船队在温切尔西(Winchelsea)大败卡斯蒂利亚舰队,获胜后,爱德华三世一次将80名护卫晋升为骑士。参见[英]迈克尔·琼斯:《黑太子:中世纪欧洲骑士精神之花的传奇》,王仲译,社会科学文献出版社2021年版,第159页。

〔5〕 [英]迈克尔·琼斯:《黑太子:中世纪欧洲骑士精神之花的传奇》,王仲译,社会科学文献出版社2021年版,第93—96页。

第二章　中世纪垄断和控制战争的努力

开支最大的一步，其花销十分高昂，每次都有持续数日的庆祝活动，宾客的食宿以及组织比武等都耗资不菲，只有足够富有的上层贵族才能负担得起。13世纪，主动避免参加册封仪式的现象越来越多，其主要原因就是册封仪式的经济负担，这在英格兰尤其明显。例如，13世纪末，英格兰有大约1250名骑士，与之相对的则是1750名有足够收入，可以成为骑士但没有这么做的人。[1]尽管从未有过任何强制规定要求必须举行入会仪式，但举行仪式已是惯例，因为"贵族入会仪式纯粹是一种社交活动"，意在正式宣布年轻贵族可以佩带武器、成为骑士并步入社会。[2]严格说来，除非护卫被册封为骑士，否则他将无法率部参战，正因如此，许多册封仪式都发生在具体的战役或即将进行的战斗开始之前，这样的例子在英法百年战争期间数不胜数。[3]

成为骑士并不意味着不再需要资金投入，恰恰相反，维持骑士的身份也需要大量的钱财。新晋骑士参加战斗时，或是拥有自己的旗帜，或是使用另一个骑士的旗帜，[4]但战斗中一定会有自己的侍从和护卫以及其他仆人。骑士作战时不是一个人，而是需要一群仆人服务。例如：有牵马的；有扛最重的武器的，特别是盾牌或饰有纹章的盾（escutcheon）；有帮骑士上

---

[1] Philippe Contamine, *War in the Middle Ages*, trans. by Michael Jones, Blackwell, 1991, p. 69.

[2] Joachim Bumke, *The Concept of Knighthood in the Middle Ages*, trans. by W. T. H. Jackson and Erika Jackson, AMS Press, 1982, p. 87.

[3] Richard Barber, *The Knight and Chivalry*, Longman, 1970, p. 28.

[4] 普通骑士只能用三角旗，而更高级的骑士可以用方形小旗，统帅更多的士兵，即所谓"方旗骑士"（knight banneret），这是13世纪至16世纪英法两国常用的骑士等级。

马下马的；有看守战俘特别是贵族血统战俘的，因为这意味着会有更高的赎金。[1]置办装备和雇用仆人是一项经常的、大额的支出，盔甲和锁子甲（mail）都是必备，好马、替补的马、马夫也都不可或缺，没有马的骑士是难以想象的。战马的价格十分高昂，而且经过高强度的训练才能做出与其天性相悖的行动，即坚定不移地冲锋，近战中听从主人指挥，不被激战中的声音和压力惊扰。锁子甲是用金属圆环互相连接编制而成的贴身护具，不像盔甲那样只有固定的形状，也没有盔甲那么沉重，但防护能力并不差。盔甲和锁子甲只能盖住上半身，从11世纪开始，盔甲包括及膝长的胸甲（hauberk）、保护头和脖子的锁子甲头巾（mail coif）和能盖住鼻子的头盔（nasal helmet），12世纪又出现了护腿盔甲和完全盖住头的头盔（pot helmet）。[2]13世纪后期，完全盖住头的头盔取代了一般的头盔成为主流，后来还配备了帽舌（vizor）保护眼睛，装上精巧的冠（crest）来区分彼此。不仅骑士整个身体都在盔甲之中，战马也是头部有盔甲（chamfron）、身上有锁子甲。归根结底，"所有这些都极其昂贵，不易获得"，[3]其中尤以盔甲最为珍贵，战马次之，因此盔甲和战马被当作战利品、礼物或者被骑士典当司空见惯。此外，11世纪末、12世纪初出现了向所有骑士开放的比武大会（tournaments），它不仅是锻炼骑兵这种"新技术的完美训练场地"，也是"重要的社交和典雅（courtly）

---

[1] Alan Baker, *The Knight*, John Wiley & Sons, Inc., 2003, p.7.

[2] Adrian Ailes, "The Knight, Heraldry and Armour: The Role of Recognition and the Origins of Heraldry", in Christopher Harper-Bill and Ruth Harvey eds., *Medieval Knighthood IV: Papers from the Fifth Strawberry Hill Conference* 1990, The Boydell Press, 1992, p.1.

[3] Richard Barber, *The Knight and Chivalry*, Longman, 1970, p.19.

集会",其所涉及的风险不仅是肉体上的伤害,还包括经济上的损失,因为被击败的骑士会失去战马,沦为俘虏并不得不支付赎金。[1]除了作为宫廷和贵族的娱乐消遣,比武大会还有着重要的军事功能,它既可以锻炼个人实战技能,也可以培养袍泽之情,提升集体作战本领,[2]在和平或停战期间还提供展示勇武的机会,有时甚至可以影响战术或者实际上代替私战。"教皇和国王一次次的禁令正说明比武大会在封建贵族和骑士阶层有多么受欢迎,以及君主们在制止比武大会上无能为力。"[3]对中世纪的骑士而言,参加马上长枪比武是荣耀之事,参加比武大会是更为荣耀之事,而实际参加战争是最为荣耀之事。[4]到了 16 世纪,欧洲的国王们也经常参加比武大

---

[1] Maurice Keen, *Chivalry*, Yale University Press, 1984, p. 25.

[2] 有些中世纪的君主就清楚地意识到比武大会在军事上的价值。例如,12 世纪英格兰国王亨利二世禁止举行比武大会,他的儿子、后来的狮心王理查就前往欧洲大陆寻找参加比武大会的机会,根据当时编年史作者的记载,这是"因为他知道,战场上的技能只能通过练习获得。如果一名骑士从未见过血,从未在遭到对手击打时听到牙齿相撞的声音,或是从未被敌手用全身体重压在身下,那么他就不适合上战场。"狮心王理查即位后撤销了其父的比武大会禁令并为之颁发许可,因为他看到法国人"更为勇猛,也更加训练有素,他不愿本国的战士因缺乏勇气或是武艺不精而遭到耻笑。"参见[英]迈克尔·琼斯:《黑太子:中世纪欧洲骑士精神之花的传奇》,王仲译,社会科学文献出版社 2021 年版,第 59 页。

[3] Malcolm Vale, *War and Chivalry: Warfare and Aristocratic Culture in England, France, and Burgundy at the End of the Middle Ages*, The University of Georgia Press, 1981, pp. 68-70.

[4] Geoffroi de Charny, *A Knight's Own Book of Chivalry*, trans. by Elspeth Kennedy, University of Pennsylvania Press, 2005, pp. 56-57. 若弗鲁瓦(1306—1356 年)是法国骑士,1346 年参加过英法百年战争中著名的克雷西战役,1356 年在普瓦捷战役中战死,其所著《骑士之书》是关于中世纪骑士制度的重要原始文献。

会,还发生过国王受重伤甚至死亡的事件。[1]

由于需要投入巨大的时间和物质成本,只有具有贵族血统同时还有雄厚的财力才可能去培养一名骑士,这意味着:一方面,骑士源自贵族这一具有垄断性质的社会阶层;另一方面,一旦成为骑士,便会继续加强骑士这一职业的垄断性,特别是不允许平民百姓进行战斗,同时强化对于自己所属群体的认知和归属。如果普通人参战,比如发起暴动或起义的农民和市民,不可能指望对手会手下留情,相比之下,战争中骑士一般不会杀害另一名骑士,而是尽可能俘获对方换取赎金。例如,1119年英格兰国王亨利一世击败法兰西国王路易六世的布雷缪会战中,被杀的法国骑士只有3人,而被俘的则有140人,"因为他们全身包裹在铁甲中,而且出于敬畏上帝和同志情谊,两边都饶恕了自己的敌人。"[2]换言之,贵族身份和骑士身份互为因果,互相加强,只有经济实力较强的贵族才更可能负担得起培养骑士这项昂贵的活动,一旦培养成功,骑士必须保持其对武力和战争的垄断以维持并增加其经济收入和社会地位,骑士本身也成为一个有着共同准则和利益的共同体。在没有常备军的中世纪,军事训练只是家族和阶层内部的事情,兵种会变成世袭阶层,世袭阶层也会变成兵种,因此,"骑士既

---

[1] 1559年,法国国王亨利二世参加比武大会,击败几名宫廷成员后被最后一名对手(一名年轻的廷臣)的长矛击碎头盔,碎片还刺入眼中。这名廷臣因担心国王死亡而逃离比赛现场,但在国王清楚地表示饶恕他后又返回,国王后来在比赛现场附近的房间里慢慢死去。此前,1536年,英国国王亨利八世在一次比武大会中受了重伤,但未毙命。参见[美]乔纳森·德瓦尔德:《欧洲贵族1400—1800》,姜德福译,商务印书馆2008年版,第122—123页。

[2] [德]汉斯·德尔布吕克:《战争艺术史:中世纪战争》,姜昊骞译,世界图书出版有限公司北京分公司2021年版,第212页。

是兵种也是世袭阶层这一点不单纯是人造的概念,也不是偶然情况。如果没有这样一支社会中坚力量——或者更恰当地说,没有这样深厚的社会根底,那就难以集结起中世纪重骑兵所必需的精英集团。"[1]

由于具体国家的封建制度不尽一致,骑士制度也不尽相同。整体而言,英法两国情况比较类似,骑士和贵族血统以及财富密切相关。法国根据出生或曰血统决定谁有权和无权成为骑士,生为贵族,长大后就必然是骑士,反之,生为平民就绝不可能成为骑士。"谁是贵族以及谁不是贵族原则上是清晰的。贵族身份由整个骑士阶层构成……还有数量更多的有资格变为骑士的人们,他们凭借自己的财富、生活方式以及最重要的出身获得晋升。"[2]英国则给普通百姓提供了成为骑士的机会,如果个人足够富裕,国王会要求他进行昂贵的册封骑士仪式,尽管其中大部分是贵族。德国(神圣罗马帝国)与英法两国差异较大,贵族血统、骑士和财富之间没有必然联系。德国一方面也跟法国一样实行的是贵族出生决定论,即一个人是贵族是因为他生来就是贵族,而封臣为更强有力的领主服务,封建金字塔等级制度的底部则是家臣(ministeriales/dienstleute)。与英法两国的骑士一样,家臣也是重骑兵(man-at-arms),他服务领主,平时常在当地法院当法官,执行司法惩罚和收税,战时则上阵杀敌。但与英法两国的骑士不一样的是,家臣只有很少的土地或者根本没有土地,他更像雇员而不是封臣,随时

---

[1] [德]汉斯·德尔布吕克:《战争艺术史:中世纪战争》,姜昊骞译,世界图书出版有限公司北京分公司2021年版,第166页。
[2] [英]乔纳森·萨姆欣:《百年战争(第一卷):战争的试炼》(上),傅翀、吴畋、王一峰译,社会科学文献出版社2019年版,第42页。

可以被代替，只要他提及其应被视为贵族，居上位者便会提醒他祖上曾是普通人或者农奴。如果家臣足够执着，并能讨得领主的欢心和赏识，那他最终确实可能成为骑士（ritter），一些因防身或保护财物而熟悉武器、具有军事技能的人，如商人和手艺人，也有机会成为骑士。总之，不像在法国那样只要生为贵族就会成为骑士，也不像英国那样贵族血统和财富都可以提供成为骑士的机会，在德国向社会上层流动的机会比较有限，主要取决于领主，因此，虽然每个家臣都有当骑士的梦想，但绝大部分终其一生只能是重骑兵。[1]

整体上，骑士的发展历史分四个明显的阶段。第一阶段是十字军东征阶段。十字军因受教会的指挥和控制去征讨上帝的敌人而被视为完美的骑士，当时也被视为骑士精神的黄金年代。第二阶段是军事修会（military orders）阶段。军事修会之所以存在，是因为十字军征服耶路撒冷后还需要保卫圣城，这些修会中最重要的三个就是马耳他骑士团（Sovereign Military Order of Malta）[2]、圣殿骑士团（Order of the Knights Templar）[3]和条顿骑士团（Teutonic Knights）。第三阶段是世俗骑士阶段，出现于十字军东征后，骑士继续强调荣誉，在英法百年战争中有所体现。第四也是最后一个阶段，骑士退化为仅仅是一种宫廷服务（court service）。例如，1348年爱德华三世成立的嘉德骑士团（Order of the Garter）、1430年勃艮第公爵菲利普三世（Philip of Burgundy）效仿嘉德骑士团而创立的金羊毛骑士团

---

[1] William Urban, *Medieval Mercenaries: The Business of War*, Greenhill Books, 2006, p. 62.

[2] 之前是"医院骑士团"（The Knights Hospitaller）。

[3] 圣殿骑士团1119年成立，宣誓永久保卫圣地和去圣地朝圣者的安全，后来以异端等罪名被清除。

（Order of the Golden Fleece）都是国王设立的带有荣誉性质的骑士团，其成员不是经过战火洗礼的十字军，而是侍臣（courtiers），他们的目标仅仅是炫耀自己的显赫地位，最严肃的活动不过是比武和马上长枪比武（jousts），宣誓不在教堂而在宫廷宴会厅。[1]此时的骑士精神"变得更聚焦于王室和宫廷"，像嘉德骑士团这样的"骑士团成员身份的授予常常更多是出于政治或外交原因，而非军事原因"，[2]因此，对骑士报以轻蔑和嘲讽自然不为过，塞万提斯在17世纪初出版的小说《堂吉诃德》中的描写即是典型的例子。"截至14世纪中期，战场上已经不再存在专属于骑士的战斗模式……马匹曾是骑士或扈从的标志，此时已失去当初的重要性"，其他军事装备也逐渐平民化，以至于此时的战场上已经不总是可以根据外表来判断一个人是不是骑士。例如，法兰西国王约翰二世在1356年9月的普瓦捷战役中被俘时曾询问俘虏他的人是不是骑士，"要是在五十年前，这样的问题毫无必要"。[3]

中世纪后期和16世纪初的一些进展导致以战争作为世袭、垄断职业的骑士最终消亡。军事技术进步和战术的变化影响了发动战争的方式，火绳枪（harquebuses）、滑膛枪（muskets）等火器的出现和步兵的大幅增加都给骑士带来了不小的压力，而簧轮枪（wheel-lock pistols）的扩散直接导致骑士在16世纪

---

[1] Alan Baker, *The Knight*, John Wiley & Sons, Inc., 2003, pp. 62-65.
[2] Anthony J. Pollard, "English Chivalry and the Decline of Strenuous Knighthood in the Later Fifteenth Century", in Craig M. Nakashian and Daniel P. Franke eds., *Prowess, Piety, and Public Order in Medieval Society*, Brill, 2017, p. 154.
[3] ［英］乔纳森·萨姆欣：《百年战争（第二卷）：烈火的审判》（上），李达、王宸、傅翀译，社会科学文献出版社2022年版，第307—309页。

后半叶忽然消失。[1]火器等新武器对骑士个体及其阶层而言都是致命的，如同长弓和十字弓一样，有了火器，一个农民都可以从远处击倒一位骁勇善战的骑士。战争不再垄断于骑士手中，佩戴火绳枪的步兵逐渐成为战场上的主角，战斗也不再依靠骑士准则，计谋和战术逐渐取而代之。热兵器的出现使战争变得更加血腥，火药这种"军事科技让人们对战争变得日益敏感，战争的诗意开始褪色。"[2]骑士消亡的更深层次原因是现代国家和主权权力的出现及日渐强大。"到了16世纪，单单一个教会已经不能再为整个西欧发声，也不能对使用武力一锤定音；在全国或地区教会，剑实际上听君主和君王而不是神职人员指挥，而且即便是在天主教国家，罗马的指导意见也多不敌每个君王自己的看法。生活在一国之内的人对国家首脑宣战已经（经过长期准备）成为叛国罪，如果失败，甚至连叛军都承认自己是有罪的。"[3]同时，通过普遍征税制度，公共特别是皇室的财力大增，现代国家负担得起更大规模的军队，也负担得起因军队规模和新武器而更昂贵的战争。毕竟，"按照古老的方式期待重骑兵自带马匹和盔甲到主人那里是一回事，而在新的战争条件下，没有人期待火炮专家会提供自己的炮。"[4]在这些因素共同作用下，骑士这种曾经叱咤沙场的重骑兵失去了存在的价值，起初因军事原因而诞生，最后也主要

---

[1] Bert S. Hall, *Weapons and Warfare in Renaissance Europe: Gunpowder, Technology, and Tactics*, Johns Hopkins University Press, 1997, p. 190.

[2] [美]尤金·赖斯、[美]安东尼·格拉夫顿:《现代欧洲史 卷一 早期现代欧洲的建立：1460—1559》，安妮、陈曦译，中信出版社2016年版，第25页。

[3] Richard W. Kaeuper, *Holy Warriors: The Religious Ideology of Chivalry*, University of Pennsylvania Press, 2009, p. 224.

[4] Maurice Keen, *Chivalry*, Yale University Press, 1984, pp. 239-241.

因军事原因而消亡。[1]不过,骑士的消失并不意味着贵族也消失了,贵族转而成为新出现的民族军队的军官,骑士准则也相应地转变为军官和军队的行为准则。[2]

二、骑士精神和纹章官

作为骑士的根本特征,骑士精神贯穿骑士生活的方方面面,不仅包括道德规范,如勇敢、荣誉至上、诚实、忠诚、公正、帮助弱者、公开公平地战斗,还有世俗规范,如乐善好施、彬彬有礼、尊重淑女(lady),[3]以及宗教上的要求,如虔诚的基督教信仰,对圣物、圣像和圣职的敬重等。骑士精神和基督教是中世纪的两大精神支柱。中世纪的战争固然残酷,骑士精神从未消失,与其说它反映的是纯粹的现实,不如说更多是一种愿望,是"应然法"(lex ferenda),而不是"实然法"(lex lata)。骑士精神中的道德规范最初出现于法国和西班牙,后扩展到欧洲其他地区和英格兰。骑士的册封仪式本来就有教会的参与、在教堂中举行,等到骑士之间的私战肆虐西欧时,教会倡导"上帝的休战"要求骑士发誓其武器主要用来保护弱者和无助的人,特别是妇女和孤儿,当然还有教士和教会。因此,骑士精神的典范取决于宗教誓约,正是这个誓约

---

[1] 倪世光:《中世纪骑士制度探究》,商务印书馆2007年版,第269页。
[2] Robert C. Stacey, "The Age of Chivalry", in Michael Howard, George J. Andreopoulos and Mark R. Shulman eds., *The Laws of War: Constraints on Warfare in the Western World*, Yale University Press, 1994, p. 39.
[3] 冒犯贵族妇女并不仅仅是道德和教养问题。1400年成立于法国的"爱的法庭"(Court of Love)最初用来处理查理六世的风流韵事,后来成了"起诉"冒犯贵族妇女这种违反骑士精神的行为的机构。参见[英]朱丽叶·巴克:《阿金库尔战役:百年战争中最传奇的胜利》,王超斑译,汕头大学出版社2021年版,第362—363页。

使骑士拥有了宗教上的尊严并将其提升到与僧侣几乎一样的社会地位,作为回报,教会则通过独特的、繁复的宗教仪式(benedictio novi militis/benediction for new soldiers)为骑士奉上特别的祝福。[1]此外,10世纪和11世纪的十字军东征进一步强化了骑士精神中的基督教因素。如前所述,早期的基督教有强烈的和平主义传统,罗马帝国将基督教作为新的帝国宗教后,通过正义战争学说解决了基督徒不能参战的问题,罗马帝国消亡后,罗马教会的和平主义传统依然强烈,例如,在战争中杀人通常会被处以40天忏悔(penance)以赎罪。9世纪晚期,加洛林王朝治下的欧洲在四面八方受到异教徒敌人的纠缠,教会因此开始倾向于交战。11世纪末教会学说中真正新鲜的不是其将使用武力神圣化,而是主张教会有权指挥军事力量,"教会的仪式,例如为旗帜和剑祈福,以及对军事圣徒(military saints)的崇拜,通过符号和仪式着实提醒了骑士,作为基督徒,他们应该按照基督教的标准来看待自己的使命(calling)。"[2]以骑士为首的东征军在神父主持下于教堂中起誓,在衣服上缝上十字标志,意味着根据教会法他们享有特权和受到保护。借由"上帝的休战"和十字军东征提供的契机,通过教会的仪式和教会法,教会逐渐成为关于战争事项的神圣权威,而骑士则成为关于战争事项的世俗权威,双方各得其所。骑士生活除了军事和贵族方面又多了基督教这一维度,骑士精神除了道德规范还强调基督教教义,骑士通过誓约保证自己遵守基督教的道德规范,使自己成为教会亲密的伙伴,而教会也乐见自己对以暴力为生的骑士有控制力和影响力。

---

[1] Alan Baker, *The Knight*, John Wiley & Sons, Inc., 2003, pp. 58-59.
[2] Maurice Keen, *Chivalry*, Yale University Press, 1984, p. 50.

反映骑士精神的具体行为规则和要求即所谓骑士准则,其中荣誉和勇气最为关键,违反骑士准则会有明确的惩罚,懦弱(cowardice)是极受鄙视的行为,不仅可能会因此被剥夺骑士身份,而且可能招致更严厉的惩罚,例如,达马尔坦昂戈埃勒伯爵就因懦弱而被吊死,并身着盔甲以示进一步的羞辱。[1]尽管从12世纪开始,骑士完全是基督教的职业士兵,而且与教会关系十分密切,但骑士的行为准则和身份从未彻底从属于宗教权威,特别是荣誉、英勇、勇气等世俗概念是通过战争界定,也是通过战争赢得的。骑士精神和骑士准则实际上是以贵族身份和特权为基础进行显著的区分,骑士声称保护弱者和无辜之人,实际上正是展示并维护其特权的一种手段,因为在三分法的社会结构中,骑士是保护者,农民、工匠、妇女等弱者和无辜之人是被保护者,"从定义上看,保护者在和被保护者的关系中向来占上风,尽管被保护的人数量比他多",因此,这种保护"是来自骑士的恩赐,是上层给下层的"。[2]骑士精神和骑士准则对暴力的限制根本上源自个人荣誉,虽然它确实可以约束骑士,但情况危急时也能轻易地被弃之不顾。究其本质而言,骑士精神也是自利的,因为"骑士精神并非是对所有人的生命表示尊重,而是禁止上层阶级间的相互杀戮"。[3]骑士精神适用的地理范围仅限于基督教世界,适用的对象仅限于贵族,如果普通人胆敢拿起武器,那就意味着已经僭越,骑士可以随意处置,但如果对方是骑士,则一般有义务将其俘虏(以

---

[1] Alan Baker, *The Knight*, John Wiley & Sons, Inc., 2003, p.61.

[2] James Turner Johnson, *Just War Tradition and the Restraint of War: A Moral and Historical Inquiry*, Princeton University Press, 1981, pp.137-139.

[3] [英]马克·莫里斯:《城堡的故事:半部英国史》,付稳译,化学工业出版社2018年版,第79页。

换取赎金）而不是将其杀害，骑士精神及其所包含的"战争法从来没有考虑过平等"。[1]

除了作为内在行为规范的骑士精神，骑士的外观特征也非常明显，必不可少的是战马、闪亮的盔甲、带有纹章图案的盾牌以及锐利的长矛和锋利的剑，有时骑士还给自己配备纹章装饰的旗帜，给战马身披精美刺绣的马衣，装备的好坏和多少几乎完全取决于骑士的经济实力和社会地位。但问题在于，骑士从头到脚都身着铠甲，头盔只在眼睛的位置留有一条细缝，从这样的外观根本无法识别盔甲里面的人到底是谁，在混战中更难以确定。从骑士的角度来说，更经常、更迫切的关切可能是比武大会中谁被击落下马，谁有权俘虏对手，这些不仅关乎声誉，也涉及经济利益，因此裁判和观众必须能够认得出谁是谁。正是识别骑士的需求使得12世纪末开始出现纹章学（heraldry），即"在骑士或贵族的盾牌上系统地使用纹章符号"，[2]也就是说骑士的盾牌起到两个作用，一是保护骑士免受攻击，二是通过纹章图案表明骑士是谁。随着板甲（plate armour）和带冠头盔（crested great helm.）的出现，盾牌的防御功能有所减弱，相应地也使得盾牌纹章的识别作用减弱，但从12世纪中叶开始，骑士开始在盔甲外穿上面有自己或领主的纹章或徽章（badge）图案的罩衣（surcoats）以利识别。从字面上说，这些衣服就是"有纹章的外衣"，即"盾徽"（coats of arms）。[3]对

---

[1] Michael Bryant, *A World History of War Crimes: From Antiquity to the Present*, Second Edition, Bloomsbury Academic, 2021, p. 97.

[2] Maurice Keen, *Chivalry*, Yale University Press, 1984, p. 125.

[3] Adrian Ailes, "The Knight, Heraldry and Armour: The Role of Recognition and the Origins of Heraldry", in Christopher Harper-Bill and Ruth Harvey eds., *Medieval Knighthood IV: Papers from the Fifth Strawberry Hill Conference 1990*, The Boydell Press, 1992, p. 1.

骑士而言，纹章不仅是其独一无二的身份标识，也是显示其尊贵社会地位的标志，更有着保护的作用，因为在当时的战争中，"所有人都知道，纹章是佩戴者有能力承担赎金的标志，任何没有佩戴纹章而被抓的人都只能面对死亡的命运"。[1]

识别骑士的需求不仅产生了纹章学这门专业知识，也催生了一个新的职位，即负责识别骑士的纹章官（heralds）。纹章官这个职位一开始并不起眼，后来因担任比武大会的司仪而威望大增。纹章官宣布比武大会的时间和地点，通过盾徽辨认参赛骑士并向观众介绍骑士姓名，附带对骑士事迹和名望的评论，在比赛结束时宣布获胜者，这对于骑士本人和上至皇室下至百姓的观众都至关重要，可以说，没有纹章官，比武大会是无法正常进行的。由于对纹章的专业知识，13世纪中期纹章官成为公认的官员，[2]到14世纪晚期，纹章官已经是尊贵的职位，他们不仅是公认的军械专家，也是比武大会、马上长枪比武、加冕礼、骑士册封、丧礼等所有世俗仪式的专家和司仪，还负责裁判骑士是否英勇（prowess）。纹章官的裁决对于骑士甚至君主都有决定性，对于贵族使用纹章的任何事项也都有管辖权。[3]纹章官不仅是公认的纹章制作、纹章历史和纹章识别的专家，在战时也有重要职能：战斗前负责记录刚刚获得提升的骑士，战斗结束后负责在死者中搜寻骑士并记录英勇作战之人的名字和纹章，最重要的是，纹章官免受敌对行动的豁免权被广为承认，因此在战争中还充当交战方之间的使者，

---

[1] [英] 朱丽叶·巴克：《阿金库尔战役：百年战争中最传奇的胜利》，王超斑译，汕头大学出版社2021年版，第320页。

[2] Richard Barber, *The Knight and Chivalry*, Longman, 1970, p. 31.

[3] Theodor Meron, *Henry's War and Shakespeare's Laws: Perspectives on the Law of War in Later Middle Ages*, Clarendon Press, 1993, pp. 173-174.

负责传递挑战、投降或者停战等信息和要求。[1]他们身着特点鲜明的服饰以便识别，使自己免受暴力侵犯，[2]对中世纪战争的开始、进行和结束发挥着至关重要的作用，百年战争中纹章官及其担任的使者尤为活跃和常见。

对骑士而言，纹章官尤其重要不仅是因为他们有能力通过纹章来识别骑士，更重要的是因为骑士格外看重荣誉，而纹章官就负责评价和记录骑士的英勇事迹。如13世纪法国著名诗人拉尔夫（Ralph de Houdenc/Raoul de Houdenc）所言，光说自己是骑士还不够，必须得知道骑士身份的义务是什么，而"能够教导这些的"是纹章官和吟游诗人（minstrels and jongleurs），"因为他们有关于荣誉的秘密点金石"。[3]百年战争中，纹章官和吟游诗人都要跟随英国国王亨利五世出征，随他征战的18名吟游诗人与骑士领取同样的军饷，实际上，"没有一位自视甚高的中世纪君主或者贵族会在不带吟游诗人的情况下出门远行"。[4]随着骑士的消失，识别纹章、为骑士歌功颂德已经成为无源之水，纹章官也随之消失。

当然，并不是说纹章出现之前没有识别骑士的方法或手段。9世纪至11世纪纹章出现之前，骑士可以通过卸下头盔验明正身，但这样做有巨大的安全风险，因此并不总是可行的选择，实际上更经常无法区分敌我而出现各种错误。当时唯一

---

〔1〕 Maurice Keen, *Chivalry*, Yale University Press, 1984, p.134.

〔2〕 莎士比亚在《亨利五世》中就有生动描写。法国国王的使者觐见亨利五世时说道："看我的服饰，您就知道我是谁了。"参见［英］莎士比亚：《莎士比亚全集》（第三卷），朱生豪等译，人民文学出版社1978年版，第399页。

〔3〕 Maurice Keen, *Chivalry*, Yale University Press, 1984, p.139.

〔4〕 ［英］朱丽叶·巴克：《阿金库尔战役：百年战争中最传奇的胜利》，王超斑译，汕头大学出版社2021年版，第155—160页。

可靠的途径是通过旗帜和战吼（war cries）识别，但都存在程度不等的实际问题，例如，旗帜的图案与盾牌图案不一致，战场上不一定能听到表达特定含义的战吼，可能也难以区分战吼和普通的嚎叫，还存在被敌人掌握而伪造的可能。相比之下，整个中世纪，纹章在识别骑士方面十分成功，但也因此产生了问题。一方面，骑士常常出于自己的安全考虑或者其他目的而与他人交换纹章、罩衣和盾牌，或者干脆伪造纹章，让人无法识别，甚至船只、城镇和整支军队都可能用敌人的小旗和盾牌进行伪装。另一方面，正因为纹章可以有效识别身份，除了自己人能认得出，纹章也向敌人特意指明了其佩戴者需要特别加以注意，实际上可能将使用纹章的骑士置于更危险的境地。此外，由于纹章特别流行，为了避免重复或雷同，图案的繁复性日渐增加，导致实际上几乎不可能在厮杀正烈的战场上准确认出每一个盾牌，特别是盾牌、罩衣和旗帜毁损时更是如此，也确实发生过此类错误。尽管纹章作为识别的手段并不完美，但其出现无疑是巨大进步，纹章和后来出现的个人徽章以及号衣（livery）作为识别的手段一直延续到中世纪结束，[1]领主选择颜色并标示其纹章或徽章的号衣堪称现代军队制服的雏形，所有这些都为后来战场上区分身份的制度化进行了有益的探索。

  骑士和骑士精神在战争法中的美化以至神化是最近一个历史时期的现象。例如，19世纪的著名国际法学家约翰·韦斯特莱克称骑士年代是"历史上两个在减轻战争（伤害）上实

---

[1] Adrian Ailes, "The Knight, Heraldry and Armour: The Role of Recognition and the Origins of Heraldry", in Christopher Harper-Bill and Ruth Harvey eds., *Medieval Knighthood IV: Papers from the Fifth Strawberry Hill Conference, 1990*, Boydell Press, 1992, pp. 3-9.

现非比寻常的大步前进的时期"之一，[1]20世纪的著名中世纪学者约翰·赫伊津哈也称"骑士风度是中世纪伟大的推动力之一……成了国际法的基础"。[2]法国大革命爆发之前，没有任何法学家曾对中世纪骑士制度有过溢美之词，而在此后几十年间，对骑士和骑士精神的赞美慢慢成为战争法中的普遍观点，而这种赞美符合反革命派的观点。一开始，学者们只是倾向于将骑士制度认定为欧洲战争法发展背后的若干因素之一，"到了19世纪，曾经被视为'黑暗时代'、横亘在古典时代和文艺复兴之间的漫漫长夜的中世纪，却忽然充满了浪漫故事、英雄主义事迹和无私的爱情"，法国人、德国人和英国人开始将十字军东征和骑士捧上神坛。[3]随着浪漫主义运动日益高涨，到19世纪30年代、40年代，许多法学家已经不提中世纪骑士基本上是为了战利品和赎金而生活的阴暗面，[4]而是热情称颂"在骑士战争中，人道得以充分展现"，"骑士制度的影响对于战争法有着非常有益的作用"等，截至19世纪40年代，强烈主张骑士制度在文明化过程中扮演重大角色的观点

---

〔1〕 William Edward Hall, *A Treatise on International Law*, The Clarendon Press, 1890, p. 269.

〔2〕 [荷] 约翰·赫伊津哈：《游戏的人：文化中游戏成分的研究》，何道宽译，花城出版社2017年版，第124页。

〔3〕 [美] 安东尼·帕戈登：《两个世界的战争：2500年来东方与西方的竞逐》，方宇译，民主与建设出版社2018年版，第200页。

〔4〕 前述韦斯特莱克即是如此，他盛赞骑士"气质主要是自豪和自尊"，他们"以职业为荣，并坚决使其不被他们视为卑鄙和贬损的任何事物所玷污"，而"战俘待遇的改善很大程度上得归功于骑士精神，公平战斗的根深蒂固的理念是这样，战斗中不用敌人的旗帜或制服掩护自己也是如此"。骑士被描述为完全凭借高尚道德情操而行事和生活的群体，战利品、赎金和背信弃义等仿佛从未在骑士的世界存在过一样。See William Edward Hall, *A Treatise on International Law*, The Clarendon Press, 1890, pp. 269-270.

已经具有牢固根基。[1]

三、纹章法和赎金法

中世纪存在关于战争的当地惯例或零散法规。1415年，英格兰国王亨利五世发布"既涉及战时的军队也涉及单个战斗员行为"的战争法令（ordinances），[2]包括禁止纵火，保证教会、神圣建筑和财产完好，禁止任意伤害妇女、司铎或教会仆从，禁止索取除食物和必要军用物资以外的东西以及禁止任意抓捕"反叛者"。发布这类条例是一种惯例，虽然1415年的条例本身没有出现新内容，但得到了亨利五世的有效执行，这是"为了证明他所发动的战争是正义之举，他需要确保他的士兵们遵守战争的一般法则"，而且纪律严明、严格执行国王命令的军队"更强悍也更有效率"。[3]显然，这种规制战争行为的规章并非仅仅源自抽象的人道，而是因为其实效，[4]如同莎士比亚在《亨利五世》中所写："在'仁厚'和'残暴'争夺王业的时候，总是那和颜悦色的'仁厚'最先把它赢到手。"[5]问题还在于这些零散的惯例法规只在特定的地理范围内、常常也是在特定的时间范围内适用。

---

[1] [美]詹姆斯·Q. 惠特曼：《战争之谕：胜利之法与现代战争形态的形成》，赖骏楠译，中国政法大学出版社2015年版，第218—222页。

[2] Christopher Allmand, *The Hundred Years War: England and France at War c. 1300–c. 1450*, Revised Edition, Cambridge University Press, 2001, p. 113.

[3] [英]朱丽叶·巴克：《阿金库尔战役：百年战争中最传奇的胜利》，王超斑译，汕头大学出版社2021年版，第191—193、250—251页。

[4] Theodor Meron, *Henry's War and Shakespeare's Laws: Perspectives on the Law of War in Later Middle Ages*, Clarendon Press, 1993, p. 8.

[5] [英]莎士比亚：《莎士比亚全集》（第三卷），朱生豪等译，人民文学出版社1978年版，第399页。

中世纪的战争中还存在另一类广为接受和适用的规则，即纹章法和赎金法。百年战争留下了许多有关记载和史料，根据傅华萨《编年史》的叙述，1370年的一场战斗中法国战败，英国决定不留活口，此时三名法国骑士请求其英国对手"根据纹章法（law of arms）"来行事，后者应允并将这三名法国骑士当作俘虏留存性命。散见于中世纪其他编年史中的记述也都提及"纹章法"类似术语（*droit de guerre*, *jus belli*），毫无疑问，对骑士而言，纹章法是适用于军事行动的一般法则，任意一方都有义务遵守。[1]纹章法的特点在于，其不止在一地，在整个基督教世界都适用，它不是由某个权威颁布的，也不存在国家或王国之间遵守特定战争规则的协定。究其原因，首先因为骑士是一个利益共同体，遵守纹章法是荣誉，也是利益，荣誉意味着没有人愿意违背骑士精神而颜面扫地，利益则指数额惊人的赎金、战利品和贡品。[2]其次，纹章官和法学家对于纹章法的传承和传播起到了重要作用。当骑士遇到具体行为是否符合纹章法的问题时，纹章官作为对骑士所有事项了如指掌的专家能够提供答案，而纹章官所依据的"和在法庭陈词的职业律师所依据的最终是一样的"，都源自"教会法和民法"。[3]和骑士一样，纹章官也超越了地理边界和效忠关系，在整个基督教世界都能够得到普遍的承认、特权和豁免。例如，在1415年阿金库尔战役即将结束之际，"尽管胜利明显属于亨

---

[1] M. H. Keen, *The Laws of War in the Late Middle Ages*, Routledge & Kegan Paul, 1965, p. 2.

[2] G. I. A. D. Draper, "Combatant Status: An Historical Perspective", *Military Law and Law of War Review*, Vol. 11, 1972, pp. 136-137.

[3] M. H. Keen, *The Laws of War in the Late Middle Ages*, Routledge & Kegan Paul, 1965, pp. 21-22.

第二章 中世纪垄断和控制战争的努力

利五世,但是他仍然有最后一道礼节需要遵守。在战役开始之前,他命令他的纹章官……加入了法兰西纹章官的行列,一起观看这场战斗的过程",这正是由于纹章官"脱离了派别纷争,并且成了公平、中立的国际观察员……他们的职责是记录英勇的事迹,并向胜者送上象征胜利的棕榈叶",而法兰西纹章官最终"承认上帝在事实上已经将胜利授予了"英格兰国王。[1]

纹章法是中世纪非常独特的一类法律,主要包括关于敌对行为、赎金和战利品分割等规则。从适用主体看,它仅仅适用于有权携带武器并有权从事战争的骑士阶层,是特别法,而不是一般法。从适用情境看,以纹章法提起诉讼不需要首先存在战争状态,国家间签订条约也不能自动影响个人从战争中取得的权利。换言之,骑士和士兵因战争而获得的权利,如扣留战俘和索取赎金以及保有战利品等,不会因国家或君主签订和约而自动无效或受到减损。从处理场合看,纹章法虽然常涉及战俘赎金和战利品产生的经济利益和纠纷,但由于这些事项都源于战争、主体都是军人,无法由一般的法庭来解决,往往由君主或骑士法庭(Court of Chivalry)[2]处理,这从根本上是因为"骑士年代的当兵是基督教的职业,而不是公职(public service)。尽管是在公开的不和(quarrel)中拿起武器,但士兵仍是作为个人而战斗,权利也是为自己而得到和因自己而失去的,而不涉及他为之战斗的那一方。"[3]可见,纹章法本质

---

[1] [英]朱丽叶·巴克:《阿金库尔战役:百年战争中最传奇的胜利》,王超斑译,汕头大学出版社2021年版,第349—350页。

[2] 就英格兰而言,骑士法庭由宫廷长官和司礼大臣主持,对所有军事纠纷拥有审判权。

[3] M. H. Keen, *The Laws of War in the Late Middle Ages*, Routledge & Kegan Paul, 1965, p. 24.

上是战争法，但并不调整交战国的行为，而是旨在保护参战士兵的权利，[1]特别是骑士的权利。调整激战（pitched battles）的法律十分详细，但只适用于骑士和护卫，因为他们是中世纪后期唯一可以使用纹章标识的群体，至于战场上的其他人群，例如步兵（foot soldiers）、弓箭手、农民壮丁（peasant levies）、民团等，他们既不会对敌人手下留情，也不会被骑士手下留情。[2]总之，骑士观念"强调中世纪贵族文化内的阶级团结，这助长了对下层社会的暴行。骑士荣誉主要关注的是骑士和重骑兵对待彼此的方式，而不是他们对其社会阶层之外的非战斗员的行为。中世纪的骑士和重骑兵一向轻蔑对待社会地位比他们低的人，非战斗员几乎无法得到纹章法的保护。"[3]

由于纹章法常常涉及战俘赎金，也出现了"赎金法"（law of ransom）一说。中世纪的战争中，敌人的土地和房屋是战胜方君主的财产，被占领土地上的人变成战胜方的国民，只有战俘和战利品才部分归士兵所有。问题在于，战俘和战利品并不必然、自动归于取得之人，而战俘的赎金是最可观的收入，因此，关于战俘赎金的规则远比关于其他任何一种战利品的规则复杂，提交法庭处理的因战俘赎金而起的案件数量也超过关于其他任何一种战利品的案件数量，这是赎金法的由来，

---

[1] Robert C. Stacey, "The Age of Chivalry", in Michael Howard, George J. Andreopoulos and Mark R. Shulman eds. , *The Laws of War: Constraints on Warfare in the Western World*, Yale University Press, 1994, p. 39.

[2] Robert C. Stacey, "The Age of Chivalry", in Michael Howard, George J. Andreopoulos and Mark R. Shulman eds. , *The Laws of War: Constraints on Warfare in the Western World*, Yale University Press, 1994, p. 36.

[3] Craig Taylor, *Chivalry and the Ideals of Knighthood in France during the Hundred Years War*, Cambridge University Press, 2013, pp. 227-228.

而其产生的根本原因在于基督教世界禁止将基督徒战俘作为奴隶。如第一章第一节所述,古罗马将战俘作为奴隶有两个条件,一是公开宣战;二是对方是外部敌人,而不是罗马人,因为罗马人之间的战争只能是内战,内战不能宣战,交战方不能成为正式的敌人,战俘也不能成为奴隶。实际上,在罗马人看来,"奴隶(servus)这个拉丁词据信源于这样一个事实,有些按照战争法要被处死的人有时候会得到胜利者的赦免(servahantur),他们被称作奴隶乃是因为他们保住性命了。"[1]这个做法延续到中世纪的欧洲,由于时人多将承认罗马天主教会(Roman Church)的人视为罗马的继承者,西欧所发生的战争就成了内战,而俘获方无权将内战中的战俘作为奴隶。[2]"同时,天主教会向士兵们施加了种种压力,让其不去奴役基督教同胞。到11世纪,在欧洲许多地方,基督徒奴役基督徒已不再是战争的通常后果。教会在(欧洲)大陆的迅速扩张也确保了非基督徒俘虏将更难找到。"[3]

换言之,古罗马人以留存性命为由将俘获的外族战俘作为奴隶榨取经济价值,到了中世纪,西欧的基督教世界一方面将"罗马人不能成为罗马人的奴隶"转化为"基督徒不能成为基督徒的奴隶",另一方面将基督徒战俘转变为索取赎金的工具,这和罗马人对待战俘的做法本质上是一致的。"实际上,

---

[1] [古罗马]奥古斯丁:《上帝之城》(上下卷),王晓朝译,人民出版社2006年版,第928页。

[2] Percy Bordwell, *The Law of War between Belligerents: A History and Commentary*, Callaghan & Co., 1908, p.10.

[3] David J. Hay, "'Collateral Damage?' Civilian Casualties in the Early Ideologies of Chivalry and Crusade", in Niall Christie and Maya Yazigi eds., *Noble Ideals and Bloody Realities: Warfare in the Middle Ages*, Brill, 2006, p.8.

人们不禁怀疑，如果不是为了战争中的经济利益，纹章法还能意味着什么。在所有关于战争的法律问题中……利润的问题要么是以这种要么是以那种方式涉及"，[1]在劫掠和赎金是参战首要动机的中世纪，"没有理想主义或罗曼蒂克的情感，只有精明的（hard-nosed）商业意识"。[2]不过，对经济利益的关注也是因为中世纪的战争中，上至国王下至领主和骑士，除了征集人手，往往还得自筹资金、装备和补给，[3]以获胜后的收

---

[1] M. H. Keen, *The Laws of War in the Late Middle Ages*, Routledge & Kegan Paul, 1965, p. 244.

[2] David Whetham, *Just Wars and Moral Victories: Surprise, Deception and the Normative Framework of European War in the Later Middle Ages*, Brill, 2009, p. 16.

[3] 1302年，法兰西国王美男子腓力四世恢复了被称为总动员令（arrière-ban）的古老的军事召集令，贵族被期望能够提供骑兵部队，希望免除兵役者需要缴纳其财产2%或者更多的价钱才能获得此权利，这次收益数额之大令人十分满意，因此后来被多次重复。对总动员令特别是其所涉经费负担的抵制与日俱增，但战争总是需要大量的、额外的资金，美男子腓力四世回应的理由仅仅是他需要这些资金，对那些要求更好的理由的人，腓力四世的回应是他们是法兰西王国政治体的一部分，应该对共同利益有所贡献，因此他们可以自愿缴纳款项或者被强制给付。1337年百年战争即将打响之际，英格兰国王爱德华三世和低地诸国王公达成协议，允诺承担进行战争所需的常规费用，爱德华三世不仅要给每一位士兵提供固定的膳食，在每一次战役开始前通常还要预付两个月的薪水，军人虽然需要自备马匹和装备，但如果在为爱德华三世服务期间损失了战马，国王一般要补偿这一损失。爱德华三世还承诺会解救任何被俘之人，通常是为其支付赎金。百年战争开始后，1338年至1340年，由于战争花销巨大且迅猛，爱德华三世的资金持续紧张，"这位英格兰国王的经济形势已经变得十分绝望"，其主要债权人，如佛罗伦萨的巴尔迪和佩鲁齐银行以及大商人威廉·波尔，由于给爱德华三世提供了巨额贷款而承受了巨大的压力，甚至出现经营危机或倒闭。爱德华三世为了继续筹措资金，不得不以超高利率向布鲁塞尔、鲁汶和梅赫伦的商人财团借款，甚至不得不将他的主要顾问作为人质扣押在债权人处。1340年9月28日，爱德华三世本人抵达根特，成为其所欠巨大债务的人质，在归还一笔巨款后，于11月获得债权人的同意返回英格兰，但还须提供人质代他作为抵押。参见[英]乔纳森·萨姆欣：《百年战争（第一卷）：战争的试炼》（上），傅翀、吴畋、王一峰译，社会科学文献出版社2019年版，第36—37、275—276、382—385页；

第二章 中世纪垄断和控制战争的努力

益填补战债自然而然。1420年《特鲁瓦条约》(Treaty of Troyes)[1]签订后,战俘(prisoner of war)一词以法语(prisonnier de guerre)和拉丁语(prisionarius de guerra)的方式同时出现并非巧合,当时英国国王已经成为法国王朝的合法继承者,支持法国皇太子(dauphin)的人就成了叛徒,界定战斗员和战俘地位的需求就更加迫切,因为战俘会被留存性命换取赎金,而叛徒则会被处死。[2]当时的法学家普遍认为基督徒之间的战争中俘虏与"主人"(master)即俘获者之间的关系就像封臣和领主,彼此之间存在契约关系,而这个契约形成于俘虏向主人投降并宣誓而主人同意将其作为战俘之时,[3]双方都因

(接上页)[英]乔纳森·萨姆欣:《百年战争(第一卷):战争的试炼》(下),傅翀、吴畋、王一峰译,社会科学文献出版社2019年版,第517—520页。百年战争期间,此类例子不胜枚举。例如,1415年3月10日,英格兰国王亨利五世召见伦敦市长与市政官,希望能借钱进行他即将开始的渡海之战。6月16日,伦敦为亨利五世提供了一笔巨额贷款,同时从国王处得到了一条重达56盎司的金项圈作为抵押。亨利五世也向许多城镇、宗教团体和臣民个人致信请求借款,同时将皇室的珠宝和盔甲当作抵押。亨利五世和像司礼大臣这样的军队领袖为长弓手购买了大量弓、箭和弓弦等装备,加上其他各项不菲的费用,司礼大臣迅速陷入债务之中。与长弓手不同,骑士须自行承担从盔甲到武器到战马等一切装备和费用。1415年7月24日,英格兰汉普郡郡长受国王亨利五世之命公开宣告,在接下来的三个月里,每一位随国王出征的领主、骑士等所有人都要自己解决食品和其他必需品的问题。参见[英]朱丽叶·巴克:《阿金库尔战役:百年战争中最传奇的胜利》,王超斑译,汕头大学出版社2021年版,第120—123、148—152、113页。

[1] 1415年,法国在阿金库尔战役中战败,1420年与英格兰签订该条约,法国国王查理六世承认英格兰国王亨利五世为其继承人及摄政,并将卢瓦尔河以北地划归英格兰。

[2] Rémy Ambühl, *Prisoners of War in the Hundred Years War: Ransom Culture in the Late Middle Ages*, Cambridge University Press, 2013, pp. 4-6.

[3] M. H. Keen, *The Laws of War in the Late Middle Ages*, Routledge & Kegan Paul, 1965, pp. 156-157.

此承担义务，主人不得杀掉俘虏，而俘虏必须支付赎金才可以获得自由。俘虏通常在战场上进行口头承诺而得以活命，主人一旦能将俘虏转移到安全地带，便会立即采取正式的书面契约或特许状（charter）来固定并强化自己的法律权利，而俘虏则据此做出三方面的保证：一是服从主人的所有合理要求；二是放弃任何可能用来对抗主人赎金权的权利；三是如有任何违反义务的行为，甘愿受到相应惩罚，特别是受到公开羞辱。特许状不尽相同，但一般而言都会载明赎金的支付细节和俘虏的囚禁条件，也常常会加盖主人的印章，甚至可能还有公证人见证。一旦达成协议，俘虏通常会被假释，以便回家和亲朋好友商量筹措赎金事宜，此时主人可能还会要求俘虏再签一份协议，载明假释期限和返回日期以防俘虏声称自己已经获释。最终交清赎金时，俘虏取回自己当初签署的书面文件以示自己对主人再无义务。[1]

"战俘显然是最宝贵的战利品，在追逐他们时，不少情况下投入的精力和勇气比对更重要的军事目标还要多，付出的代价偶尔也更大。"[2]但是，并非所有的人都可以成为战俘，"关键是要意识到没有财源就买不到仁慈"，在骑士或重骑兵级别之下的绝大部分普通士兵，如侍从和弓箭手，"这些人无一负担得起为自己赎身，因此不受纹章法保护"。[3]由于普通人没有或者只有很少的财富，自然，"作为准则，骑士精神几

---

[1] M. H. Keen, *The Laws of War in the Late Middle Ages*, Routledge & Kegan Paul, 1965, pp. 167-170.

[2] [英]乔纳森·萨姆欣：《百年战争（第一卷）：战争的试炼》（下），傅翀、吴畋、王一峰译，社会科学文献出版社2019年版，第665页。

[3] Craig Taylor, *Chivalry and the Ideals of Knighthood in France during the Hundred Years War*, Cambridge University Press, 2013, p. 207.

乎完全与普通人无关"。[1]"事实上，赎金提供的经济收益不仅是留存敌方骑士性命的动机，也是战争持续的关键动力。"[2]此外，战俘地位的高低除了直接决定赎金的高低，也可能决定赎金的去向或分配。例如，百年战争期间，英国规定如果任何人俘获了法国国王、王子、侄甥、叔伯、堂表兄弟、副官或者统帅或者其他国家的国王，这些重要的俘虏都必须移交给国王，而国王将会独占全部赎金。国王通常会给原俘获者一定的报酬，但完全取决于国王的慷慨程度。而在法国，任何价值超过1万马克的俘虏或战利品都要交给国王，原俘获者可以得到1万马克。[3]1356年9月普瓦捷战役中，黑太子就俘获了法国国王约翰二世[4]、腓力王子和14名伯爵、21名男爵和方旗领主以及约1400名骑士等高级战俘，如傅华萨所说，英军整支军队都变得"荣誉与钱财满身"。[5]次年3月23日黑太子和约翰二世在波尔多签订停战协议后，4月19日约翰二世等人就作为战俘跟随黑太子前往英格兰，按照骑士守则的要求，约翰二世受到尊重和礼遇，被安置在伦敦的萨伏伊宫，他可以自由享受宫廷生活的乐趣。1358年5月8日，英格兰国王爱德华三世和约翰二世就赎金金额和更广泛的政治安排达成一致，其中仅赎金就高达400万枚法国克朗金币，普瓦捷战役

---

[1] Richard W. Kaeuper, *Chivalry and Violence in Medieval Europe*, Oxford: Oxford University Press, 1999, p. 185.

[2] Matthew Strickland, *War and Chivalry: The Conduct and Perception of War in England and Normandy, 1066-1217*, Cambridge University Press, 1996, p. 185.

[3] [英] 朱丽叶·巴克：《阿金库尔战役：百年战争中最传奇的胜利》，王超斑译，汕头大学出版社2021年版，第134—135页。

[4] 中文也译为"让二世"。

[5] [英] 乔纳森·萨姆欣：《百年战争（第二卷）：烈火的审判》（上），李达、王宸、傅翀译，社会科学文献出版社2022年版，第343—345页。

也是"英格兰有史以来获得战利品最多、战俘赎金总额最多的战斗"。[1]至于地位较低的战俘，其赎金一般归俘获者所有,[2]如果双方没有约定战俘的赎金，俘获者可以定价，但作为惯例，这一数额通常是战俘拥有的不动产的年收入，后来减少至其一个月的收入。如果不交付赎金，战俘便不会被释放，交不起赎金的战俘则岌岌可危，有脖子上被拴铁链的，有被扔河里去的，有时即便想交赎金换取自由也有可能被拒绝，例如，腓特烈二世（Friedrich II，1194年—1250年）的一个儿子被俘24年仍未获释，死的时候仍然是一名战俘。[3]

战俘与俘获者之间本质上是服从和主宰的关系，俘获者被称为"主人"更是非常清楚地表明了这一点，但更重要的是，战俘与俘获者之间存在"紧密的骑士般的联结"，这种联结的

---

〔1〕 约翰二世的赎金后来降为300万枚法国克朗金币，英法之间的政治安排也做了其他调整，最终，1360年10月24日，约翰二世脱离英国的控制回到了法国。参见［英］迈克尔·琼斯：《黑太子：中世纪欧洲骑士精神之花的传奇》，王仲译，社会科学文献出版社2021年版，第246—263、283—284页。1364年1月3日，约翰二世再次来到英格兰亲自和英格兰国王爱德华三世谈判，希望能够宽限赎金分期付款的支付时间并释放法国王室成员，但在3月初双方签订文件之前，约翰二世病倒了，谈判随之推迟。4月8日，约翰二世病逝于伦敦。参见［英］乔纳森·萨姆欣：《百年战争（第二卷）：烈火的审判》（下），李达、王宸、傅翀译，社会科学文献出版社2022年版，第651页。

〔2〕 如果战俘的赎金超过一定金额，可能会在捕获者和其上级之间按某种比例分配。以百年战争期间的英格兰为例，士兵只要俘虏了赎金超过10马克的俘虏，赎金的1/3就要支付给他的长官，而如果这名长官是国王的直属封臣，他便有义务向国王缴纳他所获1/3赎金的1/3。所有拥有俘虏的人都有义务向国王支付部分赎金。参见［英］朱丽叶·巴克：《阿金库尔战役：百年战争中最传奇的胜利》，王超斑译，汕头大学出版社2021年版，第385—388页。

〔3〕 Percy Bordwell, *The Law of War between Belligerents: A History and Commentary*, Callaghan & Co., 1908, pp. 20-21.

第二章　中世纪垄断和控制战争的努力

存在首先要求将战争视为骑士之间的事项，其次通过誓言予以保证，如有违反则被视为背叛了骑士的荣誉准则。[1]荣誉或者说骑士荣誉（knightly honour）是战俘得以留存性命的首要前提，有一个著名的例子可以说明。卡斯蒂利亚的佩德罗国王被赶出自己的王国后前去寻求黑太子的帮助，经过漫长的谈判，二人于1366年9月23日订立协议，黑太子将远征西班牙，帮助佩德罗夺回王位和王国。1367年4月3日，黑太子在纳胡拉之战获胜后，佩德罗为复仇任意杀死数名卡斯蒂利亚贵族俘虏，不仅违背了之前对这些人合法审判的承诺，而且违背了骑士荣誉准则，还使得黑太子的士兵损失大笔钱财。黑太子当众指责佩德罗行为不当，而当后者提出要出钱换俘虏时，黑太子回应说自己决不会把俘虏交出去受死，因为参战"是为了荣誉和世俗中的奖赏，而不是为了冷血地杀害俘虏。就算你给我的金额千倍于每位俘虏的身价，我也决不会交出哪怕一人，因为我把他们交给你就等于让你杀害他们。"[2]这次关于骑士精神的争执也是黑太子和佩德罗二人关系破裂的一大原因。荣誉在中世纪的价值观里居于核心地位，"荣誉等于地位、等于贵族，贵族或骑士是可敬的（honourable）正是因为他贵族或骑士的地位"。[3]实际上，"一个特别有效的确保遵守纹章法的制裁手段就是骑士对颜面扫地（dishonour）和被公开拒斥（reprobation）的恐惧"，羞辱的方式主要是将骑士的

---

[1] M. H. Keen, *The Laws of War in the Late Middle Ages*, Routledge & Kegan Paul, 1965, p. 164.

[2] ［英］迈克尔·琼斯：《黑太子：中世纪欧洲骑士精神之花的传奇》，王仲译，社会科学文献出版社2021年版，第346—347页。

[3] Rémy Ambühl, *Prisoners of War in the Hundred Years War: Ransom Culture in the Late Middle Ages*, Cambridge University Press, 2013, p. 32.

纹章颠倒放置，尤见于骑士不支付赎金时。[1]"声名扫地"（deshonorement/dishonouring）会产生重大的社会负面影响，因为"贵族遵守的行为准则由荣誉决定，而贵族会去遵守是出于害怕会颜面扫地并被社会排除"，总之，"不名誉的骑士被视为死人"，不履约的贵族面临来自其朋友、同僚和骑士阶层成员的共同惩罚，无法在社会立足。[2]当然，违背骑士精神、不顾名誉的事情确有发生，例如，1402年9月14日，英格兰军队在霍米尔顿山战役（Battle of Homildon Hill）大败苏格兰军队，苏格兰的道格拉斯伯爵（Earl of Douglas）被俘，关于其赎金的谈判断断续续进行了许多年，1409年他假意宣誓余生将为英格兰国王亨利四世及其儿子们效劳，但利用假释重获自由后就立即打破誓言，拒绝回到英格兰的监牢，"违背了骑士的荣耀"。1413年，法国的埃利领主（sire de Heilly）被英国人俘虏并被送回英格兰囚禁，后违背假释誓言逃回法国，也是公认辱没骑士荣誉的例子。[3]

赎金法调整的是战俘和俘获者之间纯粹的个人关系。战俘不是对整体的、抽象的敌人承担义务，而是对留其活口的俘获者个人承担义务，并且这种义务几乎纯粹是经济义务。如果战俘没有能力提供赎金，通常的结局就是被长期关押或者等死，但如果战俘是达官显贵，那么他们在监禁期间的待遇会与其贵

---

[1] Theodor Meron, *Henry's War and Shakespeare's Laws: Perspectives on the Law of War in Later Middle Ages*, Clarendon Press, 1993, p. 7.

[2] Rémy Ambühl, *Prisoners of War in the Hundred Years War: Ransom Culture in the Late Middle Ages*, Cambridge University Press, 2013, pp. 36-37.

[3] [英]朱丽叶·巴克：《阿金库尔战役：百年战争中最传奇的胜利》，王超斑译，汕头大学出版社2021年版，第80、321页。

族身份相称，与普通战俘的待遇存在天壤之别。[1]赎金法和纹章法一样，将当事方视为基督教世界里从事"光荣"职业之人，而非服务国家之人，其约束力主要来自个人荣誉而非具有普遍意义的公共法律。[2]也正是由于荣誉对于赎金和骑士的重要性，出现了和"赎金法"同义的"荣誉法"（law of honour）一说，无论使用哪种术语，这种法律的主要目的都是让索取赎金的过程可行、可靠和有效。赎金法只关心战利品如何瓜分、谁有权作为战俘的主人、因战俘的赎金产生的争议应如何解决。俘获者的上级和他的同僚会查明俘获者是否遵守了规则，如有违反，俘获者将可能在法国或英国的法庭被提起诉讼。至于战俘的生命如何保障或待遇应该如何，不仅几乎完全不在纹章法和赎金法的规定范围内，实际上在中世纪的任何正式法律中也都没有规定。[3]而且，赎金法或纹章法也不能完全保障战俘一定会被留存性命，尽管俘获者出于对赎金的渴望有强烈动机愿意如此。例如，1415 年阿金库尔战役中英军胜局将定之际，包括波旁公爵和布锡考特元帅在内的不少法国王公显贵已经成为英军战俘，但出于应对法军可能的新一轮集结的需要，亨利

---

[1] 以阿金库尔战役后被俘的法兰西贵族为例，"只要他们乐意，他们便可以自由地骑马、狩猎和猎鹰。年纪更长者可以待在国王在埃尔特姆、温莎和威斯敏斯特的王室宫殿当中，那里有专门供他们使用的豪华床榻……他们甚至被允许把他们自己最喜爱的仆人、马匹和物品带来……英格兰人给了他们大笔的金钱，供他们生活开销。但是，这样做并不是无条件的。这些花费都将计入他们需要支付的赎金当中。"参见［英］朱丽叶·巴克：《阿金库尔战役：百年战争中最传奇的胜利》，王超斑译，汕头大学出版社 2021 年版，第 415 页。

[2] M. H. Keen, *The Laws of War in the Late Middle Ages*, Routledge & Kegan Paul, 1965, p. 185.

[3] Rémy Ambühl, *Prisoners of War in the Hundred Years War: Ransom Culture in the Late Middle Ages*, Cambridge University Press, 2013, p. 51.

五世下令处决"所有不那么尊贵显赫的俘虏"。这不仅不符合骑士精神,也"违反了基督教所有的道德和礼仪的原则",而且使俘获者失去了他们的赎金,亨利五世的部下不愿意服从,导致他本人亲自"指派1名扈从和200名弓箭手前去大规模地处决俘虏",[1]共计3名公爵(duke)、5名伯爵(count)、超过90名男爵(baron)、1500名骑士和4000名至5000名绅士被杀。[2]

四、雇佣军及其对常备军的推动

"在中世纪,统帅军队的人和组建军队的人从来都是一体的。封建征召武士是如此,佣兵团也是如此。"[3]10世纪至11世纪西欧出现了一类不是为其领主或国家而纯粹是为了个人利益而战的特殊群体,即雇佣军(mercenaries)。[4]中世纪的雇佣军通常是指因参战而拿钱的外国士兵,但中世纪是否存在民族主义、是否存在国籍的区别颇有争议,因此,中世纪的战争中尽管出现很多雇佣军,但也有很多从事同样行为的人不被视为雇佣军。[5]本书的讨论取雇佣军在中世纪的一般含义,

---

〔1〕 [英]朱丽叶·巴克:《阿金库尔战役:百年战争中最传奇的胜利》,王超斑译,汕头大学出版社2021年版,第341—345页。

〔2〕 Alexander Gillespie, *A History of the Laws of War: Volume 1: The Customs and Laws of War With Regards to Combatants and Captives*, Hart Publishing, 2011, p. 122.

〔3〕 [德]汉斯·德尔布吕克:《战争艺术史:现代战争的黎明》,姜昊骞译,世界图书出版有限公司北京分公司2021年版,第55页。

〔4〕 这并不是说雇佣军直到10世纪才在西欧出现,实际上雇佣军是世界上最古老的职业之一,古希腊、亚述、古巴比伦、古埃及等古老文明中都有大量使用雇佣军的例子,但由于此处讨论的是中世纪西欧的情形,更早的其他地区的雇佣军不在讨论范围内。

〔5〕 Kelly Devries, "Medieval Mercenaries Methodology, Definitions, and Problems", in John France ed., *Mercenaries and Paid Men: The Mercenary Identity in the Middle Ages*, Brill, 2008, pp. 45-46.

不涉及更多的技术性细节，如雇佣军是否和雇佣者用一个"国籍"或者怎么才算"拿钱"等。

只要雇主付钱就会去卖命的雇佣军是中世纪第一批真正职业化的军人，到 12 世纪中期，雇佣军在西欧战争的军事决策中已经是重要因素，有时甚至会起决定性的作用，但停战也就意味着雇佣军失业，他们往往会转而危害雇主或者横行乡野，而坐拥巨额财富的教会往往会成为雇佣军抢劫的首选目标，四处游荡的雇佣军很快成为人神共愤的众矢之的，但即便有教会的绝罚令也无法有效消除他们。13 世纪初，虽然规模小的所谓"自由雇佣军"消亡了，但"即便此后，战争也常常是用雇佣军、雇用的骑士甚至是雇用的步兵来打的"，"不用雇佣军打仗不再可能，因为他们在军事上要比封地上征召的笨手笨脚的人厉害多了。[1] 中世纪的雇佣军主要见于英格兰、法兰西、意大利和德意志，但存在一些差异。雇佣军在英格兰最早兴盛，发挥的作用也最大，但英格兰雇佣军的主战场并不在英格兰，而是在法兰西，百年战争期间英格兰的大量雇佣军也迫使法兰西不断扩大自己的雇佣军规模。意大利城邦国家间的彼此攻伐或城市与王侯间的战争给雇佣军提供了充分的机会，相比之下，德意志虽然在 13 世纪至 15 世纪也充斥着战争，但程度不及意大利和法兰西，德意志的雇佣军主要效力于境外，主要是英法之间的战争和意大利的战争。[2]

雇佣军出现的原因是多方面的。一方面，市场上对暴力的

---

〔1〕 Joachim Bumke, *The Concept of Knighthood in the Middle Ages*, trans. by W. T. H. Jackson and Erika Jackson, AMS Press, 1982, p. 42.

〔2〕 [德] 汉斯·德尔布吕克：《战争艺术史：中世纪战争》，姜昊骞译，世界图书出版有限公司北京分公司 2021 年版，第 396—397 页。

需求超过供给，作为长期以来暴力的垄断者，骑士没有充分满足领主和君主对暴力的需求，而临时征召的本地民兵往往不具有足够的军事技能。当诸如生死存亡、荣华富贵这样重要的事宜危在旦夕时，不管喜欢与否，统治者通常都会为此类紧急事件招募和使用雇佣军，尽力施加控制并在战事结束后予以遣散，这种迫切需要就是中世纪雇佣军存在的基础。[1]另一方面，中世纪欧洲的封建制度保证了雇佣军的人力供应，尤其是12世纪出现的规定长子继承权（primogeniture）的法律。根据该制度，只有男爵、骑士等的长子有权继承父亲的所有财产，这对骑士和雇佣军都有一定的影响：于骑士而言，他们的土地是他们的领主给的，而领主死后其长子可能会把土地收回，导致骑士失去土地；于骑士的非长子而言，他无权继承父亲的一切；于领主的非长子而言，领主死后，非长子法律上的权利很少或者根本没有，也常被法律禁止结婚，因为婚姻可能导致其后代跟长子的后代就拥有土地的权利产生争议。既然占有财富唯一保险的方式就是贵族权利（lordship）以及拥有土地和要求农民劳役的权利，领主儿子的梦想无不就是最终拥有自己的庄园（estate），许多前途堪忧的非长子不得不参加比武大会证明自己的价值，希望家臣身份（vassalage）能够成为通往财富和权力之路的第一步。[2]概言之，长子继承权在客观上使得军事贵族中的部分成员特别是领主和骑士的非长子，有时甚至还包括骑士，离开家乡另谋出路，不少人最终成为雇佣军。长子继承权也导致欧洲封建贵族中单一男性血统成为主流并取代了

---

　　[1] William Urban, *Medieval Mercenaries: The Business of War*, Greenhill Books, 2006, p.15.

　　[2] Alan Baker, *The Knight*, John Wiley & Sons, Inc., 2003, pp.7-8.

第二章 中世纪垄断和控制战争的努力

先前更宽泛、更模糊的亲族模式，出现了清晰的谱系和领土中心，使得13世纪的贵族家族相比10世纪时更明确可辨。[1]此外，在封建制度和附庸制度完全不同于欧洲大陆的英格兰，还有着独特的兵役免除税（scutage）制度，该词意为"盾牌钱"（shield money），封臣和骑士不必亲自上战场为国王效力，但代价是每年交一笔费用，使国王随时随地可以找到雇佣军替代，如果既不出钱也不应征，则会面临封地被没收的惩罚。尽管在12世纪才有直接证据证明兵役免除税存在，但它实际上肯定要古老得多。[2]兵役免除税的存在为雇佣军创造了大量就业机会，对封臣和国王来说也都皆大欢喜：对有义务向国王提供士兵的封臣而言，用雇佣军代替自己领地上的农民和手艺人要划算得多，因为农民和手艺人能够保障粮食生产和创造财富；对国王而言，和平时期缴纳的兵役免除税都进了国王的金库，战时则可以雇用强壮、年轻、作战技能高超的男子，比年老、不坚定、不热心的封臣要可靠得多。[3]兵役免除税也"将英国骑士的军事职能与其荣誉和金钱方面的角色分离……在国王看来，他们的义务首先是为册封仪式付款，其次是交兵役免除税。至于他们是否真的亲自披挂上阵，几乎不重要"，其结果是英国的骑士除了偶尔参加比武大会、担任法官和收税

---

[1]〔英〕罗伯特·巴特利特：《欧洲的创生》，刘寅译，民主与建设出版社2021年版，第63—64页。
[2]〔德〕汉斯·德尔布吕克：《战争艺术史：中世纪战争》，姜昊骞译，世界图书出版有限公司北京分公司2021年版，第111—113页。
[3]有一个著名的例子。1215年英格兰贵族起草了《大宪章》并呈递国王约翰一世以求限制绝对王权，约翰一世在武力胁迫下签署并颁布了《大宪章》，但心有不甘，双方都开始公开备战。为了对抗叛乱的贵族，约翰一世一方面争取海峡港口城市的效忠，另一方面派遣征兵代理人前往海外，寻求佛兰德雇佣军的支援。

以及选举议员，几乎无事可做。[1]要不是英法百年战争，"定居于不列颠列岛的诺曼骑士阶层肯定会迅速转变为喜爱和平的大地主阶层"，但战争的暴利让他们保持了尚武传统，[2]而英国骑士如果既没有参加本国的战争，也没有四处漫游探险，可以骑士荣誉发誓既不泄露英国宫廷秘密，也不为英国敌人作战，以此获得英国国王许可到国外为其他外国君主作战。"这事天天发生"。[3]可见，这种英国骑士实际上也是雇佣军。最后，如本节第一部分所述，神圣罗马帝国皇帝给家臣提供的晋升骑士的机会非常有限，许多人自觉无望便转行去当雇佣军。

因此，雇佣军迅速成为中世纪欧洲战场上常见的群体，也是中世纪军队的常见组成部分，在意大利半岛的战争中尤其如此。1000年前后，意大利各城邦国家的世俗统治者就已经广泛使用雇佣军对抗阿拉伯人、希腊人和本地敌人，许多主教和修道院院长也使用雇佣军，而这些主教和修道院院长的数量比罗马天主教世界其他任何地方都多。使用雇佣军在意大利半岛之所以格外普遍，是因为意大利各城邦国家领土太小，所能维系的军队规模十分有限、缺少实际意义，无论是对世俗统治者还是教皇而言，雇佣军都是方便的解决办法。[4]意大利城邦

---

〔1〕 William Urban, *Medieval Mercenaries: The Business of War*, Greenhill Books, 2006, pp. 38-39.

〔2〕 [德]汉斯·德尔布吕克：《战争艺术史：中世纪战争》，姜昊骞译，世界图书出版有限公司北京分公司2021年版，第117页。

〔3〕 Charles Mills, *The History of Chivalry or Knighthood and Its Times*, Lea and Blanchard, 1844, p. 54.

〔4〕 William Urban, *Medieval Mercenaries: The Business of War*, Greenhill Books, 2006, p. 43.

第二章 中世纪垄断和控制战争的努力

国家对雇佣军的依赖引起了马基雅维利的强烈不满,他声称这种做法"使意大利陷入奴隶状态和屈辱之中",雇佣军的作战方式也让他感觉新鲜,"(雇佣军)将领们还采取各种方法来减轻自己和士兵们的劳苦和危险,在战斗中不进行屠杀而是活捉俘虏,而且不要求赎金即予以释放。他们并不夜袭城市,城市的防军亦不夜袭野营。他们在军营的周围既不树立栏栅,或者挖掘壕沟,在冬季也不出征。所有这些事情是他们的兵法所允许的。"[1]雇佣军既不杀害战俘也不像骑士那样用其勒索赎金当然不是出于仁慈,而仅仅是因为粮草物资、人手调配、机动转移等实际限制,因为留存俘虏需要消耗粮食补给,也会占用人手进行看管,还会影响雇佣军转移位置,所以最方便的做法就是立即释放。尽管这种做法表面上看比较人道,但雇佣军在历史上一直臭名昭著,主要原因有四个:第一,为钱卖命、见利忘义不符合基督教的价值观和道德观。雇佣军的拉丁文(mercenarius)原始含义是"雇工"(hireling),泛指任何种类的雇工,但自《新约》以来,这个词开始有了特殊含义,成为贬义词。《约翰福音》中有一个著名段落,耶稣把自己比作"好牧人"(Good Shepherd),"雇工"则见到麻烦就跑,把羊留给狼,不管羊的死活。"好牧人为羊舍命",而"雇工,并不顾念羊"。[2]很明显,"雇工"已经完全成为耶稣的对立面,而雇佣军的所作所为的确证实了他们就是这样:雇佣军参战并无任何崇高的目的,而纯粹是为了私利,没人能保证雇佣军能否以及多大程度上会按雇主的期待行事,雇佣军常常会在最关

---

〔1〕[意]尼科洛·马基雅维里:《君主论》,潘汉典译,商务印书馆1985年版,第72页。

〔2〕《约翰福音》中文和合本第10章,11—15。

键的时候坐地起价、要挟雇主，或者因风险太大而不履行约定、逃之夭夭。第二，雇佣军据称极度残忍，不遵守战争惯例和法规，几乎总是作为骑士的对立面而出现。如上所述，骑士确实有自己的行为规范，即骑士精神和骑士准则，但骑士在多大程度上、多少场合中实际遵守了这些规范是令人生疑的，而且许多雇佣军原本就是骑士，[1]因此很难说残暴行径是雇佣军独有的特征，况且中世纪战争的一大组成部分就是破坏敌人的经济能力，而这通常就意味着欺凌和杀害农民，雇佣军绝不是唯一一类进行此种行为的群体。"被浪漫主义诗人理想化的骑士精神，即使在其全盛时期，也曾无比堕落。正如在对法战争和玫瑰战争中所展示出来的那样，那些骑士变得极端残忍、野蛮，甚至远远比不上那些'下层'社会所展现出来的理想和礼仪。"[2]第三，雇佣军的行为不受控制可能是其声名狼藉的实质原因，特别是当雇佣军袭击教堂、杀害神父、劫掠教会财物时，这就从根本上触动了教会的利益和整个封建秩序，必然导致教会采取回应措施。例如，1179年第三次拉特兰会议不仅谴责雇佣军和所有使用雇佣军的人，还号召对这些袭击教堂、不分性别和身份杀害无辜之人的雇佣军发起"圣战"。[3]1360年英法签订《布雷蒂尼条约》（Treaty of Bretigny）后，百

---

[1] 例如，百年战争期间，厄斯塔斯·多布赫西库爵士原是来自埃诺的骑士，也是嘉德骑士团最初的成员之一，但后来成为肆虐法国香槟地区的雇佣军头目。参见[英]迈克尔·琼斯：《黑太子：中世纪欧洲骑士精神之花的传奇》，王仲译，社会科学文献出版社2021年版，第244页。

[2] [美]詹姆斯·特拉斯洛·亚当斯：《缔造大英帝国：从史前时代到北美十三州独立》，张茂元、黄玮译，广西师范大学出版社2019年版，第144页。

[3] John France, "Introduction", in John France ed., *Mercenaries and Paid Men: The Mercenary Identity in the Middle Ages*, Brill, 2008, p.1.

第二章 中世纪垄断和控制战争的努力

年战争第一阶段结束,深受雇佣军敲诈勒索、强取豪夺之害的阿维尼翁教皇乌尔班五世号召雇佣军去十字军东征,试图一箭双雕,在使自身免于雇佣军之害的同时还拥有打击异教徒的力量,但由于雇佣军的反对未能完全如愿。[1]第四,雇佣军的内在逻辑最终会损害雇主的利益。对雇佣军而言,无论战胜还是战败都不是什么好事情,前者导致失业,而后者意味着死亡,至于战败可能导致名誉受损几乎没有什么影响,因为雇佣军从来也不在意名声如何。所以,雇佣军很快就意识到尽可能地延长战争对自己才最为有利,只有战事悬而不绝,雇主才会继续花钱请人作战,自己才会继续有钱可赚,没有战事就没有经济来源,于是转而为祸乡里,以勒索和抢劫为生。例如,12世纪,神圣罗马帝国皇帝红胡子腓特烈一世和法国国王路易七世就签订了镇压待业雇佣军的协议,15世纪德意志境内的待业雇佣军团伙(gardebrüder)给时人留下了极其恶劣的回忆,而16世纪开始,许多国家和城市,如1546年的丹麦、科隆、明斯特、黑森等以及1620年的勃兰登堡,均制定了针对待业雇佣军的办法,试图以小钱换取安宁。[2]雇佣军拖延战事的行为无疑从整体上损害了雇主的利益,更不用说雇佣军还常因经济原因转而危害其雇主了。

雇佣军的泛滥实际上推动了常备军的出现。中世纪欧洲国家面临的真正问题不是军队规模大小,而是能在战场上维持几个星期,"其原因是中世纪的国家长期以来缺乏财政手段,而

---

[1] 雇佣军最后仅被逐出法国,到了阿尔萨斯、瑞士和西班牙。参见[德]汉斯·德尔布吕克:《战争艺术史:中世纪战争》,姜昊骞译,世界图书出版有限公司北京分公司2021年版,第399页。

[2] [德]汉斯·德尔布吕克:《战争艺术史:现代战争的黎明》,姜昊骞译,世界图书出版有限公司北京分公司2021年版,第67页。

且行政结构非常脆弱"。[1]由于中世纪的国家普遍没有常备军,进行战争除了主要依靠骑士和雇佣军,也没有其他更多可行的选择,当雇佣军的负面影响最终超过其所带来的便利时,必然会被历史淘汰。英法百年战争期间,"英格兰国王的鼓动与法国政府的崩溃使大批士兵流窜到法国各省,占据城堡、庄园和教堂塔楼,残酷地将周边地域变成军事占领区,直到出发寻找新的猎物为止。"[2]雇佣军成为百年战争战场的绝对主力,这场战争也是雇佣军唯一一次主宰了战场,[3]英法两国的做法因此具有重要参考价值。自爱德华三世(1327年—1377年在位)以来,英国主要依靠国王和队长(captain)签订合约(indentures)的方式组建军队进行战争,队长通常来自贵族阶层,队长和他的属下也会签订合约,载明服役的条件、规模、组成、装备、期限、报酬和战俘赎金以及战利品的分配等事项,这种做法"可能是中世纪晚期英国军队最重要的行政管理进展"。[4]"上述这些安排将14世纪50年代的英格兰雇佣兵变成了一种精打细算的商业活动,把薪水、福利金和战争带来的横财变成了最好的征兵广告。"[5]不过,这些士

---

[1] Philippe Contamine, *War in the Middle Ages*, trans. by Michael Jones, Blackwell, 1991, p. 307.

[2] [英]乔纳森·萨姆欣:《百年战争(第二卷):烈火的审判》(下),李达、王宸、傅翀译,社会科学文献出版社2022年版,第468页。

[3] William Urban, *Medieval Mercenaries: The Business of War*, Greenhill Books, 2006, p. 290.

[4] Christopher Allmand, *The Hundred Years War: England and France at War c. 1300–c. 1450*, Revised Edition, Cambridge University Press, 2001, p. 94.

[5] [英]乔纳森·萨姆欣:《百年战争(第二卷):烈火的审判》(上),李达、王宸、傅翀译,社会科学文献出版社2022年版,第227页。

第二章 中世纪垄断和控制战争的努力

兵不一定全是雇佣军。[1]但其酬劳既不够多,发放也不一定有保障,所以他们视战争为发财的难得机会十分自然,对所占领和征服的村庄城镇大肆掠夺战利品和战俘以获取赎金成为常态,但当交战方达成停战协定后,这些士兵只得自寻出路。由于没有别的技能,他们常常变成雇佣军,变成四处游荡掠夺的"兵匪"。1356年普瓦捷会战后,黑太子因付不起军饷而将英格兰、威尔士和加斯科涅的士兵遣散,而稍后英法停战协议的达成更使得这些士兵短期看不到就业的希望,于是利用其制造恐惧、烧杀劫掠的特长,组建了大大小小的雇佣军团伙肆虐法国乡野,大发不义之财。[2]尽管莎士比亚的戏剧《亨利五世》中描述了亨利五世宣称"曾经晓谕全军,英国军队行经法兰西的村子,不准强取豪夺,除非照价付钱,不准妄动秋毫;不准出言不逊,侮辱法国人民"。[3]但即使军纪良好、监督严格时,英国军队也不是一直都有钱这么做。而且,对英格兰国王

---

[1] 当时这种合约分为两种:一种要求无论战时还是平时,一方都要为另一方服役,通常终身有效;另一种则是为了某场特定的战役而签订的,通常预先规定了服役的时长。就其本质而言,前者基于封建关系,而后者基于合同关系,因此,后者实际上就是雇佣军。参见[英]朱丽叶·巴克:《阿金库尔战役:百年战争中最传奇的胜利》,王超斑译,汕头大学出版社2021年版,第127页。

[2] 例如,著名的英格兰雇佣军头目罗伯特·诺尔斯爵士仅靠1357年至1358年间在诺曼底劫掠就积攒了价值高达10万枚克朗金币的财富,接下来的两年里,他又在卢瓦尔河谷一带到处烧杀劫掠。参见[英]迈克尔·琼斯:《黑太子:中世纪欧洲骑士精神之花的传奇》,王仲译,社会科学文献出版社2021年版,第267—269页。另一个著名的英格兰雇佣军头目爱德华·达林里奇爵士也在1360年至1370年间至少去过法国六次,通过劫掠乡镇、绑架和勒索法国贵族而大发横财,这些财富也让他得以修建博迪亚姆城堡(Bodiam Castle),该城堡迄今仍是英国最著名、最精致的城堡之一。参见[英]马克·莫里斯:《城堡的故事:半部英国史》,付稳译,化学工业出版社2018年版,第143—144页。

[3] [英]莎士比亚:《莎士比亚全集》(第三卷),朱生豪等译,人民文学出版社1978年版,第399页。

来说，他十分乐见失业的雇佣军团伙烧杀劫掠给法国国王带来的压力，何况这些雇佣军团伙在战争打响之际可以毫不费力地摇身一变成为为英格兰国王效力的士兵。如同傅华萨所观察到的那样，英格兰雇佣军团伙在法国聚集肆虐"背后有爱德华三世的蓄谋支持，目的是让他们继续在海峡对岸靠暴力营生，而不是回到英格兰肆意破坏"。[1]

从14世纪中期开始，通过合同组建军队在法国也常见起来，国王及其副官通过合约（lettres de retenue）获得队长率领的一定人数的连队，而后者获得一定数量的钱财。但与英格兰相比，法国此类合约的合同性质显著减少。尤其是缺乏时间限制，因此理论上双方每月底都将不再受合约约束，队长拿了钱但没提供相应兵员的事情也屡次发生。[2]相比英国，法国更依赖雇佣军，而雇佣军给法国带来的损害也更甚，尤其是横行法国乡野的雇佣军"自由连"（free companies）和"剥皮者"（écorcheurs）[3]。肆虐法国的雇佣军靠敲诈勒索乡村村民缴纳赎金和保护费（appatis）而发家致富，交和不交保护费对村民来说都是两难，不交保护费，雇佣军就会烧杀抢劫，而一旦交了保护费，雇佣军的敌对方就有理由说这钱帮助和支持了雇佣军，于是对村庄进行新一轮的劫掠和屠戮。雇佣军榨干村庄的财富后，往往还要再索取一笔所谓"赎回费"（rachat/videment）作为自己离开所占据地方的条件，而这笔费用一般通过征税和

---

[1] [英]乔纳森·萨姆欣：《百年战争（第二卷）：烈火的审判》（下），李达、王宸、傅翀译，社会科学文献出版社2022年版，第601页。

[2] Philippe Contamine, *War in the Middle Ages*, trans. by Michael Jones, Blackwell, 1991, p. 153.

[3] 该词意为"剥死尸皮者"，因为他们往往将死者的衣服剥光，特指查理七世在位时期肆虐法国的雇佣军。

借贷的方式从居民手中获得。"赎回费"最早见诸记录是在1353年1月，当时法国的繁华集市城镇马尔泰勒（Martel）与雇佣军头目就赎回距离马尔泰勒10英里的苏亚克达成协议。"这样的勒索方式堪称最简便也获利最丰盛的办法，佣兵队往往借此在大片的乡村地区榨取金钱……并造成了巨大的破坏，以至于到了半个世纪之后，在当地居民的记忆里，这一时期仍被视为他们悲惨遭遇的开端。"[1]

不仅村民和村庄深受雇佣军之害，而且由于农民对社会生产的重要意义，王公贵族也对"自由连"等雇佣军十分不满。由于法国指责英国的"自由连"违反了两国之间的停战协定，1361年英国国王爱德华三世禁止了"自由连"，1439年法国国王查理七世（1403年—1461年）发布著名的奥兰治法令（Orléans Ordonnance of 1439），也禁止了"自由连"，并且宣布任何私人武装均为非法。尽管有国内法令禁止，尽管"自由连"时而为法国而战，时而为英国而战，但"法国人和英国人都常常发现将'自由连'作为战争工具使用很有帮助"。[2]法国后来采取了进一步措施消除雇佣军。1445年，查理七世任命军官从雇佣军中挑选精兵良将编入新组建的20个敕令连（compagnies d'ordonnance），每连600人，分驻在各城并按时领取薪饷，士兵来自社会各阶层，但军官几乎全部是贵族，[3]这支军队是法国也是近代的第一支常备军。查理七世建立常备

---

[1]［英］乔纳森·萨姆欣：《百年战争（第二卷）：烈火的审判》（上），李达、王宸、傅翀译，社会科学文献出版社2022年版，第129页。

[2] Theodor Meron, *Henry's War and Shakespeare's Laws*: *Perspectives on the Law of War in Later Middle Ages*, Clarendon Press, 1993, p.129.

[3] Paul D. Solon, "Popular Response to Standing Military Forces in Fifteenth-Century France", *Studies in the Renaissance*, Vol.19, 1972, p.78.

军并非出于认识到需要建立一支新的军事力量，而是因为之前与英国达成的停战协定提供了机会去肃清在法国为害多年、最为恶劣的雇佣军，同时可以在停战协定结束前将一般的雇佣军置于有效的皇家控制之下。[1]常备军不是机构简单进化的产物，也不仅仅是因为货币经济达到了一定水平，严格说来甚至也不是来自军事上的迫切需要，它还源自态度的转变，即被号召入伍的人、统治集团和社会大多数人口都认为服役是一个自然而然的事情、是政治军事生活中正常的一部分时，常备军才能够出现，而瓦卢瓦王朝时期的法国在所有这些方面都具备了条件。[2]根据奥兰治法令，没有查理七世的书面授权，禁止任何招募和率领士兵的行为，只有查理七世才可以任命队长，也只有这些队长才可以招募一定数量的重骑兵和弓箭手并对其行为负责。如果领主在自己的城堡里有士兵，须自行支付士兵一定费用并对其行为负责，不得将费用转嫁到其所拥有的土地上的人民身上，也不得挪用查理七世对其臣民所征的税。因为烧杀抢劫长期以来都是"自由连"敲诈勒索的有效方式，奥兰治法令特意禁止劫掠，禁止闯入民宅或在路上捉人索取赎金，禁止骚扰商人和农民，禁止夺取其牲畜、马车和工具，禁止打扰农民和工匠等人的工作，禁止将这些人或其工具、牲畜用来索取赎金，禁止毁坏谷物、葡萄酒、粮食和交通工具，禁止毁坏庄稼、葡萄藤、果树等以勒索赎金，禁止烧毁工具、葡萄榨汁器、房屋等。考虑到这些禁令实施的实际困难，查理七

---

[1] Maurice Keen, "The Changing Scene: Guns, Gunpowder, and Permanent Armies", in Maurice Keen ed., *Medieval Warfare: A History*, Oxford University Press, 1999, p. 283.

[2] Philippe Contamine, *War in the Middle Ages*, trans. by Michael Jones, Blackwell, 1991, p. 168.

世还设计了包含激励措施的详细司法和惩罚规定。例如，所有执法官员和所有贵族都受命将违反禁令者视为敌人并与之战斗，违反禁令者的马匹和所有财物在被抓获时归抓获者所有，抓捕期间如造成违反禁令者死亡，抓捕者不负任何责任。特别值得注意的是，奥兰治法令规定队长对其下属的违法行为负责的原则，如果队长不把违法者交由司法处置，其违法行为将归咎于队长；发生违法行为时在场的士兵和其他人员如果不阻止或抵抗违法行为的发生，或不将有关人员交由司法机关处置，将会被视为从犯处置，[1]这本质上正是后来国际刑法中的指挥责任。查理七世的这些做法也是当时法国国际安全形势和国内政治形势双重影响的产物。一方面，法国部分地区还在外国的统治之下，将不受控制、四处游荡的士兵安置在邻接这些地区的军营中既稳定了国内社会秩序，也增强了对抗外国的能力；另一方面，因为大部分士兵事实上甚至法律上依靠的是某些亲王和大领主，查理七世打破这种效忠关系，声称只有他才有权发动战争、只有他才能控制王国境内的所有士兵，对于增加他个人的权威并最终将"国王的战争"等同于"王国的战争"就十分关键了。[2]

---

[1] Theodor Meron, *Henry's War and Shakespeare's Laws: Perspectives on the Law of War in Later Middle Ages*, Clarendon Press, 1993, pp. 147-149.

[2] Philippe Contamine, *War in the Middle Ages*, trans. by Michael Jones, Blackwell, 1991, p. 169.

第三章
近现代时期战争法的演变

中世纪晚期出现了文艺复兴（Renaissance），这场发生于14世纪至16世纪欧洲的文化运动起源于意大利中部的佛罗伦萨、威尼斯等城市，后扩展至欧洲各国。文艺复兴聚焦于人的思想独立，相信思考、创新、实验和探索能够使人知悉宇宙的秘密，能够控制甚至主宰人类的命运，将人从宗教的束缚中解放出来，使现代欧洲逐渐形成。尽管文艺复兴没有抛弃基督教，但教会的权力被逐渐限定于宗教领域，政治越发成为君主之间的世俗事项。15世纪末地理大发现后，欧洲列强纷纷抢占殖民地，建立起庞大的殖民帝国。在此期间，一心一意要扩大封建领地的军事大封建主阶级和希望将剩余的贡物转化为金钱与利润的商人阶级联合起来，不仅将权力从有自主权的大封建主转移到最高统治者手中，使得政治与军事统一并产生了许多领土国家，而且将欧洲由一个旧世界的边疆变成了财富与权势的中心。[1]在欧洲本土，大大小小的战争从未停止，16世纪有意大利战争，17世纪有三十年战争，从17世纪后半叶至18世纪初有路易十四治下的法国进行的一系列战争，还有其他规模较小但对参战方而言意义仍然重大的战争，如英格兰对

---

[1]［美］埃里克·R. 沃尔夫：《欧洲与没有历史的人》，贾士蘅译，民主与建设出版社2018年版，第133页。

第三章　近现代时期战争法的演变

苏格兰和爱尔兰时断时续但最终基本实现臣服目的的战争。"无论怎么计算，现代早期都是一个特别好战的时期。"[1]这一系列战争中，三十年战争最值得注意。17世纪中期，被称为"建构国家之战"的三十年战争结束，[2]《威斯特伐利亚和约》是第一次为了和平而签订的条约，之前的和约仅仅是为了停战，"但其最重要的意义在于，宗教被从世界政治的舞台上赶了出去"，[3]混乱分裂的欧洲君主国慢慢演变为现代民族国家，平等的主权国家构成的国际社会逐渐形成，国际法的发展进入崭新的历史阶段。18世纪，又陆续发生了七年战争、美国独立战争、法国大革命和拿破仑战争等重大历史事件。

就战争手段而言，"中世纪向现代转折的一个标志就是发动战争的手段巨幅增加。强大的近战方阵取代了中世纪军队中微少的近战步卒。新式火器技术堪称日新月异。"[4]就战争主体而言，"从罗马帝国崩溃到17世纪民族国家崛起之间的这段时间里，欧洲的大多数战争都不能简单地分辨'社会性土匪'和溃兵、正规军和游击队之间的区别。这些武装团体都会为了自己的利益残害那些倒霉的农民。"[5]但三十年战争之后，一切都开始发生改变（至少在西方如此），这也必然导致战争规

---

[1] Frank Tallett, *War and Society in Early Modern Europe*, 1495-1715, Routledge, 1997, p.13.
[2] [德]约翰内斯·布克哈特：《战争的战争：欧洲的国家建构与和平追求》，马绎译，浙江人民出版社2020年版，第69页。
[3] [美]安东尼·帕戈登：《两个世界的战争：2500年来东方与西方的竞逐》，方宇译，民主与建设出版社2018年版，第247页。
[4] [德]汉斯·德尔布吕克：《战争艺术史：现代战争的黎明》，姜昊骞译，世界图书出版有限公司北京分公司2021年版，第107页。
[5] [美]马克斯·布特：《隐形军队：游击战的历史》，赵国星、张金勇译，社会科学文献出版社2016年版，第56页。

则、战争惯例和战争法发生相应变化。这一时期的国际关系完全没有此前时代的道德感和宗教热忱，几乎成为一种礼仪形式，以小型职业军队参加的程式化的战役来检验欧洲列强的均势：双方谦谦君子一样的军官属于同一个国际军人兄弟会，战争结果以精确计算的领土割让来衡量。领土被视为赌场的筹码，统治者依战争的运气得到或失去这些筹码，根本不考虑居民的利益。[1]这些近现代史上的里程碑事件，不仅对人类历史产生了重大影响，对战争法的发展也有明显的推动作用。

第一节 文艺复兴时期

文艺复兴时期是一个承上启下的阶段，欧洲即将走出"黑暗千年"的中世纪进入近现代。经过长期的积累，欧洲在文化、科学、技术等领域都有了长足的进展，15世纪末和16世纪是地理大发现的时代，也是殖民的时代。随着非洲和美洲被征服、被殖民，随着商业和贸易的扩张，许多国家逐渐变成独立主体，主权理论也在萌芽。"到16世纪中期，欧洲的战争和一个世纪之前已经大不相同……这整个改变——精神上、技术上和物质上——相当于一次军事文艺复兴，一场不亚于同时发生在艺术和宗教领域的转型的战争实践上的革命"，[2]而1648年《威斯特伐利亚和约》正式结束了天主教和新教徒之间的战争，标志着一个由独立、平等的主权国家构成的国际社会的出现，为近代国际法的发展提供了现实土壤。这一阶段的

---

[1] Norman Davies, *Europe: A History*, Harper Perennial, 1998, pp. 581-582.
[2] Thomas F. Arnold, *The Renaissance at War*, Smithsonian Books, 2006, pp. 25-27.

战争法与中世纪相比有了一些显著的变化。

一、正义战争学说的转变和战时法的凸显

15世纪后,正义战争学说开始发生一些比较显著的转变。一方面,正义战争学说中的道德观念开始受到质疑并逐步被舍弃,而法律化和正规化趋势加强,这在14世纪就已经有迹可循。例如,西班牙政治家、历史学家佩德罗·洛佩斯·德·阿亚拉(Pedro López de Ayala,1332年—1409年)认为,只有君主之间的军事行动才能被视为万国法中的战争,其他的军事行为只能被视为本质上是制裁或者镇压海盗、叛乱分子或土匪引发的骚乱。根据他的学说,战争有且只有一个法律标准,战争应该是两个敌对的君主之间进行的军事行动,即进行战争是为了反对正当敌人(justus hostis),这才是正义战争(bellum utriusque justum)。这个阶段正义战争学说的转变,可以概括为五点:"①战争的存在,取决于具有全部权力(summa potestas)的发起者。②正当理由(justa causa)之前与和基督教道德观相一致的正义的概念密切相关,现在越发成为只由君主(sovereign)判断的事项。③之前是在正义战争和非正义战争之间二选一,如今是在战争和根本不是战争之间二选一。④教皇不再对武装冲突有最终的决定权。决定某一特定战争是否存在完全由君主决定。⑤正义战争的概念在正当敌人的概念中得到正式表述。"其中,最重要的变化在于"正义战争学说中的正当理由与正当敌人渐渐成为同一个问题"。[1]到中世纪结束时,正义战争学说中的正当权威已在大部分时候意味着世俗君主的

---

[1] Lothar Kotzsch, *The Concept of War in Contemporary History and International Law*, E. Droz, 1956, pp. 36-37.

权威，即权威来自君主所代表的地方，这是两大进展共同作用的结果：一是现实中基于是谁发动正义战争而区分因宗教或教会而起的战争和为保护地方权利而起的战争，二是越发强调万国法是君主间的惯例和协定，而不是神的特许。[1]之前的正义战争学说不管战争正义与否，都承认它们首先是战争，只是正义与不正义的区别，而此时的正义战争学说已经转变为根本不承认不符合标准的军事行动是战争，正义战争的问题成为正当敌人的问题。例如，1480年英国法院曾判决，"如果我们的主，即国王，不同意的话，就不会称之为战争，但如果事实上没有敌对行动，但丹麦国王和我们国王之间的和平被打破，那就是战争。"[2]

后来的法学家也试图进一步丰富正义战争学说。苏亚雷兹（Francisco Suárez, 1548年—1617年）认为应结合道德、人道和法律考量，将合法诉诸战争的权利仅限于无可争议的正义战争。真提利认为战争双方客观上都可能是正义的，提出交战方对于战俘和战利品的权利并不取决于战争是否正义，法律应该同等适用于交战方。阿亚拉也认为如果合法的主权者合法地进行战争，那战争对双方来说就都是正义的。此时诸多进行战争的"正当理由"已经没有一个确定的高低或先后次序，有没有"正当理由"对于进行战争没有明显的制约作用，而且"各位君主有权去判定其进行战争的理由是否正当，就使得这个权利看起来天然就是任意、自利（self-serving）甚至伪善的

---

[1] James Turner Johnson, *Ideology, Reason, and the Limitation of War: Religious and Secular Concepts, 1200–1740*, Princeton University Press, 1975, p. 76.

[2] Lothar Kotzsch, *The Concept of War in Contemporary History and International Law*, E. Droz, 1956, pp. 37–38.

了"。[1]到了17世纪、18世纪，以格劳秀斯为代表的国际法学家一方面聚焦国家的权利义务，关注只适用于国家的法律，另一方面专注国家的外部行为，而不考虑善意、心态等。18世纪的著名国际法学家瓦特尔（Emer de Vattel，1714年—1767年）宣布，"必须认为以正确形式进行的战争对双方而言都是正义的"。[2]这种新方式抛弃了正义战争学说中的核心概念正当理由和正确意图，转以形式主义的视角看待战争，"其结果是强调战争的外部特征，更多看重国家实践而不是自然的永恒真理作为国际法的指引（不管是好还是坏）。简而言之，关于战争的国际法律思考稳步地从天堂转向世间。这是个意义重大的转变——也许是国际法历史中发生过的最大的一次观念上的飞跃。它整体上将治国之术（statecraft），包括国际法，从曾是自然法学思想显著特征的人际道德观念中解放出来。"[3]

文艺复兴时期的正义战争学说大多包括宗教和政治两个方面，但政治的重要性与日俱增，"15世纪、16世纪所有在战争问题上有代表性的作者都在使当时的政治合理化（rationalizing）"，[4]而且更加强调战时法。因为14世纪、15世纪的正义战争学说强调正当敌人和君主判断的关键性，16世纪欧

---

[1] Theodor Meron, *Henry's War and Shakespeare's Laws: Perspectives on the Law of War in Later Middle Ages*, Clarendon Press, 1993, pp. 37-42.

[2] Michael Howard, "Temperamenta Belli: Can War Be Controlled?" in Michael Howard ed., *Restraints on War: Studies in the Limitation of Armed Conflict*, Oxford University Press, 1979, pp. 8-9.

[3] Stephen C. Neff, *War and the Law of Nations: A General History*, Cambridge University Press, 2005, p. 85.

[4] William Ballis, *The Legal Position of War: Changes in its Practice and Theory from Plato to Vattel*, Martinus Nijhoff, 1937, p. 102.

洲的"君主们享有了越来越多的自由裁量权去发动战争,把战争当作保证自己合法权利的最佳手段。战争成为解决君主之间争端所使用的神圣手段之一。"[1]问题在于,"到了16世纪,由于什么使得一场战争正义之界定变得如此无所不包以至于失去了意义,以及明显无法停止的战争之影响持续增加,制定调整战争行为的规则(战时法)以减轻战争影响的兴趣要大得多。"[2]换言之,对16世纪、17世纪的欧洲而言,如果交战方的理由都可能是正义的,那么判断其交战方式是否正义就有必要而且重要了,因此,这个时期"与中世纪有区别的另一个重要变化是新出现的对战争方式的强调。例如,在军队施行纪律的需求受到越来越多的关注。阿亚拉的论文近三分之一都在讨论军纪这个主题",[3]而且"长远看来,对现代阶段的正义战争学说最重要的就是战时法的发展。"[4]

这一时期的法学家不仅更加有意识地区分诉诸战争的权利和战时法,而且强调战时法应平等适用于所有交战方,这与现代战争法不问战争缘由而对交战方在战争中的行为同等适用完全一致。维多利亚对战时行为的看法颇具代表性,作为文艺复兴时期战争法的"首要人物",其作品《论战争法》(De lure Belli/On the Law of War)被视为"中世纪战争理论的最佳总

---

[1] Lothar Kotzsch, *The Concept of War in Contemporary History and International Law*, E. Droz, 1956, pp. 38–39.

[2] Frank Tallett, *War and Society in Early Modern Europe*, *1495–1715*, Routledge, 1997, pp. 238–239.

[3] Stephen C. Neff, *Justice among Nations: A History of International Law*, Harvard University Press, 2014, p. 149.

[4] James Turner Johnson, *Ideology, Reason, and the Limitation of War: Religious and Secular Concepts*, *1200–1740*, Princeton University Press, 1975, p. 78.

结".[1]维多利亚认为,在战争中夺取敌人的财产只有当是为进行战争实际所需或者补偿所受损害时才是正义的,他谴责在战争中屠杀妇女、儿童、神职人员等无辜的人,认为屠戮敌人和劫掠合法与否取决于具体情境,不能一概而论,如果是作为对敌人某些罪行的惩罚或者不屠戮就不能获得和平与安全时,那就应当允许屠戮;同理,如果是为进行战争所需,或者是威慑敌人或唤醒己方士气时,也应当允许劫掠。[2]值得注意的是,维多利亚、阿亚拉和苏亚雷兹都使用经院哲学方法来思考战争的法律问题,在论述如何控制战争时也都十分仰仗基督教神父的著述,真提利的出现使得有关讨论脱离经院哲学并给相关国际法写作进程带来深远影响。虽然他也提及《圣经》和古典作品甚至还有自然法,但真提利比同时代任何其他国际法学家都更现实地看待战争的法律问题。[3]具体说来,真提利有三大贡献,一是略过军队的战术和纪律这些无关问题,二是将私战话题精简至合理范围,三是对战争的讨论不以神学为基础。[4]随着博丹的《国家六论》于1576年发表,正义战争学说的形成有了新的推动力,自此,战争被视为最终手段(*ultima ratio regum*),关注焦点从发起战争的合法性转移到

---

[1] Stephen C. Neff, *Justice among Nations: A History of International Law*, Harvard University Press, 2014, p. 147.

[2] Percy Bordwell, *The Law of War between Belligerents: A History and Commentary*, Callaghan & Co., 1908, pp. 26-27.

[3] William Ballis, *The Legal Position of War: Changes in its Practice and Theory from Plato to Vattel*, Martinus Nijhoff, 1937, pp. 93-94.

[4] Thomas Erskine Holland, *Studies in International Law*, Clarendon Press, 1898, p. 58.

战争行为的合法性上。[1]

几十年后,格劳秀斯对战时法的关注既是继承了较早时代的法学家的传统,也是其身处三十年战争中的时代背景使然,1645年他去世时,三十年战争还得三年后才正式结束。格劳秀斯认为在战争中一般不应杀害妇女、儿童以及生活方式与战争毫不相干的人群,诸如神职人员、学生、农夫和商人,也不应处死俘虏,战斗和围攻时应接受投降以免伤及无辜,而战俘最好是用来彼此交换,换取赎金次之。[2]自中世纪以来,君主发起和进行战争但并不一定持续进行军事行动常常发生,例如,英法百年战争期间休战的时间比实际进行战争的时间还长,后来的三十年战争中也有长时间没有实际战斗发生的情况。以格劳秀斯为代表的法学家开始将战争视为一种法律状态,即国家间和平关系破裂、彼此处于战争中,但不一定有实际战斗发生,格劳秀斯也因此被称为"战争状态(state of war)"学说之父,这种观点在随后数个世纪都被广为接受。格劳秀斯所处的时代,国际社会的无政府状态已经持续近两个世纪,在某种意义上,三十年战争无非是关于国际法律秩序应该如何建立的利益之间的冲突,这种宏观政治趋势需要适当的国际法,而格劳秀斯的著作恰好提供了现实的解决办法。[3]早于格劳秀斯的国际法学家,如维多利亚和苏亚雷兹,认为自然法和国际法不同,苏亚雷兹还认为战争是历史事实,但格劳秀斯将自

---

[1] Lothar Kotzsch, *The Concept of War in Contemporary History and International Law*, E. Droz, 1956, p. 38.

[2] Hugo Grotius, *The Rights of War and Peace*, Book III, Liberty Fund, 2005, Chapter XI, IX-XVII, pp. 1439-1456.

[3] Lothar Kotzsch, *The Concept of War in Contemporary History and International Law*, E. Droz, 1956, pp. 38-39.

然法视为国际法的基础并将其融于国际法,国际法成为自然法的直接结果,而战争则是一种法律权利,国家有权因避免某种迫在眉睫的危险而发动战争。格劳秀斯不同于维多利亚和苏亚雷兹的地方还在于,他认为要给战争的正义性制定一个客观标准是不可能的,战争的正义性取决于其程序。[1]格劳秀斯之后,国际法学家明显更多地讨论战时法,而不是关注诉诸战争的权利。笼统说来,从1648年《威斯特伐利亚和约》缔结到两次海牙和会再到一战前夕这一阶段也可称为"格劳秀斯时期","法学家们明白表示对冲突原因没有一丝一毫的兴趣而只关注冲突行为","这是正式、实在约束战争行为的战时法的黄金年代"。[2]

二、宣战方式的变化:新大陆和旧大陆

11世纪中期与后期罗马教会开始的改革运动加强了教宗的权力和宗教仪式的统一性,拉丁基督徒也更经常、更深刻地认同自己的"基督教人民"(populus christianus)身份,中世纪盛期拉丁基督徒向外扩张过程中遭遇外民族时,"加强了基督徒作为一个民族、部族或种族的意涵",其结果是,"基督教世界"一词不仅在11世纪晚期的使用突然增多,而且从一种抽象概念转而越发具有领土意义,欧洲人坚信其所居住的基督教世界周围存在一个敌对的"异教世界"(heathendom),并

---

[1] William Ballis, *The Legal Position of War: Changes in its Practice and Theory from Plato to Vattel*, Martinus Nijhoff, 1937, pp. 109–115.

[2] Michael Howard, "Temperamenta Belli: Can War Be Controlled?" in Michael Howard ed., *Restraints on War: Studies in the Limitation of Armed Conflict*, Oxford University Press, 1979, p. 5.

将基督教世界的扩张或延展视为值得赞美和可以期待的目标。[1]如果说十字军东征拓展基督教世界的范围仍然局限在欧亚大陆，而且基督徒面对的是千百年来都熟悉的敌人，那么等到地理大发现时代，这种拓展不仅要在全新的地理空间进行，而且基督徒将要面对的是完全陌生的种族。1415年，葡萄牙人占领了休达（Ceuta），开始了对非洲海岸的殖民。1492年，受西班牙王室资助远航探险的哥伦布到达巴哈马群岛的圣萨尔瓦多岛，虽然这并非他预计的亚洲大陆，但地理大发现时代正式揭开序幕。葡萄牙先在几内亚寻找黄金，然后在不知不觉中走向通往香料贸易的道路，在东方开辟殖民地、在印度洋上建造堡垒和贸易中心；西班牙则是先为运送印度的香料和金银珠宝开辟新路线，后来在新世界建立大型采矿中心，找到的黄金白银数量惊人。同为地理大发现先驱的两国虽然存在竞争关系，虽然方向和重心不尽一致，但都有着"获取财富和拯救灵魂"的相同目的。[2]在地理大发现的年代，发现新大陆意味着有大量新的土地可供欧洲列强占领，欧洲人面对的则是对耶稣或基督教闻所未闻的人，如何解决欧洲人对新大陆的主权问题成为当务之急，此时的宣战出现了迥异于欧洲千百年实践的新方式，其中尤以西班牙的做法最具代表性。之前的战争法调整的是欧洲的君主之间的战争，而在地理大发现的年代则不得不考虑如何处理对新大陆土著居民的战争，战争法很快成为欧洲的帝国扩张、维持和垄断贸易的常用工具。

---

〔1〕［英］罗伯特·巴特利特：《欧洲的创生》，刘寅译，民主与建设出版社2021年版，第340—343页。

〔2〕［美］尤金·赖斯、［美］安东尼·格拉夫顿：《现代欧洲史 卷一 早期现代欧洲的建立：1460—1559》，安妮、陈曦译，中信出版社2016年版，第53页。

第三章　近现代时期战争法的演变

　　1452年，葡萄牙国王阿丰索五世（Afonso V）请求教皇尼古拉五世（Nicholas V）同意其有权统治其水手沿着非洲西海岸所发现的陆地，并排除其他基督教国家特别是卡斯蒂利亚（Castile）[1]的任何主张，教皇表示赞同。1455年的教皇训谕明确授权葡萄牙的国王或王子占领非洲和大西洋诸岛，同时禁止其他所有王侯甚至皇帝在这些地区航海、捕鱼、经商、攻占或进行其他活动，对个人的惩罚是开除教籍，对群体的惩罚是颁布褫夺教权的禁令，若想得到赦免，负罪者必须先与葡萄牙王室达成一致。这份训谕因此得名"葡萄牙帝国主义证书"。[2]教皇之所以认为自己有权将非基督徒的土地授予基督教君主，是因为其是基督的合法继承人，而基督是世俗和精神世界的主，如果所涉土地上的居民抵抗，可以对其发动正义战争。葡萄牙王室在获得其臣民已经发现或即将发现的地区的主权的同时，也承担将所涉土地上的居民转化为基督徒的责任。[3]1492年哥伦布第一次远航后归来时，西班牙的女王伊莎贝拉一世立即向教皇亚历山大六世（Alexander VI）请求西班牙有权统治哥伦布发现的那些陆地，如同其前任同意给予葡萄牙统治非洲西海岸的权利一样，教皇也同意了西班牙的请求，但这样一来，同为航海强国的西班牙和葡萄牙抢占地盘的竞争就更加激烈。1493年5月4日，教皇亚历山大六世提

---

[1]　伊比利亚半岛中部的封建王国，后与阿拉贡王国合并成为统一的西班牙王国。

[2]　[德]沃尔夫冈·赖因哈德：《征服世界：一部欧洲扩张的全球史，1415—2015》（上），周新建、皇甫宜均、罗伟译，社会科学文献出版社2022年版，第98页。

[3]　Lyle N. McAlister, *Spain and Portugal in the New World, 1492-1700*, University of Minnesota Press, 1984, p. 52.

出所谓"教皇子午线",即在大西洋中部的亚速尔群岛和佛得角群岛以西370里格[1]的地方从北极到南极划一条分界线,以西归西班牙,以东归葡萄牙,世界根据教皇的唯一权威被整齐地分为两部分,但葡萄牙随后表示强烈不满,要求调整分界线。1494年6月7日,在教皇亚历山大六世的调解下,西班牙和葡萄牙在西班牙小镇托尔德西里亚斯签订《托尔德西里亚斯条约》(Treaty of Tordesillas),将1493年5月确定的"教皇子午线"向西移动270里格,以西归西班牙,以东归葡萄牙,两国据此共同垄断欧洲之外的世界,正式瓜分了他们尚未发现的土地,"这使得对土地的占领声明被等同于对土地的占领。西班牙人只需要抵达某个地区并宣布占领,便可以将这片土地置于西班牙国王的'统治之下'。接下来的一切,包括征服活动以及殖民地的建立,都是为了巩固对于土地的占领",正如伊莎贝拉一世在1501年所说的那样,当欧洲人尚不了解绝大多数美洲原住民的时候,这些印第安人就已经成为女王的"附庸与臣民",等待着被西班牙人发现并被告知新的身份。[2]"如1492年发现美洲一样,这项条约本身也标志着中世纪末期的一个关键时刻……伊比利亚半岛的两个国家处于探索发现的最前沿,实际上已经将欧洲之外的所有土地变成了两国政治斗争的空间,这令其他国家的君主感到好笑……但在1500年时,除了西班牙和葡萄牙,没有一个国家能够进入大西洋,或者有足够的经验去挑战伊比利亚半岛的两位先驱。"[3]

---

〔1〕 1里格为3海里,约为5.5公里。
〔2〕 [英]马修·雷斯托尔:《西班牙征服的七个神话》(增订版),李音译,上海人民出版社2023年版,第121页。
〔3〕 [英]罗杰·克劳利:《征服者:葡萄牙帝国的崛起》,陆大鹏译,社会科学文献出版社2016年版,第45页。

哥伦布远航成功后，西班牙国内很快形成了发现和征服印第安人土地的理论依据，即"基督教君主可以统治不信教之人（infidels）和异教徒（pagans）以扩展基督教世界，对于抵抗之人可发动正义战争"。西班牙法学家胡安·洛佩斯·德·帕拉西奥斯·鲁比奥斯（Juan López de Palacios Rubios）1512年设计了占领印第安人土地更具体细致的做法，即"降服劝告状（requerimiento/Requirement）"。西班牙人会先要求印第安人承认教皇是整个世界的统治者，教皇把对印第安人土地的权利转交给西班牙国王，印第安人接受这些就会成为西班牙国王的封臣和国民并受洗成为基督徒，如果不接受，"我们申明所有因此而起的死亡和损失都是你的错，而不是我们陛下或我们或随我们而来的武士的错。"该程序还要求有公证人以书面文件证明西班牙人已经宣读了降服劝告状而印第安人没有接受。虽然降服劝告状是个"轻佻的文件"，但它"满足了征服的法律要求，也有助于让皇室感到安心"。[1]

1513年，阿拉贡国王费尔南多二世（Ferdinand II of Aragon）[2]颁布法令将降服劝告状定为对美洲印第安人进行战争和取得其土地的正当程序，印第安人不仅需要臣服于西班牙人并成为基督徒才可以活命，还得允许西班牙人自由地、不受暴力威胁地传播基督教，否则西班牙人就可以发动"正义战争"。换言之，宣读降服劝告状就是宣战，而如果土著居民是食人族，

---

[1] Lyle N. McAlister, *Spain and Portugal in the New World, 1492-1700*, University of Minnesota Press, 1984, p. 90.

[2] 阿拉贡王国是伊比利半岛东北部阿拉贡地区的封建王国，1469年费尔南多二世通过与卡斯蒂利亚女王伊莎贝拉一世的婚姻形成了统一的西班牙王国，成为第一位国王，并开创了西班牙帝国。

西班牙人则认为无需向这种"人类的敌人"宣读。[1]西班牙人有据可查的首次使用降服劝告状是在1514年的加勒比海沿岸（今哥伦比亚），1519年至1522年荷南·科尔蒂斯（Hernán Cortés）征服墨西哥时也按要求使用了降服劝告状，使用降服劝告状的做法一直延续到16世纪40年代。[2]以降服劝告状的形式对印第安人宣战是西班牙殖民主义最独特的做法之一，因为没有任何其他欧洲国家像西班牙一样创设了一套完整的对土著居民宣战的仪式规则，绝大部分对土著居民的战争都是由当地的欧洲殖民开拓者自行进行的。降服劝告状的独特之处还在于它不仅涉及宗教，而且要求印第安人承认基督教至高无上，还强行要求印第安人信奉基督教。

向印第安人宣读降服劝告状来确保对其使用武力是"正义战争"极其荒谬，因为印第安人根本不懂西班牙语或拉丁文，也根本不可能知道西班牙人的要求是什么，就算能明白降服劝告状的内容，印第安人也根本无法接受这种毫不掩饰的强权政治、恃强凌弱。当时的西班牙人当然也能意识到这一点，以同情印第安人境遇闻名的西班牙多明我会（Order of Preachers/Dominicans）教士巴托洛梅·德拉斯卡萨斯（Bartolomé de las Casas，1474年—1566年）写道，他听到降服劝告状时"哭笑不得"，而进行降服劝告状仪式的西班牙人更是将这个程序的荒谬演绎到无以复加的程度，他们在夜晚全速行进的船舶的甲板上宣读，在空无一人的茅屋前面宣读，或者干脆就含混不

---

[1] Frederic J. Baumgartner, *Declaring War in Early Modern Europe*, Palgrave Macmillan, 2011, p. 34.

[2] Stephen C. Neff, *Justice among Nations: A History of International Law*, Harvard University Press, 2014, p. 114.

清地宣读，草草了事，[1]就连其起草者鲁比奥斯本人听说"一些指挥官的所作所为时，他也忍俊不禁"。[2]宣读降服劝告状和做一些象征性的动作之后，建立一个实行西班牙法律的城市，将征服者中的首领宣布为该地的最高统治者，并将土地和印第安人分配给征服者，就意味着征服已经实际完成。印第安人如果反抗，西班牙人会拘押其统治者作为人质，事后处死也顺理成章，使用暴行、酷刑以及专门训练咬人的猎狗等恐怖手段司空见惯，以至于古巴出现了一个新的西班牙语动词"让狗撕碎/咬碎"（aperrear）。[3]西班牙征服者对印第安人的种种暴行在帝国主义的宏大背景下获得了正当性，"征服活动被赋予了双重使命，也就是为美洲大陆带去文明的火种和天主教信仰"，时人认为，接连不断的发现和征服都是上帝的安排，为的是将真正的信仰传播至全世界，西班牙人显然是这个神圣安排的代理人，而那些著名的征服者则是上帝的主要代理人。[4]

降服劝告状的荒谬之处还在于，无论是天主教的主流教义，还是作为降服劝告状原始出处的伊斯兰主流教义，都反对立即改宗，特别是在刀剑胁迫之下的改宗，而降服劝告状恰恰

---

[1] Patricia Seed, *Ceremonies of Possession in Europe's Conquest of the New World, 1492-1640*, Cambridge University Press, 1995, p. 71.

[2] [英] 亨利·卡门:《西班牙帝国：走向全球霸权之路，1492—1763》，罗慧玲译，中信出版社 2023 年版，第 112 页。

[3] [德] 沃尔夫冈·赖因哈德:《征服世界：一部欧洲扩张的全球史，1415—2015》（上），周新建、皇甫宜均、罗伟译，社会科学文献出版社 2022 年版，第 403 页。

[4] [英] 马修·雷斯托尔:《西班牙征服的七个神话》（增订版），李音译，上海人民出版社 2023 年版，第 30 页。

就是要求印第安人立即改信天主教。[1]因此，很可能降服劝告状的设计者从一开始就没设想过印第安人会真的去信奉基督教，西班牙人需要的主要是发动战争的冠冕堂皇的借口以说服国内的统治阶级和民众，这就使得西班牙在新世界扩张过程中所谓的十字军远征性质值得怀疑，何况扩张的通常做法是王室与某个行动实施人签订一份权利义务不对等的合同，将行动实施人任命为将被征服的地方的行政长官和指挥官，规定收益的至少1/5缴纳给国王，而王室几乎可以从合同中随便找到某种理由或借口从征服者手里拿走征服成果。概言之，西班牙在美洲的殖民"是一场边境战争，一场群伙战争，为的不是信仰，而是土地和战利品"，尽管并不排除有为上帝和国王而战的真诚信念。[2]

虽然向印第安人宣读降服劝告状本质上是走个过场，但西班牙征服者非常看重其法律意义和效力，对此也十分认真，以确保自己对印第安人进行的是"正义战争"，因为"象征性地规定殖民权力意味着仪式、行为、演讲和记录主要是针对殖民者的欧洲同胞的。殖民者要说服他们的行为具有合法性的对象首先是其祖国的同胞和政治领导者，而不是土著居民。当缺少关于建立殖民地的官方指引时……首先必须争取君主和政治精英的支持。"[3]除了降服劝告状，征服使用的"典型的法律手

---

[1] Patricia Seed, *Ceremonies of Possession in Europe's Conquest of the New World, 1492-1640*, Cambridge University Press, 1995, p. 77.

[2] [德]沃尔夫冈·赖因哈德：《征服世界：一部欧洲扩张的全球史，1415—2015》（上），周新建、皇甫宜均、罗伟译，社会科学文献出版社2022年版，第383页。

[3] Patricia Seed, *Ceremonies of Possession in Europe's Conquest of the New World, 1492-1640*, Cambridge University Press, 1995, p. 11.

段还包括建立一座城镇。西班牙人非常重视城市聚居点，将其等同于文明、社会地位与安全，因此，对于征服者来说，城市聚居点隐含着稳固的象征意义。"[1]除了争取西班牙统治阶级的支持，对西班牙君主而言，降服劝告状更重要的目的在于确保所征服的土地按照基督教世界的标准是合法的，借此避免其欧洲竞争对手声称战争不正义，所以土地归属有争议，其首要防范对象就是葡萄牙。可见，对西班牙来说，通过降服劝告状确保对印第安人进行的是"正义战争"，进而确保所征服的土地是"合法的"西班牙的土地，是成本甚低但法律保障充分的手段。美洲殖民地带来的源源不断的利益，特别是银等贵金属，更让西班牙确信有必要一直垄断其美洲殖民地。16世纪，西班牙坚持美洲殖民地不对外国殖民者和商人开放，所有美洲商品都必须通过卡斯蒂利亚唯一的港口塞维利亚（Serville）进行贸易，每一艘商船都必须获得贸易委员会（House of Trade）的许可。不仅意大利和佛兰德斯商人，就连西班牙东部的加泰罗尼亚商人也得不到贸易许可。[2]直到1778年，西班牙商人才可以从其他港口自由进入西属美洲。[3]

值得一提的是，被称为近代国际法之父的西班牙多明我会修士、晚期经院哲学的领军人物维多利亚强烈质疑和反对降服劝告状。1537年至1539年的几次授课中，他不仅否定了教宗的世界统治权，从而使降服劝告状的理论依据无效，还否定了

---

[1] [英] 马修·雷斯托尔：《西班牙征服的七个神话》（增订版），李音译，上海人民出版社2023年版，第37页。

[2] [美] 理查德·邓恩：《现代欧洲史 卷二 宗教战争的年代：1559—1715》，康睿超译，中信出版社2016年版，第21—22页。

[3] [美] 伊塞·沃洛克、[美] 格雷戈里·布朗：《现代欧洲史 卷三 18世纪的欧洲：传统与进步，1715—1789》，陈蕾译，中信出版社2016年版，第201页。

皇帝普世统治理论。维多利亚坚决反对对印第安人进行战争的合法性源自让其改宗基督教的伟大事业一说，认为不论是教皇还是皇帝，都不能以此为由对印第安人发起战争，因为教皇的权威仅限于精神领域，不包括宣战这样的世俗事项，而除非印第安人宣誓效忠皇帝，否则皇帝也无权在宗教这个印第安人的内部事宜上强迫印第安人。[1]维多利亚的此种说法毫无悬念地直接导致他的讲稿被皇帝查理五世查禁，直到1557年才得以发表。维多利亚认为，"国际"政治存在于独立自主的单个国家的平等关系之中，新世界的印第安政治体应具有独立自主的国家的地位，这样一来，西班牙就只能根据国际法要求非常有限的权利了。维多利亚也绝对不否认印第安人的"野蛮"，但他认为这并非印第安人的本性，原因在于教育不足，许多西班牙农民也出于同一原因更像动物而不是人，因此，"野蛮"不能表明征服和奴役印第安人是正确的。[2]毫不夸张地说，维多利亚的观点远远超越了他的时代，他对西班牙殖民帝国的批判思考指出了一条通往适用于平等国家间的国际法的道路，但遗憾的是因直接挑战和危及世俗统治权威和宗教权威而受到打压，只在国际法的发展史上占有一席之地，而未能在当时起到实质性的作用。

也许这个阶段欧洲国家对战争法和国际法影响最大的地方就在于所谓"文明"概念的引入，即这些法律只在欧洲"文明"的基督教国家间适用，在欧洲国家与外部实体之间并不

---

[1] James Turner Johnson, *Just War Tradition and the Restraint of War: A Moral and Historical Inquiry*, Princeton University Press, 1981, p. 96.

[2] [德] 沃尔夫冈·赖因哈德：《征服世界：一部欧洲扩张的全球史，1415—2015》（上），周新建、皇甫宜均、罗伟译，社会科学文献出版社2022年版，第412—414页。

适用，这些实体不仅达不到欧洲认为的国家标准，也因不是基督教国家而没有资格适用欧洲的国际法。类似的做法由来已久，如第一章所述，在古希腊、古罗马时期都存在战争法只在同一民族的国家适用，对异族国家不适用的实践。从 15 世纪末到 17 世纪中期，地理大发现一方面给欧洲列强带来了大量海外殖民地，另一方面也使欧洲列强感到殖民地本身的扩张会对宗主国和殖民地之间的权力分配产生巨大影响，因此，欧洲列强不仅从政治上，也从法律上将欧洲和海外殖民地分开，"先是心照不宣地，然后明确地将政治关系和他们的国家体系的博弈规则限于欧洲，不扩展至海外的世界"，[1]西班牙和葡萄牙作为当时最强大的殖民国家尤其如此。16 世纪关于西班牙在美洲的法律权利的讨论给国际法的发展提供了新的推动力，[2]"国际法的历史中，16 世纪至 17 世纪上半叶这一阶段称得上是'西班牙时代'。西班牙的学者、神学家和法学家不仅引领了对万国法问题（特点、渊源和约束力）的讨论，而且尽其所能地做出了这个阶段最重要的智力贡献"，此时的非西班牙籍的重要国际法学家，如荷兰的格劳秀斯和意大利的真提利，"都深受西班牙人的影响，并以晚近的西班牙经院哲学（scolasticism）作为其学说中关键论述的基础。"[3]正是在西班牙和葡萄牙的殖民扩张过程中，关于文明和野蛮的讨论推动

---

[1] Wilhelm Georg Grewe, *The Epochs of International Law*, trans. by Michael Byers, Walter de Gruyter, 2000, pp. 152-153.

[2] [德]沃尔夫冈·赖因哈德:《征服世界：一部欧洲扩张的全球史，1415—2015》（下），周新建、皇甫宜均、罗伟译，社会科学文献出版社 2022 年版，第 1802 页。

[3] Wilhelm Georg Grewe, *The Epochs of International Law*, trans. by Michael Byers, Walter de Gruyter, 2000, p. 187.

了战争法和国际法的进一步发展并成为其基调延续数百年，其结果是，"文明对谁要求什么以及对谁而言是文明，成为国际法的基础问题之一。这个时期，野蛮人被排除出文明的讨论，法律也不适用于他们。"[1]

这一时期，欧洲国家间的宣战方式也出现了明显变化。16世纪，一方面，建立绝对君主制的"旧制度"（Ancien Régime）的过程十分顺利，谁有权宣战的问题早已得到解决，较弱的王侯根本没有宣战的权利。另一方面，神圣罗马帝国皇帝已经变成一个普通的君主，不再具有在基督教世界的普遍管辖权，他向其他君主宣战，其他君主也向他宣战。由于新教的出现，教皇号召进行十字军东征的权利尽管受到了新教徒的质疑但仍然存在，教皇庇护五世（Pius V, 1504年—1572年）1571年号召基督教统治者抗击奥斯曼帝国入侵威尼斯治下的塞浦路斯，[2]可能是教皇最接近正式宣战的一次。[3]从中世纪到16世纪，历来是通过发送挑战信或派遣使者直接向敌人宣战，[4]但16世纪开始出现以印刷文告来宣战的做法。1542年，法国国王弗朗索瓦一世（Francis I, 1494年—1547年）向神圣罗马帝国皇帝查理五世（Charles V）宣战，但没有派遣使者到皇帝的

---

[1] Helen M. Kinsella, *The Image Before the Weapon: A Critical History of the Distinction Between Combatant and Civilian*, Cornell University Press, 2011, p. 56.

[2] 庇护五世以反宗教改革以及整顿天主教会内部秩序而闻名。1571年，在他的主导下，教皇国、西班牙、威尼斯等天主教国家形成了神圣同盟，10月7日于勒班陀战役中击溃了奥斯曼海军，令奥斯曼帝国从此失去在地中海的海上霸权。庇护五世将此次胜利归功于圣母玛利亚的代祷与协助，并将10月7日定为圣母玫瑰节。

[3] Frederic J. Baumgartner, *Declaring War in Early Modern Europe*, Palgrave Macmillan, 2011, p. 53.

[4] William Edward Hall, *A Treatise on International Law*, The Clarendon Press, 1890, pp. 375-376.

宫殿，而是公布文告（cri de guerre）历数查理五世给他造成的伤害，特别是杀害了弗朗索瓦一世的外交官。印好的文告张贴在法国的各个城市和港口，弗朗索瓦一世请求上帝站在他的一方，宣布皇帝和他世袭土地上的所有国民都是法国的敌人，[1]还要求这些敌国国民在40天时间内离境，在此期限内离境可确保其人身和财物安全。1595年，法国国王亨利四世也通过印刷文告并贴遍大街小巷的方式对西班牙宣战，对西班牙国王进行种种谴责，特别是谴责西班牙打着宗教的幌子武装干涉法国。1600年，亨利四世向萨伏依公爵（Duke of Savoy）宣战，在与萨伏依接壤的省，宣战文告被分发至城镇传布官（town criers），由其在号手陪伴下于各城镇十字路口和中心广场宣读，确保众人周知宣战及宣战原因。到16世纪末，常驻大使在敌方宫廷递交印刷文告已在很大程度上取代使者口头宣战，由于法国国王宣战和被宣战的次数最多，这种转变在法国最为明显。就宣战实践而言，"16世纪在欧洲历史上是最具创新性的时期"。[2]1648年三十年战争结束后，常设使馆相继设立，派遣使者宣战的做法进一步减少，1657年瑞典通过使者向丹麦宣战是历史上最后一次如此行事。[3]17世纪以印刷文告的方式宣战成为普遍实践，不宣而战的情形在17世纪可谓罕见，[4]

---

[1] 因为打算招募神圣罗马帝国其他土地上的德国雇佣军，所以弗朗索瓦一世只把查理五世世袭土地上的国民视为敌人。

[2] Frederic J. Baumgartner, *Declaring War in Early Modern Europe*, Palgrave Macmillan, 2011, p. 45, pp. 52-54.

[3] Percy Bordwell, *The Law of War between Belligerents: A History and Commentary*, Callaghan & Co., 1908, p. 19.

[4] William Ballis, *The Legal Position of War: Changes in its Practice and Theory from Plato to Vattel*, Martinus Nijhoff, 1937, p. 106.

由于常设使馆的设立，17世纪、18世纪绝大部分的战争只是通过在国内张贴布告的方式宣战。[1]问题在于，虽然有宣战的形式要求，但这个形式应该做到何种程度，或者确切说来什么叫作宣战以及如果没有走这个形式会产生怎样的后果，都存在很大的争议。正是由于不存在宣战的确切定义，宣战的形式多种多样，有时向敌国发出最后通牒（ultimatum），一旦条件未满足就会进行战争，有时是发布对敌国的"一般报复"命令，即授权本国所有国民捕获敌国人员财产，而发布拿捕许可（letter of marque），即在战时为增强一国海战能力授权私人拿捕敌国船舶的文件，也被普遍认为等于宣战。宣战意欲传递信息的对象也不尽一致，有时是敌国，有时是所有国家，有时是本国民众，有时是所有国家的民众。[2]到了18世纪，宣战变得更加混乱起来，常常在发布拿捕许可、一般报复命令几个月后才宣战，甚至在战斗开始后才宣战，1701年的西班牙王位继承战争和18世纪中叶的七年战争均是如此，"因为没收私有财产的合法性取决于战争状态之存在，很明显此类性质的冲突极端令人为难，而且，纵有不同理论适用，总的来说也是无解。"[3]

欧洲国家对宣战意义的认知也发生了重大变化，这在格劳秀斯的著作中有典型的论述。格劳秀斯认为，宣战主要是为了证明战争的合法性，警告敌人是其次，"从事战争不是私人进

---

[1] Percy Bordwell, *The Law of War between Belligerents: A History and Commentary*, Callaghan & Co., 1908, p. 42.

[2] Stephen C. Neff, *War and the Law of Nations: A General History*, Cambridge University Press, 2005, pp. 105–109.

[3] William Edward Hall, *A Treatise on International Law*, The Clarendon Press, 1890, p. 375.

行的鲁莽冒险，而是由交战双方的公共、主权权威进行和批准的；因此，战争的效果约束各交战国的所有国民，还伴有其他的后果和权利，但这些在对海盗的战争和内战中均无迹可寻。"[1]问题在于，很多时候战争不是在两国而是在多个国家之间进行的，有时某个国家先进行战争，其他国家随后才加入，这就产生了后来参战的国家是否也需要宣战才能获得进行战争的合法性这个实际问题。格劳秀斯认为，加入敌人不需要宣战，帮助敌人也不需要宣战，宣战这个规则仅要求战争在一次宣战后方能开始，因此，一旦宣战使得战争开始后，其他国家便可以不经宣战直接参加。[2]这个例外规则对后来的欧洲战争产生了重要影响，18世纪大部分欧洲国家都卷入了许多大大小小的战争，而后来加入的国家不必宣战便可合法地进行战争，原因就在此。

三、军队和平民两分法的出现

长期以来，西欧的战争主要是暴力的家务（housekeeping）纷争，一决高下是为了确定谁才是王国内至高无上的那位，英国、法国、西班牙、瑞士的战争无不如此。1494年法国国王夏尔八世出兵意大利拉开了漫长的意大利战争（1494年—1559年）的序幕，因史无前例的高昂花销、巨大人力以及牵涉的复杂国际关系，这一系列战争开启了一个新的时代。[3]

---

[1] Hugo Grotius, *On the Law of War and Peace*, Book III, Batoche Books, 2001, p. 280.

[2] Hugo Grotius, *On the Law of War and Peace*, Book III, Batoche Books, 2001, p. 279.

[3] J. R. Hale, *War and Society in Renaissance Europe, 1450-1620*, Johns Hopkins University Press, 1986, pp. 13-15.

新的国家观自15世纪开始逐渐兴起，中世纪常见的强大贵族为了自身利益发动战争的做法几无立足之地。如第二章第二节所述，15世纪中叶，法国引领风潮率先成立常备军，其他西欧国家也纷纷效仿，骑士和雇佣军最终退出历史舞台，但即便如法国和西班牙那样设立了常备军，其规模与后来相比也微不足道。[1]此时最大的问题在于，截至1500年前后，军队作为永久的国家机构还不存在或者说几乎还不存在，而对战争的认识和战争本身的变化将很快改变这一局面。第一，现代早期最重要的一大进展就是实际上抛弃了正义战争概念，将战争视为国际政治的自然甚至可能是必然的组成部分，战争是因政治权力而不是意识形态而起的冲突，没有一方会将失败视为终极灾难，战争中具体的行为应由实际必要而不是抽象原则塑造，战争成为国际政治的常态。这一阶段"最显著的特点是愈发将战争视为世俗之现象，而非诸如瘟疫、牲畜传染病（murrain）、庄稼连续歉收之类的神的惩罚。战争本身也许是瘟疫，但它是人造的（瘟疫）。"[2]第二，如本章第一节所述，主权权力对于发动战争越发重要。15世纪中期开始，"任何类型的敌对行动都要求主权权力"开始具有原则地位，这"意味着战争合法性问题上观点的转变。关键问题不再是原因的正义，而是发动战争的权力。"[3]到16世纪，战争只能由具有主权权力的

---

[1] Gunner Lind, "Genesis of the Civilian in the Western World, 1500-2000", in Gunner Lind ed., *Civilians at War: From the Fifteenth Century to the Present*, Museum Tusculanum Press, 2014, p. 49.

[2] J. R. Hale, *War and Society in Renaissance Europe, 1450-1620*, Johns Hopkins University Press, 1986, pp. 38-39.

[3] M. H. Keen, *The Laws of War in the Late Middle Ages*, Routledge & Kegan Paul, 1965, p. 237.

个人或机构发动已为绝大部分欧洲国家所接受，战争虽然仍是非常个人的事项，"国王为了荣誉和利益去征战，动因并非国家利益——在这种语境下是个年代错误的表述"，"而是个人野心、仇恨，以及家族对王朝看似公正的占有"，[1]但不具有主权权力而发动战争（例如中世纪的私战）几乎已经不可想象。第三，进行战争愈发是一个既昂贵又专业的事情，枪械、火炮、新式战舰等新武器装备对于在战争中保持竞争力必不可少，但这些会耗费大量财力和人力，常备军迅速成为上选。对文艺复兴时期的国君而言，"他们最大的开销就是战争花费"，[2]因为"战争由小型的、昂贵的、专业的军队进行，军队小规模是费用使然。除非贸易继续给国家的国库送钱，否则战争就根本不可能。"[3]从16世纪至17世纪，欧洲国家军队的人数急剧上升，尽管缺乏全面和准确的数据，尽管这种增长并非线性，但估算在此期间军队人数增加了10倍至12倍，这种倍增"完全是史无前例的，而且标志着备战人员数量向前质的飞跃"，其结果是"到17世纪，一些中小型欧洲国家都维持了比以往任何时候人数都多的军队，而且不仅是战时，平时也是如此。"[4]具体说来，从16世纪初到1648年三十年战争结

---

[1] [美]尤金·赖斯、[美]安东尼·格拉夫顿：《现代欧洲史 卷一 早期现代欧洲的建立：1460—1559》，安妮、陈曦译，中信出版社2016年版，第199页。

[2] [美]尤金·赖斯、[美]安东尼·格拉夫顿：《现代欧洲史 卷一 早期现代欧洲的建立：1460—1559》，安妮、陈曦译，中信出版社2016年版，第172页。

[3] Michael Howard, "Constraints on Warfare", in Michael Howard, George J. Andreopoulos and Mark R. Shulman eds., *The Laws of War: Constraints on Warfare in the Western World*, Yale University Press, 1994, p. 3.

[4] Frank Tallett, *War and Society in Early Modern Europe, 1495-1715*, Routledge, 1997, pp. 8-9.

束,欧洲主要强国通常在战场上投入3万至6万人,包括部队和供给人员的现役军人总数多达15万人,征召、武装和供养这种规模的军队需要举国支持,一般会消耗统治者80%以上甚至更高的收入,这还不包括偿还之前战争积累的债务本息,[1]而三十年战争期间雇佣军和匆忙招募的新兵所带来的灾难凸显了雇佣军的危险性和常备军的必要性。[2]因此,"理性时代的哲学家和国王,找到了控制战争发生的方法,通过职业军人来减少劫掠和倒戈的发生"。[3]实际上,常备军的主要来源就是长期服役的雇佣军,"这个过程最早发生在西班牙,然后在尼德兰,继而随着三十年战争而遍布于德意志全境,最终于17世纪和18世纪之交传入英格兰。"[4]

在这种时代背景下,军队和平民的两分法逐步取代了中世纪的社会三分法,这个过程中最重要的标志就是出现了战争法

---

[1] [英]杰森·沙曼:《脆弱的征服:欧洲扩张与新世界秩序创建的真实故事》,黄浩译,重庆出版社2022年版,第50页。

[2] 三十年战争的经历确立了这样一种观点,即常备军可以使人们依靠自己的力量来防御糟糕的情况,虽然维持一支常备军有难度,尤其是成本高昂,但相比三十年战争期间雇佣军烧杀抢劫和匆忙招募的新兵经验不足所造成的灾难和破坏,维持常备军也就不再那么难了。率先提出此观点的是来自意大利的拉伊蒙多·蒙特库科利(Raimondo Montecuccoli, 1608年—1680年),三十年战争期间他为神圣罗马帝国皇帝效力,1639年被俘并被瑞典人关押在什切青,在此期间他写成了《战争条约》(Trattato della guerra)这部宏大著作,也因此被称为可考的最早的近代军事科学家之一。蒙特库科利早于《威斯特伐利亚和约》7年提出不能遣散所有士兵,而应保留"军团的架构"即可靠的指挥官和士兵作为核心人员以供在紧急情况下调遣,因为"一支常备军确保了国家的存在"。参见[德]约翰内斯·布克哈特:《战争的战争:欧洲的国家建构与和平追求》,马绎译,浙江人民出版社2020年版,第103—104页。

[3] [美]理查德·邓恩:《现代欧洲史 卷二 宗教战争的年代:1559—1715》,康睿超译,中信出版社2016年版,第131页。

[4] [德]汉斯·德尔布吕克:《战争艺术史:现代战争的黎明》,姜昊骞译,世界图书出版有限公司北京分公司2021年版,第207页。

第三章 近现代时期战争法的演变

中的基本概念"平民"（civilian）和"军队"（military）。军队一词相对较新，源自拉丁语的形容词"关于士兵的，或者关于在战斗中服务的"（*militaris*），而该词又是从名词"士兵"（*miles*/soldier）而来。16世纪早期，"military"在现代欧洲语言中已经作为形容词使用，但直到17世纪作为名词的"military"才出现，如德语中的"*military*"和法语中的"*militaire*"。平民的词源比军队一词久远，来自拉丁语名词"市民"（*civis*/citizen），也用作形容词"关于市民的"（*civilis*）。中世纪，"*civis*"一词常常指代住在城镇（*civitas*）的人，与居住在乡间的农民（*rusticus*）形成对照，该词既有关城镇生活或者市民身份，也用来作为"基督教会的"（ecclesiastical）或"牧师的"（clerical）对立物，例如世俗法（*juris civilis*）和教会法（*juris canonici*）这一对照。当中世纪使用"*civis*"或"*civilis*"作为"*militaris*"或"*miles*"的反义词时，并不是指现代意义上的军队和平民之间的两分法，而更多意味着城镇居民作为一个社会群体（例如牧师或农民）与武士阶层对立。也就是说，中世纪的用法中，诸如"*militaris*"和"*miles*"不是"*civis*"或"*civilis*"的反义词，后者并不意味着非军队或者非战斗员的身份。[1]1700年前后，欧洲国家才用"平民"和"军队"指代特定的人群，但"平民"仍未成为名词，而"军队"描述的是机构而不是人员，除非是用作形容词。作为一对新概念，"平民"和"军队"只用来描述和平时期一个社会内部的结构，提及战争特别是谈及敌人时，术语不是"军队"对

---

[1] Jeppe Büchert Netterstrøm, "Military and Civilian in Fifteenth- and Sixteenth-Century Denmark", in Gunner Lind ed., *Civilians at War: From the Fifteenth Century to the Present*, Museum Tusculanum Press, 2014, p.85.

"平民",而是"士兵"或"军队"对"人口"或"居民"。由于缺乏合适的术语,16世纪的维多利亚只好将现代意义上的平民描述成"生活方式完全远离使用武器的男性",而对包括格劳秀斯在内的17世纪学者而言,"无辜之人"这一术语仍然最为重要,包括妇女儿童和其他男性。18世纪后半叶至19世纪初,"平民"和"军队"开始指代具体的个人,"平民"在许多欧洲国家的语言中成为名词,例如,1799年在瑞典语中首次出现,1829年在英语中首次出现。不过,当时的国际法学家并不青睐"平民"和"军队"这种术语,甚至可能根本没有使用。例如,瓦特尔认为其所处的时代正值明确的转型期,"以前,每一个有能力携带武器的人在他的国家处于战争时就会变成战士,特别是被攻击时……现在,战争则由正规军队进行。"瓦特尔常用"军人职业"(soldiery)或"正规军队"(regular troops)来指代军队,但"平民"则被代之以各种词语,例如"人民、农民、市民"和"未武装的居民。"[1]

常备军进一步发展以及国家对暴力进一步垄断的决定性原因虽然来自安全政策方面,但以军队和平民两分法的出现和发展为前提和条件。反过来,军事强国和常备军的出现以及随后将社会明确分为军事部分和非军事部分大大促进了军队和平民两分法的产生和传播,常备军以及军队和平民的两分法成为通用规范延续至今。到17世纪,欧洲已经形成共识,"数量有限的、经过承认的国家有权对邻国进行战争并镇压自己疆域内的

---

[1] Gunner Lind, "Genesis of the Civilian in the Western World, 1500-2000", in Gunner Lind ed., *Civilians at War: From the Fifteenth Century to the Present*, Museum Tusculanum Press, 2014, pp. 60-64.

第三章　近现代时期战争法的演变

叛乱。进一步认为，这两项活动都将由常规、职业武装部队进行，成文或不成文的战争法都基于这个假定。保卫自己领土、反抗入侵者的平民的地位是反常的：在 19 世纪之前这并不经常发生。然而，完全清楚的是反抗本国正当主权权力的平民的地位：他们根本没有什么权利，如果他们输了，他们的活动就会通过刑法进行十分严厉的审判。"[1]一国国内出现军队和平民两分法意味着该国只有特定的一部分人能够从事战争行为，这为后来战争法中区分原则的确立提供了更为明确的逻辑前提，但常备军的出现当然不可能立即解决所有战争法中的问题。如前所述，尽管常备军在遵守纪律和战争法规惯例上一般好于雇佣军，但其他问题仍然存在，特别是由于 16 世纪、17 世纪军队规模迅速扩大，[2] 军需补给的问题随之而来。16 世纪开始，粮草成为军事理论家和军官最关心的问题，"后勤是打仗的第一要务"的说法广泛流传，[3] 而后勤保障未能跟上导致"军队掠夺和肆意剥削平民资源发生更加频繁"，又由于没有更有效的解决办法，"尽管反对无节制的抢劫（对封建制度而言十分重要），绝大部分现代早期学者都同意从无辜一方可以合法地拿走敌人能够使用的物品（例如该方的武器和船

---

[1]　Michael Howard, "Constraints on Warfare", in Michael Howard, George J. Andreopoulos and Mark R. Shulman eds., *The Laws of War: Constraints on Warfare in the Western World*, Yale University Press, 1994, p. 9.

[2]　例如，16 世纪早期，法国的战时军队数量达到将近 5 万人，到 1700 年已经上升到约 34 万人，另外还有 20 万人参加一些临时军事服务。英国人口虽然不及法国，但在 18 世纪早期也拥有大量军队：7 万人的陆军和 5 万人的海军。参见［美］乔纳森·德瓦尔德：《欧洲贵族 1400—1800》，姜德福译，商务印书馆 2008 年版，第 134—135 页。

[3]　［德］汉斯·德尔布吕克：《战争艺术史：现代战争的黎明》，姜昊骞译，世界图书出版有限公司北京分公司 2021 年版，第 277 页。

舶），还可以合法地摧毁任何能够给养敌军的资产（如庄稼和商品等）。"[1]尽管相比中世纪，对平民直接伤害最甚的焦土政策在文艺复兴时期的战争中很少被付诸实施，但以威胁放火的方式勒索食物和钱财十分常见，以至于在16世纪的德意志、荷兰等地出现了"火税"缴纳证明（fire tax/brandschatzung），即证明已经交了钱，因此可以免于被放火的专门文件。虽然此类文件整体上减轻了战争中士兵对平民的伤害，可由于士兵的行为不可预测以及军官对平民的态度不确定，平民绝非处于安全的境地。[2]保护平民远未成为当时所关切的事项，而且因政治和宗教原因，特别是天主教和新教彼此间的敌视，此时的战争反倒越发残酷，信奉某个教派的军队对另一个教派的敌人大开杀戒、不留活口常常发生，尤其是在从16世纪中叶到17世纪中叶这一时期。[3]"16世纪和17世纪的战争对市民社会的实质影响超过以往任何时期，一直到18世纪末和19世纪初

---

[1] Geoffrey Parker, "Early Modern Europe", in Michael Howard, George J. Andreopoulos and Mark R. Shulman eds., *The Laws of War: Constraints on Warfare in the Western World*, Yale University Press, 1994, pp. 45-47.

[2] J. R. Hale, *War and Society in Renaissance Europe, 1450-1620*, Johns Hopkins University Press, 1986, pp. 184-186.

[3] 例如，1570年代西班牙的天主教军队在信奉新教的荷兰进行了多次镇压反叛的大屠杀，1631年天主教军队将信奉新教的马格德堡（Magdeburg）屠城并放火烧毁，1649年信奉新教的"新模范军"（Protestant New Model Army）将信奉天主教的爱尔兰的德罗赫达（Drogheda）洗劫一空。其中，尤以马格德堡"受灾最惨烈，进而成为战争暴力之象征"，"数千名居民在胜利者烧杀劫掠的暴行下，在一场将这个城市化为灰烬的漫天大火中死去"，形成所谓"马格德堡化"一词。三十年战争期间，由于马格德堡的先例，许多城市出于恐惧而主动献上赎罪金以求对方放弃放火和屠城，人们以付出赖以生存的基础和养家糊口的机会换取留存性命。参见［德］约翰内斯·布克哈特：《战争的战争：欧洲的国家建构与和平追求》，马绎译，浙江人民出版社2020年版，第12—13页。

的法国大革命时期的战争和拿破仑战争才真正被超越。"[1]这是因为"17世纪的军队常常难以与强盗团伙区分开来,而且他们常常通过以掠夺为目的的突袭来维持运转,他们在行进道路上会毁坏一切……他们倾向于将突袭作为维持供给和创收的根本形式,他们将武器对准手无寸铁的普通民众",而"18世纪的战争由相对而言更有纪律的职业士兵来完成,这些士兵并不总是将枪口对准一般公众",劫掠在很大程度上消失了,但西欧军队走向了更为组织化、和平化的要求"纳贡"的实践。[2]进入18世纪,随着欧洲国家中央政府变得更加强大和更有组织,国家利益日渐超越每个统帅的利益,战争也失去了它的生意性质,战争的目的最终被确定为打败全部敌人,而不是使个人致富。劫掠行为不再被接受的原因仅仅是其可能削弱军队的战斗力,争抢战利品的军队显然易受攻击并陷于溃散。[3]

第二节 殖民地战争、法国大革命时期的战争和拿破仑战争

18世纪,战争和战争法都在继续发生改变。"西方的战争在18世纪达到了一个程式化的巅峰,这种情况是前无古人后无来者的,各个君主制国家的军队用基本相似的模式和类似的

---

[1] Frank Tallett, *War and Society in Early Modern Europe, 1495-1715*, Routledge, 1997, p. 232.

[2] [美] 詹姆斯·Q. 惠特曼:《战争之谕:胜利之法与现代战争形态的形成》,赖骏楠译,中国政法大学出版社2015年版,第55—56页。

[3] [美] 乔纳森·德瓦尔德:《欧洲贵族1400—1800》,姜德福译,商务印书馆2008年版,第162—164页。

规则来作战……结果就是当时的军队都是穿着鲜艳的制服且排着严整的方队，缓慢而固执地推进，毫无隐蔽的意图。士兵们被教育要对纷飞的子弹视若无睹，躲避被认为是懦夫行为。"[1]战争被进一步限定在少数主体手中，"根据18世纪的法学定义，战争是'适用于主权者的私法'。包括贵族在内的其他所有人，都没有权利用暴力来实现其权利。到了18世纪，这已经是确凿不移的规则，是战争文明的根基。"[2]正义战争学说的重要性减退，"18世纪的实践中似乎很少关注正义战争和战争的正当理由。国际法通常被视为外交官的一套惯例和皇家继承的规则"。[3]

18世纪后半叶还发生了两件对欧洲和整个世界意义重大的历史事件：一是1775年至1783年的美国独立战争，英国曾经的殖民地成为一个独立的国家，并迅速影响和主导了国际关系；二是1789年至1799年的法国大革命，自由、平等、人权等进步思想传播到整个欧洲。从战争法史的角度，前者可以加上较早之前发生的七年战争，后者可以加上随后发生的一系列拿破仑战争。自此以后，欧洲国家间战争发生的次数大大减少，常备军规模迅速扩大，民众参与程度普遍提高，非正规军参加战斗和游击战（guerrilla war）也变得普遍，程式化进行战争的方式受到了挑战。常备军规模庞大一方面意味着其成本和费用大大增加，另一方面也意味着直取敌人首都或攻占全境成为可

---

[1] [美]马克斯·布特：《隐形军队：游击战的历史》，赵国星、张金勇译，社会科学文献出版社2016年版，第70页。

[2] [美]詹姆斯·Q.惠特曼：《战争之谕：胜利之法与现代战争形态的形成》，赖骏楠译，中国政法大学出版社2015年版，第137页。

[3] William Ballis, *The Legal Position of War: Changes in its Practice and Theory from Plato to Vattel*, Martinus Nijhoff, 1937, p. 136.

能。民众的广泛参与使得战争从之前本质上是君主之间争权夺利的行为转变成人民的战争,爱国主义和民族主义的萌发和孕育意味着个人不再对某个君主、领主效忠,而是由于语言、文化、宗教、习俗以及社会关系等认为自己从属于某个国家,是这个共同体中的一分子。封建时期服从领主换取保护的做法已经没有基础,要求被占领领土上的居民改变效忠的对象,甚至要求其加入敌方军队服役,在实践中已经不可行。现代国家和战争互相促进对方的形成,战争造就国家,国家发动战争。[1]从战争法的角度来说,北美殖民地战争、美国独立战争和法国大革命推动了战斗员身份、战俘和军事占领等战争法规则和制度的形成和发展。

一、七年战争

七年战争(1754年—1763年)[2]源自此前的奥地利王位继承战争(1740年—1748年)。1740年10月20日神圣罗马帝国皇帝卡尔六世逝世,并无男性后嗣,奥地利大公的头衔和神圣罗马帝国的皇位继承立即成了问题,引发法国和西班牙、普鲁士等国结盟对抗奥地利和英国等国组成的另一阵营。1740年至1742年、1744年至1745年进行了两次西里西亚战争,1748年10月18日《亚琛和约》的签订结束了奥地利王位继

---

[1] Charles Tilly, *Coercion, Capital, and European States, A. D. 990-1990*, Basil Blackwell, 1990, pp. 67-95.

[2] 这场战争的主要冲突集中于1756年至1763年的欧洲和亚洲,但1754年就已在北美爆发,从1754年到1763年虽然有九年时间,但"九年战争"已被用来称呼另一场战争,即1688年至1697年的大同盟战争(也称奥格斯堡同盟战争,法王路易十四对抗荷兰、英国、神圣罗马帝国、西班牙等组成的大同盟),因此1754年至1763年的这场战争仍称为"七年战争"。

承战争，哈布斯堡君主国最富有的省份西里西亚被割让给普鲁士，作为交换，普鲁士承认卡尔六世的女儿玛利亚·特蕾西娅为奥地利大公、其夫婿弗兰茨·斯蒂芬为神圣罗马帝国皇帝，但这未能减轻奥地利对普鲁士的愤恨。《亚琛和约》也未能遏制英法两国在殖民地问题上的敌对和争夺，尽管有正式的停战协定，但双方大大小小的冲突连绵不绝。七年战争本质上是奥地利王位继承战争的继续，由于主要交战国的目标是富饶的西里西亚的归属，其也被称为"第三次西里西亚战争"[1]。但其与奥地利王位继承战争的不同之处在于两方面：一是七年战争是一场真正的全球性的战争，欧洲、美洲甚至非洲都是战场，丘吉尔称之为"第一次世界大战"；[2]二是出现了"外交革命"或曰"联盟颠倒"，即奥地利和英国不再是盟友，转而和之前的敌人法国结盟，普鲁士和法国不再是盟友，转而和之前的敌人英国结盟，尽管二者的盟友关系很快破裂。由于本研究关注重点为非正规军队和非常规战术，下文将只讨论发生于北美殖民地的七年战争。

自 1608 年起，法国在北美的殖民地（也称"新法兰西"）和英国在北美的殖民地就一直有冲突，1747 年英国的弗吉尼亚州和宾夕法尼亚州殖民地在俄亥俄河谷成立俄亥俄土地公司，鼓励英国商人穿过阿勒格尼山脉（Allegheny Mountains）建立贸易站点，法国人认为英国人此举进入了法国势力范围，因此沿俄亥俄河和密西西比河建立一系列据点遏制英国扩张，

---

[1] James C. Riley, *The Seven Years War and the Old Regime in France: The Economic and Financial Toll*, Princeton University Press, 1986, p. 74.

[2] Winston S. Churchill, *A History of the English-Speaking Peoples*, Volume 3: *The Age of Revolution*, Dodd, Mead & Company, Inc., 1957, pp. 148-162.

双方关系愈发紧张。[1]但英法殖民者和其他殖民国家的共同之处在于，为使殖民行为合法化，他们都有意识地采取与西班牙相反的法律立场，反对西班牙象征性的占领带来的无限权力，要求事实上占领才能取得或承认合法性，唯有如此，他们才能在西班牙主张占领而非实际控制的地区进行合法的移民，例如北美海岸。而且，自欧洲人"发现"美洲大陆后，他们几乎无一例外地将美洲印第安人描述为一个落后的种族，这些原住民无视美洲大陆丰富的自然资源，从未意识到自己的好运。某些印第安部落的习俗或者行为在惊骇欧洲人的同时，也使他们认定这些印第安人显然并非"文明人"，只是一种"不理性的生物"。因此，殖民者认为他们占领印第安人的土地、驱赶以及后来屠杀印第安人不仅正当，而且也是上帝的旨意，有益于"文明"。[2]

英国在北美的殖民地从大西洋沿海一路向西扩张，法国在北美的殖民地主要集中在圣劳伦斯河沿岸、五大湖区和密西西比河流域，相比英国人，法国人对赠送印第安人礼物的态度相对慷慨，对印第安文化和习俗包容性更高，而且最关键的是，大部分法国殖民地从事的是贸易而非农业，法国人也不会坚持让印第安人将大片土地割让给他们，因此新法兰西与印第安人冲突较少。英国则不然，18世纪前二三十年时间里，英国在北美的殖民地一直将印第安人视为完全的威胁。这就是为何当英法因北美殖民地问题于1754年至1763年发生冲突时，法国得以首先谋求印第安人的支持，这也是英国、

---

[1] Daniel Marston, *The Seven Years' War*, Osprey Publishing, 2001, p. 10.
[2] [英]劳伦斯·詹姆斯：《大英帝国的崛起与衰落》，张子悦、解永春译，中国友谊出版公司2018年版，第12—13页。

美国将这场战争另称为"法国-印第安战争"的原因。印第安人作为第三方参与了七年战争,"易洛魁联盟有段时间沦落为被(英法)两个大国争夺的第三种力量的角色"[1],1759年7月六大部族还与英军为盟攻打法军。七年战争结束后,法国失去了大量殖民地,英国大获成功获得了大量殖民地,印第安人则莫名其妙地被剥夺了本属于自己的大片土地。此后不久,英国在北美的殖民地开始武力反抗英国,法国将其视为报仇的良机,遂加入战争反对英国,而英国决定与印第安人结盟以增加势力。

英法殖民地边境地区的平民常常遭到两边非正规部队的突袭,法国人及其印第安盟友尤其善于给边境地区的平民制造和散播恐怖,特别是在七年战争初期,而类似的恐怖战术英国人使用起来也是得心应手。[2]英国人在对付法国-印第安联军时常吃败仗有诸多原因:由于本土正规军队数量不足,战争初期从本土派遣至北美的正规军很少,英国殖民者要对付完全不按欧洲方式作战的印第安人以及法国人,而这些殖民者"当时连最基本的战争知识都不知道",训练有素的军官很少,民兵还顽固地坚持没有在其所在的殖民地边界之外服役的法律义务。[3]为了扭转战局,英国使用了三种方法:一是效仿法军也利用印第安人,按照后来乔治·华盛顿的评论,这是因为"印第安人是唯一能与印第安人匹配的,没有他们,我们永远

---

〔1〕[德]沃尔夫冈·赖因哈德:《征服世界:一部欧洲扩张的全球史,1415—2015》(中),周新建、皇甫宜均、罗伟译,社会科学文献出版社2022年版,第735页。

〔2〕 Daniel Marston, *The Seven Years' War*, Osprey Publishing, 2001, p. 83.

〔3〕 Daniel Baugh, *The Global Seven Years War 1754-1763: Britain and France in a Great Power Contest*, Routledge, 2011, p. 76.

只能按照不平等的条款战斗"[1]。二是将英国殖民者组成非正规部队辅助英国军队,其中最臭名昭著的就是罗伯特·罗杰斯(Robert Rogers)的"游骑兵"(rangers),主要负责侦查、提供情报和进行突袭,而为了让"游骑兵"发挥更大作用,英国还将正规军队部分"非正规化",一方面采用了非常规战术,另一方面派遣英国军队训练"游骑兵"。三是在战争中不加节制、不留余地,力求歼灭对手。[2]1758年6月8日至7月26日的路易斯堡围城战就是典型例子,武装人员全部被作为战俘押回英国,8000多名男女老幼平民被驱逐回法国,其家园则被来自新英格兰的移民占据,"英国不再只将法国国王的军队视为敌人,至少在新法兰西,平民同样会成为英国军事行动的对象"[3]。1760年9月8日法军在蒙特利尔投降后,法国在北美的统治结束,英国在北美的主要敌人成为印第安人。英军征服印第安各部落的过程中,用尽各种办法对印第安人赶尽杀绝,不仅多次杀死印第安战俘,英军总司令阿默斯特甚至指示将感染过天花病毒的毯子交给印第安人,在敌人的全体居民之中散布致命病毒来消灭他们,而英军在总司令下令前就已经这么做了。但是,在作为当时世界政治中心的欧洲本土,18世纪的战争更节制、更受战争惯例和法规调整。

印第安人对战争的理解、交战方式和战争惯例等与欧洲人

---

[1] Robert B. Asprey, *War in the Shadows: The Guerrilla in History*, William Morrow & Company, Inc., 1994, p. 56.

[2] Sibylle Scheipers, *Unlawful Combatants: A Genealogy of the Irregular Fighter*, Oxford University Press, 2015, p. 36.

[3] [美]弗雷德·安德森:《七年战争:大英帝国在北美的命运,1754—1766》,冬初阳译,九州出版社2022年版,第232页。

差异巨大，欧洲人向来都居高临下地认为自己代表着"文明"，而印第安人代表着"野蛮"。实际上，印第安人不会不加区分地杀戮，战斗也不是为了歼灭敌人，而是为了掳掠俘虏和战利品，因为俘虏具有宝贵的象征意义，生俘敌人比杀死敌人更能证明自己的勇武。对于未改宗基督教的印第安部落来说，俘虏是阵亡亲属的替代者，无论是被收养还是被当作祭祀牺牲对象，都拥有巨大的文化价值；而对于改宗的印第安部落，俘虏则可变卖为奴或供人赎买。轻伤或未受伤的俘虏很可能会免于一死，如同妇孺几乎总是能免死一样，而对于重伤伤员，速死可使其免于继续受苦，杀死虽然不如生俘理想，但毕竟能给胜利者提供头皮作为战利品，也使其拥有英勇善战的证据。[1]虽然头皮通常是从死者身上取下的，但割头皮本身并不是为了杀人，除非伤势严重，被割者一般都能活下来，敌人的头皮也是名为"头皮舞"的热闹仪式上的重要道具。肢解敌人的尸体是平原地区印第安部族的普遍做法，因为印第安人相信这么做可以护佑杀人者来世不受死者灵魂的伤害。[2]印第安人相信所有这些都能够让他们获得精神力量，并且彰显身为武士的荣誉，然而杀俘虏、剥头皮、肢解尸体这样的事情在欧洲人看来，恰恰证实了他们对印第安人"野蛮"的认识。尽管英国军官一开始震惊于殖民地战争完全无视欧洲的战争法，特别是印第安人杀害战俘和平民之事，但很快就出于实用主义和报复之心而变得同样残酷。对包括英国人在内的欧洲人

---

〔1〕［美］弗雷德·安德森：《七年战争：大英帝国在北美的命运，1754—1766》，冬初阳译，九州出版社2022年版，第89页。

〔2〕［美］彼得·科曾斯：《大地之泣：印第安战争始末》，朱元庆译，北京大学出版社2021年版，第49—50页。

而言，殖民地的战争不遵守欧洲国家间通行的战争惯例和法规不仅具有充分的军事必要性，而且也因为对手"低等"和"野蛮"，智力上不能理解和适用欧洲人的规则。如果七年战争确实有所克制，那也是为了同为欧洲人的敌人，印第安人绝不可能享有此种待遇。但是，欧洲人并不是因为要对付印第安人才开始使用非常规手段进行战争的，恰恰相反，早在 1740 年代，法英等国的军官在欧洲大陆和苏格兰的军事行动中就有足够的机会观察和抗击游击战，时不时还有机会去进行游击战。法军 1743 年就见识过克罗地亚人、潘杜尔军团（Pandours）[1]和匈牙利轻骑兵（Hussars）这样的非正规军队及其凶残的手段，而 1745 年至 1746 年间，英军忙于在山地和林地以非常规战术对付苏格兰高地爆发的詹姆斯党叛乱（Jacobite Rebellions）。此外，当时的通俗读物和专业作品都描述了欧洲大陆和苏格兰的非常规战争。[2]因此，七年战争中的英法军官对非常规战术不能说不熟悉。

七年战争期间，北美基本上有两支英国军队，一支是正规军，另一支是非正规军即殖民地军队，前者由职业军人组成，后者通常只服役 9 个月到 1 年，二者不仅在兵源上有别，而且在指挥上完全分离。[3]殖民地军队和英国正规军队的矛盾十

---

[1] 该军团为轻步兵，由克罗地亚人组成，以极其残忍、四处劫掠著称，由弗兰茨·冯·德尔·崔恩克（Franz von der Trenck）男爵于 1741 年创建，因此又名"崔恩克的潘杜尔"（Trenck's Pandurs）。

[2] Peter E. Russell, "Redcoats in the Wilderness: British Officers and Irregular Warfare in Europe and America, 1740 to 1760", *The William and Mary Quarterly*, Vol. 35, No. 4, 1978, pp. 629-652.

[3] Daniel Baugh, *The Global Seven Years War 1754-1763: Britain and France in a Great Power Contest*, Routledge, 2011, pp. 206-207.

分普遍,在新英格兰体现得最为明显。[1]殖民地军队从来都不是永久性的机构,不仅每年会新任命军官,而且还需要征召新的士兵,因为法律规定不得强迫士兵服役超过12个月,征兵协议里可能还有其他限制性的明确规定。"连续性匮乏和服役期限短所产生的军事问题反映出殖民地军队的一个核心特征,即显著的自愿性。殖民地军事组织这方面让英国军官迷惑,也使其备受挫折,因为他们习惯于一支服役期限久而且可以任意使用肉体上的强制手段的军队(尽管技术上来说这支军队也是自愿性的)。"[2]英国还有歧视殖民地非正规军的官方政策,1754年11月12日发布的英国王室公告规定,所有殖民地军官都会被视为所有正规军军官的下级,"这道敕令将经验最丰富的殖民地军事领导人,哪怕上校和将军,都无一例外地降到比正规军刚刚入伍且脸上还长着粉刺的少尉都低的级别"[3]。一直到1758年,英国才大幅调整了这项政策。无论是英军还是法军军官,均对各自殖民地的民兵十分鄙夷和厌恶[4],但这种鄙夷和厌恶是相互的,由于正规军一开始不熟悉殖民地战争的实际情况,殖民地的非正规军认为不管自己的训

---

[1] Matthew C. Ward, *Breaking the Backcountry: Seven Years War in Virginia and Pennsylvania 1754-1765*, University of Pittsburgh Press, 2003, p. 90.

[2] Fred Anderson, *A People's Army: Massachusetts Soldiers and Society in the Seven Years' War*, The University of North Carolina Press, 1984, pp. 50-52.

[3] [美]弗雷德·安德森:《七年战争:大英帝国在北美的命运,1754—1766》,冬初阳译,九州出版社2022年版,第123页。

[4] 例如,英国军官将英国殖民地民兵描述为"一群你所能想象的最肮脏、最可鄙的胆小鬼。不要指望他们能够战斗。他们倒在自己的土地上,并且成群地溃逃",法国军官则认为法属加拿大民兵"躲在树后时十分勇猛。一旦没有掩护,他们就立刻表现得胆小如鼠。"参见[英]劳伦斯·詹姆斯:《大英帝国的崛起与衰落》,张子悦、解永春译,中国友谊出版公司2018年版,第101页。

练有多糟糕也比欧洲的正规军优越,同时代的北美人也多持此种看法并形成了"只有北美人才适合在荒野中战斗"这一神话,1755年7月9日莫农加希拉战役中英军大败于法国和印第安联军后尤其如此。[1]英国殖民地军队的士兵对英国正规军即"红衫军"(Redcoats)军官的冷酷和傲慢印象深刻,而殖民地军队的军官对正规军军官的傲慢尤为憎恶,殖民地军队对"红衫军"产生此等一般印象也是"七年战争最重要的遗产之一"[2]。

正规军对印第安人的负面评价更不必多言,但无论哪一方在现实中都不仅继续使用非正规军和印第安人,而且对其愈发依赖。18世纪,非常规战争和常规战争的概念都在缓慢发展,但这二者仅仅指代战术问题,非常规战争还不等同于非法战争。非法战争确实存在,但不一定是非常规战争,主要包括农民起义和欧洲外围或殖民地的战争这两类,前者的非法性基于阶级,后者则基于种族。谴责战争及敌人非法时,敌人使用的非常规战术或特别野蛮的作战方法的确有些作用,但非常规作战方式并不是敌人被认为非法的首要理由,相反,是因这些"农民"或者"未开化种族"的低等地位才导致他们使用了非常规的作战方式。到了18世纪中期,欧洲的统治者和战略家很快认识到非正规部队对于正规部队的重要辅助价值,尽管没有单独规定非正规部队的有关事宜,但已经将其视为欧洲国家军队结构中至关重要的一个方面。然而随着国家对武力的进一步垄断,正规军队及彼此间进行的常规战争成为正统和规范,

---

[1] [美]弗雷德·安德森:《七年战争:大英帝国在北美的命运,1754—1766》,冬初阳译,九州出版社2022年版,第90—91页。

[2] Fred Anderson, *A People's Army: Massachusetts Soldiers and Society in the Seven Years' War*, The University of North Carolina Press, 1984, pp. 111-112.

到了19世纪，正常规部队转而被视为对常规战争不可容忍的挑战。换言之，非正规部队和常规战争最初源自国家，而不是如其名字所暗示的源自非国家主体。[1]"18世纪中叶关于非常规战争、合法性和纪律的不确定性表明这是一个转型期：以前由于敌人的种族或民族而谴责其为'野蛮'的做法正逐渐为基于敌人使用的战术而将其谴责为非正规战士所补充。在这个转型期里两个类别经常重合而且是故意为之，美洲土著辅助军队即是如此。而且，'野蛮'作为非正规战士的主题词一直持续到20世纪关于非正规战士的讨论中，在殖民地战争中也十分重要。"当时的国际法论著也体现出对非常规战争认知的转型，例如，1758年瓦特尔在其颇具代表性的《万国法》中就将非常规战术等同于"野蛮"、非欧洲对手。[2]

二、美国独立战争

1775年至1783年爆发了美国独立战争，此时距离七年战争结束仅有十余年，但这场战争中的对手不像七年战争中那样是不同的国家，而是作为宗主国的英国和其北美殖民地。美国人主要以游击战的方式对抗英军，殖民地的民兵分散为小股的队伍，利用丘陵、树林、灌木丛、房屋、石墙和果园等作为掩护和阵地，尽量不摆出战斗阵型，也尽量避免和英军正面交战，配合作为抵抗运动象征的主力部队大陆军，逐步拖垮英军。持续不断的偷袭和伏击使英军难以维系军需供应，也给英

---

[1] Sibylle Scheipers, *Unlawful Combatants: A Genealogy of the Irregular Fighter*, Oxford University Press, 2015, pp. 33-34.

[2] Sibylle Scheipers, *Unlawful Combatants: A Genealogy of the Irregular Fighter*, Oxford University Press, 2015, p. 41.

军造成大量人员伤亡，1776年6月底，英军伤亡近3000人后被迫撤出新泽西州，其中大多数伤亡都由民兵造成。这些非正规军在北方战场起到了很大作用，而在南方战场起到的作用甚至更大，"如果不是被游击队纠缠，英军可能早就集中全力打垮大陆军了"[1]。

为了镇压革命和独立，英国的战争手段相当强硬，除了投入3万名黑森雇佣军作战，战争伊始，英国就威胁要解放和武装殖民地特别是南方的黑人奴隶。1775年4月列克星敦和康科德爆发首次战斗后，弗吉尼亚总督邓莫尔伯爵就立即开始考虑建立一支由"印第安人、黑人和其他人"组成的部队，他将闻风前来投靠的奴隶收编入伍并派遣单桅帆船从种植园带走奴隶[2]，经过七个月的思考，11月7日，邓莫尔公开、正式宣布所有黑人、契约仆人等只要加入英军便可获得自由，而此前自由"这个词，从来没有哪个有点儿权威或者担任任何职务的美国人敢印在纸上"。这极大地激怒了美国人，邓莫尔伯爵被咒骂为"人类的头号叛徒"，而随着黑人奴隶不断逃跑并加入英军，黑人和英军联合起来的危险与日俱增，华盛顿对此说道，"如果在（明年）春天到来前不制住那个人……那他就会成为美国有史以来最难对付的敌人"[3]。尽管"邓莫尔伯

---

[1] [美]马克斯·布特：《隐形军队：游击战的历史》，赵国星、张金勇译，社会科学文献出版社2016年版，第81—82、92页。

[2] Marie-Jeanne Rossignol, "A 'Black Declaration of Independence'? War, Republic, and Race in the United States of America, 1775-1787", in Pierre Serna et al. eds., *Republics at War, 1776-1840: Revolutions, Conflicts, and Geopolitics in Europe and the Atlantic World*, Palgrave Macmillan, 2013, p. 113.

[3] [英]西蒙·沙玛：《风雨横渡：英国、奴隶和美国革命》，李鹏程译，南京大学出版社2020年版，第85—92页。

爵的公告并非表明英国已经决定在其北美殖民地或其他地方要解放奴隶……顶多说明英军只是想通过没收他们财产的方式对殖民地居民主张帝国权力",但其引发了英属北美殖民地的第一次群体解放,邓莫尔将逃跑至英军处的奴隶用作士兵、领航员和水手而非仅仅作为劳工,也向那些还在犹豫的奴隶发出了积极的信号,并使得将奴隶作为士兵和劳工这一做法"直到战争结束还是英国战略的一个核心原则"。[1]此外,英军还继续招募印第安人,试图将战争的残酷性转移到印第安人身上。1779年至1781年间,成百上千的黑人和英军一起对抗大陆军或美法联军,而在1779年至1780年的冬天,单独的黑人分队发挥了重要作用,一方面为英军和保皇党民兵提供燃料和牲畜,另一方面拒绝为美军提供补给,这些战斗通常以非正规军进行游击战的方式进行。[2]出于战略和道德的双重考虑,殖民地本来严格禁止南方各州奴隶加入大陆军的政策开始松动,在华盛顿等人的推动下,1779年3月大陆会议批准在佐治亚州和南卡罗来纳州招募黑人入伍并承诺对奴隶主进行赔偿,而服役完毕的黑人将在战后获得自由和酬劳[3],黑人开始出现在大陆军中。

关于印第安人,托马斯·杰斐逊作为北美殖民地"了解欧洲战争法最多的一批人"之一,在《独立宣言》中写道,

---

[1] Marie-Jeanne Rossignol, "A 'Black Declaration of Independence'? War, Republic, and Race in the United States of America, 1775-1787", in Pierre Serna et al. eds. , *Republics at War*, 1776-1840: *Revolutions, Conflicts, and Geopolitics in Europe and the Atlantic World*, Palgrave Macmillan, 2013, pp. 112-114.

[2] [英]西蒙·沙玛:《风雨横渡:英国、奴隶和美国革命》,李鹏程译,南京大学出版社2020年版,第134页。

[3] [英]西蒙·沙玛:《风雨横渡:英国、奴隶和美国革命》,李鹏程译,南京大学出版社2020年版,第119—121页。

"这些未开化的印第安人"的作战规则就是"不分男女老少，一律格杀勿论"，即便如此，杰斐逊还是支持在战斗中使用印第安人，尽管"最终的结局应该是消灭他们"。"在美国建国之父中，没有人像托马斯·杰斐逊那样，对美国人的文明战争观念产生如此久远的影响"，而另一位美国国父、原大陆军总司令华盛顿则希望通过使用印第安人"震慑英国和外国雇佣军，特别是新来者"。[1]和七年战争中交战双方都使用印第安人作战一样，美国独立战争期间的交战双方同样如此，而且对印第安人的态度十分矛盾，一方面声称印第安人极为残忍，战争中没有规则可言，愚昧无知不"文明"，但另一方面又都因军事利益而使用这种为他们所轻蔑、所厌恶并发誓要消灭干净的人种作战。可见，北美独立战争是一场混合了革命、国内战争和欧洲旧制度风格的战争，而且也是第一场去殖民主义战争。"它以其两面性区别于此后的战争，即它不只是反对殖民主义，而且以强硬的种族态度反对其印第安盟友。在切罗基人于1776年，易洛魁人于1778年参与英国方面的进攻后，前者于1777年丧失其大部分土地，后者于1779年被逐步消灭。"[2]

对美国人而言，最大的问题在于其交战地位不被英国承认。英王乔治三世最初以反抗合法权威为由将所有美国军队宣布为叛国者，而叛国意味着可以处死，不过自从英国采取与美国人谈判的方式解决问题后，就特意避免将处死美国战俘作为官方政策系统执行。但是，英国迟迟没有正式制定关于美国战俘的

---

[1] [美]约翰·法比安·维特：《林肯守则：美国战争法史》，胡晓进、李丹译，中国政法大学出版社2015年版，第17—25页。
[2] [德]沃尔夫冈·赖因哈德：《征服世界：一部欧洲扩张的全球史，1415—2015》（中），周新建、皇甫宜均、罗伟译，社会科学文献出版社2022年版，第783—784页。

官方政策，也从没有与美国签订正式的关于战俘的协定，所以双方虽然经常交换和假释战俘，但通常是战地军事指挥官的零散、自发行为，这就导致被俘获的美国士兵的待遇常常因人而异，有时会被视为准常规俘虏，有时则被视为国内混乱的煽动者。美国则强烈反对英国将美国战俘关押于监狱、地牢和战俘船，认为这样没有将其与普通罪犯区别开来。直至战争即将结束的1782年3月，英国议会才通过立法宣称将"依据战争法则和惯例以及国际法"来对待余下的美国战俘，这是英国承认美国独立的一个重要标志。[1]由于没有正式的战俘交换协定，美国在几乎整个美国独立战争期间都扣留了数量很大的英国战俘，典型的例子就是1777年10月17日萨拉托加（Saratoga）战役后，五千余名英军投降，为了处理战俘交换或释放事宜，英国试图达成《萨拉托加协定》，但美国议会要求谈判的英国代表首先承认美国独立，这当然没有发生，于是这个协定也从未签订，因此这五千余人一直到1783年战争结束时都还在美国的监禁之下。美国独立战争接近尾声时，英国的官方文件已经不再使用"反叛者"一词称呼美国人，而是将其简单地称为"敌人"。[2]尽管美国军队法律地位不确定，针对美国士兵的暴行却很少，这也再次说明当时战争惯例法规的适用主要以种族为标准，即只在白人之间适用，因为白人代表着"文明"。

战俘问题也引起美国及其盟友法国之间的龃龉。1781年10月19日，英军在法美联军的包围下投降，交出约克镇，南

---

[1] [美]约翰·法比安·维特：《林肯守则：美国战争法史》，胡晓进、李丹译，中国政法大学出版社2015年版，第33页。

[2] Sibylle Scheipers, *Unlawful Combatants*: *A Genealogy of the Irregular Fighter*, Oxford University Press, 2015, pp. 46-47.

第三章 近现代时期战争法的演变

部战争宣告结束。失去一支三千余人的军队、坚守南方殖民地也成为泡影令英国人极度震惊，为了最后的颜面，英国人不愿向美国人投降，宁可投降法国人，而法国人本能地同情英国人，希望维持"欧洲国家的战时惯例"，这成了法美联军之间不和的起源。而且，有些法国士兵第一次见识到美国士兵"毫无怜悯、嗜血无餍"的行为，大感震惊。在法国人看来，美国人虐待英国战俘更是有罪，但在美国人看来，法国人和战败的英国人称兄道弟、惺惺相惜，更是难以接受，使得美国人愤愤不平。[1]1782年到1783年，英美代表就奴隶和战俘问题进行了多次接触。关于奴隶问题，英国已经允诺自由的黑人随英国人从纽约撤离，无权获得自由的黑人将归还给其主人，英美争议不太大。然而，关于战俘问题双方迟迟未能达成一致，美国关押了六千余名英国战俘，而英国只有大约五百名美国战俘，数字相差悬殊，美国具有明显的谈判优势。美国国会为美国战俘被英国人关押在战俘船、遭受了骇人待遇而感到愤怒，坚持英国在交换战俘前先向美国支付看管英国战俘的费用，并威胁说如果不及时解决就减少英国战俘的口粮，后来也的确如此行事。英国谈判代表请求美国至少先释放军医和随军牧师，但被美国方面拒绝，1782年9月的谈判不欢而散，英方申请给英军俘虏送一些最基本的食物和衣物也遭到美方拒绝。

不仅如此，美国国会在战俘问题上的强硬态度还引发了著名的"阿斯吉尔事件"。纽约和新泽西州的爱国者和保皇党非正规军积怨已久，黑人保皇党和白人保皇党都对爱国者游击队上尉约书亚·哈迪痛恨不已，当联合保皇党抓住哈迪后并没有

---

[1] [英]罗伯特·图姆斯、[法]伊莎贝尔·图姆斯：《甜蜜的世仇：英国和法国，300年的爱恨情仇》，冯奕达译，中信出版社2022年版，第246—247页。

用他换取英国战俘，而是将他绞死泄愤。华盛顿得知哈迪死讯后大发雷霆，要求英军在北美的总司令将杀死哈迪的保皇党人利平科特交给美国法庭处置，但被后者婉拒，说此事仍在调查，利平科特或许会在英国军事法庭受审。英国谈判代表向华盛顿求和，但华盛顿强烈暗示英国人制造了最骇人的野蛮行径，声称这场"无人性的战争"已经被"非人的残暴行为"搞得面目全非，并宣布如果事件无法得到圆满解决，他将只能通过抽签方式选取一名英国战俘代替利平科特为哈迪偿命，这个签落到了19岁的男爵爵位继承人、第一近卫军上尉查尔斯·阿斯吉尔（Charles Asgill）头上。虽然投降条款中明确禁止将任何战俘作为人质，但根据华盛顿的命令，阿斯吉尔还是被转移到新泽西州并被严格监禁起来，且被告知英国如果不改变立场他会遭到何种下场。英国谈判代表向华盛顿保证英国军事法庭会加紧审判利平科特，主要是因为利平科特作为非正规军士兵在军事法庭受审的合法性需要裁定，但最后判决无罪，理由是利平科特只是奉命行事，下命令的人是联合保皇党的其他成员。阿斯吉尔难逃一死，其母遂向英国谈判代表求助，英国谈判代表深知法国上流社会对多愁善感的时兴潮流趋之若鹜，而阿斯吉尔的经历具有伤感浪漫故事的全部元素，便指点阿斯吉尔之母致信法国外交部长，法国国王和王后、知识阶层也随即得知了此事，并对阿斯吉尔的处境深表同情。凡尔赛向费城和纽约发去抗议，而华盛顿也开始缓和其一贯强硬的立场，告诉阿斯吉尔其命运将交由美国国会决定。经过三天激烈争论，国会大多数人依然倾向于绞刑，但第三天时，华盛顿赞成宽大处理的信和法国国王与王后的求情信都在国会得以宣读，其中起到关键作用的是华盛顿的请求，最终国会一致决定阿斯吉尔的性命可以保住，以此"向法国国王致敬"，随后将其释放。[1]

美国独立战争期间，英国还曾发布若干条战争法规则，例如，占领军有权以掠夺和破坏为手段确保所涉土地上的居民提供补给和进贡，当在本国的敌人不现身以拖延战争时可以破坏该国迫使其现身等。其中更值得关注的是，英国宣布如果居民构成战争的主要一方就会使其本身成为敌对行动的主要目标，并因此承担战争带来的相应后果。这个规定暗含的前提是居民一般不会成为战争目标、不会被攻击，但如果本身积极参与战争则另当别论。以现代的术语来看，这实际上就是平民如果直接参加敌对行动（direct participation in hostilities），便在此期间失去战争法给予的免受直接攻击之一般保护。为了对付具有主场优势的美国，英国与印第安人结盟，大量印第安人协同英军对美军作战，但印第安人的人数超过了英军的人数，使得英国辉格党政治家查塔姆伯爵（Lord Chatham）[2]强烈抗议这种做法。公法学家和政治家也跟着谴责，因为在他们看来印第安人属于"文明程度较低"的民族，其生活方式、作战方式根本不可能遵循"文明程度更高"的战争法规则，使用这样的民族进行战争不合法。[3]

此外，战俘在17世纪已经不再被视为在单独的捕获者权力之下，而是在俘获其军队的君主的权力之下，用战俘交换协

---

[1]〔英〕西蒙·沙玛：《风雨横渡：英国、奴隶和美国革命》，李鹏程译，南京大学出版社2020年版，第161—165页。

[2] 即威廉·皮特（William Pitt，1708年—1778年），第一代查塔姆伯爵，曾任国务大臣，后任英国首相。

[3] Percy Bordwell, *The Law of War between Belligerents: A History and Commentary*, Callaghan & Co., 1908, pp. 50-51.

议来交换战俘、索取固定金额的赎金成为常态,与此同时还出现了大量国家间的双边协定,规定照顾彼此的伤员以及禁止抓捕军医,但还没有出现给予伤员或战俘恰当待遇的一般法律规定。18世纪出现了一个非常显著的变化,战俘逐渐不再被视为和普通罪犯属于同一类别,而且囚禁战俘的目的仅仅是阻止其返回军队继续参加战斗。[1]用战俘换赎金的做法也在此时消亡,1780年英法之间的战俘交换协定是最后一个规定军官和士兵赎金金额的例子,以后的战争中再也没有此种实践。[2] 1785年,独立后的美国与普鲁士签订的《通商友好条约》是第一个规定战俘待遇的国际法律文件,其第24条详细规定了应该给予战俘的种种正当待遇,强调战俘不应被关押于监狱,而应被关押于军营(区别于罪犯);不应戴镣铐或被束缚;所处场所不应拥挤、有害健康,而应足够开阔,以便空气流通和进行锻炼;战俘的居住和饮食条件均应与关押国本国军队同级人员一样。[3]

三、法国大革命时期的战争

法国大革命(1789年—1799年)不仅是近代史上最具影响力的事件之一,而且对国际法的影响广泛而深远,如对人权理念的推动和传播,人民主权原则和不干涉原则的宣示,关于

---

[1] Meyer Michael and McCoubrey Hilaire eds., *Reflections on Law and Armed Conflicts: The Selected Works on the Laws of War by the Late Professor Colonel G. I. A. D. Draper, OBE*, Brill, 1998, pp. 54-55.

[2] Percy Bordwell, *The Law of War between Belligerents: A History and Commentary*, Callaghan & Co., 1908, p. 46.

[3] 朱路:《论国际法中战俘制度的发展及其当代挑战》,载《法学评论》2014年第2期。

公投、引渡和庇护的实践等。随后的拿破仑战争（1803年—1815年）进一步扩大了法国大革命新思想的传播和适用。法国大革命和拿破仑战争期间除了将革命理想几乎带到了世界的每一个角落，持续不断的战争也重写了战争的规则，有限伤亡的目标让位于追求歼灭的全面战争，如同1931年的《红十字国际评论》所悲叹的那样，"18世纪的有限战争形态，是被法国大革命摧毁的旧文明最后的、最美丽的造物"[1]。

法国大革命十年当中有四分之三的时间都在战争中，这些军事活动大致可以分为三类，一是法国对抗君主专制和封建主义的反法联盟，二是法国对外扩张，三是法国政府打击地方叛乱。拿破仑战争则主要是法国对外国的一系列征服。法国大革命和拿破仑战争对战争法的主要影响在于观念的更新或确立，特别是对战斗员、平民和战俘以及征服和占领等概念或制度的更新或确立。1762年，即法国大革命爆发近三十年前，卢梭在《社会契约论》中提出对战争本质的思考，认为"战争绝不是人与人的一种关系，而是国与国的一种关系；在战争之中，个人与个人绝不是以人的资格，甚至于也不是以公民的资格，而只是以兵士的资格，才偶然成为仇敌的；他们绝不是作为国家的成员，而只是作为国家的保卫者"[2]。在卢梭看来，是公民与国家之间的联系、是爱国主义使得公民为国家而战，这既是一种权利，也是一种义务，而为国参战仅限于士兵。显然，这个论断是以本章第一节所论及的近代早期欧洲出现的社会两分法为基础的，但截至卢梭所生活的年代，即便是欧洲也

---

[1] [美]詹姆斯·Q. 惠特曼：《战争之谕：胜利之法与现代战争形态的形成》，赖骏楠译，中国政法大学出版社2015年版，第12页。
[2] [法]卢梭：《社会契约论》，何兆武译，商务印书馆1980年版，第18页。

未能出现士兵和公民截然分开的社会。更何况，国家陷入危难之时普通民众采取行动保卫国家、成为"爱国者"（patriot）是爱国主义应有之义，保家卫国也是爱国主义的目的和宗旨，如果民众没有如此行事才是反常。概言之，卢梭将战争仅限于士兵并对其进行相应保护无疑正确，但将社会截然分为士兵和公民不仅有些脱离实际，而且在理论上也稍显武断，不过无论如何，卢梭的观点在法国大革命期间有了得到检验的机会。

出于同旧制度决裂以及鼓励大众普遍参与政治的强烈愿望，法国大革命的领导者最初竭力改变传统的武装部队结构。法国原有的军官阶层大部分都是贵族，17世纪伊始，军队中上尉和上校的头衔可以通过买卖获得并成为买主的财产，到了18世纪，这些头衔还可以被转卖或者被继承。[1]随着越来越多的非贵族军官成为或继承高级军官职位，出身贵族的下级军官因自己的上升之路受阻而愈发不满，最终催生了1781年的《塞居尔法》（Ségur Ordinance），该法规定只有拥有四代及以上贵族身份的人才能成为军官。[2]大革命发生后，贵族的身份、头衔和徽章均于1790年5月被废除，贵族进行了几轮大规模的逃亡，旧军官或是主动弃职逃亡，或是被革命领导者免职，或是被强迫宣誓效忠宪法，截至1791年末，约有3/4的旧军官弃职[3]，"只有3名将军——屈斯蒂纳（Custine）、博

---

〔1〕［美］伊塞·沃洛克、［美］格雷戈里·布朗：《现代欧洲史 卷三 18世纪的欧洲：传统与进步，1715—1789》，陈蕾译，中信出版社2016年版，第95页。

〔2〕［英］T. C. W. 布兰宁：《法国大革命：阶级战争抑或文化冲突》（第2版），梁赤民、刘昊译，北京大学出版社2020年版，第27页。

〔3〕［美］谭旋：《暴力与反暴力：法国大革命中的恐怖政治》，黄丹璐译，山西人民出版社2019年版，第105页。

阿尔内（Beauharnais）和比龙（Biron）——留了下来，而且都上了断头台"[1]。法国军队因此陷入士气低迷和混乱的状态。同时，国民公会决定在原有的军队之外新组建一支军队，遂在1791年招募10万名志愿军。[2]军官开始从平民中选拔[3]，到了1793年，70%的军官都是平民出身[4]，而士兵则认为自己是出于保卫自由、保卫国家等崇高目的而参军的公民，敌人则是被君主奴役的奴隶，是被迫而且是为了钱财而参战，动机不纯。乍看之下，士兵出于爱国热情以及公民与国家的关系参战印证了卢梭的理论，但战争是一个尤其需要经验和训练的专业领域，主要由毫无作战经验的士兵和军官组成的革命军队在对手们看来只不过是一群乌合之众、一支只会花拳绣腿的"律师队伍"[5]，仅有激昂的爱国情怀和甘于奉献的精

---

[1] [德]汉斯·德尔布吕克：《战争艺术史：现代战争的黎明》，姜昊骞译，世界图书出版有限公司北京分公司2021年版，第375页。

[2] 最终只招募到3.3万人，1792年冬季又招募了一批。原有的皇家军队因身着白色制服被称为白衣军团，新建的志愿军因身着蓝色制服被称为蓝衣军团，二者在训练、纪律、薪俸等方面都有区别。参见[英]伊恩·戴维森：《法国大革命：从启蒙到暴政》，鄢宏福、王瑶译，天地出版社2019年版，第96页；[法]米歇尔·伏维尔：《法国大革命：1789—1799》，张香筠译，商务印书馆2020年版，第124页。

[3] 大革命时期挑选出来的军官大多数来自平民阶层或贵族阶层的最低级别，获得军事指挥权对他们而言曾是最遥不可及的梦想，其中最著名的就是后来成为法兰西帝国皇帝的拿破仑，跟随拿破仑征战整个欧洲的许多元帅和杰出将领也都是新军官制度的直接受益者，他们在旧制度下几无可能崭露头角。See R. R. Palmer, *Twelve Who Ruled: The Year of the Terror in the French Revolution*, Princeton University Press, 2005, pp. 96-97.

[4] [澳]彼得·麦克菲：《自由与毁灭：法国大革命，1789—1799》，杨磊译，中信出版社2019年版，第424页。

[5] T. C. W. Blanning, *The French Revolutionary Wars*, 1787-1802, Arnold, 1996, p. 64.

神无法保证这样的军队一直经得起战场的检验。[1]经历过最初的混乱和失败后[2],法军在1794年节节获胜,"但伴随成功而来的是军队的革命性不那么强了。选拔军官依据的是其职

---

〔1〕 大革命前期,法军以士气和人数来弥补新兵训练不足的缺点,最具代表性的例子就是1792年的瓦尔密战役(Battle of Valmy)。1792年4月20日,法国革命政府向"波西米亚及匈牙利国王"即奥地利宣战,普鲁士等国随后加入反法的队伍。法军一路溃败,普奥联军总司令布伦瑞克公爵卡尔·威廉·斐迪南于1792年7月25日向巴黎人民发布公告(该公告因此得名《布伦瑞克宣言》),扬言如果路易十六的人身安全得不到保障,"联军将予以最严厉的、空前绝后的报复",将"彻底摧毁"法国,结果反倒加剧了巴黎的革命热情。7月30日,普奥联军攻入法国,长驱直入;9月2日,联军开过凡尔登,直逼革命大本营巴黎;到9月中旬,巴黎似乎行将被普奥联军拿下。然而,9月20日,法军在瓦尔密战役击败了普奥联军。瓦尔密战役规模不大,只是一场炮战,但作为大革命期间法军取得的首次胜利,而且战胜的还是普鲁士这支被誉为欧洲最勇猛、作战效率最高的军队,在当时对于革命政府来说具有极其重大的象征意义。从更宏大的视角看,法军在瓦尔密战役的胜利在战略上确保了法国大革命的成果,也因此是世界历史上最具决定意义的战役之一。但是,瓦尔密战役中的法军是临时拼凑的队伍,大部分都是国民公会临时征召的志愿军新兵,还有一些是自发组织的"爱国者"。他们虽然缺乏训练,但在战斗中坚定顽强,异常勇猛,常常高呼"祖国万岁、法兰西万岁"的战斗口号鼓舞士气。法军取得瓦尔密大捷后第二天,即9月22日,法兰西第一共和国成立。10月初,普奥联军被赶出法国。自此以后,法军一改守势,开始对外扩张。

〔2〕 1792年4月法国宣战后,军队最初的惨淡表现令大革命领导者震惊,战前自认为能速战速决、必胜无疑成为泡影。9月瓦尔密大捷后,法军10月攻下了沃尔姆斯、美因茨和法兰克福,11月攻下了比利时,但从1793年春季到冬季,法军在外屡战屡败。1793年3月,法军联合美因茨的革命党人成立"美因茨共和国"并计划与法国合并,普奥联军遂围攻美因茨,准备恢复那里的封建秩序。7月,法军投降。值得一提的是,歌德作为普奥联军的一员参加了这场战争,后于1822年出版了日记体叙述文学作品《围攻美因茨》(Belagerung von Mainz)一书。1793年3月18日,法军在内尔温登战役(Battle of Neerwinden)中遭遇惨败,数日之后又在阿尔登霍芬(Aldenhoven)战役中战败,后来失去了比利时和莱茵兰地区。法军这些突如其来的溃败引发了战略性的灾难,给大革命造成了心理、文化和意识形态上的更大挫折。到1793年夏,敌军在东北、东南和西南入侵了法国本土,而旺代叛乱牵制了共和国军队的主力,军事危机、社会危机和政治危机同时交织在一起,革命面临着最大的威胁。

业能力而不是政治，在此过程中军队与市民社会也越来越疏离"[1]。法军恢复了许多原有的做法和惯例，被免职的贵族军官也多恢复原职，但军官这一职业开始向中产阶级开放，提拔依靠的是技能和表现。1794年7月"热月革命"爆发之前，"法军不仅在规模上超过了敌人，而且已经逐渐习惯了战争节奏。年轻的士兵已经在经历了战争后变成了真正强大的士兵"[2]。"到1794年底，战斗经历已经消除了职业军队和国民军队的区别，而代之以经历过战火的部队和没有经历过的政治家之间的区别。"[3]

爱国主义是革命军队兵源保障的不二法门，"在宣布抽象和平的同时，激励人们时刻准备战争"。[4]1792年7月11日，议会公开宣布"祖国在危难中"（la partie en danger），整个夏天大批青年男子涌向征兵点，即便是时人也十分惊奇地感叹"这种压倒性的爱国热情前无古人……在征兵点依次登记的所有年轻男性无一不表现出非凡的狂热"[5]，这使得法国能够拥有庞大的兵力，到1793年底法军接近80万人，"是以前任何时期军队人数的两倍之多"[6]。至于如何控制数量激增的

---

[1] Alan Forrest, "Military Trauma", in David Andress ed., *The Oxford Handbook of the French Revolution*, Oxford University Press, 2015, p. 395.

[2] [英]威廉·奥康纳·莫里斯：《法国大革命与法兰西第一帝国》，高苗译，华文出版社2019年版，第154页。

[3] Gunther Rothenberg, "The Age of Napoleon", in Michael Howard, George J. Andreopoulos and Mark R. Shulman eds., *The Laws of War: Constraints on Warfare in the Western World*, Yale University Press, 1994, p. 89.

[4] [法]米歇尔·维诺克：《自由的声音：大革命后的法国知识分子》，吕一民、沈衡、顾杭译，文汇出版社2019年版，第514页。

[5] [美]谭旋：《暴力与反暴力：法国大革命中的恐怖政治》，黄丹璐译，山西人民出版社2019年版，第182—183页。

[6] [英]大卫·安德烈斯：《法国大革命：农民的抗争与被忽略的历史》，李天宇译，北京燕山出版社2022年版，第175页。

军队并使其发挥战斗力,大革命的领导者强调的是纪律,国民公会派遣议员深入每支正在战场上的队伍,"他们逮捕叛徒,设立革命法庭,分发公告、演说、宣言、讲义,甚至报纸",为的是"监督士兵和军官遵守共和国纪律"[1],大革命的领导者也因此发现"保障国家对武装起来的人民具有权力的唯一方法就是施加纪律。正是纪律的无比重要性指引新兴的征兵制军队沿着职业化道路迅速发展并再次强调(至少在战场上的)等级关系和服从。纪律也成为正规和非正规军队的主要标志性区分"[2]。其结果是,从大革命期间的战争伊始,法军就比以前纪律严明,也更易于机动、从一种阵型切换到另一种阵型,士兵也更有凝聚力、更主动。[3]

革命政府后来的做法则与卢梭的理论截然相反。1793年1月21日法国国王路易十六被处决[4],不仅拉开了大革命时期"恐怖统治"的序幕,还引起了欧洲封建君主的普遍恐慌,第一次反法同盟形成。同年2月至3月,反法同盟大规模组建

---

〔1〕 [美]林恩·亨特:《法国大革命中的政治、文化和阶级》,汪珍珠译,北京大学出版社2020年版,第73页。

〔2〕 Sibylle Scheipers, *Unlawful Combatants*: *A Genealogy of the Irregular Fighter*, Oxford University Press, 2015, pp. 52-53.

〔3〕 Annie Crépin, "The Army of the Republic: New Warfare and a New Army", in Pierre Serna et al. eds., *Republics at War*, 1776-1840: *Revolutions, Conflicts, and Geopolitics in Europe and the Atlantic World*, Palgrave Macmillan, 2013, pp. 137-138.

〔4〕 1791年6月20日,路易十六携王后和家人出逃,21日在边境小镇瓦雷纳(Varennes-en-Argonne)被发现并被强行遣返巴黎,史称"瓦雷纳出逃"或"瓦雷纳事件"。此事引起法国人民的普遍愤慨和不信任,君主制的命运已经明了,国王和王后自此彻底沦为囚犯。1792年11月,国民公会的代表就如何审判路易十六展开辩论,后来宣布路易十六犯有"反人类罪",因此不应通过寻常的法律程序处理。代表们从何习得"反人类罪"一词尚难断定。路易十六后来被控犯有叛国罪并被送上断头台。参见[美]谭旋:《暴力与反暴力:法国大革命中的恐怖政治》,黄丹璐译,山西人民出版社2019年版,第240—241页。

军队，一部从阿尔卑斯山脉和比利牛斯山脉直逼法国中心，另一部向法国东部和北部边境挺进。法国的形势岌岌可危，为了应对外部威胁，法兰西第一共和国开始大规模征兵，国民公会宣布"部队由全体人民组成……全体法国人都是士兵"，1793年3月宣布征兵30万人，所有年龄在18岁至40岁的未婚或丧偶且无子女的男性都在征兵范围内〔1〕，随后革命领导者将原有军队和新创立的志愿军进行整合〔2〕，希望将职业军队的专业水平和服从性与志愿军的爱国主义和热情相结合。1793年8月23日《全民征兵法令》(Levée en Masse)〔3〕又规定，"从现在起到一切敌人被逐出共和国领土为止，全国人民时刻处于动员状态。年轻人应上前线作战；有家室的应制造武器、运送粮食；妇女应缝制帐篷和衣服，以及在医院服务；孩子们应把旧衣服撕成绷带；老人应去广场激励军人，宣传共和国的团结和对国王的憎恶"〔4〕。根据这份近代第一个彻底的战时全员动员令，18岁至25岁的单身男性或没有子女的已婚男性

---

〔1〕 [美]林恩·亨特、[美]杰克·R.森瑟：《法国大革命和拿破仑：现代世界的锻炉》，董子云译，中信出版社2020年版，第121页。

〔2〕 具体做法是把两个志愿军团和一个职业军团合并成半个旅，在军饷和晋升方面取消原来的不平等规则，1794年1月已成立200个半旅，1796年初完成了旅的创建工作。参见[法]米歇尔·伏维尔：《法国大革命：1789—1799》，张香筠译，商务印书馆2020年版，第125页。

〔3〕 该词后来成为战争法中的术语"民众抵抗"，见于1899年和1907年《海牙陆战法规和惯例公约》附件《海牙陆战法规和惯例章程》第2条。此处考虑到语境，译作"全民征兵"。关于民众抵抗，1899年的规定只要求"遵守战争法规及惯例"，但1907年则增加了"公开携带武器"，如果"未占领地的居民在敌人迫近时，自动拿起武器以抵抗入侵部队而无时间按照第一条组织起来，只要他们公开携带武器并尊重战争法规和惯例，应被视为交战者。"

〔4〕 [美]查尔斯·布鲁尼格、[美]马修·莱温格：《现代欧洲史 卷四 革命的年代：1789—1850》，王皓、冯勇译，中信出版社2016年版，第53页。

都要登记入伍,其他所有人则各有各的任务,尽管脱逃率一直很高(达到了被征兵源的20%),但法军在几个月内就有了75万人。[1]《全民征兵法令》意味着法国"全民皆兵"(nation in arms),这可能正是革命政府想要追求的效果,因为"在法国大革命伊始就有提议主张需要将军队同化(assimilate)至国家之中以便在社会和公共舆论中定位公武力(public force)"[2]。1791年末,大革命领导者宣布,"从大革命爆发的那一刻起,每个法国人就都成了士兵"[3],但如果真的"全民皆兵",那么反法同盟的军队杀害任何法国"年轻男子"在战争法上将不会成为问题,因为这些人已经是战斗员,而战争法一般性地许可伤害战斗员。好在当时的法国革命政府主要是在战场之外严格执行了全民动员令,"年轻人们匆忙地操练着,老人和妇女都被划入一个小队以'鼓动爱国者去参加革命工作',孩子们在嘈杂的演讲和劲爆的音乐中整理布料、制作绷带"[4]。《全民征兵法令》"征召了全国所有的资源、人员和物质","是战争的真正转型"[5],"毫无疑问地改变了18世纪、19世纪欧洲的军事图景","显现出对军队以及军事机构和国民身份之间关系的新的思考方式。渐渐地,更多的欧洲国家采用了通过征兵和总动员建立国家军队的想法,并为规模巨大和成本高昂的冲

---

[1] [美]林恩·亨特、[美]杰克·R.森瑟:《法国大革命和拿破仑:现代世界的锻炉》,董子云译,中信出版社2020年版,第134页。

[2] Thomas Hippler, *Citizens, Soldiers and National Armies: Military Service in France and Germany*, 1789-1830, Routledge, 2008, p.77.

[3] [英]乔纳森·伊斯雷尔:《法国大革命思想史:从〈人的权利〉到罗伯斯庇尔的革命观念》,米兰译,民主与建设出版社2020年版,第236页。

[4] [英]威廉·奥康纳·莫里斯:《法国大革命与法兰西第一帝国》,高苗译,华文出版社2019年版,第126—127页。

[5] Gunther Rothenberg, *The Napoleonic Wars*, Cassell, 1999, p.26.

突做好了准备。"[1]《全民征兵法令》"不仅是号召法国公民在共和国事务中发挥更大的作用，也是将权力集中在公共安全委员会的进一步措施"，公共安全委员会不仅可以采取"所有必要措施"确保武器生产以及在"共和国全部范围内"征用工人，其代表在各省也"被赋予无限的权力"。[2]关于《全民征兵法令》，以往和现在都有不同的解释，这些解释有部分重合，也共同将其塑造为一种迷思（myth），从根本上说，该法令"将公民等同于士兵以及将政治权利等同于军事义务的危险，导致了民众抵抗的没落"[3]，也与卢梭将战争仅限于士兵的理念相悖。

和谁应该是合法的士兵一样，战俘问题也是法国大革命期间的一大主要关切。此前，由于启蒙运动的兴起，万民法使战俘作为奴隶来源的合法性遭到质疑和颠覆，以卢梭、孟德斯鸠

---

[1] Chris McNab, *Armies of the Napoleonic Wars: An Illustrated History*, Osprey Publishing, 2009, p. 8.

[2] Noah Shusterman, *The French Revolution: Faith, Desire, and Politics* (*Second Edition*), Routledge, 2021, p. 194.

[3] 第一种解释强调民众热情高涨地保卫祖国（*patrie*）和大革命的自发性和完全性，保卫政府和国家免受外部威胁被视为作为政治参与的公民权的基本特征。自愿对于民众抵抗来说十分重要，也与"祖国在危难中"这个概念密切相关，而民众抵抗是对整个国家的生死存亡这样的紧急情况进行的合适回应。第二种解释将民众抵抗理解为男性公民扛枪保卫国家的平等和普遍义务，以及相应的将国家武装化的权利。尽管1793年法令没有召集已婚男性战斗，而且纯粹是个紧急措施，但它为常设普遍兵役制提供了意识形态基础，虽然大革命期间和随后的拿破仑战争期间并未系统地征兵。第三种解释是指动员整个人口，即妇女、儿童、老人以及到达征兵年龄的成年男性，它涉及经济和武装部队并有明确的意识形态色彩，但与军事效率的要求相距甚远。法国大革命意在实现普遍的男性公民身份，在军事动员上也强调普遍性并因此表现出全面战争的可能性，可能并不令人意外。See John Horne, "Defining the Enemy: War, Law, and the Levée en mass from 1870 to 1945", in Daniel Moran and Arthur Waldron eds., *People in Arms: Military Myth and National Mobilization Since the French Revolution*, Cambridge University Press, 2003, p. 102.

为代表的思想家将战俘待遇往前推进了一大步,并为现代战俘制度定下了基调,即战俘是国家的俘虏,而不是个人的俘虏,战俘受公权力约束,而不受私人处置。战俘不再是奴隶的来源,不再被杀害,不再是个人的俘虏,不再受个人的处置。[1]到了18世纪,"一种信念逐渐普遍了,即认为俘虏敌人应该只是为了防止他们回到他们的队伍再参加作战的一种方法,并在原则上应该有别于作为对犯罪行为的惩罚的监禁"[2]。然而,由于法国大革命期间战场形势和国际国内政治环境变化剧烈,谁应该被视为合法的士兵并因此在成为战俘时享有战争法的保护这个问题曾引发政治和军事之间激烈的矛盾。法国大革命的领导者最初强调法国士兵和外国士兵是平等的,战俘应该得到种种保护,但两年后就采取了激进的态度并将革命的国家和其他国家划了界线。1792年,国民公会通过法令规定,"首先,战俘为国家保证安全并处于法律特别保护之下;其次,针对战俘不正当的严苛或侮辱、暴力或杀害将按照如同针对法国人所犯同样罪行的方式那样由同样的法律进行惩罚"[3]。然而,1794年5月26日,国民公会宣布对战场上遭遇的所有英国和汉诺威[4]士

---

[1] 朱路:《论国际法中战俘制度的发展及其当代挑战》,载《法学评论》2014年第2期,第100页。

[2] [英]劳特派特修订:《奥本海国际法》(下卷第一分册),石蒂、陈健译,商务印书馆1972年版,第270页。

[3] Geoffrey Best, *Humanity in Warfare*: *The Modern History of the International Law of Armed Conflicts*, Weidenfeld and Nicolson, 1980, p.78.

[4] 汉诺威(Hanover)是现在德国的下萨克森州的首府。1714年,英国女王安娜逝世后没有后嗣,为了寻找一位新教徒的国王,英国议会请了安娜的表兄、德国汉诺威侯选之子乔治·路德维希·冯·汉诺威到英国即位,史称乔治一世,英国汉诺威王朝开始,英国王室日耳曼血统也由此开始。汉诺威因此与英国长期保持了极为亲密的关系,汉诺威王国与大不列颠及爱尔兰联合王国组成共主邦联直到1837年。

兵"不留活口"（no-quarter），这些士兵即便投降也会被法军杀害，不能成为战俘。

法国在战俘问题上的态度转折反映了其对国际国内形势认知的变化，以及普通战士所思、所想、所为的转变。尽管英法两国长期敌对，但都将对方视为正当敌人（iustus hostis），即道德和法律上平等的敌人，而且在处理战俘事宜上也曾有很好的安排[1]。然而，七年战争的经历使法国对英国的恨意和恐惧大增，法国大革命开始后英国策划颠覆革命的谣言和实际行为又进一步加剧了法国对英国的敌意，英国遂成为法国人眼中最顽固的敌人，而反革命斗争的主要对象就是"贪赃枉法、汲汲于利的伦敦"[2]。1792年法军在外节节败退，1793年又有旺代等地爆发叛乱，法国革命政府在内外压力之下以战争和安全的名义制定了针对外国人的排斥和镇压政策。1793年8月3日的《外国人法令》要求所有来自敌国的人，除了那些在1789年前就已居住在法国并能提供证明的外国人，都必须在8日内离开共和国，这标志着世界主义的革命话语开始发生转义，战争不再是为了解救敌国受奴役的民众，而是为了捍卫法兰西民族，因此有必要查验外国人的身份，以甄别混入法国民众中的间谍和叛徒。此时的"外国人"已经成为与"法国人"对立的词语，"外国人"必然是敌人，战俘的身份不再重要，重要的是他们是外国人，如同1794年"不留活口"法令

---

[1] 例如，1759年至1762年英法签订《斯勒伊斯条约》（Convention of Écluse）处理七年战争中的战俘交换事宜，规定战俘在被俘获15天内或是按人交换或是换取赎金。1760年6月汉诺威军队指挥官发布的命令中要求不应严苛对待战俘，而应在条件允许的情况下尽可能文明、得体地对待。

[2] ［英］罗伯特·图姆斯、［法］伊莎贝尔·图姆斯：《甜蜜的世仇：英国和法国，300年的爱恨情仇》，冯奕达译，中信出版社2022年版，第295页。

的提案结尾所宣布的那样，法令的目的是"应该让英国奴隶去死，还欧洲自由"，实际上，"把这项政策置于法国自1793年以来形成的排外氛围中去分析，就可以看出其不过是恐怖时期一系列排外政策的延续，其政治意义大于实际意义"[1]。

1794年的"不留活口"法令充斥着强烈的政治色彩，因为在革命时期的法国看来，法国不仅代表了全人类，也代表了正义，"成为法国人代表着普遍正义，要战斗的敌人是普遍正义的敌人"[2]。根据一位法国外交部官员制作的有条有理的表格，法国的敌人中，小国要"威胁并钳制"，俄国要"密切注意"，荷兰要"摧毁"，普鲁士要"与之作战并击败之"，至于表格顶端的头号敌人奥地利和英格兰，则要"根除"。罗伯斯庇尔本人则反复、公开宣布对英国和英国人的憎恶，因为英国政府"背信弃义"，而英国人民罪加一等，他们出于自由意志反对革命，是"自愿做其政府罪行之帮凶的民族"，"如果有什么比暴君更可鄙，那就是奴隶"。[3] 显然，英国和汉诺威士兵不再属于全人类，而是背叛了人类的特殊敌人，必须完全予以消灭，他们的死亡具有重要的政治价值。英国的措辞同样激烈，尽管没有夸张到要惩罚法国战俘，但英法双方都把这场战争视为"原则之战"，"双方也都使用了非常规战争的词汇来谴责对手：罗伯斯庇尔提及'反叛土匪'，而埃德蒙·伯克则把雅各宾主义等同于'劫掠'。这说明了关于战士的不同类

---

[1] 宋帅:《法国大革命时期的战俘》，山东大学出版社2022年版，第24—25页。

[2] Thomas Hippler, *Citizens, Soldiers and National Armies: Military Service in France and Germany*, 1789-1830, Routledge, 2008, p.98.

[3] [英]罗伯特·图姆斯、[法]伊莎贝尔·图姆斯:《甜蜜的世仇：英国和法国，300年的爱恨情仇》，冯奕达译，中信出版社2022年版，第298页。

第三章 近现代时期战争法的演变

别和其相应权利模糊到了什么程度,以及战争法规惯例政治化又到了何种地步"[1]。此外,由于缺乏必要的、严格的操练,这一时期应征入伍的新兵常常毫无章法地向敌方阵线的某一点发动大规模袭击以"恐吓"对手,也基本上不再争取敌人对革命理想的支持,士兵们强调不再对"奴隶军"有丝毫宽容,"新方法是给所有反对我们的人带来恐惧和恐怖"[2],其结果是,法国士兵们秉持着"要像古高卢人一样大批倒下"的英雄主义信念来"歼灭、根除、摧毁敌人,一劳永逸",试图用鲜血淹死敌人。[3]

不过,1794年的"不留活口"法令从未在战场上实施过,也没有发生过法军大规模屠杀英国人和汉诺威士兵的事件,很快就沦为一纸空文,而法军军官常常就关于战俘的双边协定展开谈判。法国政府平等对待被俘的军官和士兵,向其发放等额生活费和相同的面包配额,并将人道对待战俘原则从基督徒扩展至全人类,一视同仁地对待土耳其、斯拉夫战俘。更重要的是,法国大革命开了大规模雇佣战俘工作的先河,这一规定后来见于1949年《关于战俘待遇的日内瓦公约》,这不仅被视为保持战俘身体和精神健康的必要举措,而且加深了战俘同法国民众的联系,使许多战俘在潜移默化中受到法国大革命的价值观的深刻影响。[4]简而言之,"法国大革命时期,战俘在法

---

[1] Sibylle Scheipers, *Unlawful Combatants: A Genealogy of the Irregular Fighter*, Oxford University Press, 2015, pp. 45-46.

[2] [美]谭旋:《暴力与反暴力:法国大革命中的恐怖政治》,黄丹璐译,山西人民出版社2019年版,第334页。

[3] [英]罗伯特·图姆斯、[法]伊莎贝尔·图姆斯:《甜蜜的世仇:英国和法国,300年的爱恨情仇》,冯奕达译,中信出版社2022年版,第371页。

[4] 宋帅:《法国大革命时期的战俘》,山东大学出版社2022年版,第116页。

国的日常生活并非如同战俘政策所展现的那般令人恐惧，他们既没有如同法令中所要求的那样被政府处决，也没有在强制劳动中被民众虐待……究其原因，除了法国革命者所标榜的道德和人道主义外，还有对外宣传的考量"[1]。

法国大革命期间，法军还经常需要镇压国内部分地区的叛军。早在1792年12月16日，国民公会就通过法令规定所有破坏国家团结的武装反叛都是死罪。1793年3月，法国西部的旺代省（Vendée）因深厚的宗教传统以及拒绝向革命政府缴税和拒绝参加征兵等原因而发生叛乱，3月5日几乎全歼了共和国的7000人部队，3月19日国民公会宣布反叛分子是"亡命之徒"。[2]6月2日，八万名国民自卫队士兵包围国民公会，温和派领导者被杀，平原派跌入谷底，雅各宾派取得彻底胜利，这使得原本就反对革命的法国南部城市的不满再次升级，而即便是支持革命的一些省份也出现不满情绪。不到一个月，马赛、波尔多、土伦、里昂等地富人阶层公开反抗中央政府，普瓦图等地成千上万的武装分子以"神和王"为战斗口号进行叛乱，与此同时，旺代省的叛乱蔓延到下卢瓦尔省、卢瓦尔省、德塞夫勒省等地并在规模和程度上达到顶点，故被统称为"旺代叛乱"或"旺代战争"。一时间，法国的83个省中有60个都出现了不同程度的反叛，西法和南法的叛军都在积极寻求外援。叛军气焰嚣张，手段残忍，而大革命领导者也以强硬的手段回应叛乱，爱国阵营的指挥官向叛军宣布，"如

---

〔1〕 宋帅：《法国大革命时期的战俘》，山东大学出版社2022年版，第32页。

〔2〕 [澳]彼得·麦克菲：《自由与毁灭：法国大革命，1789—1799》，杨磊译，中信出版社2019年版，第261、218页。

果你们执迷不悟，我们将把你们屠至最后一人"。[1]法国南部的叛乱短时间内就被平息，但西部的十多个省都出现了大范围的游击队活动，即保王党（les Chuans/la Chouannerie）[2]暴动，"许多小的保王党团伙使用偷袭、绑架和暗杀报复在共和二年帮助镇压的共和国代理人。在南部和西部，1795年及之后的民众暴力在目的和内容上十分本地化"[3]。旺代叛乱看似遥遥无期并且实际上持续了八年之久，其中一个主要原因就是革命军队在南部多以围城战的方式攻击叛军，而旺代叛乱和保王党叛乱都采用了游击战的方式。叛军中除了叛乱分子，还有逃兵和不听从指挥的士兵以及反动教士，这些人"与一般强盗无异"，当时镇压旺代叛乱的路易·马丽·杜罗（Louis Marie Turreau）将军称这些"强盗们……从不被动出击，总在他们选择的时间地点攻击……他们总是出其不意，突然袭击，而你们在旺代地区很难识别他们"，由于熟悉地形地势，"了解各种可能的障碍"，他们还总是撤退得很快，难以抓到。[4]这不仅导致战事久拖不决，而且双方行为也都极为残酷，使得旺代叛乱成为大革命期间最可怕、最棘手的反革命叛乱，镇压旺代叛乱也成为大革命期间最黑暗的一章，在法国的国民记忆

---

[1]〔美〕谭旋:《暴力与反暴力：法国大革命中的恐怖政治》，黄丹璐译，山西人民出版社2019年版，第270页。

[2] 也音译为"朱安党"。保王党暴动和旺代叛乱在地域上有重合之处，但分布更广，在布列塔尼、诺曼底和昂热的活动区域更大。由于坚持游击战，保王党暴动比旺代叛乱坚持的时间长得多。

[3] Howard G. Brown, "The Thermidorians' Terror: Atrocities, Tragedies, Trauma", in David A. Bell and Yair Mintzker eds., *Rethinking the Age of Revolutions: France and the Birth of the Modern World*, Oxford University Press, 2018, p.226.

[4]〔法〕米歇尔·伏维尔:《法国大革命：1789—1799》，张香筠译，商务印书馆2020年版，第113—114页。

中萦绕至今。[1]

旺代"这个地区战斗员和非战斗员的区别从来就没有清楚过——农村一边倒地支持叛乱分子,而且为战斗提供任何能提供的帮助"[2]。随着旺代的"天主教保王军"(armée catholique et royale)指挥农民攻陷许多小城,杀死大量支持革命的爱国者,革命领导者决定采取更为强硬的措施。1793年8月1日,救国委员会要求在旺代"彻底抹杀这个叛乱的种族,摧毁他们的住宅,放火烧毁他们的森林并让他们颗粒无收",没收旺代叛军的所有财产补偿当地爱国人士,理论上,只有妇女、老人和儿童才能幸免。[3]同年10月,国民公会发言人将所有10岁到16岁的反叛分子统称为"强盗",将其女眷称为"侦察兵",并宣布"这片反叛的土地上每一个人都是武装叛乱分子",都会被处死。镇压旺代叛乱的部队因执行烧光战略得名"地狱纵队"(Hell Columns),整个冬季都在肆意屠杀,而旺代叛军此时集零为整,大规模集结为三万人左右的军队,带着几十万名老弱妇孺向诺曼底海岸进发,以为英国舰队和流亡贵族军队会与他们汇合。1793年12月23日,旺代叛军陷入绝境,走投无路的旺代叛军在萨沃奈被围剿,韦斯特曼将军

---

[1] 法国大革命200周年之际,法国国内上演了一场围绕旺代屠杀的记忆论战。旺代人甚至要求抹去凯旋门上那些曾参与镇压这场叛乱的将军们的名字。以历史学家皮埃尔·肖努(Pierre Chaunu)为代表的人士不仅强调内战的残酷和伤亡的惨重,更愤慨于一个世纪以来官方史学对此的沉默和遗忘。参见黄艳红:《"记忆之场"与皮埃尔·诺拉的法国史书写》,载《历史研究》2017年第6期,第144页。

[2] Noah Shusterman, *The French Revolution: Faith, Desire, and Politics* (Second Edition), Routledge, 2021, p.194.

[3] [美]谭旋:《暴力与反暴力:法国大革命中的恐怖政治》,黄丹璐译,山西人民出版社2019年版,第303页。

向国民公会报告说，"我将儿童置于马蹄下碾过，屠杀了妇女，好让她们再也不能生下更多强盗……我们不抓俘虏，因为他们会消耗属于自由的面包，怜悯之心不是革命的一部分"[1]。尽管如此，由于保王派和英国人都没有放弃，而且外部资金和武器源源不断流入法国西部，旺代叛军仍未被铲除。1793年12月至1794年3月间，"地狱纵队"对近800个公社实施了"焦土政策"式的复仇，造成这些公社中11.7万人死亡，杜罗向战争部长报告说，"所有村庄、农场、森林、石楠荒原，总之一切能烧的东西都放火烧了"，而整个共和二年（1793年9月22日—1794年9月21日），大约有17万名旺代人死亡，7万名士兵在与旺代叛军和侵略军的战斗中死亡。[2]镇压过程中，"屠戮的人数达到旺代省总人口的一半，暴力行径堪称种族灭绝"[3]。旺代战争十分复杂，概括说来具有四重特性，一是在起源和参与主体上是人民战争（popular war），二是因其发生的环境所以是农村战争，三是在将旺代人武装起来的推动力上先是牧师战争后是宗教战争，四是因民主选择其领导层所以是政治战争。[4]相比之下，里昂、土伦和南特也发生了惨绝人寰的暴行，但具体原因比较简单：里昂的叛乱分子向撒丁王国求援，土伦的叛乱分子向英国求援，南特则是因为旺代

---

[1] [英]大卫·安德烈斯：《法国大革命：农民的抗争与被忽略的历史》，李天宇译，北京燕山出版社2022年版，第168页。

[2] [澳]彼得·麦克菲：《自由与毁灭：法国大革命，1789—1799》，杨磊译，中信出版社2019年版，第284、331页。

[3] [英]伊恩·戴维森：《法国大革命：从启蒙到暴政》，鄢宏福、王瑶译，天地出版社2019年版，第190页。事实上，2013年，法国国民阵线党和其他右翼代表还联名请愿，要求法国国民议会承认镇压旺代叛乱是一场"种族灭绝"。

[4] Reynald Secher, *A French Genocide*: *The Vendée*, trans. by George Holoch, University of Notre Dame Press, 2003, p. 249.

叛军的大量涌入。1793年10月初，被围攻5个月的里昂沦陷，救国委员会决定里昂必须"被抹掉，被摧毁"以儆效尤，里昂遂被夷为平地，半年内近1900人被成批屠杀，甚至采用了发射炮弹的处决方式；被围攻3个半月的土伦12月中旬沦陷后，千余名反叛分子被直接处决；南特沦陷后，近1800名叛军死于"溺刑"，即将人绑在一起装上驳船然后沉入河底，数千人死于大规模枪杀。[1]波尔多和马赛等地类似的恐怖场景随处可见，所有叛乱分子以及所有被怀疑支持乃至同情叛军的人都被肃清。

政府军对叛军的残酷镇压和1793年《全民征兵法令》都出现于法国大革命"恐怖统治"时期并非偶然，而是外国战争和国内危机双重影响的产物。当时法兰西第一共和国的全部权力掌握在雅各宾派极端分子组成的救国委员会手中，全国的男女老幼都奉命协助国防，全国的物产都处于征用状态，残酷的法令压制着一切反抗行为，越来越多的人被轻率地送上断头台，甚至连法军将领在战场上的一次失利都会给他带来杀身之祸——1793年至1794年，至少84名将领被作为叛徒处决。[2]"法兰西第一共和国社会发生了闻所未闻的暴力行为，而这些暴力行为不只是为了粉碎国家的敌人，还要颠覆社会，推翻一切正常的秩序，改变国家的惯例、习俗和信仰，通过绝对恐怖的手段打压反对党。"[3]概言之，这一切都是为了扭转当时法

---

[1] [英]乔纳森·伊斯雷尔：《法国大革命思想史：从〈人的权利〉到罗伯斯庇尔的革命观念》，米兰译，民主与建设出版社2020年版，第514—518页。

[2] [美]林恩·亨特、[美]杰克·R.森瑟：《法国大革命和拿破仑：现代世界的锻炉》，董子云译，中信出版社2020年版，第190页。

[3] [英]威廉·奥康纳·莫里斯：《法国大革命与法兰西第一帝国》，高苗译，华文出版社2019年版，第126页。

国的政治和军事局面，不光是镇压、监禁或驱逐敌人，还要彻底消灭敌人。共和国对反革命挑战的法律回应就是将反革命叛军、普通罪犯和政治对手融为一体，将其斥为强盗和土匪。1792 年，国民公会就已经让军事委员会根据民法裁决反革命抵抗和犯罪活动，之后民事审判军事化的趋势进一步增加，政府实际上将普通罪犯等同于反革命叛军，关于土匪的法律也用来打击不进行暴力抵抗而是参与一般政治活动的对手。"非正规战士和罪犯、政治对手三者融合不仅一直持续到拿破仑时代，而且在更大的帝国范围内适用；因为将反叛者和普通罪犯合并在一起，其对非正规战士概念的形成也有影响。"[1]

随着法军在外战事的起伏，法国对征服战争的态度悄然发生变化。国民议会[2]于 1790 年 5 月宣称"法国拒绝参与任何征服战争，也绝不会动用武力危害其他人民的自由"[3]，1791 年宪法也放弃了征服战争。1792 年 11 月 6 日，法军在热马普战役中击溃奥军，一周后法军进入布鲁塞尔，占领了比利时。法军统帅迪穆里埃向比利时人民宣布，"只要你们接受主权在民，不再生活于专制君主的统治下"，法国就不会干涉比利时。然而，同年 12 月 4 日，比利时代表团到巴黎要求国民公会承认比利时的独立被拒，三天后，法军残酷镇压了布鲁塞尔的一场呼吁比利时独立的民众示威活动。法国对比利时的态度转变堪称法国大革命中"决定性的转折"。12 月 15 日，国

---

[1] Sibylle Scheipers, *Unlawful Combatants: A Genealogy of the Irregular Fighter*, Oxford University Press, 2015, p. 58.

[2] 国民议会于 1789 年 6 月成立，但发布 1791 年宪法后就解散了，取而代之的是新成立的立法议会。

[3] [澳] 彼得·麦克菲:《自由与毁灭：法国大革命，1789—1799》，杨磊译，中信出版社 2019 年版，第 144 页。

民公会发布阐述革命战争新原则的法令,声称不以征服为导向,也不支配或奴役任何民族。[1]实际上,1792年后,法国的军事行动就开始变得依赖于剥削欧洲范围内的财富与劳力,将军队驻扎在外国土地上,强索巨额赔款,征召外国部队并征收饮食、衣物与金钱逐渐成为固定模式。[2]法国于1793年1月开始了扩张战争,但只瞄准所谓"自然边界",即莱茵河、阿尔卑斯山和比利牛斯山。按照这个原则,1793年3月,国民公会通过了多项兼并大大小小的邻近国家的法令。[3]到了1794年,一方面,法军在对抗反法同盟的战事中取得越来越多的胜利,另一方面,法国国内出现食品短缺和经济困难,法国政府遂将征服和掠夺定为新的目标。[4]所有低地国家在几个

---

[1] [英]伊恩·戴维森:《法国大革命:从启蒙到暴政》,鄢宏福、王瑶译,天地出版社2019年版,第143—147页。

[2] [英]罗伯特·图姆斯、[法]伊莎贝尔·图姆斯:《甜蜜的世仇:英国和法国,300年的爱恨情仇》,冯奕达译,中信出版社2022年版,第372页。

[3] [英]伊恩·戴维森:《法国大革命:从启蒙到暴政》,鄢宏福、王瑶译,天地出版社2019年版,第157—158页。

[4] 从奥地利手中解放比利时后,比利时的富庶使得法国大革命的领导者从现实政治的角度出发,认识到从新领土获得物资和财富对于维持和延续法国对外征服战争至关重要,最终放弃不干涉、支持自由的革命理想。然而,法国对新占领领土的掠夺并不仅限于物资和财富,还特别包括艺术品和文物,最典型的事件发生于1796年5月波拿巴(称帝后才称"拿破仑")解放意大利之时,督政府声称"意大利之富庶与美名在很大程度上得益于"那些精美的艺术品,而法兰西的敌人策划了反革命事件,对恐怖统治负有间接责任,因此也应对1793年法国蒙受的损失承担赔偿责任,故要求波拿巴"挑选一名或几名艺术家,负责物色和收集这类最珍贵的艺术品,并将其运到巴黎","只要政治形势允许,并且对我们有用,就把所有的艺术品都从意大利拿走"。此前法国在比利时和莱茵兰(1794年)以及荷兰(1795年)也都指派过专家掠夺艺术品和文物,声称艺术之花不能在没有自由的空气中盛放,而法兰西作为自由的国度理应吸纳全世界的艺术作品。但都无法与波拿巴在意大利的掠夺相比,因为这场掠夺的严重程度"在现代国家的历史中堪称前所未有",教宗甚至连藏书、铜器和钟表都得交出。1796年8月,

月内相继成为法兰西第一共和国的附属国,共和国所征服的区域已经超出波旁王朝的最大野心,反法同盟解散。这既因为法军实力强大——到 1795 年底,在外作战的法军已达 40 万人,也因为法国的新思想对封建旧秩序产生了摧枯拉朽的效果,引起了旧制度的崩溃。"无论走到哪里,法军都会宣布自由平等的统治时期即将到来。法军取消了占领地区的教会和贵族的特权,肃清了不公正的事情。"对于法兰西第一共和国在国外的节节胜利,新思想比法军更具决定性,自由和人权"在海外是获胜法宝"[1],这也是许多地方的民众欢迎作为外来入侵者的法军的原因。[2] 1795 年 10 月 1 日,国民公会通过了将比利

(接上页) 波拿巴从意大利运回价值 1500 万法郎的战利品,1797 年 3 月又运回了 3500 万法郎的战利品,法军的胜利让资产源源不断流入法国,在当时法国国内风雨飘摇的财政状况下,"军事上的战果成了政权的救命稻草"。1798 年在曼海姆、1798 年至 1799 年在埃及,法国也都故技重施,理由只有一个,即艺术品和文物属于战利品,夺取战利品古已有之,而法国无论如何都能更好地照看人类的遗产。参见 [法] 帕特里斯·格尼费:《帝国之路:通向最高权力的拿破仑,1769—1802》,王雨涵、黎炜健译,九州出版社 2020 年版,第 190—192 页;[美] 林恩·亨特、[美] 杰克·R. 森瑟:《法国大革命和拿破仑:现代世界的锻炉》,董子云译,中信出版社 2020 年版,第 179 页;[澳] 彼得·麦克菲:《自由与毁灭:法国大革命,1789—1799》,杨磊译,中信出版社 2019 年版,第 400 页。

[1] [英] 威廉·奥康纳·莫里斯:《法国大革命与法兰西第一帝国》,高苗译,华文出版社 2019 年版,第 154—158 页。

[2] 例如,1795 年的巴达维亚革命涤荡了君主、英普势力和贵族统治,法国革命军受到荷兰城镇的热烈欢迎,处处可见三色旗、大革命徽章和革命招贴画,进入乌得勒支的法军发现到处都是欢腾的人群;1796 年波拿巴率法军击败奥军,进入米兰时受到了当地民众的热烈欢迎,意大利的旧制度土崩瓦解,被解放的意大利人更是视波拿巴为拯救者;1797 年 7 月,革命政权在希腊和意大利颁布"反贵族制法",宣布所有"贵族制"都是邪恶的,所有农民皆获自由,不再承担任何封建税负和义务。拉丁主教因收益、特权与权威尽失,银质十字架与银器统统遭窃而强烈抗议,却因煽动反革命的罪名被驱逐出境。参见 [英] 乔纳森·伊斯雷尔:《法国大革命思想史:从〈人的权利〉到罗伯斯庇尔的革命观念》,米兰译,民主与建设出版社 2020 年版,第 623—648 页。

时并入法国的法令,"这一法令甚至被赋予了等同于宪法的意义"〔1〕。

尽管法国大革命领导者对征服战争的态度发生了反复,但大革命期间(特别是早期)和拿破仑战争给战争法带来的一个主要影响就是"征服法"(law of conquest)的消失和"军事占领"(military occupation)的出现。征服法即关于征服的规则,是此前万国法中的重要内容,法国大革命和拿破仑战争之后,虽然所涉问题仍然同样重要,但已经被置于军事占领的部分进行讨论,而征服则限于没有缔结和约而结束的战争,不管战争的结束是通过镇压交战者还是直接终止了敌对行动的方式。按照关于征服的古老规则,领土和其他财产只有在交战方牢牢地(securely)占有时才归其所有,战争结束并不足以保证安全地占有,最常见的检验标准则是修建永久的防御工事以守卫所占领的领土。如第一章第二节所述,古罗马的"归复法"大大修正了涉及领土的征服规则,如果敌对行动不正式结束,比如通过缔结和约恢复和平,那么对于被征服的领土征服者就只有对抗第三方的占有权,而不是所有权。征服的土地是否能合法地为征服者所拥有,需要这块土地上的居民对征服者的权威表现出一定程度的承认,但这种承认是否等同于服从(obedience)以及需要多大程度上服从,十分难以断定。后来普遍认为,如果在战争期间,被占领领土上的居民效忠(allegiance)的对象已经发生改变,那么在敌对行动终止前征服就可以发生,但改变效忠不仅要求居民效忠征服者,而且还必须要在征服者的军队中服役。例如,腓特烈二世对其所占领的领

---

〔1〕 [法]帕特里斯·格尼费:《帝国之路:通向最高权力的拿破仑,1769—1802》,王雨涵、黎炜健译,九州出版社2020年版,第154页。

土上的居民便是如此要求的。法国大革命期间,关于征服的理论和看法发生了重大改变。卢梭认为所谓征服权只是强者的法律,大革命领导者起初也认同这种观点,其直接后果是除非法国明确将某地并入(incorporated),如阿维尼翁、萨伏伊和尼斯等地[1],否则不能仅仅因夺取了该地而使其成为法国领土的一部分,地位尚未确定之前的状态即为军事占领。对于被占领领土所涉的居民而言,法国带来的革命解放很快成了军事占领,他们大多憎恨或公开反对法国的统治,其结果是,几乎所有被法国直接统治的"姊妹共和国"都出现了不满、抵制和反抗,甚至连瑞士这样有深厚人民主权传统的地区也是如此,而"法国人对被占领地区的反抗的反应通常是极度排外的,

---

[1] 阿维尼翁是位于法国南部的教皇国飞地,自14世纪开始就属于教皇,法国大革命爆发后,阿维尼翁民众普遍支持革命并与法国统一,而梵蒂冈无论如何也决不允许。1790年8月,阿维尼翁爆发了"一场真正意义上的小型内战",11月,大革命的领导者鼓动吞并阿维尼翁,但由于此前曾承诺不进行征服战争,此时的理由则是大革命把主权赋予人民,也从根本上将教皇以及所有统治者的权力交给了人民,即政治合法性应以人民主权为基础。1791年9月,阿维尼翁进行了公民投票,同意被并入法国,这是历史上首次通过公投改变土地归属。随着法军在各方前线持续推进,如何合理处置新占领领土成为国民公会亟待解决的问题。1792年末,尼斯和萨伏伊为法军所攻占,两地代表主动要求加入共和国,使得国民公会的代表们一时手足无措。经过讨论,代表们几乎一致投票决定设立"勃朗峰省",管辖地区包括萨伏伊的大部分法语区。1793年2月至3月初,法国的革命领导者自信心极度膨胀,坚信"完全可以在6个月内解放欧洲,将邪恶的君主制连根拔起",受此驱使,国民公会的代表们开始着手将此前攻下的领土并入共和国。当然,每一处领土的并入都以尊重民意或至少是部分民意为前提。3月的第一个星期内,比利时、尼斯、莱茵河右岸地区、瑞士部分地区以及位于洛林且此前已经独立的萨尔姆公国飞地均已确定并入法国。参见[英]乔纳森·伊斯雷尔:《法国大革命思想史:从〈人的权利〉到罗伯斯庇尔的革命观念》,米兰译,民主与建设出版社2020年版,第229—230页;[美]谭旋:《暴力与反暴力:法国大革命中的恐怖政治》,黄丹璐译,山西人民出版社2019年版,第232、257页。

这与革命初年的普世主义形成鲜明对比"〔1〕。尽管军事占领取代征服并不意味着所涉领土上的居民待遇会出现实质改善，但军事占领显然是暂时而不是永久的状态，只要被占领领土上的居民仍在抵抗，征服者的权力就只能是暂时的，这就导致征服法和归复法失去了存在的意义，而关切的重点成为军事占领的各个技术细节，将征服法转变为军事占领法因此可谓是法国大革命和拿破仑战争对战争法的最大贡献。〔2〕

1798年5月19日，法国海军舰队在波拿巴的统帅下远征埃及。8月1日，法军舰队于阿布基尔湾覆灭，被迫留在埃及的法军再次遭遇旺代叛乱时期的游击战，只是这时的敌人是贝都因人、马穆鲁克（Mamluk）〔3〕和造反的埃及农民这样的"野蛮人"。法军在埃及各地的机动分队都进行了残杀、酷刑、烧毁房屋、没收羊群、驱逐居民等暴行，"这类事件每天都在上演而且带来了成百上千的受害者"，"这展现了一支正规军在面对无处不在又无影无踪、其袭击和撤退都不符合一切军事常理的非正规部队时会做出怎样的暴行"。从法律角度来看，法军认为这些"野蛮人"和1793年法国西部的叛乱分子一样，他们在拒绝服从因征服的法则而获得合法性的法国的权威之时，就失去了战争法和国际法的保护。对于这些"强盗"

---

〔1〕 [澳] 彼得·麦克菲：《自由与毁灭：法国大革命，1789—1799》，杨磊译，中信出版社2019年版，第401—402页。

〔2〕 Percy Bordwell, *The Law of War between Belligerents: A History and Commentary*, Callaghan & Co., 1908, pp. 52-61.

〔3〕 该词原意为"奴隶"，是中世纪服务于阿拉伯哈里发的奴隶兵，主要效命于埃及的阿尤布王朝。随着哈里发的式微和阿尤布王朝的解体，马穆鲁克逐渐成为强大的军事统治集团，并建立了马穆鲁克苏丹国，前期为伯海里王朝，后期为布尔吉王朝，统治埃及达二百余年（1250年—1517年）。拿破仑战争后，马穆鲁克逐渐消失。

"破坏文明根基之人","万民法为这类特殊情况——埃及就是其中之——给出了一种结合了战争和镇压惩罚的优势的第三种解决方法:承认其处于战争状态,但处于一种不适用于万民法的战争状态……统治者可以向他们宣战而不遵从战争法,因为这是在打击那些自愿放弃法律保护的法外之人。所有法学家都会把敌人和强盗区分开来"[1]。事实上,这些埃及人不仅是"野蛮人",还被拿破仑的弟弟称为"最可怕的野蛮人",就连拿破仑本人也认为"他们缺乏怜悯心和信仰。这是一个人能够想象得到的最可怕、最野蛮的场景"。[2]因此,法军残酷对待这些令人厌恶的"野蛮人"天经地义,而且也是拿破仑声称自己肩负"传播文明"使命的表现。1799年2月,法军进攻叙利亚,3月3日到达雅法,进行了整个埃及战役中最残酷的大屠杀。法国"士兵们屠杀男人、女人、小孩、基督徒、土耳其人;只要是长着人脸的都成了他们怒火的牺牲品……降临到这座城市的悲惨景象直到夜晚才停止",幸存的大约3000名奥斯曼军人投降后,仍被法军分批在三天内屠戮至净,"这是波拿巴一生中做过的最残酷的事之一"。大部分军人都援引战争法支持此种行径,因为守军拒绝放下武器,甚至杀害了前去和谈的特使,而且有数百人是之前释放的战俘,但违背誓言又加入了雅法的守军等。波拿巴本人则解释说,"战争如同政治,即便是天理不容的罪恶,在极度必要的情况下也是可以被原谅的,除此之外才是犯罪",大部分时人也都

---

[1] [法]帕特里斯·格尼费:《帝国之路:通向最高权力的拿破仑,1769—1802》,王雨涵、黎炜健译,九州出版社2020年版,第389—390页。

[2] [美]安东尼·帕戈登:《两个世界的战争:2500年来东方与西方的竞逐》,方宇译,民主与建设出版社2018年版,第330—331页。

认为雅法大屠杀是"可怖的必要之举"。对波拿巴来说,处死战俘不仅更方便,也是为了发出恐怖的信号,如他1799年3月9日给吉萨、拉姆拉和雅法百姓的公告中所言,"雅法和吉萨的例子会让你们明白,我对敌人是恐怖的"[1]。因为雅法的先例,1799年7月25日法军在阿布基尔大胜奥斯曼军队,半数奥斯曼军队冲进大海试图游到停泊的船只或守卫海岸的炮舰上,宁可淹死也不愿成为法军的战俘。

四、拿破仑战争

拿破仑战争时期(1803年—1815年),法国扩张的范围和速度比第一共和国时期显著增加,从更宏大的视角来看,"拿破仑战争可能是欧洲宗教改革运动(The Reformation)和一战之间社会变革最强大的动力。它们从根本上改变了欧洲主权的性质,并展示了欧洲国家日渐有能力去实现社会军事动员和提高经济生产水平从而使其能够参与长期和破坏性的冲突"[2]。事实也的确如此,"到1814年真正发生改变了的,而且是永远改变了的,是传统战争进行的规模"[3]。

由于许多地方被拿破仑征服和占领,引发了当地民众的自发抵抗。这个阶段,更确切地说是在半岛战争(1808年—1814年)期间,出现了武装起来的平民脱离国家的控制、主动

---

[1] [法]帕特里斯·格尼费:《帝国之路:通向最高权力的拿破仑,1769—1802》,王雨涵、黎炜健译,九州出版社2020年版,第411—416页。

[2] Alexander Mikaberidze, *The Napoleonic Wars: A Global History*, Oxford University Press, 2020, p. 626.

[3] Michael Broers, "Changes in War: The French Revolutionary and Napoleonic Wars", in Hew Strachan and Sibylle Scheipers eds., *The Changing Character of War*, Oxford University Press, 2011, p. 77.

第三章 近现代时期战争法的演变

地回应军事占领或外来政权带来的社会和经济压力这样的新现象,通过持续的突袭和埋伏来骚扰和消耗对手的小规模战争也获得了"游击战"这个现代称呼,在西班牙语中该词意为"小型战争"(little war)。[1]半岛战争后,该词成为英语中的通用词汇并具有了"游击队员""游击队(的)"等含义。游击队在西班牙和俄国最盛,但其在俄国的规模和作用不如西班牙那么明显。1808年至1809年间,法军击溃西班牙军队,法军的横征暴敛和沉重税赋使本已穷困的西班牙民众雪上加霜,激起了普遍的反抗。西班牙的抵抗无法依靠正规军,游击队变得有组织且愈发有效,自1810年起,游击队成为抵抗法军的主力,西班牙正规军成为补充,[2]"可以说,西班牙发明了游击战……平民反抗外国占领军或不受欢迎政权的非常规战争。"[3]

法军不承认游击队员是士兵,而视其为土匪和叛乱分子,一经发现往往就地处决,哪怕是被怀疑为游击队员,不仅其本人,其家庭成员也都可能被处决、被囚禁或被驱逐出境。要精确统计西班牙的游击队员数量几乎是不可能的,但据估计,1808年有58支游击队,1810年达到156支,到1813年锐减至35支,而1810年至1811年间,仅在西班牙北部就有约25 000名游击队员活跃其中。[4]游击队员和游击战不仅大大牵

---

[1] Gregory Fremont-Barnes ed., *The Encyclopedia of the French Revolutionary and Napoleonic Wars: A Political, Social, and Military History* (3 Volumes), ABC-CLIO, 2006, p.436.

[2] Gunther Rothenberg, *The Napoleonic Wars*, Cassell, 1999, p.138.

[3] John Lawrence Tone, *The Fatal Knot: The Guerrilla War in Navarre and the Defeat of Napoleon in Spain*, The University of North Carolina Press, 1994, p.4.

[4] Chris McNab, *Armies of the Napoleonic Wars: An Illustrated History*, Osprey Publishing, 2009, p.323.

制了法军,而且给其带来巨大的困扰和挫败感。例如,1811年,法国从全国抽调约5万名士兵来肃清西班牙的游击队,而他们本来可以用来对付人数约为8万的英国和葡萄牙正规军。1810年至1812年,法军在整个伊比利亚半岛维持着35万人的军队,其中大多数都在执行反游击战任务,仅保卫从马德里到法国边境的交通线就有7万人,因此,法军能为一次战役集结的人数不超过6万人,这使得对手能以大致兵力和法军抗衡。更糟的是,由于法军不能处处分散而只能部署在一些大型据点,也就根本无法压制出没无常的游击队,被追剿的游击队员往往只要逃到邻近省份就可以摆脱追击,西班牙的局势因而不断恶化。[1]虽然法军在西班牙为数不多的平原上轻易获得了几次胜利,但多山的西班牙是个天然适合打游击战的国家,而且西班牙的游击队员因得到英国从资金到装备的鼎力支持而实力大增,因此,法军将领或是投降[2]或是战败,即便以恐怖行径报复地方民众也无法击败或铲除游击队,形成了所谓的"西班牙溃疡"(Spanish ulcer)。拿破仑在这场半岛战争期间投入30多万兵力,耗时7年,甚至御驾亲征,但这一切毫无效果,他对此十分抱怨,不明白为什么他们有这么庞大、这么精良的军队,但在面对如此微不足道的敌人时,只取得了如此之少的战果。[3]从军事层面来看,游击队的力量来自其没有领

---

[1] [美]马克斯·布特:《隐形军队:游击战的历史》,赵国星、张金勇译,社会科学文献出版社2016年版,第102—103页。

[2] 最典型的例子是1808年6月,法国将军杜邦攻陷科尔多瓦后带着大批战利品向安杜哈尔和莫雷纳山口撤退,途中遇到安达卢西亚正规军和农民组成的游击队的埋伏,在游击队的追击下,杜邦最后带着2.2万名法军缴械投降。

[3] [美]林恩·亨特、[美]杰克·R.森瑟:《法国大革命和拿破仑:现代世界的锻炉》,董子云译,中信出版社2020年版,第265页。

土负担、机动性强、与不满的人民关系密切并为其代言和进行武力抗议,其弱点仅仅是军事上的,即武器和人手不足,而时间无论在军事上还是在政治经济上都对游击队有利。"游击队员进行的是跳蚤的战争,其军事上的敌人饱受狗的弱点之苦:敌人太多而无法防御;敌人太小、无处不在、太灵活而无力应对。"[1]实际上,"半岛战争的规模远比北美独立战争大得多,这场战争向人们展示了正规军如何与游击队配合作战,从而使兵力强大的占领军顾此失彼。在北美,进行大规模行动的是正规军,而在西班牙,发动大规模行动的则是游击队。法国占领军在六年的战争中遭受的伤亡主要是游击队造成的(总计有18万名法军士兵阵亡)。拿破仑麾下最优秀的陆军元帅絮歇指出,游击战'在保家卫国的战斗中比训练有素的军队所实施的正规战要有效得多'。这一观点可谓不容置疑"[2]。

然而,游击队员的含义十分模糊,不仅由于参战动机混杂,也因为人员构成复杂,不同人群之间的区分或关系往往不易分辨。游击队员可能是为了逃脱军法处罚而刻意装扮的正规军队的逃兵,许多西班牙游击队员也是被法军打败、打散的西班牙军队的士兵。游击队员里除了走私者和惯犯,"大部分是不识字的爱国农民。在教会信徒、还俗修道士和狂热的乡村教士的鼓励下,他们学会了折磨和残害敌人。教士们还教导仇恨

---

[1] Robert Taber, *The War of the Flea: A Study of Guerilla Warfare Theory and Practice*, The Citadel Press, 1970, pp. 28-29.
[2] [美]马克斯·布特:《隐形军队:游击战的历史》,赵国星、张金勇译,社会科学文献出版社2016年版,第104—105页。

的教义,称任何杀害法国异教徒的行为在上帝眼中都是善行"[1]。这些游击队或是为西班牙军队的军官领导,或是自成一体,或是沦为纯粹的土匪。更重要的是,西班牙游击队和正规军队以及西班牙政府的关系比一般认为的要更密切,"许多'小型战争'由正规军队进行,甚至那些源自国家正规军队组织之外的命令很多时候也或早或晚地被军事化、被吸收至军队中"[2]。至于游击队员和当地人口的关系则远不像想象的那么清楚。游击队"团体进行埋伏、突袭这样的小打小闹以及发动攻击时专挑软柿子捏,通过俘获补给和向农民勒索食物、衣物和'税'维系自身。西班牙或葡萄牙的非正规军几乎不留伤员或战俘、妇女或儿童的活口。残忍的谋杀和酷刑司空见惯,而法国人则以类似的方式进行报复"[3]。因此,西班牙某些地区的民众只想尽可能远离战争、对抵抗运动比较冷淡就不足为奇了。尽管如此,拿破仑战争无疑给非正规战士这个大类引入了游击队员这个全新的小类,"游击队员因其反抗帝国军队的能力赢得了广泛声誉,并给欧洲的民族主义者上了一课,即在某些情况下,人民武装可以和职业军队一样有效"[4]。由于游击队员释放出来的巨大军事影响和潜力,游击队员以及更广义的非正规战士和战争法的关系将继续成为战争法中的一大争议。"从拿破仑战争的先例中所能学到的全部

---

[1] [法]菲利普·努里:《大航海时代的世界帝国:一部西班牙史》,郑东晨译,敦煌文艺出版社2023年版,第284页。

[2] Jeremy Black, *The French Revolutionary and Napoleonic Wars: Strategies for a World War*, Rowman & Littlefield Publishers, 2022, p. 122.

[3] Gunther Rothenberg, *The Napoleonic Wars*, Cassell, 1999, p. 155.

[4] John Lawrence Tone, *The Fatal Knot: The Guerrilla War in Navarre and the Defeat of Napoleon in Spain*, The University of North Carolina Press, 1994, p. 5.

就是，每一个交战方在被入侵时都会向农民呼吁起义并驱逐入侵者，不关心他们会受多大的苦，只要他们能对敌人造成一些损害；但任何时候同样的国家反过来成为入侵者，它会毫不迟疑地将敌方的农民当作土匪。"[1]

---

[1] Karma Nabulsi, "Evolving Conceptions of Civilians and Belligerents: 100 Years After the Hague Peace Conferences", in Simon Chesterman ed., *Civilians in War*, Lynne Rienner, 2001, p.13.

第四章
"漫长的十九世纪"和战争法的突进

"漫长的十九世纪"（The Long Nineteenth Century）一说源自英国历史学家埃里克·霍布斯鲍姆（Eric Hobsbawm），是指从1789年法国大革命开始至1914年一战爆发一共125年的这段时间。[1]这一阶段的时代精神可以概括为进步和适者生存。"19世纪的物质进步让许多欧洲人眼花缭乱，他们把科学发明和生活水平的提高视为人类迈向更高层次、更完善的文明社会不可或缺的一步。当时人们普遍坚信，在未来，依靠科技进步和人类的理性，可以解决一切人类问题，消除所有恶习。"[2] 1859年查尔斯·达尔文（Charles Darwin）出版《论借助自然选择的方法的物种起源》（*On the Origin of Species by Means of Natural Selection*，简称《物种起源》）一书，"适者生存"被视为支配所有生命的科学定律，受到民族、种族和帝国主义者的强烈拥护，被用来证明某些社会群体或国家优于他者。适用于自然的达尔文主义被推而广之适用于人类社会，成为所谓"社会达尔文主义"，并为公众所广泛接受。适者生存的观念

---

[1] E. J. Hobsbawm, *The Age of Empire*: 1875–1914, Vintage, 1989, pp. 6-11.

[2] [美]诺曼·里奇：《现代欧洲史 卷五 民族主义与改革的年代：1850—1890》，王潇楠、王珺译，中信出版社2016年版，第7—8页。

第四章 "漫长的十九世纪"和战争法的突进

让许多欧洲人深信其本国的国际地位证明了该国生存并且统治世界的"适应"能力,而战争是检验和证明国家生存和适应能力唯一的,也是最好的方法。战争是推行和贯彻国家政策正当而且可行的办法,还能够推动国际社会优胜劣汰、自我更新、适者生存,一战以前欧洲帝国主义和民族主义盛行即因如此。然而,直到19世纪中叶,战争法仍然完全是以战争惯例、抽象的原则、国内军事规范等形式存在的,随着欧洲国家对于"文明"和进步愈发自信,用法律来控制战争或使战争更加"有序"的看法日渐形成和传播开来,并且出现了实际尝试和努力,其结果是,自19世纪中叶至晚期,战争法的发展无论是在规模还是在速度上都堪称史无前例,以多边条约的方式编纂战争法成为此后的通例。

第一节 连绵不绝的战争及其对战争法的推动

拿破仑战争使得欧洲诸国消耗巨大、筋疲力尽,战争结束后,欧洲迎来了长达40年的和平,工业革命在继续,自由贸易进一步发展,欧洲似乎要在进步的路上不断行进。与欧洲远隔重洋、具备天然地理优势的美国虽然取得了独立,但仍有自身问题未能解决。19世纪中叶开始,欧洲大陆先后爆发了克里米亚战争和普法战争,美国则爆发了内战,这些事件不仅对世界历史进程意义重大,也大幅推进了战争法的发展。

一、克里米亚战争和《巴黎宣言》

1853年至1856年,俄国与英、法为争夺小亚细亚地区而在黑海沿岸的克里米亚半岛开战,俄方战败,史称克里米亚战争。1856年初，俄国、法国、英国、普鲁士、奥地利、撒丁王国、奥斯曼帝国代表在法国巴黎组成巴黎委员会，商谈和约事宜，3月30日，与会诸国签订《巴黎和约》，英国、奥地利、法国、普鲁士、俄国、撒丁王国宣布接受奥斯曼帝国参加"欧洲公法和（协作）体系"，并"尊重奥斯曼帝国的独立和领土完整"，保证奥斯曼帝国严格遵守欧洲国际法，违反行为将被视为侵犯了普遍利益。[1]《巴黎和约》在国际法史中的重要性仅次于《威斯特伐利亚和约》，因为欧洲国家历来将国际法视为仅限于"欧洲国际团体"（family of nations）适用的规范，国际法也因此被称为"欧洲公法"。而《巴黎和约》第一次允许非基督教，严格说来也并非纯粹的欧洲国家的奥斯曼帝国适用国际法并享有权利和承担义务，奥斯曼帝国成为欧洲国家认可的国际法主体，标志着仅限于西欧的近代国际法迈出了走向世界、真正国际化的第一步。自此以往，国际法的适用范围开始逐渐扩大，国际社会的成员也开始慢慢增加，尽管法律地位并不一致。从战争法的角度而言，为了打击俄国海军特别是阻止黑海舰队获得通往地中海的出海口，《巴黎和约》的不同寻常之处在于将传统上的中立制度从国家扩展到地区，规定黑海地区中立，禁止各国军舰通过黑海海峡，禁止俄国和奥斯曼土耳其在黑海拥有舰队和海军基地。实际上，早在《巴黎和约》涉及黑海海峡之前，各列强就已经多次尝试以条约来规制黑海和相关海峡。1833年7月，俄国和土耳其签订了《温卡尔-伊斯凯莱西条约》（Treaty of Unkiar Skelessi），达成了共同防御的协定，两国还签订了一项秘密条款，规定土耳其

---

[1] Art. VII, *Peace Treaty between Great Britain, France, the Ottoman Empire, Sardinia and Russia*, Paris, March 30, 1856.

第四章 "漫长的十九世纪"和战争法的突进

的义务可以免除,但交换条件是对所有非俄战舰关闭联结黑海和地中海的要道达达尼尔海峡。这项条约使得土耳其处于俄国控制之下,也让俄国军舰在该海峡占据很大优势,英法得知后虽然强烈反对,但在当时的情形下也无计可施。1841年7月,英国、俄国、奥地利、普鲁士、法国、土耳其六国签署《伦敦海峡公约》,其中规定土耳其处于和平期间时,博斯普鲁斯海峡(即伊斯坦布尔海峡)和达达尼尔海峡不得向任何外国军舰开放。[1] 由于《巴黎和约》中的黑海条款对俄国限制巨大,借助1870年普法战争的爆发,俄国宣布拒绝接受黑海条款并最终使其废除[2],1877年俄国与土耳其再次交战。

克里米亚战争更重要的影响在于巴黎和会期间与会国还通过了关于海战的《巴黎宣言》,当时法国代表认为提出海战原则的时机已经成熟,遂于1856年4月8日提出四条海战原则,英国代表立即宣布英国接受这些原则,但条件是前两个规定不能分开,后来其他国家都纷纷表示愿意遵守这些原则。4月16

---

〔1〕 [美]查尔斯·布鲁尼格、[美]马修·莱温格:《现代欧洲史 卷四 革命的年代:1789—1850》,王皓、冯勇译,中信出版社2016年版,第359—362页。

〔2〕 普法战争期间,沙皇亚历山大二世曾竭尽全力帮助他的舅舅普鲁士国王威廉一世,迫使奥地利保持中立,但沙皇的帮助不是无偿提供的。俄国一直试图摆脱《巴黎和约》中的黑海条款,而俾斯麦从1866年起就一直鼓励俄国朝这个方向努力。1870年9月,色当战役三星期后,俾斯麦命令德国驻圣彼得堡大使告知沙皇,如果俄国退出《巴黎和约》,普鲁士不会反对,但他也请俄国宣布不反对德国吞并法国的领土。俄国抓住了这个机会,10月31日在照会中宣布自己不必继续受黑海条款的约束。英国虽然认为黑海条款在政治上不明智,但反对单方面废除条约,并向普鲁士表示如果俄国坚持单方面行动,无论是否有盟国,英国都会准备战争。这是虚张声势,却真的有效,俾斯麦同意召开国际会议讨论这个问题。1871年春天,会议在伦敦召开,废除了黑海条款,不过还全体一致通过决议:除非得到其他签署国的同意,否则任何强国都没有资格废除或更改国际条约,俄国也只能赞同这一决议。参见 [英]埃里克·埃克:《俾斯麦与德意志帝国》,启蒙编译所译,上海社会科学院出版社2015年版,第203—205页。

日，七个与会国一起签署了《巴黎宣言》。[1]《巴黎宣言》不仅是战争法历史上第一个多边条约，也是编纂海战法的第一次尝试，也正因为该宣言，战争法成为国际法史上第一个被编纂的部门法。《巴黎宣言》在当时也是一个成功的条约，因为仅仅在不到两年后的 1858 年 3 月，宣言就已经被 52 个国家批准，包括几乎所有主要海洋强国。[2]然而，《巴黎宣言》一共只有四条，条文数量少，规定也十分简洁："①从此以后永远取缔私掠船制；②中立国旗帜掩护敌方货物，战时违禁品除外；③在敌国旗帜下的中立国货物不受拿捕，战时违禁品除外；④为了使封锁具有拘束力，必须是有效的封锁，即由一支足以真正阻止进入敌国海岸的武力所维持的封锁。"[3]第一条宣布禁止私掠船（privateer），实际上私掠船和私掠行为（privateering）在欧洲历史十分悠久，而且对于欧洲国家相当重要。私掠船是战时经交战国特许在海上攻击、捕押敌方商船的武装民船，私掠行为和海盗行为本质上是一个硬币的两面，其区别在于是否得到了政府许可。海盗几乎总是危害政府并因此而长期被视为非法，更遑论得到政府支持，而私掠则长期以来受到国家的授权和支持。私掠船进行私掠，除了诸如缴存保证金等其他程序要求，还必须得到政府许可进行暴力活动。一般来说，私掠船在平时需要得到报复许可（letter of reprisal），在战时则需要得到拿捕许可。发布报复许可和拿捕许可的做法至少可以追溯到 13 世纪，而 1373 年在法国、1426 年在英格兰都

---

[1] Percy Bordwell, *The Law of War between Belligerents: A History and Commentary*, Callaghan & Co., 1908, p. 65.

[2] 最终有 55 个国家批准《巴黎宣言》。

[3] *Declaration Respecting Maritime Law. Paris, 16 April 1856.*

第四章 "漫长的十九世纪"和战争法的突进

建立了捕获法庭。随着新大陆和新航道的发现，长距离贸易出现，私掠的重要性也增加了。尽管所有交战方都常常使用私掠船，但通常较弱的一方特别依赖这种做法。例如，16世纪荷兰和英国对西班牙，17世纪、18世纪法国对英国，以及1800年左右法国和美国对英国都是如此。[1]私掠既可以发生在和平时期也可以发生在战时，由于私掠船或是辅助本国海军行动，或是实际主导了本国的海上军事行动，其也是现代早期战争中非常重要的组成部分。

作为传统的海洋强国以及私掠船的主要使用国，英国同意废除私掠船是十分不同寻常的举动。不仅如此，英国历来坚持在公海上拿捕敌方财产，不管是不是在中立国船上，也一直拒绝航行自由、货物自由的原则，因为这将使得敌方的商业贸易可以通过中立国船只不受干扰地进行，进而使英国的海上霸权受损。实际上，到七年战争爆发时，普遍认可的海上交战国权利更多地反映了如英国这样的海洋强国的立场和利益：截停和捕获敌国商船以及敌方财产；搜寻并捕获驶往敌国港口的中立国船舶上的支持战争的"违禁品"；海军如有能力可以封锁敌方港口并且截停任何敌国或中立国的船舶驶进驶出。这些规则看起来已经很多，但对英国来说还不够。为了尽可能打击海上竞争对手并从对其的战争中榨出最大的商业优势，1750年到1800年间，英国还提出如下主张：在敌国船舶捕获中立国商品以及中立国船舶上的敌国商品；将违禁品清单扩大到食品；

---

[1] Halvard Leira and Benjamin de Carvalho, "Privateers of the North Sea: At Worlds End—French Privateers in Norwegian Waters", in Alejandro Colás and Bryan Mabee eds., *Mercenaries, Pirates, Bandits and Empires: Private Violence in Historical Context*, Columbia University Press, 2010, p. 60.

拦截接受并用中立国自己的旗帜掩护的敌国殖民地贸易的中立国船只。与英国变本加厉的主张针锋相对的是美国首倡的完全相反的另一种主张，要求海上的私有财产完全免于交战国干涉并且完全、彻底地移除这种干涉施加的经济压力（违禁品除外），当然，其最持续的反对者是英国。[1]可见，《巴黎宣言》第2条规定一般禁止海上拿捕私有财产正是英国长期以来所反对的，但英国最终选择接受。英国态度的急剧转变有多重原因，其中主要原因是英国商业政策的变化和英国对中立政策的重新审视。1815年拿破仑战争结束后，英国几乎得到了所有法国的海外殖民地，对于一个控制了世界贸易的国家而言，新增加的殖民地市场和原材料产地犹如锦上添花。1840年，英国放弃了重商主义（Mercantilism），代之以自由贸易政策，不再设关税、限额或其他限制。英国产品和资本的输出造就了所谓的"无形"（unofficial）或"非正式"（informal）的帝国，以便英国人在世界各地进行贸易活动，同时也将更高的标准强加于其他国家。例如，奴隶制和海盗活动都是错误的，私掠当然也是不可接受的，而这一切都依赖于英国的海洋霸权，更何况，克里米亚战争没有领土之间的争夺，"这场战争唯一的目的在于保证英国在地中海的海洋霸权"[2]。就中立政策而言，虽然作为数个世纪以来的海上霸主，英国在海上具有压倒性的地位，但每一场海战中都存在中立国与英国之间直接的利益冲突，中立国想要继续与英国的敌人进行贸易，而英国想要阻止

---

[1] Geoffrey Best, *Humanity in Warfare: The Modern History of the International Law of Armed Conflicts*, Weidenfeld and Nicolson, 1980, p. 70.

[2] [英]劳伦斯·詹姆斯：《大英帝国的崛起与衰落》，张子悦、解永春译，中国友谊出版公司2018年版，第186—195页。

第四章 "漫长的十九世纪"和战争法的突进

这种贸易。封锁和捕获是海战中两个主要的交战国权利,加上拿捕敌国商船,这些就是在海上进行经济战的全部手段。英国在《巴黎宣言》中就这些权利做出的让步和妥协"部分反映了其海洋立场日渐复杂。英国具有支配性的海军力量,也是当时世界上最大的贸易者、金融家和船只的保险人;英国越来越依靠进口食物而不再自己生产。此外,由于在欧洲大陆没有领土野心,英国可以想象其在很多大型战争中可以保持中立。因此,保护中立贸易,坚持真正的、有效的封锁,看起来跟维护封锁和捕获的权利一样符合英国的利益"[1]。对于在巴黎和会谈判桌前的英国来说,支持《巴黎宣言》并放弃之前长期坚持的海上拿捕政策不仅与自由贸易政策相符,而且可以减少战争损害,因此是"明智(wise)、精明(politic)、权宜(expedient)"之举。[2]

英国有强大的海上力量,因此其在海战法的发展过程中具有重要影响并不令人意外,如同法国和普鲁士在陆战法的发展过程中起到重要影响一样。由于战争进行的地理位置和涉及的利益存在重大差别,海战法和陆战法的发展差异巨大。在陆战法的发展过程中,考虑中立国权利的场景十分有限。例如,什么极端必要的情况下才可以使一个交战国要求从中立国领土安全过境,中立国应该如何处理交战国的逃亡者,交战国对于中立国在战斗地区的居民有何义务等。归根结底,交战国通常还可以以不涉及中立国的方式来交战,其与中立国的关系一般与

---

[1] Isabel V. Hull, *A Scrap of Paper: Breaking and Making International Law During the Great War*, Cornell University Press, 2014, p. 142.

[2] Percy Bordwell, *The Law of War between Belligerents: A History and Commentary*, Callaghan & Co., 1908, p. 66.

自己的交战能力也没多大关系。然而，海上的情况完全不同，海上总是有中立国，中立国总是从事自认为合法的生意，特别是与交战国进行贸易，因为这种贸易更有利可图，但问题在于中立国与交战国的海上贸易完全可能对战争产生决定性的影响。不仅交战国与敌对的交战国利益截然对立，交战国与中立国的利益也可能因后者是否与敌对的交战国通商、货物都有哪些种类等而截然对立，交战国和中立国之间存在复杂的三角关系。简而言之，中立国坚持自己与交战国的贸易不受任何干预，实力较弱的交战国当然对此表示支持，而实力较强的交战国则坚决反对，海战法就在这样复杂的动态博弈过程中慢慢发展。中立国与较强的交战国矛盾达到顶峰的例子当属1780年2月俄国向英、法、西等国宣布的"武装中立"原则以保护战时与交战国进行贸易的权利，即中立国船舶可以自由地在交战国港口之间及其沿岸航行，除战时禁运物资如武器、弹药、造船器材等，交战国不得拿捕中立国船舶上的敌国货物。同年7月和8月，俄国又先后同丹麦、瑞典订立条约约定装备若干战舰用以保证上述原则的实施，形成了以武力保护中立权利的同盟。因此，"因明显的原因，海战法主要有关商业，同样明显的是，陆战法并非如此；涉及中立国的海战法远超出陆战法"。从18世纪中叶开始一直到20世纪，海战法的发展特点就是存在漫长的、激烈的争议，而且最大的争议就是中立国的权利。[1]

《巴黎宣言》的签署标志着英国的海洋政策发生了革命性的变化，但英国坚持第1条和第2条应当一起考虑，从根本上

---

[1] Geoffrey Best, *Humanity in Warfare: The Modern History of the International Law of Armed Conflicts*, Weidenfeld and Nicolson, 1980, pp. 69-70.

是因为英国认为《巴黎宣言》会在整体上、长远上符合英国的利益，英国放弃私掠船是为了换取禁止海上拿捕，因为英国航海事业发达，拥有广阔的海外殖民地和巨大的海上商业利益，建立起了世界范围的航海基地网络，包括150个海军基地。不仅如此，铁甲舰的时代即将开始，而私掠船通常都是小吨位的木质渔船或商船，两者相比高下立现，私掠船退出海战的历史舞台是大势所趋，只是时间问题。实际上，皇家海军作为大英帝国至关重要的统治工具，一直保持着最高的技术发展水平，1830年装备了第一批蒸汽驱动的军舰，1840年用螺旋桨驱动代替笨拙的桨轮驱动，1862年装备了铁甲舰。[1]当然，海上力量较弱的国家不愿意放弃私掠船，如美国就反对《巴黎宣言》第一条，理由是美国的海军较弱，如果不禁止拿捕所有海上私人财产（违禁品或封锁时除外），美国就不同意禁止私掠船。由于未能与其他有关国家达成一致意见，美国后来终止了谈判。[2]美国的反对有充分的依据，"克里米亚战争结束时，美国海军仅有40艘军舰，而英国皇家海军则超过了1000艘"，而在1812年美国与英国的战争中，"517艘美国私掠船捕获了约1350艘英国商船，给英国造成的贸易损失高达4550万美元"，因此，美国坚定地认为《巴黎宣言》是"英国政治家用以夺取美国道德制高点的一个精明策略"，是"专门针对美国的最大防御性武器"，是"欧洲各主权国联盟高压

---

[1] [德]沃尔夫冈·赖因哈德：《征服世界：一部欧洲扩张的全球史，1415—2015》（中），周新建、皇甫宜均、罗伟译，社会科学文献出版社2022年版，第1069页。

[2] Percy Bordwell, *The Law of War between Belligerents: A History and Commentary*, Callaghan & Co., 1908, p.67.

反对美国的行动基础"。[1]尽管如此，经历过1861年至1865年的美国内战和1898年美西战争的洗礼，美国海上力量迅速增强，特别是铁甲舰在美西战争中表现十分出色，使得私掠船对美国这样的最后一批拥护者也失去了意义，美国遂在1899年海牙和会提议宣告私掠为非法。

二、美国内战和《利伯守则》

美国独立之后在和平时期只有一支规模非常小的常备军，以"游骑兵"为代表的民兵和志愿连队在各地相当普遍，地方对于维持大规模的中央常备军持保留态度。整体而言，不像欧洲的战争已经颇为制度化、规范化，作为一个刚脱离殖民地战争不久的年轻国家，美国对于战争应该是什么样几乎没有清楚的认识，但工业化战争的时代即将因美国内战而拉开序幕。机枪首次得到使用是在美国内战期间（1861年—1865年），美国内战也"是第一次彼此能有效调动人力与物力潜能的战争。在以往战争中，任何国家的军事努力严重受制于经济、行政和技术不足。只有少部分适龄军人能被送上战场，更少有后备力量作为备份"，然而在美国内战期间，"两军发挥全部潜能以对抗对方。不仅仅是在特定战场上杀死足够比例人员的问题，更需要月复一月、年复一年，持续拥有击退对手、投入新征士兵的能力"。[2]正规军队不足意味着美国内战涉及大量非正规战士，"从一开始，这场战争就有着明确的游击战基调——

---

[1]〔美〕约翰·法比安·维特：《林肯守则：美国战争法史》，胡晓进、李丹译，中国政法大学出版社2015年版，第123页。

[2]〔美〕约翰·埃利斯：《机关枪的社会史》，刘艳琼、刘轶丹译，上海交通大学出版社2013年版，第16页。

并非反常,因为南方人数少而且战争很快扩散到不同地区,其中一些地区十分适合游击战术。此外,由于环境和气质,南方人天生更习惯非常规战争。这甚至在战场上也有反映,邦联士兵举止非常个人主义,与联邦士兵依照正式等级行事形成鲜明对比。"[1]南方的游击队员以他们无拘无束的状态为荣,对自己能够决定何时去哪战斗颇为享受,相信自己对游击队员这个特殊使命"有着特殊的才能和技巧"。[2]这使得美国内战"因本地市民自发拿起武器反抗其邻居而具有致命的游击战本质。这是一场关于隐秘和突袭的战争,没有前线,也没有正式的组织,而且平民和战士之间几乎没有界线。"[3]实际上,美国内战所展现的战争模式在20世纪成为常态:比之前的战争致命得多,参战的是平民转化的战士而不是职业士兵,交战方都受强烈的意识形态驱使。[4]

非常规战争是美国内战的核心,1862年4月南方邦联国会通过《游击队员法案》(Partisan Ranger Act),对所有游击队员发放委任状,使得南方游击队员具有战争法中的合法身份,这导致北方面临一场以突袭为主的战争,北方也开始进行非常规战争。[5]虽然南方于1862年、北方于1863年相继进行

---

〔1〕 Robert B. Asprey, *War in the Shadows: The Guerrilla in History*, William Morrow & Company, Inc., 1994, p. 105.

〔2〕 Daniel E. Sutherland, *A Savage Conflict: The Decisive Role of Guerrillas in the American Civil War*, The University of North Carolina Press, 2009, pp. 51-52.

〔3〕 Michael Fellman, *Inside War: The Guerrilla Conflict in Missouri During the American Civil War*, Oxford University Press, 1989, p. 23.

〔4〕 James Turner Johnson, *Just War Tradition and the Restraint of War: A Moral and Historical Inquiry*, Princeton University Press, 1981, pp. 322-323.

〔5〕 [美]詹姆斯·Q. 惠特曼:《战争之谕:胜利之法与现代战争形态的形成》,赖骏楠译,中国政法大学出版社2015年版,第209页。

了征兵，但征召而来的士兵只占南方军队的21%、北方军队的6%，征兵从来都不是任何一方军队的主要来源。[1]南北方军队都招募使用了印第安人，北方军队还使用了黑人，其中许多都是黑奴。1863年上半年，住在联邦边界附近的奴隶持续涌向北方军队的阵营，7月17日，美国国会通过《第二没收法》和《民兵法》。《第二没收法》规定，南方邦联官员如果60天内不投降，其拥有的奴隶都将获得解放，并授权林肯"雇用尽可能多的非裔来镇压这场叛乱"，解放所有应征入伍的邦联同情者的奴隶；而《民兵法》允许自由黑人成为各州入伍配额的一部分，并为其入伍提供额外的激励，规定其家属也应该是自由的。[2]由于种植园经济需要大量劳动力，南方本来就对奴隶反抗十分恐惧和警惕，面对北方以给予自由来吸引奴隶而造成的巨大战时压力，南方迫切需要更强有力的手段来震慑奴隶，而负此重责的则是南方的游击队、探子和地方防卫武装。游击队和奴隶制表面上似无联系，但正是因为奴隶逃亡和反抗动摇了南方的经济和社会基础，并进而从根本上危及南方的安全，所以南方的游击队等"非正规人员十分仔细地审视着奴隶和白人联邦主义者，游荡的游击队常常镇压奴隶反抗。但凡有动乱的迹象，他们就会进行迅猛、激烈的报复，其隐秘存在也让离家太远的奴隶身处险境。"[3]随着越来越多的

---

[1] John Whiteclay Chambers II, "American Views of Conscription and the German Nation", in Daniel Moran and Arthur Waldron eds., *People in Arms: Military Myth and National Mobilization Since the French Revolution*, Cambridge University Press, 2003, p. 81.

[2] [美]道格拉斯·R.埃格顿：《重建之战：美国最进步时代的暴力史》，周峰译，上海译文出版社2022年版，第11页。

[3] Daniel E. Sutherland, *A Savage Conflict: The Decisive Role of Guerrillas in the American Civil War*, The University of North Carolina Press, 2009, p. 46.

第四章 "漫长的十九世纪"和战争法的突进

黑人加入北方军队，南方邦联政府越发感到恐惧，南方军队的将军和邦联政府的战争部长遂宣布剥夺北方军队黑人士兵的"法律权益"，不会将其视为战俘，一旦抓获将不会被交换而是被关进密室等待处决。1863年12月23日，南方邦联总统杰斐逊·戴维斯扩大了这一政策的适用面，宣布所有白人军官和"带武器的被俘黑奴"都将会被作为造反者予以处决。不过，戴维斯的法令从未生效，但也从未被正式撤销。[1]而南方军队的一些高级军官确实对黑人军队犯下了违反战争法的暴行。1864年4月12日，邦联军队在田纳西州的枕头堡屠杀了近300名已经投降的黑人士兵，更常见的是在南方被占领区针对黑人士兵的暴力行为。[2]

北方军队在战场上部署了大量军力，但这些人绝大部分以前是平民，对军事很不熟悉，更不用提知晓战争惯例了，他们不熟悉战争法，但又需要执行各种行动和任务，因此常常出现相互矛盾的决定和指示，造成很大的混乱和困扰。"他们厌倦了被看似应该无害的农夫枪击，并因徒劳地行军追击如鬼魂一样无迹可寻的敌人而筋疲力尽"，他们想还以颜色，因为"叛乱分子只懂得蛮力（brute force）"。[3]换句话说，对北方军队来说，关键的法律问题是如何看待南北方关系以及如何将南方军队的士兵定性，是将南方军队作为合法的交战者还是将其视为叛乱分子。从战争法的角度看，此时北方军队的处境和近

---

[1] [美] 道格拉斯·R. 埃格顿：《重建之战：美国最进步时代的暴力史》，周峰译，上海译文出版社2022年版，第15—16页。

[2] [美] 道格拉斯·R. 埃格顿：《重建之战：美国最进步时代的暴力史》，周峰译，上海译文出版社2022年版，第32页。

[3] Daniel E. Sutherland, *A Savage Conflict: The Decisive Role of Guerrillas in the American Civil War*, The University of North Carolina Press, 2009, pp. 58-59.

百年前美国独立战争期间的英国处境颇为相似。由于北方军队的迫切实际需求，北方军队总司令亨利·韦杰·哈勒克（Henry Wager Halleck）将军委托弗朗西斯·利伯（Francis Lieber）以既有的陆战惯例为基础，同时考虑当时内战的实际情况起草一部陆军行为守则，希望通过一套明确、具体、统一的行为准则来规范军队的行为。1863年，利伯完成的文本以"第100号总命令"（General Orders No. 100）的形式发布，这就是战争法史上著名的《利伯守则》的由来。

利伯要解决的主要问题是北方军队的合法攻击目标应该包括哪些人，也就是什么样的人是合法的战斗员，在最终完成哈勒克将军交予的任务之前，他先将自己的思考形成了一篇论文，即1862年8月发表的《战争法规惯例下的游击战交战方》。在这篇文章中，利伯认为战斗员身份应该按照顺序去厘清，首先是区分战斗员与所有其他人，其次是区分战斗员和所有国民，不管其是否武装，最后是区分正式的战斗员和其他的战斗员。为此，他一一列举并讨论了与常规战争和正规军队相对的非正规战士。第一类是"流寇"（freebooter），利伯称之为"最危险的犯罪分子类型的武装强盗"。第二类是土匪（brigand），"脱离了自己军队的士兵，从事抢劫并自然地常伴有谋杀和其他暴力犯罪"。第三类"游击队员"（partisan）和"自由军团"（free-corps）的含义模糊，利伯将其界定为"脱离了军队主力的主体"，即为正规军的一部分但独立运作。第四类是间谍（spy）、叛乱分子（rebel）和阴谋分子（conspirator）。第五类是"战争叛乱分子（war-rebel）"，他们都是被占领领土上秘密或公开反抗占领军的个人或团体。其中，叛乱分子是指某地"被征服后重返战争"的人；战争叛乱分子是

第四章 "漫长的十九世纪"和战争法的突进

指被占领领土上反抗占领军的人,两者的区别在于所涉领土是被征服还是被占领。利伯认为战争叛乱分子最为恶劣,因为他们"将占领军置于最大的危险之中,并严重妨碍了减轻战争严酷性,而这是现代战争法力图实现的最崇高的目标之一"。第六类是"起义民众"或"农民武装"(rising en masse/arming of peasants),即自发组成的"抵抗侵略"的武装团体。利伯认为在这六类非正规战士里,只有游击队员、自由军团和起义民众才是合法交战者,穿不穿制服都没有影响,而在土匪、自由军团和起义民众之间摇摆不定、不属于正规军的另一种"游击队员"(guerrilla)的法律地位非常难以断定。利伯特意提及,有些学者将源自正规军的游击队员和不属于正规军的游击队员视为一类而且将二者都视为非法交战者,例如哈勒克将军在其1861年的著作中便持这种观点。[1]虽然利伯与哈勒克关于游击队员的观点不一致,但哈勒克对利伯的这篇文章给予高度评价,并印刷了5000份分送北方军队各部作为对待非正规战士的政策指导,因为"利伯改写了战争法,干净利落地解决了获得委任的非正规部队问题"。在利伯看来,有没有源自国家的正式委任(或者如他所说,这帮战士是否"自告奋勇")关系到士兵的身份,但不起决定性作用,"利伯的标准有根主线一以贯之,每条标准都指向了同一问题:战斗人员是否获得了交战一方的认可",利伯提出的这些定义士兵身份的新观念沿用至今,在1949年《关于战俘待遇的日内瓦公约》

---

[1] Francis Lieber, *Guerrilla Parties: Considered With Reference to the Laws and Usages of War*, D. Van Nostrand, 1862, pp. 9–17.

中依然可见利伯长文的影响。[1]

问题在于，利伯的这篇文章对于战地军官和士兵而言实在是太长了，而且过于复杂，最终以其为基础并经过删减修改形成了1863年公布的《利伯守则》。《利伯守则》没有细致地规定非正规战士事宜，也没有提及起义民众和不属于正规军的游击队员的合法性，但保留了源自正规军的游击队员与其他非正规战士合法与非法之间的区别，这一方面反映了利伯本人的观点与坚持，另一方面也因《利伯守则》是军队纪律文件而不是学术论著，所以行文不能过于复杂。不过现实更复杂，不仅正规军和非正规军之间界限模糊，非正规战士还有许多不同的种类，而南北方军队士兵和将领一致认为"最恶劣"的事情就是非正规军常常身着对方的制服或根本不穿制服，导致正规军无法分辨敌我，也很难分辨混在平民中的游击队员，"由于战士和平民百姓融为一体，即使最有意愿也不可能将平民与游击队员分开、只杀战斗员。"[2]归根结底，之所以"美国内战时期的人很难区分正规和非正规部队，是因为战前美国没有明确的正规战士的样板可供参考。常常无法从视觉上分辨正规和非正规部队又使情况更加恶化。"[3]《利伯守则》对此的回应就是明确规定穿敌人制服战斗的人不能留活口，[4]背信弃义

---

〔1〕［美］约翰·法比安·维特：《林肯守则：美国战争法史》，胡晓进、李丹译，中国政法大学出版社2015年版，第183—184页。

〔2〕Michael Fellman, *Inside War: The Guerrilla Conflict in Missouri During the American Civil War*, Oxford University Press, 1989, pp. 162-165.

〔3〕Sibylle Scheipers, *Unlawful Combatants: A Genealogy of the Irregular Fighter*, Oxford University Press, 2015, p. 75.

〔4〕Art. 63, *General Orders No. 100: The Lieber Code, Instructions for the Government of Armies of the United States in the Field.*

第四章 "漫长的十九世纪"和战争法的突进

也会失去战争法的所有保护。[1]《利伯守则》开创性地使用了"战斗员"(combatants)和"非战斗员"(noncombatants)一词并清楚地表达了区分原则,即"常规战争中的所有敌人分两大类,即战斗员和非战斗员,或者是敌对政府的未武装公民"。[2]《利伯守则》多次提及非战斗员,如第18条关于将非战斗员驱逐出被包围的地方以减少食物消耗(以及将其赶回以加快投降)、第19条关于在开始炮击前可通知敌方撤出其非战斗员(特别是妇女和儿童)、第156条关于如何处理"不忠公民"等,[3]但没有非战斗员和战斗员的定义。从"游击队员"(partisans)、"不属于敌对军队的武装敌人"(armed enemies not belonging to the hostile army)、"武装徘徊者"(armed prowlers)、"战争叛乱分子"(war-rebels)对"武装"的强调以及"未武装"一词来看,可以说区分战斗员与非战斗员的标准在于有没有武器。[4]制服则是确定战斗员身份的另一个标准,甚至对游击队员也有武器和制服的要求,[5]但这样仍然无法将非正规的战斗员与未武装的公民有效区分开来。利伯当然清楚未武装的公民并不必然无害也无法轻易识别,他的解决方案就是

---

[1] Art. 65, *General Orders No.* 100: *The Lieber Code*, *Instructions for the Government of Armies of the United States in the Field*.

[2] Art. 155, *General Orders No.* 100: *The Lieber Code*, *Instructions for the Government of Armies of the United States in the Field*.

[3] 朱路:《昨日重现:私营军事安保公司国际法研究》,中国政法大学出版社2017年版,第164页。

[4] 朱路:《论当代武装冲突对国际法和战争法的挑战》,人民日报出版社2022年版,第14页。

[5]《利伯守则》中的游击队员(partisans)是指"携带武器并身着其部队制服的士兵,但其所属连队脱离主力部队以在被敌人占领的领土内进行袭击",Art. 81, *General Orders No.* 100: *The Lieber Code*, *Instructions for the Government of Armies of the United States in the Field*.

以效忠合法政府为标准对未武装的公民进行分类，确切说来这也是识别非战斗员的标准，"合法政府的军事指挥官在叛乱战争中，将该国叛乱地区的忠诚公民与不忠诚的公民区分开来。不忠的公民可以进一步分为那些已知同情叛乱但没有积极帮助它的公民，以及那些不拿起武器而在没有受到身体上的强迫时积极帮助和安慰叛乱的敌人的公民。"[1]利伯认为，未武装的公民按照忠心与否分为忠心、不忠和明显不忠三类，每一类既可以说明其所造成的威胁，也可以对此进行相应的回应，明显不忠的人受到战争的影响最大，可是不忠和明显不忠这两类人群明显危及判断战斗员和非战斗员身份的最初前提，即无害（inoffensive）和未武装，毕竟一个人可以明显不忠但不携带武器。换言之，未武装的公民帮助敌人造成严重威胁可以被视为有害（offensive），区分战斗员和非战斗员的关键是忠不忠心而非是否携带武器。"因此，外部迹象（携带武器）只在内部情感（忠心）不矛盾的情况下才起作用。实际上，不是一人所携带的武器而是其具有的情感才真正区分了战斗员和平民"。[2]《利伯守则》中战斗员与平民的区分不仅仅在于是不是正规军队一员并因此有参战的合法权利，而且还在于是否对合法的政府忠心，这使得战斗员与平民更难区分。更严重的问题在于，忠心与否会使得平民具有截然相反的待遇，"指挥官将尽其所能地把战争的重担置于叛乱地区或省份的不忠公民，使他们受到比常规战争中非战斗员所遭受的更严格的管制"，

---

[1] Art. 155, *General Orders No.* 100: *The Lieber Code, Instructions for the Government of Armies of the United States in the Field.*

[2] Helen M. Kinsella, *The Image Before the Weapon: A Critical History of the Distinction Between Combatant and Civilian*, Cornell University Press, 2011, p. 86.

第四章 "漫长的十九世纪"和战争法的突进

指挥官还"可以驱逐、转移、监禁拒绝重新宣誓成为遵守法律和忠于政府的公民的反叛公民或课以罚款"。[1]这是"根据平民的行为甚至他们的世界观（weltanschauung）来决定对其的保护。实际上是整体怀疑敌人领土内的所有平民"，尽管利伯试图把这种方法仅限于内战和叛乱，却"为以后几十年平民的待遇提供了先例，特别是有非正规战士的地区。美国内战后近一个世纪，平民的法律定义和给予此类人群的保护源自正规和非正规军队的根本区别。简而言之，'未武装的公民'只有表现出绝对忠于正规部队并且和非正规部队或抵抗运动没有联系时才值得保护，更别提拿起武器反抗正规军队了。"[2]

为了进一步解决战斗员是否具有合法身份的问题，《利伯守则》讨论了战俘问题，反对给予"不是有组织的敌对军队成员，不持续参加战争"的人以战俘权利，由于这些人"时断时续地回家和从事副业，或者有时看起来追求和平，这就剥夺了他们自己士兵的性质或外表"，应该"被当作拦路抢劫者或海盗"。[3]也就是说，《利伯守则》以敌对行动是否持续为标准决定是否给予非正规战士战俘权利。《利伯守则》是第一个实质规定战俘待遇的法律文件，不仅给出了战俘的定义，而且详细描述了有权成为战俘或享有战俘待遇的人员及类别，并清楚地规定了战俘待遇的规则和战俘的地位。《利伯守则》还要求人道对待战俘，其关于战俘最根本的规定反映在第74条

---

[1] Art. 156, *General Orders No. 100: The Lieber Code, Instructions for the Government of Armies of the United States in the Field.*

[2] Sibylle Scheipers, *Unlawful Combatants: A Genealogy of the Irregular Fighter*, Oxford University Press, 2015, pp. 83-84.

[3] Art. 82, *General Orders No. 100: The Lieber Code, Instructions for the Government of Armies of the United States in the Field.*

和第 75 条，第 74 条规定战俘是全民公敌，是政府而不是俘获者的俘虏，不应向俘获者个人或任何指挥官支付赎金，只有政府能够根据制定的规则释放战俘；第 75 条规定出于必要的安全理由可将战俘囚禁，但不应故意伤害或侮辱战俘，根据安全需要的不同，关押和对待战俘的方式可以有所不同。虽然关于战俘的规定在系统性和概括性上较为欠缺，但《利伯守则》是确立现代战俘制度规则的第一次尝试，为后世关于战俘的国际法律文件奠定了基础。[1] 另外，美国内战初期，南方军队的私掠船将所抓获的北方军队俘虏都宣布为海盗并判处死刑，不过由于担心北方军队报复，死刑从未执行。后来，南北双方按照战争法有关规则，在互惠的基础上给予抓获的俘虏以战俘待遇。[2]

《利伯守则》的结构松散，允许杀戮和破坏的范围广、程度深，这尤其突出地反映在第 15 条关于军事必要的论述上，"军事必要允许直接摧毁武装的敌人的生命或肢体，以及在战争的武装斗争中偶然不可避免地给其他人造成的破坏；允许俘虏所有武装的敌人，以及对敌对政府具有重要意义或对俘获者有特殊危险的敌人；允许对财产进行一切破坏……允许扣留所有食物或生活资料以免敌人获取"。[3] 就平民待遇而言，《利伯守则》虽然规定"未武装的公民将被免于人身、财产和荣誉

---

[1] 朱路：《论国际法中战俘制度的发展及其当代挑战》，载《法学评论》2014 年第 2 期。

[2] Percy Bordwell, *The Law of War between Belligerents: A History and Commentary*, Chicago: Callaghan & Co., 1908, p. 82.

[3] Art. 15, *General Orders No. 100: The Lieber Code, Instructions for the Government of Armies of the United States in the Field*.

第四章　"漫长的十九世纪"和战争法的突进

的伤害",但条件是"只要战争的迫切需要允许",[1]从而给北方军队的战地指挥官留下了极大的自由裁量余地,除了禁止为残忍而残忍、为破坏而破坏,[2]报复平民、让武装和非武装的交战方挨饿[3]以及劫持人质[4]都是合法的,北方军队也确实经常劫持人质和放火报复,拘留和流放(banishment)很快也成为北方政府处理不忠市民的一般做法。[5]在《利伯守则》看来,战争残酷一些是好事,因为"战争进行得越有力,对人类就越好。激烈的战争也短暂。"[6]由此可见,《利伯守则》更多是方便军事行动,几乎没有设置强有力的障碍防止平民受到严酷对待,实际上正是因为北方军队不断遭受游击战的困扰才有了《利伯守则》的出现,《利伯守则》必须对北方军队合法地进行战争提供法律指引,使其合乎战争法的一般认知,但更重要的是在实践中有可行性。尽管《利伯守则》中平民或曰"公民的地位是极为模糊的",[7]然而这并不令人意外,因为《利伯守则》既不保护平民甚至也没有提及平民。相反,它

---

[1] Art. 22, *General Orders No. 100*: *The Lieber Code, Instructions for the Government of Armies of the United States in the Field*.

[2] Art. 16, *General Orders No. 100*: *The Lieber Code, Instructions for the Government of Armies of the United States in the Field*.

[3] Art. 17, *General Orders No. 100*: *The Lieber Code, Instructions for the Government of Armies of the United States in the Field*.

[4] Arts. 54-55, *General Orders No. 100*: *The Lieber Code, Instructions for the Government of Armies of the United States in the Field*.

[5] Sibylle Scheipers, *Unlawful Combatants*: *A Genealogy of the Irregular Fighter*, Oxford: Oxford University Press, 2015, pp. 84-85.

[6] Art. 29, *General Orders No. 100*: *The Lieber Code, Instructions for the Government of Armies of the United States in the Field*.

[7] Adam Roberts, "The Civilian in Modern War", in Hew Strachan and Sibylle Scheipers eds., *The Changing Character of War*, Oxford University Press, 2011, p. 362.

讨论的是公民……由于对《利伯守则》而言公民是其国家的一部分，也是敌人。由于公民是敌人，就不必非得保护他们；公民必须忍受其国家的苦难，也会分享其成功。尽管如果可能而且不费劲就可以饶了他们的命、放过他们的财产令人向往，但让公民受诸如挨饿之类的苦是合法的，只要这样可以早点结束战争。[1]

实际上，"利伯最重要的贡献是区分了正规游击队（partisan）和非正规游击武装（guerrilla）的概念"，前者有权成为战俘，而后者一旦被俘可立即处决。[2]这也是他最大的成功。他确立了联邦政府对待南方邦联游击队员的新标准，南方政府尽管很不情愿但还是接受了，因为按照利伯的标准，1862年4月得到南方邦联政府委任状的很多游击队员都被视为合法的士兵，他们不同于无识别徽章、无统一指挥结构、不遵守战争基本规则的其他游击队。[3]《利伯守则》的缺陷在于过分强调军事占领期间占领军对被占领领土居民的权利，也夸大了荣誉和道德在确保遵守规定中的作用，荣誉是早已消亡的骑士精神的关键组成部分，让指挥官和战斗员依据来自"正义、荣誉和人性原则"[4]的道德规范来谨慎使用暴力、不去肆意破坏，实效是难以保证的，但也许这正是其原本的目的。《利伯守

---

[1] Amanda Alexander, "The Genesis of the Civilian", *Leiden Journal of International Law*, Volume 20, Issue 2, 2007, p. 363.

[2] [美]马克斯·布特：《隐形军队：游击战的历史》，赵国星、张金勇译，社会科学文献出版社2016年版，第141页。

[3] [美]约翰·法比安·维特：《林肯守则：美国战争法史》，胡晓进、李丹译，中国政法大学出版社2015年版，第185页。

[4] Art. 4, *General Orders No.* 100; *The Lieber Code*, *Instructions for the Government of Armies of the United States in the Field*.

第四章 "漫长的十九世纪"和战争法的突进

则》由利伯凭一己之力完成,并非集体创作,没有思想的交流碰撞,而由于利伯没有军事经验,《利伯守则》全文冗长,学究气重,战地实际操作性不佳,就连他本人也承认一般由士兵来决定一人是不是游击队员这个事实"大大减少"了《利伯守则》的效用,而更严重的是"北方军队的军官和士兵对这个新命令所言甚少"。[1]实际上,北方军队并未按照《利伯守则》关于非正规战士的规定行事,也没有考虑其中的细微差别,而是一般地将所有非正规战士都视为非法交战者并处死。北方军队也不承认武力抵抗的本地公民的合法性,即利伯所称的"起义民众",即便是受南方军队领导和授权的游击队员,北方军队也视其为非法交战者。[2]1865年,军事委员会和普通法院处理了前游击队员的谋杀、纵火和盗窃等行为,这些人一般被判定有罪,少有人逃脱惩罚,但自南方军队投降后,判处前游击队员死刑就更罕见了,虽然就地处死尚未停止。[3]

尽管如此,《利伯守则》在战争法的发展过程中十分重要,是编纂战争法的"第一次尝试"。[4]1874年布鲁塞尔会议上,会议主席宣称《利伯守则》是制定国际战争法典的灵感

---

[1] Daniel E. Sutherland, *A Savage Conflict: The Decisive Role of Guerrillas in the American Civil War*, The University of North Carolina Press, 2009, p.128.

[2] Sibylle Scheipers, *Unlawful Combatants: A Genealogy of the Irregular Fighter*, Oxford University Press, 2015, pp.80-81.

[3] Daniel E. Sutherland, *A Savage Conflict: The Decisive Role of Guerrillas in the American Civil War*, The University of North Carolina Press, 2009, p.275.

[4] 红十字国际委员会在对其进行介绍时便是如此认为。*Instructions for the Government of Armies of the United States in the Field* (*Lieber Code*). 24 April 1863, https://ihl-databases.icrc.org/ihl/INTRO/110, visited on October 10, 2018.

来源,也是俄国沙皇召集会议的原因。[1]布鲁塞尔会议虽然没有达成有约束力的国际条约,但《布鲁塞尔宣言》是随后具有法律约束力的《海牙陆战法规和惯例公约》的基础,由此可见《利伯守则》的影响力。可以说,《利伯守则》是战争法中"海牙法"无可争议的基础。

三、红十字国际委员会的成立和"日内瓦法"的出现

如前所述,1856年的《巴黎宣言》拉开了编纂战争法的序幕,势力扩张到全球的欧洲国家空前自信,追求进步和文明成为时代精神,编纂战争法的进程也在持续。1859年4月29日,第二次意大利独立战争[2]爆发,于当年7月11日结束。1859年6月的一天,正在意大利出差的瑞士商人亨利·杜南(Henry Dunant)经过卡斯蒂廖内镇,而以15万名法国和撒丁王国联军为一方、以17万名奥地利军队为另一方的索尔费里诺战役(Battle of Solferino)正在附近进行,杜南得以目击战争的惨状并于1862年出版了《索尔费里诺回忆录》,该书在欧洲造成轰动,引发了公众对伤员境遇的普遍关切并希望能够改善其处境。实际上,当时的战争普遍残酷,索尔费里诺战役并非特例,但杜南对于战祸的描述十分直接和尖锐,以直白的语言描述血腥的场景大大地震撼了欧洲民众,例如,"脑浆在车轮下涌出。四肢断裂,人体被残害得辨认不出原来的模样。泥土混拌着鲜血,尸横遍野","头被炮弹炸飞","脑浆溅满了

---

[1] Percy Bordwell, *The Law of War between Belligerents: A History and Commentary*, Callaghan & Co., 1908, p. 74.

[2] 也称意法奥战争、萨奥战争或是1859年意大利战争,交战双方为法国-撒丁尼亚联军和奥地利帝国,这场战争在意大利的统一过程中起到了重要作用。

第四章　"漫长的十九世纪"和战争法的突进

他们的铠甲"等,"呈现在你眼前的是你想象不到的最可怕的景象"。[1]杜南还特别关注伤员,他注意到伤员人数已经远超出部队医务人员数量,使得附近的村镇人满为患,"村镇的每个教堂,每个修道院、房屋、广场、庭院、街道或小巷都变成了临时医院",而"卡斯蒂廖内的拥挤无法形容","地方政府、镇上的人和留在卡斯蒂廖内的部队已完全无法应付"。[2]以细致的笔触描写完伤员的悲惨处境后,杜南提议在所有国家,"首先必须在欧洲大家庭的每个成员中",在和平时期成立常备的、为战时伤员提供服务的志愿救护协会,并以"一项不可侵犯的公约的形式来确立一些国际准则"作为这些救护组织的依据并支持他们的工作,"用人性与真正的文明精神促进防止或至少减轻战争的恐怖"。[3]

《索尔费里诺回忆录》出版后,杜南将其寄给日内瓦公共福利协会(Geneva Society of Public Utility)主席古斯塔夫·穆瓦尼耶(Gustave Moynier),后者对杜南书中的提议很感兴趣。1863年2月9日,日内瓦公共福利协会成立了"伤兵救护国际委员会"(International Relief Committee for Injured Combatants),[4]由于只有五名成员,又称"五人委员会"(Committee of Five)。[5]1863

---

[1] [瑞士]亨利·杜南:《索尔费里诺回忆录》,杨小宏译,红十字国际委员会,2009年,第19—33页。
[2] [瑞士]亨利·杜南:《索尔费里诺回忆录》,杨小宏译,红十字国际委员会,2009年,第41—45页。
[3] [瑞士]亨利·杜南:《索尔费里诺回忆录》,杨小宏译,红十字国际委员会,2009年,第86—87页。
[4] 1875年该委员会改名为"红十字国际委员会"(International Committee of the Red Cross)。
[5] Thomas Richard Davies, *NGOs: A New History of Transnational Civil Society*, Oxford University Press, 2014, p. 38.

年10月26日至29日，伤兵救护国际委员会举行了一次半官方性质的会议，16个国家和4个慈善机构与会讨论战时自愿组织对战场上伤员的救护以及救护人员的中立地位问题。[1]与会者均为军人和医生，其中约有一半来自有关国家的军队，会议分为两个主题，一是建议各国设立帮助伤员的委员会，二是希望将伤员及有关人员和财产中立化。[2]1863年的会议成功实现了预定目标，但会议本身并不是外交会议，绝大部分与会的官方人员只是代表其部门而不是代表其国家，不过在此基础上，瑞士联邦委员会出面邀请所有16个国家在日内瓦召开一次外交会议，以期缔结一个关于改善战地伤员待遇的公约，受邀国家除了美国、巴西和墨西哥这三个美洲国家，其他都是欧洲列强。1864年8月8日至22日，日内瓦外交会议举行，讨论并通过了《改善战地武装部队伤者境遇的日内瓦公约》，会议结束时，签署公约的12个国家全部是欧洲列强。[3]公约草案由五人委员会准备，实际上与1863年会议的决议案多有相似，只是经过稍微改动便由外交会议通过签署。1864年《改善战地武装部队伤者境遇的日内瓦公约》于1865年6月22日生效，主要规定有三个：第一，伤员不分国籍，一律救治；第二，医疗人员、设施和单位不可侵犯（中立性）；第三，使用白底红十字的显著标志。1866年，普奥战争爆发，出现了修正

---

〔1〕 *Resolutions of the Geneva International Conference. Geneva*, 26-29 October 1863, https://ihl-databases.icrc.org/applic/ihl/ihl.nsf/Treaty.xsp?documentId=5120E889210B512AC12563CD002D65DD&action=openDocument, visited on September 22, 2019.

〔2〕 Percy Bordwell, *The Law of War between Belligerents: A History and Commentary*, Callaghan & Co., 1908, p. 84.

〔3〕 分别是瑞士、比利时、丹麦、西班牙、法国、意大利、荷兰、葡萄牙、普鲁士、巴登、黑森和符腾堡。

第四章 "漫长的十九世纪"和战争法的突进

1864年《改善战地武装部队伤者境遇的日内瓦公约》的需求,瑞士联邦委员会因此于1868年10月在日内瓦又举行了第二次外交会议,通过了附加条款以明确公约中某些模糊的地方,特别是将公约中的原则适用于海战,但这些附加条款没有得到有关国家的支持和批准,一直未能生效。[1]

1864年《改善战地武装部队伤者境遇的日内瓦公约》是后来战争法中被称为"日内瓦法"的第一个条约,不到四年,所有的欧洲国家都宣布遵守、成为缔约国,其中包括1865年7月5日就宣布加入条约的土耳其。不过,由于当时国际法盛行"欧洲中心主义"(Eurocentrism),其他大陆的国家加入公约的时间要晚一些。例如,波斯是第一个加入公约的纯粹亚洲国家,萨尔瓦多是第一个加入公约的美洲国家,两国都是在1874年签署了公约。随后,玻利维亚、智利、阿根廷(1879年)、秘鲁(1880年)、日本(1886年)、暹罗(1895年)、中国(1904年)等也纷纷加入公约。事实上,最支持1864年的日内瓦公约的并非和平主义者,而是穷兵黩武的强硬政治家,除了瑞士,普鲁士比任何欧洲国家都更积极、热情地支持日内瓦公约中的人道主义主张,更愿意救助战场上的伤员。美国虽然没有派遣正式代表参会,但参议院最终在1882年批准了1864年的日内瓦公约,而且是由号称"侵略者吉姆"的国务卿詹姆斯·布莱恩下令批准的,而他的主要外交遗产就是使美国走上了军事干预拉美之路。[2]

---

[1] *Convention for the Amelioration of the Condition of the Wounded in Armies in the Field. Geneva*, 22 August 1864, available at https://ihl-databases.icrc.org/applic/ihl/ihl.nsf/Treaty.xsp?documentId=477CEA122D7B7B3DC12563CD002D6603&action=openDocument, last visited on 2019-09-22.

[2] [美]约翰·法比安·维特:《林肯守则:美国战争法史》,胡晓进、李丹译,中国政法大学出版社2015年版,第345页。

其中的逻辑显而易见，因为救助伤员虽然对交战双方都有利，但对拥有大量士兵和/或频繁进行战争的军事强国更为有利。

《改善战地武装部队伤者境遇的日内瓦公约》附加条款通过的同时，著名的《关于在战争中放弃使用某些爆炸性弹丸的宣言》（以下简称《圣彼得堡宣言》）也在孕育之中。1863年，俄国陆军装备了一种配有发火帽（percussion cap）、接触到坚硬面会爆炸的子弹，这种子弹此前多用于在印度猎虎和猎象。1864年，俄国军政部长（Minister of War）认为对人使用这种子弹不合适，遂下令只能分发给狙击手，而且不能超过十发，务必谨慎使用。1867年又出现了一种即使是遇到人体这么柔软的表面也会爆炸的新型子弹，鉴于其杀伤性极大，俄国军政部长认为这种子弹只会毫无必要地加重战争带来的苦难，并向俄国沙皇亚历山大二世提议或是完全放弃使用这种子弹，或是只使用那种遇到坚硬面才爆炸的子弹。沙皇批准了军政大臣的提议，决定在圣彼得堡召集有关国家举行会议商讨此事。1868年11月4日至16日，会议在圣彼得堡举行，并自称"国际军事委员会"（International Military Commission），绝大多数欧洲国家均派代表与会，波斯后来也派代表参加。正式会议之前的通信已经表明有关国家对于禁止一切爆炸性子弹持一致赞成态度，并认为仅仅区分子弹的不同类别是"虚幻的"（illusionary），普鲁士甚至建议更进一步禁止多种投射物，如链弹（chain shot）和棒状弹（bar shot），但英法两国不愿意就该主题进行一般讨论，于是该议题到此为止，不过与会国同意了瑞士提出的同样禁止燃烧性子弹的提议。由于与会国只是反对子弹内装有爆炸物，并不反对在弹壳里填充爆炸物，会议通过的宣言即《圣彼得堡宣言》最终将禁止的门槛定为400克或

14常衡盎司（ounces avoirdupois）以下的投射物。[1]《圣彼得堡宣言》在战争法的发展过程中具有十分重要的地位，因为它第一次明确体现了作为战争法首要原则和逻辑基础的区分原则，第一次宣布"各国在战争中应尽力实施的唯一合法目标是削弱敌人的军事力量（military forces）"，不过《圣彼得堡宣言》没有界定什么叫作"军事力量"，这是因为在当时"军事力量"是国家的武装部队这一点几乎不证自明。[2]

四、普法战争和布鲁塞尔会议

1866年普鲁士在普奥战争中获胜，吞并了石勒苏益格-荷尔斯泰因、汉诺威、黑森-卡塞尔、拿骚以及法兰克福，普鲁士还联合德国北部的萨克森、汉堡、不来梅等成立了北德意志邦联并将其牢牢控制，再加上快速实现了工业化和经济实力大增，普鲁士已经从一个微不足道的德意志邦国成为欧洲最重要的列强之一，这就不可避免地引发了法国这个邻国的担忧。双方都觉得战争不可避免，需要的只是恰当的时机，而1870年西班牙王位继承问题恰好提供了这样的机会。[3]1870年7月

---

[1] Percy Bordwell, *The Law of War between Belligerents: A History and Commentary*, Callaghan & Co., 1908, pp. 87–88.

[2] 朱路：《论当代武装冲突对国际法和战争法的挑战》，人民日报出版社2022年版，第14页。

[3] 1868年西班牙革命之后，女王伊莎贝拉二世被废，王位虚悬。普鲁士首相俾斯麦为使法国腹背受敌，提议让普鲁士国王威廉一世的堂兄利奥波德亲王继承西班牙王位，确保霍亨索伦家族在西班牙的影响力，但消息提前泄露了出去，使得法国极为不满，英国、奥地利、俄国等也附和法国。压力之下，利奥波德亲王宣布放弃西班牙国王候选人资格，但1870年7月13日，法国驻普鲁士大使奉法国国王拿破仑三世之命向正在度假地埃姆斯的普鲁士国王威廉一世提出要普鲁士保证今后决不再派任何霍亨索伦王室的人任西班牙国王，威廉一世认为法国的

19日,法国向普鲁士宣战,普法战争(Franco-German War)开始。"总体上说,1870年的法军和普鲁士军队是势均力敌的……一切都取决于兵力集结和投放的速度。数量将会压倒质量。"[1]由于普鲁士军队的动员和组织远比法军充分迅速,普军1870年8月取得了一系列胜利,在9月1日至2日的色当会战(Battle of Sedan)中又大获全胜,法国国王拿破仑三世率十万大军向普军投降,"法军在色当的失败是军事史中最令人震惊的失败之一",[2]法国举国哗然,巴黎和一些大城市纷纷暴动;同年9月4日,法兰西第二帝国被推翻,法兰西第三共和国成立;10月27日的梅斯围城战(Siege of Metz)普军再次大胜,法军巴赞元帅率全军投降,法国只能靠残军继续战斗。1871年1月28日,普法两国签订停战协定;同年5月10日,两国签署《法兰克福和约》,法国接受了普鲁士提出的苛刻的条件,以巨大的代价结束了战争,其中包括割让与德国接壤的阿尔萨斯和洛林两省以及支付巨额赔偿等。普法战争全程不到10个月,于法国而言,之前貌似稳定的帝国体制在这场堪称自杀的战争中轰然倒塌,但从更宏观的角度看,普鲁士在这场战争中"如此迅速地大获全胜,以及作为战利品的阿尔萨斯-洛林和支付所有战争成本的赔款,也显示了现代战争作为一种政策工具的可能性……这次战争

(接上页)要求无理并断然拒绝,后将会谈结果用电报告诉俾斯麦。俾斯麦对威廉一世的"埃姆斯急电"稍加改动,强调法国行为过分并将其公开,而法国人看了电文也感到普鲁士国王十分无礼,于是法国率先宣战,普法战争开始。

〔1〕 [美]杰弗里·瓦夫罗:《普法战争:1870—1871年德国对法国的征服》,林国荣译,社会科学文献出版社2020年版,第65页。

〔2〕 Geoffrey Wawro, *Warfare and Society in Europe*, *1792-1914*, Routledge, 2000, p.117.

第四章　"漫长的十九世纪"和战争法的突进

标志着大多数欧洲大国征兵制度的开始,也标志着现代军备竞赛的开始。"[1]

此前的法国大革命极大地增强了法国人的自豪感和优越感,[2]拿破仑也曾横扫欧洲大陆,虽败犹荣,但普法战争给法国带来巨大战祸的同时,也使法国人深感屈辱,法国人民或者说至少部分法国人采取了非常规的战争方式,使得普鲁士因此指责法国并更加猛烈地予以报复,"现代战争法的很多规则可相应追溯至那个时期,许多不是直接由这场战争产生的规则也是在其后发展而来,特别是总结该场战争经历的1874年布鲁塞尔会议。"[3]法军中设有阿尔及利亚兵团,例如,1870年8月4日普军攻取维桑堡时,"遭到法军第一阿尔及利亚猎兵团的阿尔及利亚士兵的无情斩杀……此时的德军兵力十倍于守

---

[1]　[美]詹姆斯·特拉斯洛·亚当斯:《重铸大英帝国:从美国独立到第二次世界大战》,覃辉银译,广西师范大学出版社2018年版,第210页。

[2]　如第三章第二节所述,大革命期间的法国领导者就已经声称法国人代表了"普遍正义",大革命之后,进步思想传遍欧洲,作为起源地,法国人更是无比自豪自信。例如,被誉为"法国史学之父"的历史学家儒勒·米什莱(Jules Michelet,1798年—1874年)宣称"法国被称为各民族之神",作为自然权利和普遍原则的倡导者和受托人,作为上帝的选民和人类的拯救者,法国对其他民族起着监护作用,法国人是"利益和命运与整个人类的利益和命运最为一致的民族……法国的民族传说是一道巨大、不间断的光线,它是整个世界始终密切注视的真正银河"。《19世纪万有大词典》1864年在法国出版了第一卷,后来各卷陆续出版,是关于共和思想的"有如灯塔一般的书籍""基本参考书",词典中洋溢着法国和法国人的使命感。例如,"高卢人"的词条写道,"今天它是一个与其他所有民族不同的民族,由于它所具有的天才和最广泛的能力","人们可以确信,从没有比高卢人更聪明的种族居住在比这更好的国家中";"法国单独成为一个文明",而巴黎是"整个世界的中心"。参见[法]米歇尔·维诺克:《自由的声音:大革命后的法国知识分子》,吕一民、沈衡、顾杭译,文汇出版社2019年版,第514—515页。

[3]　Percy Bordwell, *The Law of War between Belligerents: A History and Commentary*, Callaghan & Co., 1908, p. 89.

军,但巴伐利亚人还是颤抖了……初次见识非洲军队的威力,令他们受到极度震撼",等到普军攻克维桑堡后,士兵们头一回看到非洲士兵都好奇不已,盯着阵亡或被俘的阿尔及利亚士兵,"仿佛是看动物园的动物"。[1]1871年1月9日,普鲁士首相俾斯麦记载了法军中阿尔及利亚人的暴行,而无论是持中立态度还是倾向于支持法国的学者,都以阿尔及利亚人不属于"文明"种族而是"野蛮人"为由猛烈抨击法军或是予以质疑。[2]

虽然阿尔及利亚人是否有资格成为以"文明"和"欧洲"为标准的战争法中的合法士兵引起了很大争议,但法国本土的"义勇兵"(franc-tireurs)问题更大。色当战役后,法军遭受重创,靠他们击退普军已经明显不现实,出现了小股的游击战士即义勇兵,他们可能是先前法军的落跑者,可能是普通市民,也可能是不分敌我、见机行事拦路抢劫的土匪强盗,但法国政府鼓励义勇兵并将其作为补充法军兵力的一大来源,导致义勇兵人数激增至5.7万余人,由于这些人毕竟不是正规军,政治倾向和社会背景各异,还有一些外国人,纪律方面很快出现了问题。因此,新的内政和战争部长莱昂·甘必大(Leon Gambetta)在1870年9月29日的法令中规定义勇兵要遵守法国国民别动队(Garde Mobile)的纪律;在11月4日的法令中,甘必大又授权法军指挥官对在其所在地区活动的义勇兵行

---

〔1〕 [美]杰弗里·瓦夫罗:《普法战争:1870—1871年德国对法国的征服》,林国荣译,社会科学文献出版社2020年版,第147、153页。

〔2〕 Percy Bordwell, *The Law of War between Belligerents: A History and Commentary*, Callaghan & Co. , 1908, p. 90.

第四章 "漫长的十九世纪"和战争法的突进

使权力,要求义勇兵和正规部队一样定期提交兵力和战果报告。[1]因为法国大革命的经历,法国认为义勇兵是民众抵抗,而民众抵抗所依赖的普遍兵役制则是公民权和爱国主义的必然推论,所以普遍兵役制合法化的依据是民众抵抗,但问题在于普遍兵役制如何合法在其他国家有不同表达。[2]然而,法国政府对义勇兵的态度和认识也不甚明确,甚至有些自相矛盾。1870年8月至9月斯特拉斯堡围困战以该城投降告终,守城的法军将领于利什(Uhrich)将军在宣布投降时称赞了包括义勇兵在内的法军各部,而市长于次日发布的公告则告诫民众不要对普军展示任何敌意,"因为最轻微的敌对行动都会招致对全体人民的严厉报复。战争法规定,从任何房子里如果开过一次火,房子就应该被摧毁,其居民应该被射杀。"[3]这说明即便是法国人,也清楚地知道义勇兵不符合战争法的要求。不仅法国的地方层面如此,中央层面也类似。1870年10月9日,乘坐热气球逃出巴黎前往图尔的甘必大在号召法国国民参军时明确援引了法国大革命时期的动员令,"共和国呼吁每一个人的支持……用每一个人的勇气,尽全力……让我们集体反抗、宁死不屈",设立于图尔的共和政府的第一个法令就提出建立一支崭新的、有别于法兰西第二帝国的军队,"通过坚

---

[1] Michael Howard, *The Franco-Prussian War: The German Invasion of France 1870-1871*, Routledge, 1990, p. 200.

[2] John Horne, "Defining the Enemy: War, Law, and the Levée en mass from 1870 to 1945", in Daniel Moran and Arthur Waldron eds., *People in Arms: Military Myth and National Mobilization Since the French Revolution*, Cambridge University Press, 2003, p. 104.

[3] H. M. Hozier, *The Franco-Prussian War: Its Causes, Incidents, and Consequences*, Volume 2, William Mackenzie, 1872, p. 67.

决地打破传统,第一共和国能够实现1792年的惊人(成就)",可见法国政府是鼓励、支持义勇兵的,[1]但甘必大同时又称义勇兵为"保王党"(chouannerie)、实际上将其视为游击队员,[2]暗示其为非法。这种矛盾的态度固然部分源自义勇兵缺乏训练和纪律,但更重要的是因为甘必大对控制军权的渴望并因此而对军官"不分好坏,一概予以威慑、指责",[3]以及法国政府、军队和国民在生死存亡之际保家卫国的实际需求,反映出当时法国国内复杂的政治军事斗争关系。

义勇兵主要在普军侧翼和后方活动,包括在未被占领地区组织防御,以及毁坏被占领之虞地区的庄稼和牲口、攻击被占领领土的铁路、桥梁以及通信线路、袭扰普军补给线、为法军执行侦察任务或充当幌子,偶尔还与普军公开作战,但通常以失败告终。概言之,义勇兵以游击战的方式侵扰、埋伏、狙击、牵制普军,使其在占领区不得安宁,也使其无法全部在前线作战。例如,到1870年12月,普军占领区已经覆盖法国领土的1/3,普军身后留下数百公里长的脆弱补给线,因此不得不分出10.5万人的兵力保护后方补给线,否则前线的50万大军将失去后勤供应。[4]法国坚持认为义勇兵是合法交战者,

---

〔1〕 John Horne,"Defining the Enemy: War, Law, and the Levée en mass from 1870 to 1945", in Daniel Moran and Arthur Waldron eds., *People in Arms: Military Myth and National Mobilization Since the French Revolution*, Cambridge University Press, 2003, p. 108.

〔2〕 Michael Howard, *The Franco-Prussian War: The German Invasion of France 1870–1871*, Routledge, 1990, p. 198.

〔3〕 [美]杰弗里·瓦夫罗:《普法战争:1870—1871年德国对法国的征服》,林国荣译,社会科学文献出版社2020年版,第389—390页。

〔4〕 [美]杰弗里·瓦夫罗:《普法战争:1870—1871年德国对法国的征服》,林国荣译,社会科学文献出版社2020年版,第424—425页。

第四章 "漫长的十九世纪"和战争法的突进

但普鲁士认为,"因为这些人既不穿明显的制服,也没有常规军官,德国人主张,根据战争法,应将其视为不被承认的战斗员,由战地军事法庭(drumhead court-martial)审判,一经抓获立即射杀。"[1]"在大部分地区被德意志联军占领的法国北部和东部,游击战成为主要的斗争方式。与此同时,控制当地的德意志驻防部队对待法国平民越来越粗暴残忍。"[2]普军对待义勇兵的政策整体而言极其严厉:任何城镇村庄如果有人向普军开火或进行防御,整个地方都会被焚为平地;任何携带武器的男性如果不是普军眼中的正规军,会被就地射杀;如果有理由相信城镇有人反抗普军,所有人都会受到严酷的集体惩罚;征收巨额款项、劫持当地官员作为人质、就地处决平民作为报复等也十分常见。因此,有时法国本地官员会十分谨慎地对待义勇兵,而不是单靠勇气和热情行事。普军严酷惩罚平民的官方理由是军事必要,普鲁士认为义勇兵的出现以及法国领导层将其视为民众抵抗是"三重非法":第一,它拒绝接受传统战役中正式裁定的法国战败;第二,它引发了背信弃义(treacherous)的作战方式,包括伏击、巷战和街垒;第三,这种战争方式似乎直接由共和主义激发并由巴黎革命产生。普法双方对于义勇兵看法的分歧根深蒂固,影响深远,义勇兵和游击战被法国共和派视为爱国的、合法的行为,而对德国人来说是无政府状态和背信弃义。每一方都谴责另一方野蛮,法国共和派自视为对抗野蛮军事暴政的文明守卫者,普鲁士则认为

---

[1] H. M. Hozier, *The Franco-Prussian War: Its Causes, Incidents, and Consequences*, Volume 2, William Mackenzie, 1872, p.77.
[2] [德]克里斯托弗·诺恩:《俾斯麦:一个普鲁士人和他的世纪》,陈晓莉译,社会科学文献出版社2018年版,第167页。

自己是在维持秩序、反对无法无天的暴动。[1]

被义勇兵烦扰不堪的普军还提高了对合法交战者的标准。普军在其所占领的法国领土上发布公告，声称被俘人员除非具有士兵身份，即本人收到了法国合法当局征召入伍的通知后成为法国现役部队的一员，并且在步枪射击范围内身着可由肉眼识别出的军队制服标识，否则将不承认该人享有战俘地位，而且至少将其关押在德国进行十年苦工直至刑期结束。普鲁士的要求可谓相当严苛，根据战斗应该在交战国之间经授权的军队之间进行的理论，普鲁士不仅要求法国政府授权某人进行战斗，而且还要求向该人发出征召服役的命令，但当一国某部分与中央政府的联系被切断之后（例如被占领时），这种要求就显然不公平了，如果可能，也很难实现。概言之，普法双方关于战争法的最大争议是义勇兵的着装问题。普鲁士首相俾斯麦声称这些人穿的蓝色工装是法国的民族服装，胳膊上佩戴的红十字也只能在近处识别，而且可以立即取下和替换，所以普军根本不可能区分战斗员与非战斗员，而法国则认为如果秉持善意不会识别不出。[2]和法国国内对待义勇兵出现矛盾的态度一样，普鲁士对如何对待义勇兵和平民也有过不同意见。俾斯麦对义勇兵和平民态度极其强硬，意在通过铁腕、无情和毁灭让法国人感受到战争之锤的威力，从而放弃抵抗，尽快结束战争，而普军总参谋长毛奇对炮轰平民区持保留意见，实际上二

---

[1] John Horne, "Defining the Enemy: War, Law, and the Levée en mass from 1870 to 1945", in Daniel Moran and Arthur Waldron eds., *The People in Arms: Military Myth and National Mobilization Since the French Revolution*, Cambridge University Press, 2003, pp. 109–110.

[2] Percy Bordwell, *The Law of War between Belligerents: A History and Commentary*, Callaghan & Co., 1908, pp. 91–92.

第四章 "漫长的十九世纪"和战争法的突进

人在色当战役之后的每一步安排上都有分歧，关系也冷若冰霜，但俾斯麦以高超的政治斗争手腕赢得了国王威廉一世的支持，最终完全掌握了普军的计划和运作。[1]实战中，普军坚持只有身着军装的法国战斗人员才受战争法保护，将穿蓝色工装的都视为暗藏的游击队员。可见，正是因为义勇兵处于当时战争法中模棱两可、晦暗不明的灰色地带，才引发巨大争议、造成深重苦难，如果撇开普鲁士主张的士兵在步枪射击范围内可被识别这种不切实际的要求，问题的关键就在于战斗员是否和如何具有显著特征以使自己与其他人相区别，以及占领军在被占领领土上的权利具体包括什么和不包括什么。

普法战争中关于战争法的另一个主要争议是占领军在被占领领土上的权利问题。占领军有权要求被占领领土的居民合作以维持社会秩序，也有权采取措施防止敌方从被占领领土获取人力或物力支持，占领军自己也有权从被占领领土取得财物，因为战争从古希腊罗马时代就被视为"不仅是获取财产的一种方式，而且是获取财产的最佳方式"，"不仅在古代如此，直到18世纪仍是如此"。[2]更何况，获得给养对占领军、入侵的军队来说极为关键。因此，当普军包围巴黎时，巴黎守军"在更靠近巴黎的区域，则实施了坚壁清野政策，令德军得不到食物和任何防护……甚至下令烧毁了巴黎附近的巨大林区"，巴黎周边村落坚壁清野的程度之深，使得当地居民害怕法军远超过害怕普军。主动献上"捐赠"款项的城市可免于

---

[1] [美]杰弗里·瓦夫罗：《普法战争：1870—1871年德国对法国的征服》，林国荣译，社会科学文献出版社2020年版，第410—413、426—428页。

[2] [美]詹姆斯·Q.惠特曼：《战争之谕：胜利之法与现代战争形态的形成》，赖骏楠译，中国政法大学出版社2015年版，第104页。

被普军劫掠，不这么做的地方则会受到普军的威胁，"在卢瓦尔河区域的战场上，德军的标配程序是在距离某座村落1500码的地方架起火炮，这个距离是法军步枪的射程够不到的，德军遂据此索要食物、饮水，并要求提供住宿。倘若村中的农民拒绝，村庄就会遭到炮击。"[1]但是，要求被占领领土的居民合作以保证社会秩序和要求其合作以防止敌方取得支持（或者向占领军提供支持），这两种情形涉及的逻辑和利益是不一样的。被占领领土的居民即便是出于爱国热情破坏社会秩序，由于其行为是直接针对社会本身的，更确切来说，其对当地居民整体利益的损害可能大于对占领者利益的损害，制止这种行为可能对被占领领土的居民更有利。然而，禁止被占领领土的居民参军、征用（requisition）被占领领土的实物和劳务以及要求被占领领土进贡都只对占领军有利。要求被占领领土的居民不逃脱、不参加法军，要求市长列出有可能在法军服役的人员名单并据此对可能参军的人进行惩罚，超出了战争法给予占领军的权利范围。对于试图参加法军的被占领领土的居民，最严厉的惩罚莫过于战争后期普鲁士在阿尔萨斯和洛林地区做出的规定，即如果参加法军，不仅财产会被没收，而且会被流放十年，即便是离家八天，如果未经许可也会被流放。[2]

普法战争爆发时，战争法中尚不存在平民如何转为武装部队的条件，也不存在敌对军队对平民有何义务的规定。普法战争结束后，鉴于战争所引发的关于战争法的激烈争执，欧洲国

---

[1] [美]杰弗里·瓦夫罗：《普法战争：1870—1871年德国对法国的征服》，林国荣译，社会科学文献出版社2020年版，第349—350、387页。

[2] Percy Bordwell, *The Law of War between Belligerents: A History and Commentary*, Callaghan & Co., 1908, pp. 94-95.

家拟召开外交会议讨论有关问题,而此前欧洲国家的军队一直按照实践中逐渐形成的战争惯例交战,换言之,是不成文法在调整战争。1872 年,非政府组织"改善战俘境遇协会"(Society for the Amelioration of the Condition of Prisoners of War)在巴黎成立,该组织试图效仿制定 1864 年《改善战地武装部队伤者境遇的日内瓦公约》的模式,遂于 1874 年 3 月邀请各国派遣代表团参加将于同年 5 月在巴黎举行的讨论改善战俘境遇的会议,并为缔结一项有关国际条约做准备。然而,时任英国外交大臣决定不参加由这种私人协会发起的倡议,后来俄国政府决定承办此项会议,事情才出现了转机,因为在改善战俘境遇协会发起倡议之前,沙皇亚历山大二世正好已经下令整理、起草所有关于陆战惯例的规则,在俄国外交大臣的建议下,改善战俘境遇协会同意将其提议并入沙皇更宏大的计划中,并由此使得该活动成为俄国政府的行为。俄国的介入和组织无疑带来了更大的资源与能力,俄国还为布鲁塞尔会议准备了一份关于陆战的法规和惯例草案作为讨论基础,但英国最不支持该会议,因为时任英国外交大臣之父便是当初《巴黎宣言》最坚定的反对者之一,就算不考虑这个因素,英国也担心这次会议会限制交战行为。英国认为,实践中并无必要对战地军事指挥官的行为进行指导。由于担心会议变成与会各国代表之间的指责争吵,英国要求,如果会议不讨论关于交战方之间关系的一般原则、不根据此类原则增加新的义务,而且保证不讨论海军问题,那么英国就不反对参会。不过这些要求都得到满足后,英国依然没有派出全权外交代表参会,而是同德国一样任命一名军事代表与会。1874 年 7 月 27 日,与会国在比利时首都布鲁塞尔举行第一次会议,后期几乎所有欧洲国家都派代表参会,美国则以邀请太晚为由拒绝参会。会议最初准备设立军事和外交两个委员会分别讨论有关事项，后来由于议题分类的实际困难改为只设立一个委员会，由各与会国任选一人组成。会议要求会议记录一概保密，起初决定在最后文件中只载明与会国全体一致同意的事项，后来遇到争议巨大的问题时又尝试将所有不同观点都列入最后文件，但这个提议未获接受，而且使英国更确信此前的疑虑，并以此为由拒绝批准最后的会议文本。[1]

布鲁塞尔会议最重要的议题就是谁拥有合法作战的权利。普法战争期间，法国呼吁国民拿起武器成为义勇兵的做法给较弱的国家很大的启发，对于国力较强但没有大规模常备军的国家而言这种做法也很有吸引力。俄国最初试图通过设定一些条件，一旦满足就可以使该人有权从事敌对行动并有权享有战俘待遇，从而明确界定战斗员和非战斗员，仅仅是从正面描述应当被视为士兵的那一类人并无问题，但俄国进而宣称没有满足有关条件的人员如果参战应当被移交军事法庭审判。俄国明显想以此项规定将战争限定在交战国的正规部队之间，但比利时和荷兰代表以"削弱国防或使公民与对其祖国负有的义务相分离的倾向"为由表示强烈反对，西班牙、瑞士、葡萄牙等国也均表示反对，英国虽然没有明确表态，但不参加讨论已经表明其反对俄国的立场。俄国则力主小国的忧虑并无根据，自卫权并未受到影响，俄国方案的唯一要求就是使有关国家在战时能够区分和识别正规军队成员，从而避免无谓的指责与争议。俄国还认为这样做不仅是有关国家的义务，更是出于维护

---

[1] Percy Bordwell, *The Law of War between Belligerents: A History and Commentary*, Callaghan & Co., 1908, pp. 101-104.

其利益的考虑,因为如此组织军队是完全实现一国人民防御力量的唯一方式。由于已经具备比提议的方案更完整的军队组织结构,俄国和其他采用普遍兵役制的国家要满足俄国提议的要求实在是小事一桩,但英国就强烈反对任何涉及义务兵役制的提议。因此,会议没有继续讨论俄国提议中关于将未能满足某些条件的人排除于交战者之外的部分。[1]

关于民众起义的合法性问题,俄国最初的草案承认在尚未被占领地区的民众起义为民众抵抗并因此合法,但认为如果在已占领地区进行此种活动即为暴动并因此非法,而且必须将参与者"绳之以法"(delivered to justice)。德国和俄国还坚持民众抵抗也得满足界定正规战斗员的四个条件,即受负责任之人领导、佩戴标识、公开携带武器以及遵守战争法,意大利也附和说这四个条件是习惯法。然而,德国还想更进一步,提出要将这些志愿人员置于正规军队指挥之下并且在和平时期就进行组织和训练,否则这些人就是土匪。很明显,德国基于自己的军队结构只承认那些最大程度接近于常备军的人为合法战斗员。然而,许多国家反对将民众起义的合法性与其所处的地区是否被占领挂钩,将暴动和民众抵抗混为一谈,认为这二者都是国家进行防卫的权利的表现形式,而且法律应当承认和允许公民的爱国主义和保家卫国的行动。例如,比利时就坚持认为小国需要使用爱国志愿者保卫自己,无需事前训练,而且由于时间紧迫难以使这些志愿者全部佩戴显著标识,也不可能使其归军队指挥。与会国在此问题上分歧巨大,但德国和俄国还是相对迅速地承认了未被占领地区的民众抵抗的合法性,而被占

---

[1] Percy Bordwell, *The Law of War between Belligerents: A History and Commentary*, Callaghan & Co., 1908, pp. 104-106.

领地区的民众起义不在此列。[1]最后达成的协议见于会议最终通过的宣言中名为"谁应被视为交战国（belligerents）战斗员和非战斗员"的第二部分，该部分共有三条，根据第9条，"法律、权利和战争义务不仅适用于军队，也适用于满足下列条件的民兵和志愿部队：（甲）他们被一为其部下负责之人统率；（乙）他们备有可从远处识别之固定的特殊标识；（丙）他们公开携带武器；（丁）他们遵守战争法规及惯例进行战斗。在民兵构成军队或是其一部分的国家，军队一词包括民兵。"第10条规定，"未占领地之居民，当敌人迫近时，未及按第9条进行组织，而立即自动（spontaneously）拿起武器抵抗来侵军队者，如果遵守战争法规及惯例，应被视为交战者。"第11条宣布，"交战国的武装部队可由战斗员和非战斗员组成。如被敌人俘获，均应享有战俘权利。"[2]小国保卫自己的主张占了上风，但常备军和民兵以及民众抵抗之间的根本冲突仍然十分明显，对游击队员来说，他们既不能也不愿满足第9条规定的合法战斗员标准，布鲁塞尔会议如此规定是在"庄严地犯傻"，[3]而幸运的是最终宣言并无法律效力。

布鲁塞尔会议的另一个重大议题是如何界定军事占领以及限制征用和进贡，这两点都极为重要，界定军事占领是因为涉

---

[1] Isabel V. Hull, *A Scrap of Paper: Breaking and Making International Law During the Great War*, Cornell University Press, 2014, pp. 61-62.

[2] *Project of an International Declaration concerning the Laws and Customs of War. Brussels*, 27 August 1874, available at https://ihl-databases.icrc.org/applic/ihl/ihl.nsf/xsp/.ibmmodres/domino/OpenAttachment/applic/ihl/ihl.nsf/42F78058BABF9C51C12563CD002D6659/FULLTEXT/IHL-7-EN.pdf, last visited on 2020-03-15.

[3] Robert B. Asprey, *War in the Shadows: The Guerrilla in History*, William Morrow & Company, Inc., 1994, p. 110.

第四章 "漫长的十九世纪"和战争法的突进

及占领军当局巨大的权力何时开始和结束以及如何区分民众抵抗和暴动,而限制征用和进贡是因为这二者是被占领领土的民众最沉重的负担。关于占领如何能算是真正的、合法的占领,俄国和德国都担心严格界定会迫使他们在被占领地区留下太多军队,因此都坚持入侵军队不需要大规模的、看得见的存在来确立法律意义上的占领,而大部分国家认为对占领的要求应该类比1856年《巴黎宣言》中关于封锁必须是有效封锁而非纸面封锁的规定,军队的数量应该能够保证其能够实行真正的控制。俄国比德国要更接近于大部分国家的观点,俄国认为当军队一部分已经在后方驻扎并建立通信线路时,占领就是真实存在的,而德国则警告说要求可见的存在只会"激起暴动","随之而来的是残酷的镇压,战争将会变得残暴",而真正的占领发生于解除当地居民的武装"或者当军队已经穿过国家并与当地政府建立联系"时。如果按照对占领如此宽泛的界定,德国会在其他国家认为某一地区仍是前线组成部分的时候认为其"已被占领"并适用与占领有关的规则。[1]会议后来一致同意占领军必须拥有在其控制下足以镇压暴动的军队,但认为如何适用占领必须是有效控制这个一般原则最好交由有关国家决定。关于征用,会议最初想将占领军征用的权利限定为与被占领国本国军队征收权一致或者与占领军在本国的征用权一致,但这些所谓限制不仅不切实际,而且忽视了军事必要,没再继续讨论下去的必要,会议随后要求对征用的钱财或补给开立收据的方式予以限制。关于进贡,会议则试图完全予以废除,理由是补给对于给养军队确实是必需的,但钱财就不像补

---

[1] Isabel V. Hull, *A Scrap of Paper: Breaking and Making International Law During the Great War*, Cornell University Press, 2014, p.61.

给那样为军队所必需,因为军队可以取得其所需要的补给而不给钱。然而,会议讨论的最终结果是暂时同意继续征用和进贡,但应为战争必需所限,[1]这个所谓限制弹性很大,不过考虑到拿破仑战争时期征用和进贡的目的完全是增加占领国的财富,这种限制也可以说是聊胜于无了。

布鲁塞尔会议还讨论了报复和战俘的问题。俄国草案中规定报复只在极端情况下使用、与之前的过错相比必须相称、由最高军事长官做出决定等,但绝大部分与会国将报复和维持占领联系在一起,对报复深恶痛绝。比利时认为应将报复留给"非成文法,在公众良心的批准下,等待科学和文明的发展带来完全满意的解决办法",并提议"将该条献祭在人性的祭坛上"。这种观点得到了与会国支持,讨论文本移除了关于报复的条款,不准备通过实在法调整报复。另外两个与报复密切相关的问题,即劫持人质和强迫平民充当向导损害本国,也同样交由非成文法处理。会议也同意不得强迫被占领领土的居民宣誓效忠占领军当局。关于战俘问题,俄国草案已经初具现代战俘待遇的轮廓,例如,战俘不受暴力或糟糕待遇所害,不得将其视为罪犯,食宿由双方协议规定,如无协议,战俘的食物和衣物必须按照关押国本国军队的标准提供等。德国的态度比较强硬,认为禁止对战俘使用暴力可能危及国家安全,特别是当战俘拒绝服从命令时,而且德国也反对在战俘事宜上投入更多开销,因为这是提高战俘待遇而不可避免要产生的。[2]总的

---

[1] Percy Bordwell, *The Law of War between Belligerents: A History and Commentary*, Callaghan & Co., 1908, pp. 107-108.

[2] Isabel V. Hull, *A Scrap of Paper: Breaking and Making International Law During the Great War*, Cornell University Press, 2014, pp. 65-66.

来说，战俘、征用和进贡问题不仅涉及交战国的人力资源分配，也涉及其财政资源的使用，是一件非常敏感而且微妙的事项，因为看管战俘意味着必须将原本可用来作战的士兵分去控制战俘，要看管战俘也必须首先修建战俘营并给养战俘，由此产生的费用原本可用于作战。

布鲁塞尔会议中的争论涉及战争惯例和法律的关系，特别是在没有实在法的情况下如何理解战争惯例，实际上是关于国际法本质的深层次争论。德国认为战争法反映而且应该只反映军事实践，实在法仅仅是将不成文的战争惯例汇总，不能依据这种不成文法自行立法，如果没有实在法约束就不存在任何法律限制，军队可以任意发展战争惯例。比利时和其他国家则认为，实在法之外还有强有力的习惯国际法起作用，习惯国际法并不仅仅是惯例的汇总，反抗敌人的平民不能不受法律保护。"布鲁塞尔会议中的争论凸显了国家之间的根本分歧，一方强调法律确信和无论国家实践多么广泛也绝不能使一般原则无效，而另一方则倾向于国家实践。"[1]布鲁塞尔会议的失败并不令人意外，俄国沙皇亚历山大二世发起会议前没有事先知会其他列强，会议缺乏组织也没有事先指派会议主席，俄国政府不得不向沙皇本人询问有关信息，而有关信息迟迟未到，因此会议的议程和目的都十分不确定。等到与会代表在布鲁塞尔开会时，政治分歧迅速明晰起来。德国和俄国都有人数众多的正规军队，因此意在将合法交战者的标准定高，不愿提及民众抵抗和民兵；与之相反，小国当然更主张有权依靠民众抵抗和民兵来保家卫国。德国更想要的是维持普法战争中新确定的现状

---

[1] Isabel V. Hull, *A Scrap of Paper: Breaking and Making International Law During the Great War*, Cornell University Press, 2014, p.63.

(status quo)，根本不需要条约编纂战争惯例，宁愿让战争惯例继续以不成文的方式存在。俄国提供的草案明显对拥有大规模常备军的国家有利，也明显对占领军有利，英国与会代表因此称之为"征服法典"（Code of Conquest）。[1]因此，历经一个月的激烈交锋，布鲁塞尔会议没有通过条约而以发表宣言告终，实属正常。也正是因为布鲁塞尔会议召开的目的就是制定一项关于陆战规则的国际条约，与会国普遍担心增设新规则限制自己的军事行动，于是派出的与会代表多为军人，以保留政府视情况随时拒绝签署条约的可能性，会议最后也确实没有通过条约。不过从积极的角度来看，布鲁塞尔会议的与会者多为军人，最终宣言很大程度上也是出自军人之手可能还是一件好事，因为军人对军事领域和战地情况的熟稔是外交官、政治家和国际法学家所不具备的，军人看重和强调的是规则是否实用，纯粹由外交官、政治家和国际法学家制定的战争法条约可能由于军界的敌对和轻蔑以及规则可行性欠佳而无助于减轻战争的灾祸。以与会国军界诉求为主线是布鲁塞尔会议宣言的一大特点，后来的《海牙陆战法规和惯例公约》等一系列"海牙法"公约对此一脉相承。最重要的是，布鲁塞尔会议最终宣言是战争法史上第一次尝试界定战斗员，因此具有里程碑式的意义，以其为基础，海牙和会于1899年通过的《陆战法规和惯例公约》与1907年通过的《陆战法规和惯例公约》，对战斗员的规定几乎照搬了布鲁塞尔会议最终宣言中的规定，其中1907年《陆战法规和惯例公约》关于战斗员的规定沿用至

---

[1] Karma Nabulsi, *Traditions of War: Occupation, Resistance and the Law*, Oxford University Press, 1999, p. 6.

今。[1]

五、布尔战争和游击战

布尔人又称南非白人,是荷兰、法国殖民者的后裔。1652年,第一批荷兰殖民者到达位于非洲南部的好望角并定居于此,由于好望角的地理位置对于确保英国霸权、印度航线畅通无阻极其重要,英国于1795年、1806年两次占领好望角殖民地,并最终于1814年至1815年的维也纳和会上从荷兰手中购得好望角地区,该地区又称开普(Cape)。荷兰东印度公司很少干涉布尔人的内部事务,但英国殖民政府并非如此,这引起了布尔人的不满。从1815年至1834年,大量布尔人撤回到南部非洲腹地,殖民当局和布尔人关系迅速恶化,布尔人先后建立德兰士瓦共和国和奥兰治自由邦,1854年英国正式承认布尔共和国独立,但附带条件是后者承认英国的统治权。1867年格里夸兰(Griqualand)的金伯利(Kimberly)发现钻石,1871年英国占领该地区并将其作为英国直辖殖民地,引发了第一次布尔战争(1880年12月16日—1881年3月6日)并以英国占领德兰士瓦而结束,后来又爆发了第二次布尔战争(1899年10月11日—1902年5月31日),英国最终兼并了德兰士瓦和奥兰治自由邦。1902年5月31日,布尔人接受了《弗里尼欣和约》成为英国的属民,自此南非联邦成为大英帝国的一部分。

从纸面上看,布尔战争交战双方实力差距极大,两个弹丸小国(即奥兰治自由邦和德兰士瓦共和国)对抗涉足全球并

---

[1] 朱路:《论国际人道法中的平民概念——兼评红十字国际委员会〈解释性指南〉》,载《暨南学报(哲学社会科学版)》2013年第6期,第104—105页。

且控制着邻近的开普殖民地和纳塔尔等地的大英帝国。当时，大英帝国有3800万人，是世界上最大的工业化国家，而布尔人只有21.9万人，以农业经济为主。[1]19世纪的军事技术革新，如装甲蒸汽船、后膛炮、机枪、带弹夹的步枪（magazine rifle）和电报，大大助力了欧洲列强在全世界的扩张，使得规模甚小的欧洲军队和舰队能够轻易地歼灭或击败人数多得多的当地军队，"所有欧洲列强对殖民地的征服都是因为这些军事技术进步，小规模的远征军凭此在每个半球都大肆并吞。"[2]尽管第二次布尔战争从一开始就是截至当时在非洲进行过的最大规模的战争，英军人数远超布尔军队人数，但布尔军队因德国援助有明显优良的武器装备，除了马克沁机枪和最新款的步枪，甚至还有大炮，这是布尔军队与其他殖民地军队的迥异之处，但更重要的是其战略和战术从定位进攻转向了游击战。[3]布尔人和布尔军队的实力因此大大超出外界预计，一开始便使英国损失惨重，英军遭受了猛烈的反扑，先是被击退，后来又在莱迪史密斯（Ladysmith）和金伯利被包围和围攻，直到1900年2月底英国大规模援军抵达，被困部队才解围，随后，布尔人节节败退。奥兰治自由邦的首都布隆方丹于1900年3月13日陷落，约翰内斯堡于5月31日陷落，德兰士瓦首都比勒陀利亚于6月5日陷落，9月，英国征服并吞并了德兰士瓦，布尔人似乎已经被击败，但实际上他们的战

---

〔1〕［美］马克斯·布特：《隐形军队：游击战的历史》，赵国星、张金勇译，社会科学文献出版社2016年版，第226页。

〔2〕Geoffrey Wawro, *Warfare and Society in Europe, 1792 – 1914*, Routledge, 2000, pp. 135-136.

〔3〕Bruce Vandervort, *Wars of Imperial Conquest in Africa, 1830 – 1914*, UCL Press, 1998, pp. 185-186.

第四章　"漫长的十九世纪"和战争法的突进

斗才刚刚开始，军事对抗又以游击战的方式持续了一年半。

虽然英国人在殖民地战争中肆意烧杀劫掠，但看到布尔人对黑人的冷酷和粗野时还是不免惊讶，尽管布尔人是白人，但在英国人看来则是一个落后的、没有完全"开化"的种族。当"半野蛮"的布尔人采用游击战这种不符合欧洲战争惯例并因此显得不"文明"的作战方式时，当布尔国民军（Kommandos）对英国兵营和通信线路进行突袭迫使英国放弃控制南非、恢复布尔共和国的独立时，英军便以强硬残酷的焦土战术进行回应，让抵抗的人无法生存——在敌对区域遍布铁丝网和碉堡，反复搜寻布尔人的国民军，摧毁为游击队提供食物的布尔农场，将布尔妇女、儿童及其黑人奴仆关进集中营。[1]具体说来，英军系统性地摧毁布尔人赖以抵抗的经济基础，战争结束前，当地有3万个农场被付之一炬，360万只羊被屠宰，如一名英军军官所说，"我们所经之处一片荒芜，白天浓烟蔽日，夜晚火光冲天……我们只管放火不管调查。"[2]更残酷的是，英军将布尔总人口的60％、超过15万名布尔男女老幼和近11万名布尔人的黑人奴仆等平民关进集中营，造成至少2.5万名集中营拘禁者死亡，集中营成了"死亡营"。如果和整个第二次布尔战争期间战场死亡总人数不到4000人相比，集中营的死亡数字就更令人惊骇。[3]英国南非军队参谋长、后

---

[1]　[英]劳伦斯·詹姆斯：《大英帝国的崛起与衰落》，张子悦、解永春译，中国友谊出版公司2018年版，第278—279页。
[2]　[美]马克斯·布特：《隐形军队：游击战的历史》，赵国星、张金勇译，社会科学文献出版社2016年版，第233—234页。
[3]　Bruce Vandervort, *Wars of Imperial Conquest in Africa, 1830-1914*, UCL Press, 1998, p.186; Geoffrey Wawro, *Warfare and Society in Europe, 1792-1914*, Routledge, 2000, p.144.

任总司令的赫伯特·基钦纳（Herbert Kitchener）是集中营的始作俑者，"让他痴迷的是一心要快速赢得战争，为此他可以牺牲绝大部分事物以及绝大部分人"，而集中营给布尔人"心头留下一道巨大的伤疤……一个蓄意种族灭绝的标志"。[1]布尔人在集中营的惨状不仅使其他欧洲国家的民众和政界震惊，而且引起了英国民众的普遍关切和反对。

起初，大英帝国认为布尔战争不过是几百年来其在世界各地经历的无数殖民地战争之一而已，"然而它历时数年，耗尽了整个英帝国的实力，并在道德层面遭到一些最明智的英国人的反对，这是一个令人深思的事实"。[2]布尔人最终屈服于英国的焦土政策和消耗政策，但这样一场规模不大的殖民战争，却需要英国从国内调动军队，出动35万名英军才征服只有6万人的布尔军队，[3]其不同寻常之处就在于游击战和反游击战战术的广泛使用。从美国独立战争、半岛战争到美国内战、普法战争再到布尔战争，游击战从未缺席，而20世纪将见证游击战的激增，以及游击战成为战争法发展过程中争论最激烈的问题之一。

第二节　1899年和1907年海牙和会

1899年和1907年在海牙举行了两次规模盛大的和平大会，

---

[1] Thomas Pakenham, *The Boer War*, Abacus, 1992, p. 495.

[2] [美]詹姆斯·特拉斯洛·亚当斯：《重铸大英帝国：从美国独立到第二次世界大战》，覃辉银译，广西师范大学出版社2018年版，第304—305页。

[3] [美]费利克斯·吉尔伯特、[美]大卫·克莱·拉奇：《现代欧洲史 卷六 欧洲时代的终结，1890年至今》（上），夏宗凤译，中信出版社2016年版，第55页。

第四章 "漫长的十九世纪"和战争法的突进

本意是停止欧洲列强间的军备竞赛,减轻安全压力和经济负担。虽然在裁军问题上与会国分歧过大未能达成一致,但在编纂战争法领域取得了突破性的进展,不仅通过和签署了被二十余年前各国高度戒备的战争法条约,而且数量众多。两次海牙和会形成了战争法中传统的"海牙法",是继 1856 年《巴黎宣言》拉开战争法编纂序幕后战争法发展历史中的第二座里程碑。

一、1899 年海牙和会

1898 年 8 月 24 日,在接待各国驻圣彼得堡的外交代表例会上,俄国外交大臣分发了沙皇尼古拉二世的诏书,即著名的"帝国诏书"(imperial rescript),与会的外交代表颇感意外。诏书中,沙皇呼吁召开一次寻求"真正和持久的和平,最重要的是,为当前的军备竞赛画上句点"的会议,并直言不讳地表明军备竞赛导致了经济危机,大规模聚集军需物资"正在将我们所处的武装化的和平转变为毁灭性的负担,而人民越来越难以承受。因此明显的是,如果这个状态延续,将不可避免地导致它本想避免的大灾难发生,而其恐怖让每个思考的人都事先战栗。"到 1898 年 10 月 24 日,所有会议邀请函均已被正式接受。[1] 由俄国率先发起召开和会并不令人意外。1874 年至 1896 年,欧洲列强进行了军备竞赛狂潮,各大军事强国的军事开支平均增长 50%,其中尤以德国和俄国增幅最为惊人,前者高达 79%,后者也达到 75%,[2] 但俄国财力本就不足,

---

[1] Frederick William Holls, *The Peace Conference at the Hague, and Its Bearings on International Law and Policy*, The Macmillan Company, 1900, pp.8-14.

[2] [英] F.H. 欣斯利编:《新编剑桥世界近代史》(第十一卷),中国社会科学院世界历史研究所组译,中国社会科学出版社 1987 年版,第 336 页。

参加军备竞赛越来越难以为继,国内财政濒临崩溃。沙皇的诏书再清楚不过地表明编纂战争法不是这次和会的首要问题,实际上诏书中也根本没有提及战争法,召开会议是因为俄国出于西方的科技进步会进一步拉开彼此间的差距的担忧,以及对军备竞赛可能导致局势失控进而爆发全面战争的恐惧。因此,即便和会不能解决俄国的忧虑,那么至少也可以暂时缓和军备竞赛,让俄国有喘息调整的机会。

得知沙皇的意愿后,英国、美国等国出于对未来战争爆发的共同担忧,敦促俄国外交部确定会议议事日程。吸取了1874年布鲁塞尔会议准备工作不足的教训,俄国外交大臣于1899年1月11日在通报(circular)中向各与会国提出供会议讨论的五个方面:裁军、新式武器和作战方法、海战、陆战、国际争端解决,共八条,涉及范围相当广泛。裁军的建议为第1条,要求在某一固定期限内不再增加陆军和海军军力,同时不再增加军费,并考虑查验削减军力和军费的初步方法。限制新式武器和作战方法为第2条和第3条,第2条建议禁止在军队和舰队中——无论是步枪还是大炮——使用任何新式火器和新的爆炸物或任何比当前使用的更强力的火药(powder),第3条建议限制在战争中使用已有的令人生畏的爆炸物,并禁止从气球上或以任何类似方法投掷弹射物或爆炸物。涉及海战的主题最多,共3条,其中第4条建议禁止在海战中使用潜水艇、鱼雷艇或其他类似舰艇,并承诺未来不再建造有冲角(rams)[1]的船只,第5条建议以1868年的附加条款为基础

---

[1] 冲角是一种古老的武器,可装在各种船只之上。它是船头在水下的延长部分,通常2米至4米长,形成带有装甲的尖端,以便撞向敌方船体,使之沉没或失去活动能力。

第四章 "漫长的十九世纪"和战争法的突进

将1864年《改善战地武装部队伤者境遇的日内瓦公约》的规定适用于海战,第6条建议将在战斗期间或之后搭救落水者的船只中立化。关于陆战,第7条建议修正1874年布鲁塞尔会议宣言。而为了和平解决国际争端,防止国家间发生武装冲突,最后一条即第8条提议原则上接受斡旋、调停和仲裁并确立有关统一做法。[1]

在沙皇尼古拉二世的请求下,荷兰女王威廉明娜(Wilhelmina)同意于1899年5月18日开始在海牙举办会议,最终一共有26个国家派出外交代表与会,包括所有欧洲国家[2]和美国、墨西哥两个美洲国家,以及日本、中国、波斯和暹罗四个亚洲国家。同样是吸取了1874年布鲁塞尔会议准备工作不足的教训,和会设立了会议主席并自然地由俄国代表担任。由于会议议题众多,会议主席建议分为三个委员会分别讨论,第一委员会考虑主要关于经济的前四个问题,第二委员会考虑主要关于人道的第五个到第七个问题,第三委员会考虑最后一个关于仲裁的问题。各与会国在每个委员会均有一名或多名成员出席,外交代表可能参加每个委员会。会议记录依然绝对保密,除非经会议主席及其特设通信机构同意,否则不得向外透露。[3]问题在于,第一委员会负责处理限制使用特定武器但战争法不是其首要关切,负责编纂修订战争法的第二委员会又

---

[1] Frederick William Holls, *The Peace Conference at the Hague, and Its Bearings on International Law and Policy*, The Macmillan Company, 1900, pp. 25-26.

[2] 如同1874年布鲁塞尔会议上英国是最主要的反对者一样,英国是所有这次和会与会国中最后一个确认参会的国家,而且如同即将看到的那样,英国也继续在许多议题上提出反对意见。

[3] Frederick William Holls, *The Peace Conference at the Hague, and Its Bearings on International Law and Policy*, The Macmillan Company, 1900, pp. 63-64.

无法明确将限制使用特定武器作为其工作议题，与会的美国代表就认为将第一委员会处理的大部分事项作为有关战争法规惯例的事项处理"显得更有逻辑",[1]但会议仍按照既定的分工进行。三个委员会又下设分委员会，绝大部分工作均由这些分委员会完成。例如，第一委员会的军事分委员会负责武器和爆炸物，海军分委员会负责鱼雷和海战装备。在具体问题的讨论上，禁用比当前使用的更强力的火药的提议被一致否决，因为美国代表指出此类火药可能更便宜，对枪管损害更小；禁止使用更猛烈的新式野战炮（field gun）的提议也被一致否决；禁止使用高爆弹（mining shells）、新炸药的提议同样被否决。与会国一致同意禁止使用气球或类似方法投掷投射物或爆炸物，但仅规定为期五年的暂停（moratorium），禁止的理由是因为从气球扔出或投掷的爆炸物没有精确性，所伤的人或物可能与冲突完全无关，而时间限制保留了根据科技进步带来的情势变迁而产生的行动自由。禁止自动滑膛枪的提议无果而终。在第一委员会的讨论中，关于膨胀子弹的争议最大。英国认为，膨胀子弹造成的伤害是夸大其词，美国也极力反对禁止，并声称如果禁止可能导致更残酷的后果。尽管英美两国都投了反对票，但会议最终通过了禁止使用膨胀或在人体内容易变平的子弹，例如，弹壳不完全包住内核或者弹壳上有切口的包壳弹（jacketed bullets）。[2]英国没有批准1899年海牙和会通过的关

---

[1] Frederick William Holls, *The Peace Conference at the Hague, and Its Bearings on International Law and Policy*, The Macmillan Company, 1900, p. 93.

[2] Frederick William Holls, *The Peace Conference at the Hague, and Its Bearings on International Law and Policy*, The Macmillan Company, 1900, pp. 93-103.

第四章 "漫长的十九世纪"和战争法的突进

于膨胀子弹的宣言。[1]海军分委员会的工作中,限制枪炮口径、速度、长度和装甲甲板厚度的提议几乎被一致否决。关于停建配有冲角的战舰,大部分国家宣布只要全体一致同意就可以随时停建,但德国等国反对该提议。禁止新式步枪和海军枪炮的提议也被驳回,认为应交由有关国家日后研究。海军分委员会受到普遍关注的另一议题是禁止使用唯一目的是在爆炸时散布窒息性或有害气体的投射物,美国是唯一就此投反对票的国家,英国的投票则以全体一致为条件。美国的理由主要是现实中还不存在此种炮弹,认为斥责这种炮弹残酷和背信弃义以前也发生在火器和鱼雷身上,但现在使用火器和鱼雷毫无顾忌。[2]第二委员会分成两个分委员会,第一个分委员会处理在1868年附加条款的基础上将1864年《改善战地武装部队伤者境遇的日内瓦公约》的规定适用于海战以及救援遇船难者的船舶中立化事宜,实际上,无论是形式还是内容,与会国都根据当时的新情况、新形势重塑了1868年的附加条款。第二个分委员会修正1874年布鲁塞尔会议宣言,保留了宣言的绝

---

[1] 之所以如此,是因为英国装备了此类子弹,而且认为其非常有用。19世纪末,英国在印度以.303英寸英式子弹为基础研发了一种不具备贯穿力但具有极高浅层杀伤力的扩张型子弹,因位于加尔各答附近的生产方达姆兵工厂而得名达姆弹(dum-dum bullet)。英军配备的马克3、4、5号子弹都是金属包覆壳短至露出弹头铅质核心的中空弹或曰空尖弹,其功能和威力同达姆弹相仿,但在进入人体时会更快地变形,给人体造成巨大的、严重的撕裂外伤和钝伤。第一次海牙和会结束不到三个月,英国与南非展开第二次布尔战争(1899年10月11日至1902年5月31日),英国大量生产并装备了马克4号子弹,但实战中因高温和枪管不洁导致发射子弹时很容易卡壳和反冲引发意外。英军认为既然马克4号子弹无法正常使用就干脆不用,但英国政府刚刚在海牙和会拒绝签署禁用膨胀子弹的宣言,立即宣布批准也不合适,于是在1907年第二次海牙和会上宣布批准该宣言。

[2] Frederick William Holls, *The Peace Conference at the Hague, and Its Bearings on International Law and Policy*, The Macmillan Company, 1900, pp. 117-119.

大部分内容，只做了一小部分改动，例如，削弱了占领军对被占领领土居民的权力，提高战俘待遇等。[1]

1899年7月29日，海牙和会的第十次也是最后一次会议举行并闭幕，此时离会议开幕已经过去两个多月。在当时的媒体和大众眼中，1899年海牙和会就是一次裁军会议，而且由于在裁军问题上没有取得任何进展，还是一次彻底失败的裁军会议。军事科技上处于劣势的俄国试图停止制造和使用新武器、新材料的努力几乎落空，而对技术有一种偏爱和执着的美国对此特别喜闻乐见，因为美国一贯主张限制军事发明并不会有助于世界和平。然而，在"帝国诏书"中只字未提、在会议日程上也不是首要议题的战争法领域，海牙和会却取得了巨大成功，特别是与1874年布鲁塞尔会议相比，海牙和会不仅通过了国际条约，而且通过了三个公约、三个宣言，即《和平解决国际争端公约》（1899年海牙第一公约）、《陆战法规和惯例公约》（1899年海牙第二公约）及附件《陆战法规和惯例章程》、《关于1864年8月22日日内瓦公约的原则适用于海战的公约》（1899年海牙第三公约）、《禁止从气球上或用其他新的类似方法投掷投射物和爆炸物宣言》（1899年海牙第一宣言）、《禁止使用专用于散布窒息性或有毒气体的投射物的宣言》（1899年海牙第二宣言）、《禁止使用在人体内易于膨胀或变形的投射物，如外壳坚硬而未全部包住弹心或外壳上刻有裂纹的子弹的宣言》（1899年海牙第三宣言）。

被占领领土上抵抗运动合法与否一直是战争法中十分棘手的问题，1874年布鲁塞尔会议失败的主要原因就在于试图将

---

[1] Percy Bordwell, *The Law of War between Belligerents: A History and Commentary*, Callaghan & Co., 1908, pp. 135-136.

第四章 "漫长的十九世纪"和战争法的突进

游击战纳入一国合法自卫的手段，1899年海牙和会的与会者对此也花费了许多时间和精力长篇大论，但同样的矛盾和对立只是重现了而已，一方主张武力抵抗野蛮入侵是小国固有的权利，另一方则认为抵抗只是延长了战争而且混淆了本来清楚的士兵和平民之间的区分。1899年海牙和会上关于平民抵抗至少有三种冲突的诉求：一是试图保护和提高国家职业常备军的地位；二是尝试授予起义、民众抵抗、游击战的参与者以交战者地位，这主要是小国试图以此增强防御能力；三是完全反对在战争中引入法律，保持战时的完全行动自由，这是拥有庞大军队国家的立场。因此，"海牙和会的立法者们遇到的核心问题绝对、断然不是保护平民，而是界定法律将要涵盖什么类型的战斗员。"[1]要不要以及在何种程度上清楚阐明战斗员和非战斗员的区别，是从1874年至1899年和1907年各国关于战争法的核心争议之一，直到1949年制定日内瓦四公约时也依然如此。交战者地位的法律争议不仅仅在于什么样的人满足何种条件即为合法，还涉及占领、战俘和报复等一系列问题。例如，占领的法律状态是否存在将直接决定抵抗运动能否被视为民众抵抗并因此具有合法地位，而确定占领与否这个过程拖得越久对被占领的国家越为有利，因为居民拿起武器保家卫国的准备时间就越长。同理，小国要求所有保家卫国的民众在被俘时都应享有战俘地位，民众还应免于报复，大国则要求必须限制抵抗或起义的时间和地理范围以及组织结构问题，否则即为非法，而报复是通过惩罚被占领领土上居民的不法行为维持秩

---

[1] Karma Nabulsi, "Evolving Conceptions of Civilians and Belligerents: 100 Years After the Hague Peace Conferences", in Simon Chesterman ed., *Civilians in War*, Lynne Rienner, 2001, p.11.

序、维持士兵和平民的区分最可靠的手段。

具体说来，有大规模常备军的德国和俄国在海牙和会期间都坚持严格界定正规军队，反对非正规战斗员在战争法中有一席之地，而没有大规模常备军的比利时、英国和其他欧洲国家则坚决反对用战争法钳制民众抵抗。虽然比利时表达意见最强烈、最积极，但实际上是英国的支持才使这些国家能够勉强抗衡德俄两国的主张。德国和俄国力主将义勇兵作为非特权交战者，一旦抓获就可处死，而比利时则主张将其视为合法战斗员，可以正当地进行抵抗入侵的敌人。后来，比利时代表意识到要确认义勇兵为抵抗占领的合法战斗员难度太大，于是主张其地位不由条约调整，英国也支持比利时的主张。俄国代表的反对态度非常明确，"不可能给予被占领土上的居民攻击通信线路的权利，因为没有这些线路外国占领军不能存活"，德国代表也认为，"大型军队的利益迫切需要其通信线路和占领地区的安全"，"此种利益与被占领人口的关切不可调和"。[1] 英国和瑞士还尝试将民众抵抗确立为一项原则，瑞士进而提出禁止入侵军队报复（retaliation），这使得德国代表极为不满，德国代表认为，海牙和会讨论的"所有这些规定心照不宣的前提就是居民应该保持无害（peaceful）"，针对平民抵抗的权利，其提出入侵的士兵有权在确保后方安全以及在公开战斗之后享受宁静，"既然我们谈到人性"，"该想起来士兵也是人，也有权被人道对待。长途行军或者战斗之后筋疲力尽的士兵到一个村庄休息，有权确信无害的居民不应忽然变成狂怒的敌人"，因此，"大型军队的利益迫切地要求其通信和占领地

---

[1] Antonio Cassese, "The Martens Clause: Half a Loaf or Simply Pie in the Sky?" *European Journal of International Law*, Vol. 11, No. 1, 2000, pp. 195–196.

第四章 "漫长的十九世纪"和战争法的突进

区的安全,调和此种利益与被入侵的居民的利益是不可能的。"[1]在谈判陷入僵局、出现破裂迹象之时,德国宣布承认未占领领土上的民众自发抵抗合法已经是极限让步了,英国和瑞士只好撤回其提议,俄国谈判代表、同时也是第二委员会主席的马尔顿(Federic de Martens)声称海牙和会绝没有想要"对被敌人占领的国家的居民的英雄主义视而不见",但海牙和会也不适合"编纂所有可能出现的情形"。为了解决义勇兵问题所产生的严重分歧,以免海牙和会重蹈1874年布鲁塞尔会议失败之覆辙,马尔顿反对比利时和英国的提议,认为条约不处理此类事项对强国和弱国都不利,因为强国不确定其权利,而弱国不知道哪些义务会约束强国。[2]但是,占领军的权利的确过于广泛,应受到一些限制。为此,他提出一个折中方案,并最终载入《海牙陆战法规和惯例公约》序言,即"在颁布更完整的战争法规之前,缔约各国认为有必要声明,凡属他们通过的规章中所没有包括的情况,居民和交战者仍应受国际法原则的保护和管辖,因为这些原则是来源于文明国家间制定的惯例、人道主义法规和公众良知的要求",不仅如此,"缔约各国声明,尤其应从这个意义来理解业已通过的章程的第一条和第二条",即应该满足哪些条件才能成为战斗员。这就是后来十分著名的"马尔顿条款"(The Martens Clause)。

1899年《海牙陆战法规和惯例公约》附件章程第一编

---

[1] Division of International Law of the Carnegie Endowment for International Peace, *The Proceedings of the Hague Peace Conferences: The Conferences of* 1899, Oxford University Press, 1920, pp. 552-553.

[2] Antonio Cassese, "The Martens Clause: Half a Loaf or Simply Pie in the Sky?", *European Journal of International Law*, Vol. 11, No. 1, 2000, pp. 195-196.

"交战者"的三条规定，反映出海牙和会上强国和弱国之间的妥协，强国的胜利表现在公约附件章程第 1 条，虽然满足四个条件的民兵和志愿部队能够享有战斗员特权并在被俘时享有战俘地位，但前提之一是遵守战争法规和惯例，而军队成员即使持续违反战争法，在被俘时也不会失去战俘地位。弱国的胜利反映在公约附件章程第 2 条，民众抵抗者虽然只需公开携带武器和遵守战争法规和惯例即被给予战斗员特权，但限制巨大，即必须是未占领地之居民（排除了占领地的居民），必须是立即自动拿起武器（时间短暂）而且未能按照公约附件章程第 1 条的标准进行组织。[1]这正是在马尔顿的努力下达成的折中方案，一方面使与会国承认民众抵抗满足特定条件即为合法、非战斗员也可享有战俘地位，但没有规定不满足条件者会被如何处置，另一方面通过了马尔顿条款对所有人群提供最低限度的保护，特别是当公约没有明确规定的时候，这样既限制了占领军的广泛权力，也确认了被占领领土上的居民有某种程度抵抗占领的自卫权，使得第一次海牙和会至少在确认和编纂战争法条约方面没有失败。马尔顿条款后来出现在许多条约和国际协定中，被视为"国际人道法历史上的重要转折点"，但也因其"闪烁其词但又动人的内容"使得出现"多重但常常相互冲突的解释"，从而成为一种"法律迷思"（legal myths）。[2]内容含糊不清、没有广为接受的界定，也意味着马尔顿条款有"广义和狭义的各种解释"，根据最广义的解释，"武装冲突中

---

[1] 朱路：《论国际人道法中的平民概念——兼评红十字国际委员会〈解释性指南〉》，载《暨南学报（哲学社会科学版）》2013 年第 6 期。

[2] Antonio Cassese, "The Martens Clause: Half a Loaf or Simply Pie in the Sky?", *European Journal of International Law*, Vol. 11, No. 1, 2000, p. 188.

的行为不仅根据条约和习惯判断,也根据(马尔顿)条款提及的国际法原则判断",而最狭义的解释是提醒注意,即使通过条约规范,习惯国际法也仍然适用。[1]事实证明,马尔顿条款"以其权威的措辞掩盖了国家利益之间无可救药的不相容性","这鼓舞人心的胡话没有去着手解决抵抗者的地位问题,后来的发展特别是二战中的发展,将全面确认这一点",未能解决民众抵抗的地位问题也因此被视为1899年海牙和会"不可避免但重大的失败"。[2]

实际上,马尔顿条款是相当勉强地为与会国所接受的,尽管德国最终没有反对马尔顿提出的折中方案,但德国在整个会议的讨论中与大部分国家的立场明显不同,德国以及俄国是主要的阻力。第一,德国在实在法问题上跟绝大部分其他国家观点都不一致,而且差别十分显著。例如,德国代表试图在会议中删除"占领只扩展到已经建立当局并能够行使权力的领土"但失败了,德国试图将占领的标准定低是为了使前线几乎立即变成被占领地区,从而防止出现法律允许的民众抵抗。德国也反对将暴动视为犯罪而是诉诸报复,因为不存在有关实在法,德国认为可以自由使用其在普法战争期间使用过的做法。第二,德国对于实在法没有提及的问题和马尔顿条款的解读与其他国家观点相左。德国代表清楚地表明当实在法没有规定时就要由军事大国的习惯做法来决定,而不是"人道主义法规和公众良知",实在法之外只有"事实的效力","事实就是法

---

[1] Rupert Ticehurst, "The Martens Clause and the Laws of Armed Conflict", *International Review of the Red Cross*, Volume 37, Issue 317, 1997, p. 126.

[2] Adam Roberts, "Land Warfare: From Hague to Nuremberg", in Michael Howard, George J. Andreopoulos and Mark R. Shulman eds, *The Laws of War: Constraints on Warfare in the Western World*, Yale University Press, 1994, pp. 121-122.

律"。第三，德国军队和法学家对军事必要大加论述并将其视为实在法的例外，认为其比绝大部分其他国家所承认的唯一真正例外即报复，影响更加深远。尽管海牙和会拒绝了德国在绝大部分条款中插入军事必要例外的提议，但德国对军事必要的解释流传甚广。[1]18世纪末19世纪初，关于军事必要原则的具体内涵确实存在很大争议，但一般承认如果国际法未能给国家以充分保护致使其存在出现问题时，国家便可以用"任何必要的方法"保护自己，在诉诸这种最后手段时，国家几乎所有的义务都应让位于其自保（self-preservation）的权利。[2]简而言之，当国家有自保的需要时，军事必要原则将自动适用，国家有权进行战争。但德国学者声称，战争法（kriegsrecht）规则分为两类，一类是普通规则（kriegsmanier），另一类是例外允许的规则（kriegsraison）。例外允许的规则是指在两种特殊情况下不应该遵守战争法规则：一是极端必要时，即战争目标的实现只能靠不遵守战争法规则，而一旦遵守就会被打败；二是报复（retorsion），作为对无正当理由而不遵守战争法规则的回击。[3]换言之，国家是否遵守战争法规则取决于战争目标是否能够实现，这就导致战争法实际上可以完全被弃之不顾。

尽管《海牙陆战法规和惯例公约》的文本几乎照搬1874年布鲁塞尔会议的最终宣言，但其是关于陆战的第一个多边条约，其历史意义不容忽视，其中诸多条文在战争法中都具有开

---

[1] Isabel V. Hull, *A Scrap of Paper: Breaking and Making International Law During the Great War*, Cornell University Press, 2014, pp. 75-76.

[2] William Edward Hall, *A Treatise on International Law*, The Clarendon Press, 1890, p. 265.

[3] John Westlake, *Chapters on the Principles of International Law*, Cambridge University Press, 1894, pp. 238-239.

创性，例如，宣布"交战者在损害敌人的手段方面，并不拥有无限制的权利"[1]，以及比较细致地规定了战俘待遇、敌对行为的进行、占领军的权利和义务、伤员的照料等问题。[2]

二、1907年海牙和会

第二次海牙和会的召开颇有一番曲折。1899年海牙和会在战争法编纂方面取得了意外的成功，例如，将1864年《改善战地武装部队伤者境遇的日内瓦公约》扩展适用于海战，但和会并未考虑1864年公约本身是否要修正的问题。在最终文件中，第一次海牙和会与会国表示希望瑞士政府牵头组织另一次会议处理此事。1901年5月，瑞士政府公开邀请1864年公约的缔约国参会讨论公约是否以及如何修改，不过有关国家并不积极。1904年2月8日午夜，日本海军在未宣战的情况下派出一艘日本鱼雷艇袭击了停泊在中国旅顺港的俄国舰队，俄方损失一艘巡洋舰和两艘战舰。同年2月9日，俄国对日宣战，2月10日，日本政府亦正式对俄国政府宣战，日俄战争爆发，俄国战败，在美国总统罗斯福斡旋下，日俄签订《朴次茅斯和约》，1905年9月5日战争结束。日俄战争的爆发成为各国继续编纂战争法的推动力，1904年10月，美国国务卿向有关国家发函提议召开第二次和会，12月6日，美国总统罗斯福在接见来访的各国议会联盟（Inter-Parliamentary Union）[3]所做的致辞中公开宣布，他已经邀请列强和美国一起参加第二次海牙

---

[1] 1899年《海牙陆战法规和惯例章程》第22条。
[2] 1899年《海牙陆战法规和惯例章程》第二编至第四编。
[3] 这是一家于1889年成立于瑞士日内瓦的非政府组织，宗旨为"通过各国议员之间的合作来加强代议制和促进国际和平与合作"，该组织目前仍在运作。

和会,"使已在海牙愉快开始的工作进一步接近完成"。[1]后来在俄国驻美大使的请求下,罗斯福将发起第二次海牙和会的倡议让与沙皇尼古拉二世以照顾俄国因日俄战争失去的面子。差不多同时,瑞士政府修订1864年公约的倡议终于在五年后获得响应,会议于1906年6月11日在日内瓦举行。除了土耳其,第一次海牙和会的所有与会国均到会,经过四个委员会的准备和与会国的讨论修改,7月5日通过公约草案,次日开放签署,1906年《改善战地武装部队伤者境遇的日内瓦公约》明确规定代替了1864年公约适用。[2]1906年日内瓦会议实际上是第二次海牙和会的预热,经俄国沙皇和荷兰女王共同召集,第二次海牙和会于1907年6月15日开幕,除了第一次和会的与会国,还增加了中南美洲国家,共有44国参会。

由于日俄战争刚刚结束,俄国根本无意讨论裁军问题,沙皇尼古拉二世更是声称"裁军只是犹太人、社会主义者和歇斯底里的妇女的想法"。[3]俄国最关心的是如何走出日俄战争惨败的尴尬局面,恢复国际地位和军事实力。德国也延续其1899年的态度,对裁军十分敌视。有些国家虽然支持裁军,但许多欧洲国家甚至连提及限制军备都坚决反对,坚称在国防政策上主权不受限制,与会国就此无法形成一致意见。因此,尽管第一次海牙和会将限制武器作为会议的主要议题,第二次

---

[1] Theodore Roosevelt, *State of the Union* 1904 – 6 *December* 1904, available at http://www.let.rug.nl/usa/presidents/theodore-roosevelt/state-of-the-union-1904.php, last visited on 2020-03-20.

[2] *Convention for the Amelioration of the Condition of the Wounded and Sick in Armies in the Field. Geneva*, 6 July 1906.

[3] David Stevenson, *Armaments and the Coming of War: Europe, 1904–1914*, Oxford University Press, 1996, p.109.

第四章 "漫长的十九世纪"和战争法的突进

海牙和会未能将其纳入会议议程,裁军问题根本不在讨论范围内。不过也正是日俄战争的缘故,与会国的态度更加务实,达成更多、更具体的战争规则的愿望比 1899 年强烈。第二次海牙和会整体沿用了第一次的做法和程序,但做了些许调整,例如,会议主席仍然是俄国代表,仍然设置不同的委员会处理不同的议题,各委员会也可以根据需要设立分委员会等,最大的改变当数公众可以持票旁听全体会议,某些不适合公开的会议除外。这次和会共设立四个委员会,第一委员会为仲裁委员会,下设两个分委员会,第一分委员会处理仲裁和防止战争事宜,第二分委员会处理海上捕获问题;第二委员会为陆战委员会,下设两个分委员会,第一分委员会处理陆战法规惯例,第二分委员会处理陆战时中立国的权利义务和宣战事宜;第三委员会为海战委员会,下设两个分委员会,第一分委员会处理轰击港口和使用水雷和鱼雷问题,第二分委员会处理交战国船只在中立国港口的行为和根据 1906 年《改善战地武装部队伤者境遇的日内瓦公约》修正 1899 年海牙第三公约;第四委员会是唯一不设分委员会的海洋法委员会,处理商船改战舰、海上私人财产、战争违禁品、封锁、同样适用于海战的陆战规定等问题。[1]"实际上,战争行为的问题是如此占据主导地位,以至于一些观察家尖酸地评论说这次会议本应更准确地被称为'海牙战争会议'"。[2]

1907 年 10 月 18 日,会议结束,最终通过十三个公约和

---

〔1〕 William I. Hull, *The Two Hague Conferences and their Contributions to International Law*, Boston, Ginn & Co., 1908, pp. 32-33.

〔2〕 Stephen C. Neff, *Justice among Nations: A History of International Law*, Harvard University Press, 2014, p. 327.

一个宣言，即《和平解决国际争端公约》（1907年海牙第一公约）、《限制使用武力索偿契约债务公约》（1907年海牙第二公约）、《关于战争开始的公约》（1907年海牙第三公约）、《海牙陆战法规和惯例公约》（1907年海牙第四公约）及其附件《海牙陆战法规和惯例章程》、《中立国和人民在陆战中的权利和义务公约》（1907年海牙第五公约）、《关于战争开始时敌国商船地位公约》（1907年海牙第六公约）、《关于商船改装为军舰公约》（1907年海牙第七公约）、《关于敷设自动触发水雷公约》（1907年海牙第八公约）、《关于战时海军轰击公约》（1907年海牙第九公约）、《关于1906年7月6日日内瓦公约原则适用于海战的公约》（1907年海牙第十公约）、《关于海战中限制行使捕获权公约》（1907年海牙第十一公约）、《关于建立国际捕获法院公约》（1907年海牙第十二公约）、《关于中立国在海战中的权利和义务公约》（1907年海牙第十三公约）和《禁止从气球上投掷投射物和爆炸物宣言》（1907年海牙宣言）。原来曾设立的议题有的并没有成为公约，而最终的公约中也包含了之前未曾出现的议题。

第二次海牙和会和第一次一样在裁军问题上一无所获，但通过的战争法公约成倍增长，除了第十二公约未能生效，其他公约都生效了。刚结束不久的日俄战争对第二次海牙和会的影响十分明显，这场战争涉及陆战和海战，但海战尤其重要，无论是日本海军轰击旅顺港，还是黄海海战和对马海峡海战，战争法如何规制海战引发了与会国的普遍关切，和会最后通过的十三个条约中有八个都涉及海战。《关于战争开始的公约》也是日俄战争的直接产物，日俄战争中日本不宣而战，俄国因此强烈谴责日本背信弃义，与会国最后认为"除非有预先的和明

第四章 "漫长的十九世纪"和战争法的突进

确无误的警告,彼此间不应开始敌对行为。警告的形式应是说明理由的宣战声明或是有条件宣战的最后通牒"。[1]然而由于与会国的意见分歧,警告和敌对行动开始之间应该有多长的时间间隔这个最关键的问题没有规定。此外,宣战在欧洲的战争中早已是约定俗成的惯例,《关于战争开始的公约》却规定了多种代替宣战的做法,这也引起了很大的争议。

1907年的《海牙陆战法规和惯例公约》及其章程仍然是与会国争吵最为激烈的所在,德国仍然试图继续压制民众抵抗,要求非正规军队须事先通知可能的敌方军队其制服或显著标识如何,但遭到法国奋力反对,最后的文本只是对1899年的公约及章程进行了细微修改,最大的改动只有三处:一是规定"违反该章程规定的交战一方在需要时应负责赔偿。该方应对自己军队的组成人员做出的一切行为负责";[2]二是民众抵抗不仅必须"遵守战争法规及惯例",还增加了要求"公开携带武器";[3]三是"禁止交战一方强迫被占领地居民提供有关交战另一方军队及其防卫手段的情报",而1899年《海牙陆战法规和惯例章程》规定的是"禁止强迫被占领地居民参加反对其本国的军事行动"。《中立国和人民在陆战中的权利和义务公约》则以1899年《海牙陆战法规和惯例章程》中关于中立国权利义务的少数几条规定[4]为基础进行了扩充,第一次

---

[1]《关于战争开始的公约》第1条。
[2]《海牙陆战法规和惯例公约》第3条。
[3] 1907年《海牙陆战法规和惯例章程》第2条。
[4] 这些规定几乎全部是有关中立国与战俘和伤员的问题,如中立国在其境内收容交战者应设立战俘情报局(第14条)、在中立国拘留交战者和护理伤员(第57—60条),还有一条涉及铁路器材,规定"来自中立国的铁路器材,无论是该国国有或社团或私人所有,均应尽速送回"(第54条)。

明确宣布"中立国的领土不得侵犯",并禁止交战国一系列影响中立国义务的行为,如交战国的部队和装载军火或供应品的运输队不得通过中立国领土,交战国不得在中立国领土上设立无线电台或与交战国陆、海军联系的任何通信装置,不得在中立国领土内组织战斗部队和开设征兵事务所以援助交战国等,中立国也负有不得允许交战国从事上述行为的义务,并且对一切限制或禁止措施应对交战双方公正不偏地予以适用。[1]

《关于战时海军轰击公约》不仅明显反映了日俄战争的现实,也明确宣告是"为了实现第一届和平会议关于海军轰击不设防港口、城镇和村庄所表示的愿望",因为1899年《海牙陆战法规和惯例章程》初步尝试将关于轰击的陆战规则适用于海战,[2]而《关于战时海军轰击公约》则进一步明确海军轰击的规则。公约禁止海军轰击不设防的港口、城镇、村庄、居民区和建筑物,但禁止不是绝对的,存在多个例外情形:第一,如果因军事理由需要立即行动而不容敌军缓息,轰击可以进行,但指挥官应采取一切必要措施尽可能减少对该城市的损害;第二,只有以海军指挥官名义才能提出征收且征收须与当地资源成比例,如地方当局经正式警告后拒绝为停泊在该地的海军征集所急需的粮食和供应,经正式通知后,海军可

---

[1] 《中立国和人民在陆战中的权利和义务公约》第1条至第9条。
[2] 即1899年《陆战法规和惯例章程》第25至27条。第25条规定,"禁止攻击或轰击不设防的城镇、村庄、住所和建筑物。"第26条规定,"攻击部队的指挥官在准备轰击前,除了攻击的情况下,应尽可能向有关当局发出警告。"第27条规定,"在包围和轰击中,应采取一切必要措施,尽可能保全用于宗教、艺术、科学和慈善事业的建筑物以及医院和病员、伤员的集中场所,但以当时不作军事用途为条件。被围困者有义务用易于识别的特别标志标明这些建筑物或场所,并须事前通知敌方。"

进行炮轰；第三，军事工程、陆军或海军设施、武器或战争物资仓库、可用于满足敌国舰队或军队需要的车间和设施以及停泊在港口内的军舰不包括在禁止轰击之列，如果任何其他手段均已无能为力而地方当局也未在规定期限内毁坏上述目标时，海军指挥官得在发出警告的合理期限后用炮轰摧毁之，并对轰击可能造成的无法避免的损失不负任何责任。公约还规定，不设防的地方不能仅仅由于其港口外敷设了自动触发水雷或者未支付现金捐献而遭到轰击。《关于战时海军轰击公约》与1899年《海牙陆战法规和惯例章程》相比，改进的地方在于规定"如军事情势许可，海军进攻部队指挥官在进行轰击之前应尽力向当局发出警告"。而按照1899年的规则，指挥官在攻击时可以不必事先警告。此外，对于受到保护的纪念碑、建筑物或集合场所也要求"用明显的记号标出，即在大的长方形木板上按对角线划分为两个三角形，上面部分为黑色，下面部分为白色。"[1]但是，无论是1907年《关于战时海军轰击公约》还是1899年和1907年的《海牙陆战法规和惯例章程》，都没有界定至关重要的"不设防"一词。禁止攻击不设防城镇源自战争法中的传统，本意是禁止攻击那些可以由陆军或海军不用借助压倒性军力就可以轻易占领的地方，但在战争已经大规模工业化和动员的时代，什么样的地方能称得上"不设防"很难达成一致意见，[2]而当时具有代表性的学者认为，"只有没有要塞、没有军队、当地民众没有公开抵抗"，才称得上

---

[1] 《关于战时海军轰击公约》第1条至第6条。
[2] Tami Davis Biddle, "Air Power", in Michael Howard, George J. Andreopoulos and Mark R. Shulman eds., *The Laws of War: Constraints on Warfare in the Western World*, Yale University Press, 1994, p. 143.

"未设防"。[1]总之，与会国对于让自己别占下风或使得潜在对手占上风尤为警觉和谨慎，即使有较为细致的规则，实际是否能够遵守以及能在多大程度上遵守并不确定。

《关于敷设自动触发水雷公约》也是对日俄战争的回应。日俄战争中首次使用了水雷，其高效力和便宜的成本使没有海军的小国也可能对海军大国造成严重损害。作为一种不加区分的武器，自动触发水雷严重影响国际航行安全和商业往来，特别是威胁所有中立的商业往来，损害中立国利益，并且可以凭极低的成本改变力量平衡，而关于水雷的法律几乎是空白，亟待调整。因此，拥有规模最大的海军舰队和商船队的英国在1907年海牙和会上力图将其几乎彻底宣告为非法。英国想要禁止所有无锚的自动触发水雷、所有脱锚后不立即成为无害的有锚自动触发水雷以及禁止使用水雷"建立或维持商业封锁"，英国只接受有锚自动触发水雷，而且仅限在交战国的领海内使用之，但许多小国反对英国的立场，因为对他们来说水雷是既便宜又有效的抵御海军大国的手段，就像陆战中的民众抵抗和暴动一样意义重大。最强烈反对英国提议的当然是德国，德国的与会代表声称制定事实上不可能严格遵守的规则是"严重错误"，对于意欲创造的国际海洋法来说最重要的是"应该只包括从军事角度来看有可能执行的条款，甚至在例外的情形下也可能执行，否则，对该法的尊重会减少，其权威也受到损害"。[2]由于水雷的军事效果显著，与会国最后达成的

---

[1] Percy Bordwell, *The Law of War between Belligerents: A History and Commentary*, Callaghan & Co., 1908, p. 287.

[2] Isabel V. Hull, *A Scrap of Paper: Breaking and Making International Law During the Great War*, Cornell University Press, 2014, p. 155.

折中方案一是效仿1899年海牙第一宣言将有效期定为七年，如果期满后没有被废止则视为继续有效（实际上迄今有效）；二是只明确规定禁止铺设的水雷类别和战争结束后铺设水雷的国家有"尽其力之所及"扫雷的义务，[1]虽然"禁止以截断商业航运为唯一目的而在敌国海岸和港口敷设自动触发雷"，[2]但德国和法国均对该条进行了保留，而且交战国可以声称如此行为的目的并非截断商业航运即可轻易规避此项规定。可以说，《关于敷设自动触发水雷公约》大部分反映了英国的意愿，例如，《关于敷设自动触发水雷公约》第1条虽然禁止无锚自动触发水雷，但设置了例外，"其构造使它们于敷设者对其失去控制后至多一小时后即为无害的水雷除外。"脱锚后不立即成为无害的有锚自动触发水雷被完全禁止，还增加了禁止"使用在未击中目标后仍不成为无害的鱼雷"。

因为有了1906年日内瓦会议，和会通过《关于1906年7月6日日内瓦公约原则适用于海战的公约》时容易了许多，最显著的规定在于将医院船分为三种不同类别，即"军用医院船""全部或部分由私人或官方承认的救济团体出资装备的医院船"，以及"全部或部分由中立国私人或官方承认的团体出

---

[1]《关于敷设自动触发水雷公约》第1条规定，"禁止：（一）敷设无锚的自动触发水雷，但其构造使它们于敷设者对其失去控制后至多一小时后即为无害的水雷除外；（二）敷设在脱锚后不立即成为无害的有锚自动触发水雷；（三）使用在未击中目标后仍不成为无害的鱼雷。"第5条规定，"一俟战争告终，各缔约国保证尽其力之所及，各自扫除其所敷设的水雷。至于交战国一方沿另一方海岸敷设的有锚自动触发水雷，敷设水雷的国家应将敷设地点通知另一方。每一方应在最短期间扫除在本国水域内的水雷。"

[2]《关于敷设自动触发水雷公约》第2条。

资装备的医院船",要求前两类属于交战国的医院船在使用之前已将船名通知各其他交战国,而后一类属于中立国的医院船则"须在本国政府的事先同意和交战国一方的准许下为该交战国所控制,并在敌对行为开始或进行中,总之在使用之前已将其船名通知敌方。"[1]此外,公约还规定交战方的任何军舰可要求任何国家的所有医院船将船上的伤者、病者或遇船难者移交给它。[2]

由于禁止从气球上投掷弹射物的1899年海牙第一宣言规定了五年的有效期并于1905年9月4日到期,1907年第二次海牙和会举行时,与会国需要考虑是否将该宣言延期。在此期间,飞行器的研发持续取得进展,德国的齐柏林伯爵于1900年试飞首个飞艇LZ-1号,1905年试飞LZ-2号,1906年又试飞LZ-3号并获成功,此种充气硬式飞艇也因此得名"齐柏林飞艇"(Zeppelin),[3]1903年怀特兄弟试飞固定翼飞机也获得成功,而飞行器"这项新科技将用于军事从一开始就十分明了"。[4]一国的空中实力决定了与会国代表对会议中有关问题持何立场,像德国、法国、意大利这样正在研发飞行器的国家,大多反对继续对空袭进行任何限制,而在飞行器领域落后的英国则将空中力量视为对其海岸和海军制海权(naval supremacy)的威胁,支持继续限制,美国由于地理上与欧洲大

---

[1]《关于1906年7月6日日内瓦公约原则适用于海战的公约》第1条至第3条。

[2]《关于1906年7月6日日内瓦公约原则适用于海战的公约》第12条。

[3] Douglas Hill Robinson, *The Zeppelin in Combat: A History of the German Naval Airship Division 1912-1918*, Schiffer Publishing, Ltd., 1994, pp. 20-21.

[4] Frank Ledwidge, *Aerial Warfare: The Battle for the Skies*, Oxford University Press, 2018, p. 3.

第四章 "漫长的十九世纪"和战争法的突进

陆隔绝,对继续禁止不像英国那般积极。[1]会议最终决定仅将1899年海牙第一宣言延期而不做任何其他更改,其有效期自此次会议结束开始至第三次海牙和会止,[2]列强中只有英美两国批准了该宣言。[3]这次海牙和会还对1899年《陆战法规和惯例章程》中禁止攻击或轰击不设防的城镇的规定做了一个细微的改动,增加了"禁止以任何手段"字样,使其间接、隐晦地适用于空中轰炸。[4]

两次海牙和会召开之际,欧洲有三个主要的关于战争法的思想流派,格劳秀斯学派强调将交战者权利限定于士兵这个特殊群体,并排除所有其他人积极参加战争;共和派强调爱国主义和平民抵抗,认为征服战争非法,而平民和民兵抵抗任何外国侵略不仅应被允许,而且是公民的权利和义务;尚武主义与共和主义截然对立,认为军队有权按照自己认为合适的方式进行战争,通过法律规制战争不仅不可能,而且也不受欢迎,所有平民凡涉及战争均为罪犯。这三种思潮对于两次海牙和会期间战争法的制定均起到了不同程度的影响,对政治博弈也有着明显的影响,当时与会的主要强国除俄国外,均不愿意对军事和科技进步进行限制,大国更反对制定非常细致翔实的战争法规则。整体看来,海牙公约对调整战争而

---

[1] Tami Davis Biddle, "Air Power", in Michael Howard, George J. Andreopoulos and Mark R. Shulman eds., *The Laws of War: Constraints on Warfare in the Western World*, Yale University Press, 1994, p. 142.

[2] 第三次海牙和会原定于第二次海牙和会结束后八年内召开,但1914年一战的爆发使得第三次海牙和会成为泡影,因此1899年海牙第一宣言迄今仍然有效。

[3] *Declaration (XIV) Prohibiting the Discharge of Projectiles and Explosives from Balloons. The Hague*, 18 October 1907.

[4] 1907年《海牙陆战法规和惯例章程》第25条。

不是废止战争的坚持、对平民保护的漠视、要求平民服从占领军广泛的权利、将交战国权利仅限定于职业士兵并一般禁止平民抵抗入侵军队等，足以表明其缔造者"有强烈的保守甚至是反动的观点"。[1]两次海牙和会关于编纂战争法的分歧本质上是关于习惯国际法性质以及实然法（lex lata）和应然法（lex ferenda）的争论，而"解释习惯国际法是一门艺术而不是一门科学，相左的意见十分常见，对于任何形式的法律来说都是如此。"确定习惯国际法的存在需要考察国家实践和法律确信，但关于国家实践持续的时间、涉及的国家范围等并不存在明确的规则，法律确信究竟是仅指实然法还是也包括应然法同样不清楚。德国强烈要求将国家实践放在决定习惯国际法的首要位置，而反对意见则体现在马尔顿条款对法律确信的推崇，即应然法在"人道主义法规"和"公众良知"的推动下渐进发展。[2]

三、两次海牙和会与"文明国家"的战争法

1899年和1907年《海牙陆战法规和惯例公约》序言都声明制订公约的动机是"为人类的利益和日益增长的文明的需要而服务的愿望"，其中包含的马尔顿条款也都特意提及"文明国家间制定的惯例"，其实早在1868年《圣彼得堡宣言》

---

[1] Karma Nabulsi, "Evolving Conceptions of Civilians and Belligerents: 100 Years After the Hague Peace Conferences", in Simon Chesterman ed., *Civilians in War*, Lynne Rienner, 2001, pp. 14-15.

[2] Isabel V. Hull, *A Scrap of Paper: Breaking and Making International Law During the Great War*, Cornell University Press, 2014, pp. 89-92.

第四章 "漫长的十九世纪"和战争法的突进

中就已经开始使用"文明国家"一词，[1]但两次海牙和会作为当时最大规模的，而且制定了大量战争法条约的外交会议，对于将"文明国家"深深地嵌入战争法和国际法起到了决定性的影响，[2]其后一系列的战争法条约[3]以及一般性国际条约均提及"文明"或"文明国家"。"文明国家"之说显然意味着有"不文明国家""野蛮人"，而"文明国家"长期以来都只是欧洲国家，形成了所谓"欧洲中心主义"，由于欧洲国家主导了战争法和国际法的制定和形成过程，战争法和国际法也不可避免地具有"欧洲中心主义"的特点。"欧洲中心主义"的问题不在于其关注的焦点是欧洲，而在于将欧洲文明视为独立于且超越于其他文明，很少或者说完全不关注其他文明。从地缘政治角度来看，"大的'帝国'中心向全世界散发其影响，并决定全球法律秩序的本质"[4]是不可否认的历史事实。国际法直到19世纪中叶，还几乎完全是由欧洲国家制

---

[1]《国联盟约》就规定，殖民地和其他领土，例如那些"远离文明中心"的西南非洲和南太平洋的领土，其人民由于未能达到"现代世界的条件"，原则上应由"先进国家"进行"文明的神圣托管（trust）"。最广为人知的当数被视为国际法渊源权威表述的《国际法院规约》第38条，即国际法院对于陈诉各项争端，应依国际法裁判之，裁判时应适用的包括"一般法律原则为文明各国所承认者"。

[2] 海牙和会的另一主要成果，即1899年和1907年的《和平解决国际争端公约》，也都在序言中提及制订公约的动机包括"认识到文明国家集团各成员国的联合一致"。

[3] 例如，1925年《禁止在战争中使用窒息性、毒性或其他气体和细菌作战方法的议定书》序言中宣告，"在战争中使用窒息性、毒性或其他气体，以及使用一切类似的液体、物体或器件，受到文明世界舆论的正当的谴责"。一些未能生效的条约中也是如此，例如，1922年《关于在战争中使用潜水艇和有毒气体的条约》一共提及6次"文明国家"和1次"文明世界"，合计提及"文明"7次，可能是所有战争法条约（无论生效与否）中提及"文明"次数最多的。

[4] Martti Koskenniemi, *Histories of International Law: Dealing With Eurocentrism*, University of Utrecht, 2011, p.10.

定、由欧洲国家适用，并用来处理欧洲国家间关系的一套"地方性"规则体系，这种"欧洲中心主义"的国际法如果仍然只适用于欧洲国家，那就不会有什么问题，但关键是，随着欧洲的全球扩张，"欧洲中心主义"的国际法逐步成为普遍适用于全世界的规范，其所包含的排他性就自然成了问题，特别是这种规范体系所坚持的"文明"和"野蛮"之分。地域性和普遍性的矛盾是国际法发展的一个不可忽视的特点，"文明"的欧洲国家和"不文明""野蛮的""未开化的"非欧洲民族和国家，自然就有了等级高下之分，这种"国际法中欧洲-非欧洲关系等级本质的印记"，[1]无疑证明了国际法是"具有鲜明欧洲属性但常常也极为全球化的历史的产物"，国际法的历史是"普遍性和等级制交织的历史"，是"渴望实现普遍的有效性但其本身又不能说是公正的历史"。[2]

如第三章所述，15世纪至17世纪，西方基督教世界在政治上继续分崩离析，民族国家开始形成，此时的欧洲是"基督教国际社会"，自然法占首要位置，但判断这个国际社会中的成员身份的基本原则或标准尚不明确。[3]14世纪至18世纪，"欧洲"这个更中性的名称逐渐取代了"基督教世界"，1648年《威斯特伐利亚和约》之后，人们已不再说"基督教世界"而代之以"欧洲"，1713年的《乌特勒支条约》则是最后一次公开提及建立"基督教共同体"（*Respublica Christiana*）

---

[1] James Thuo Gathii, "International Law and Eurocentricity", *European Journal of International Law*, Vol. 9, Issue 1, 1998, pp. 185–186.

[2] Jennifer Pitts, *Boundaries of the International: Law and Empire*, Harvard University Press, 2018, p. 191.

[3] Hedley Bull, *The Anarchical Society: A Study of Order in World Politics*, Palgrave Macmillan, 2002, pp. 26–28.

第四章 "漫长的十九世纪"和战争法的突进

的重要场合,自此以往,欧洲而非基督教共同体的认识占了上风。[1] 18世纪至19世纪,现代国家完全形成,西方基督教世界的痕迹几乎完全从国际政治理论和实践中消失,自然法让位于实在国际法,出现了"欧洲国际社会"。要成为这个国际社会的一员,"欧洲的"价值观或文化要比"基督教的"更重要,也正是这种文化上的差异,让欧洲国际社会成员在处理彼此间交往时受一套行为准则约束,而同一套行为准则并不适用于欧洲国际社会成员与不属于这个国际社会的成员的交往。[2] 16世纪至18世纪欧洲的思想家和法学家们,特别是几乎所有启蒙运动的思想家们,都提及作为一个整体的人类社会的存在,并没有排除欧洲以外的国家和民族,但他们也都认为欧洲文化及其文明在人类进步的前列。[3] 启蒙运动的重要人物之一、法国哲学家米歇尔·德·蒙田(Michel de Montaigne,1533年—1592年)就曾描述过欧洲人习惯以自己为尺度衡量外国和外族的狭隘做法,"拿自己国家的主张与习惯当作楷模和典范。在那里,宗教总是十全十美,治理总是尽如人意,任何事物都无可挑剔","把不合自己习惯的东西称为野蛮"。[4] 也正是在启蒙运动期间,"文明"一词首次出现:1767年出现于法语,1772年出现于英语,对应的是"暴行"(barbarity)。[5]

---

[1] Norman Davies, *Europe: A History*, New York: Harper Perennial, 1998, p. 7.

[2] Hedley Bull, *The Anarchical Society: A Study of Order in World Politics*, Palgrave Macmillan, 2002, pp. 31-32.

[3] Anthony Pagden, *The Enlightenment and Why It Still Matters*, Random House, 2013, pp. 149-294.

[4] [法]蒙田:《蒙田随笔全集》(上卷),潘丽珍等译,译林出版社1996年版,第231页。

[5] Mark B. Salter, *Barbarians and Civilization in International Relations*, Pluto Press, 2002, p. 15.

到了19世纪，随着欧洲通过殖民主义和帝国主义征服了全世界，欧洲在文化和道德上的优越感达到顶点，认为自己负有通过殖民和扩大欧洲影响的历史使命以教化世界上的其他地区。[1]可以说，殖民主义是近现代国际法的起源之一，"殖民主义对国际法的制定而言十分重要，许多国际法的基本原则，包括最重要的主权原则，都是在试图创立一个法律制度以有效调整殖民对抗中欧洲与非欧洲间的关系时而形成的"。[2]

在殖民过程中，"欧洲的"与"非欧洲的"的差异不仅被延续，而且被放大。"启蒙"后的欧洲人在其与传统做法和暴虐政权斗争的过程中，发明了"文明"和"文明国家"这两个不可分割的术语，在他们看来，罗马的崩溃和欧洲重返野蛮主义导致欧洲衰落数个世纪，但之后欧洲在物质和道德上都有了显著的改进，这是因为欧洲反对奴隶制、一夫多妻制等独特的"文明"，尽管不同"文明之间的贸易有好处，道德污染的风险要求法律做出安排以使世界相分离"。[3]因此，欧洲国家产生和确立自身的"文明"身份与"欧洲中心主义"的兴盛互为因果、互相增强，欧洲国家相对于所有非欧洲国家都具有一种更高级的、更先进的优越感，也使得国际社会虽然在地理上扩展到了全世界，但规则的适用仍然是以"欧洲国际社会"为主，即"万国法无疑是基督教世界的法律；不太适用于异

---

[1] Gerard Delanty, *Inventing Europe: Idea, Identity, Reality*, St Martin's Press, 1995, pp. 95–96.

[2] Antony Anghie, *Imperialism, Sovereignty and the Making of International Law*, Cambridge University Press, 2004, p. 3.

[3] Nicholas Onuf, "Eurocentrism and Civilization", *Journal of the History of International Law*, Vol. 6, No. 1, 2004, pp. 38–41.

教徒,正如希腊城邦的'普通法'不太适用于……野蛮人社会"。[1]总之,"从16世纪到20世纪,欧洲国际法视基督教国家是一个适用于整个地球的秩序的创造者和代言人。'欧洲'这个词意味着给地球上非欧洲的部分设定标准的正常状态,文明与欧洲文明是同义词。"[2]

客观来说,欧洲中心主义是民族优越感(ethnocentrism)和自我中心主义(antuocentrism)的变体,它不仅仅是欧洲独有的现象,更关键在于,"一旦欧洲帝国主义通过残酷的野蛮行径以及马克沁机枪的帮助下取得了对世界其他地区的工业和经济优势后",欧洲中心主义"至少在短时间内,具有了无可匹敌(invincible)的权威"。[3]19世纪,虽然欧洲列强通过广泛、大量使用武力实现了帝国的扩张,但将这个过程一般排除于欧洲国际法之外,"以'文明'为标准,欧洲列强的全球扩张有了解释和理由,然而对于自豪的、文化上独立的非欧洲国家来说,却是一种侮辱、耻辱和根本威胁。"[4]18世纪,欧洲国家之间在美洲殖民地内和周边爆发战争,这些殖民地通过去殖民化逐步从国际政治和国际法的客体变成了主体,但其中决定性的一步要等到美国在1917年作为最重要的前欧洲殖民

---

[1] Thomas Erskine Holland, *Studies in International Law*, Clarendon Press, 1898, p. 113.

[2] Carl Schmitt, *The Nomos of the Earth in the International Law of the Jus Publicum Europaeum*, trans. by G. L. Ulmen, Telos Press Publishing, 2006, p. 86.

[3] Zbigniew Jaworowski, "Eurocentrism", *Polish Foreign Affairs Digest*, Vol. 3, No. 2, 2003, pp. 29-31.

[4] Gerrit. W. Gong, *The Standard of "Civilization" in International Society*, Clarendon Press, 1984, p. 7.

地开始实质影响欧洲时。[1]1856年巴黎和会使得欧洲国际法扩展适用于奥斯曼土耳其,但在当时的国际法学家看来,毫无疑问,"国际法是现代欧洲特殊文明的产物,而且形成了一个非常法定的(artificial)体系,不能认为具有不同于欧洲文明的国家能够理解或承认这个体系的原则,只能推定此种国家以及那种(非欧洲)文明的继承者受这个体系的约束。"[2]以欧洲的国际社会和国际法为标准,欧洲中心主义将国家和人民整体上分为"文明"和"野蛮"两类,"以文明为等级,世界上的国家分为'文明的'、野蛮的和未开化的(savage)三类,每一类国家的法律权利和义务基于其'文明'程度使其具有法律行为能力",欧洲的"文明"国家具有完全的国际法律地位和人格、"欧洲国际团体"成员资格和国际法保护,而至关重要的是,"决定野蛮的和未开化的国家法律行为能力也是'文明'国家的权利",而这些国家最多是作为"半文明国家"而获得部分承认的,具有有限的、"不完美的"(imperfect)国际法律地位和人格、"欧洲国际团体"成员资格和国际法保护。[3]

整体上看,从19世纪30年代到第一次世界大战,国际法学家对于"文明国家"所组成的国际社会,按照对非欧洲国家的排斥和接受程度,可分为五类:一是将非欧洲国家完全排

---

[1] [德]沃尔夫冈·赖因哈德:《征服世界:一部欧洲扩张的全球史,1415—2015》(中),周新建、皇甫宜均、罗伟译,社会科学文献出版社2022年版,第841—842页。

[2] William Edward Hall, *A Treatise on International Law*, The Clarendon Press, 1890, p. 42.

[3] Gerrit W. Gong, *The Standard of 'Civilization' in International Society*, Clarendon Press, 1984, pp. 55–56.

第四章 "漫长的十九世纪"和战争法的突进

除于"文明国家"及其所组成的国际社会之外,认为国际法的基本特征就是"基督教的",欧洲国家与非欧洲国家交往是道德和政治事项,不涉及法律。二是接受一些前"野蛮"国家为"文明国家",如信奉印度教和佛教的国家,但排除伊斯兰国家。三是不情愿地承认某些满足了标准的前"非文明国家"为"文明国家",但这些国家和原本的"文明国家"地位上仍不平等。四是所有满足标准和具有完全的成员身份的非欧洲国家。五是质疑"文明"之区分和标准。而在这五类态度中,第三类自19世纪60年代开始受到最广泛的支持,也是那个历史阶段国际法学家的主流观点。[1]"尽管从未有过文明的明确标准,文明一说仍用来表明一种看似明显的却又未能详细地加以描述的区别……没有明确的实质内容,使得欧洲人可以不用过多解释便能做出他们所需要的区别。"[2]至迟于1905年,"文明"标准已经成为一个明确的法律原则并且是当时国际法学说的重要组成部分,一般来说,"文明"标准要求外国人得到的待遇"与西方国家所理解的法治相一致",具体包括五个方面:第一,对生命、尊严和财产等基本权利的保护;第二,存在有组织的官僚机构可以进行国家治理和自卫;第三,遵守被普遍接受的国际法和战争法;第四,具有维持外交和沟通的适当和常设的机制;第五,大致遵守"文明"国际社会承认的规范和惯例。[3]由此可见,"文明"和"野蛮"之分

---

[1] Alexis Heraclides and Ada Dialla, *Humanitarian Intervention in the Long Nineteenth Century: Setting the Precedent*, Manchester University Press, 2015, pp. 34-38.

[2] Martti Koskenniemi, "Histories of International law: Dealing with Eurocentrism", *Rechtsgeschichte – Legal History*, Vol. 19, 2011, p. 156.

[3] Gerrit W. Gong, *The Standard of 'Civilization' in International Society*, Clarendon Press, 1984, pp. 14-15.

的决定权在"文明国家"手中，因为前面四个标准虽然本质上是欧洲国家所设立，但具有一定的客观性，即非欧洲国家是否在现实中实施了此类行为，而最后一个标准则是主观判断，即非欧洲国家即使保护了基本权利、拥有政府和军队、遵守国际法等，是否能够具有"文明"国家地位，仍取决于欧洲国家对此如何评判、是否同意。换言之，这种地位不是满足客观标准就会自动产生，而是被欧洲国家赋予的。19世纪的国际法学家认为，只有"西欧国家及其在南美和北美的衍生（derivatives）"才具有"欧洲国际团体"的完整成员身份，可以当然适用"欧洲公法"，任何其他"新成员"身份的确认都要一事一议，不能一概而论。[1]例如，日本在明治维新之后国力迅速增强，作为世界现代化进程中的"例外情况"，从一个落后的农业国一跃成为资本主义工业化强国，也是第一个逃脱沦为第三世界的非西方国家，[2]特别是在日俄战争后，日本的"文明国家"地位得到西方列强广泛承认。"19世纪，文明成为欧洲扩张的新的先验（a priori）主张，通过一系列想象出的价值观将民族或国家的进步程度分类……国际法律团体是'文明国家的团体'，而欧洲万国法是文明国家的普通法。"[3]

对19世纪实在法学派的国际法学家而言，"文明"和"不文明"之间的区分是其认识论（epistemology）的根本原

---

[1] Thomas Erskine Holland, *Studies in International Law*, Clarendon Press, 1898, p.114.

[2] [美]斯塔夫里亚诺斯：《全球分裂：第三世界的历史进程》（上册），迟越等译，商务印书馆1993年版，第349—378页。

[3] Liliana Obregón Tarazona, "The Civilized and the Uncivilized", in Bardo Fassbender and Anne Peters eds., *The Oxford Handbook of the History of International Law*, Oxford University Press, 2012, p.939.

第四章 "漫长的十九世纪"和战争法的突进

则,并对组成实在法学派框架的概念产生深远影响,实在法的这些前提,例如,法律是独一无二的、文明的和社会的制度,而只有具有此种制度的国家才是"国际社会"成员,不可避免地造成实在法学派的"种族化"(racialization)。[1]"事实上,19世纪至20世纪初,'文明'与国际法就恰似一对双生儿,'文明'既是国际法的基准,而国际法又是象征'文明世界'的法律秩序",但关键在于,国家及其人民所属的"文明"具有不同的层级,如"文明人"的国家、不完全"文明人"的国家、"野蛮人"(barbarous humanity)的国家和"未开化人"(savage humanity)的国家,除了"文明"国家,其他层级的国家不具有完整的国际法主体资格,不享有全部的国际法权利,但可能承担国际法义务。"这种以文明-野蛮来划分世界,决定国家民族之权利义务的国际法秩序观,很大程度上是近代欧美国家为实践其霸权主义,将其在亚非地区开拓殖民地、欺压弱小民族的侵略行为加以合法化和正当化而已。"[2] "万国法在欧洲商业和帝国扩张的语境中成为强有力的政治论述……为帝国主义国家及其代理人的行为提供了理由……模糊了欧洲国家的帝国主义本质"。[3] 欧洲的殖民主义和帝国主义扩张,名义上坚持"文明"和"野蛮"之分,尽管并不情愿,却事实上将"欧洲国际团体"变成全球国际社会,将国际法的适用范围从欧洲扩展到全世界。然而"从15世纪至20世纪

---

[1] Antony Anghie, *Imperialism, Sovereignty and the Making of International Law*, Cambridge University Press, 2004, p. 56.

[2] 林学忠:《从万国公法到公法外交:晚清国际法的传入、诠释与应用》,上海古籍出版社2009年版,第217—219页。

[3] Jennifer Pitts, *Boundaries of the International: Law and Empire*, Harvard University Press, 2018, p. 3.

的欧洲扩张，其政治目的绝不是将基于严格的正式互惠和法律平等的欧洲国际社会（无论是认为这个社会出现于1648年还是更早之前）扩展到整个世界。其目的不是协调，而是隶属（subordination），不仅是权力意义上的隶属，也是法律意义上的隶属。"[1]

欧洲国家无论是数量还是影响力都在两次海牙和会占据绝对优势。1899年第一次海牙和会的26个与会国中，20个是欧洲国家，2个是美洲国家（美国和墨西哥），没有非洲国家受邀；1907年第二次海牙和会召开时，全世界只有57个主权国家，但参会国达到44个，几乎代表了整个世界的国家和人民，以至于时人认为这是迈向"人类议会"（Parliament of Man）和"世界联邦"（Federation of the World）的一大进步。[2]与会国中，欧洲国家20个，美洲国家19个，亚洲国家5个（除了参加第一次和会的日本、中国、波斯和暹罗，还增加了土耳其）。1899年第一次海牙和会是区分"文明国家"和"野蛮人"最典型的例子，"1899年会议的目的就是建构或重构一个通过对国际法的遵守和实践可轻易辨别出的文明国家所组成的国际社会"，与会的"文明国家"认为"野蛮人不仅在身体上，而且在心理上和认知上都不能为文明国家间的文明战争的命令或要求所动"，因此，自然而然"野蛮人"不在"文明国家"的战争法范围之内，同理，热心支持1899年海牙规约的美国人同时也是最猛烈鼓吹美菲战争中对菲律宾人进行酷刑和

---

〔1〕 Jörg Fisch, "Power or Weakness? On the Causes of the Worldwide Expansion of European International Law", *Journal of the History of International Law*, Vol. 6, Issue 1, 2004, pp. 21-22.

〔2〕 William Isaac Hull, *The Two Hague Conferences and Their Contributions to International Law*, Ginn & Company, 1908, p. 15, p. 497.

第四章 "漫长的十九世纪"和战争法的突进

灭绝的人就不令人意外了。[1]即便是对人类良知和文明抱以很大期待的马尔顿,也毫不掩饰地声称欧洲之外的民族太不"文明"而无法达到普遍国际法的标准,国际法"明显只能存在于或多或少达到同样文明的国家之间,而且在对法律和道德的认识上差别不能太大",这也是为什么他断言"不可能期望土耳其人去遵守战争法规惯例"。[2]

两次海牙和会作为战争法编纂和发展史上的一大里程碑,充分体现了欧洲对战争法规则制定的主导。对于中国而言,"俄国沙皇的邀请,使中国能跻身于列强之列",中国参加第一次海牙和会的目的是"成为国际社会的一员,有利于今后中国之对外交涉",具体的做法就是"向上奋进,转化为'文明国',得以成为'公法'适用的主体,可以完全享有国际法所保障的国家权利"。[3]中国参加第二次海牙和会的动机仍然是"加入国际社会,成为'文明国'之一,以享有国际法上国家平等的待遇"。[4]在当时的欧洲国际法学家看来,中国、波斯和暹罗能够参加海牙和会,如果不是意味着承认他们的"完全文明国家"的身份,那也是把他们带到欧洲国际法"这个'小圈子'(charmed circle)的外围"了,[5]但无论如何,

---

[1] Helen M. Kinsella, *The Image Before the Weapon: A Critical History of the Distinction Between Combatant and Civilian*, Cornell University Press, 2011, pp. 107-108.

[2] Karma Nabulsi, *Traditions of War: Occupation, Resistance and the Law*, Oxford University Press, 1999, p. 164.

[3] 林学忠:《从万国公法到公法外交:晚清国际法的传入、诠释与应用》,上海古籍出版社2009年版,第315页。

[4] 林学忠:《从万国公法到公法外交:晚清国际法的传入、诠释与应用》,上海古籍出版社2009年版,第320页。

[5] Thomas Erskine Holland, *Lectures on International Law*, London: Sweet & Maxwell, Limited, 1933, pp. 39-40.

欧洲国际法的"小圈子"并不承认这些国家的主张和意见"与欧洲和美洲列强同样重要"。[1]正是由于两次海牙和会允许非欧洲国家参会,有学者认为,"迟至19世纪末,国际法作为全球国际社会的法律开始形成",因为此时"奥斯曼帝国、中国、日本和其他国家或地区秩序中的政治实体参加或被强迫参加了以欧洲为中心的地区国际社会,欧洲列强以自己的国际法术语强行界定了非洲的政治实体"。[2]

尽管从数字上看,欧洲国家在第一次海牙和会中占近八成,第二次海牙和会上下降到五成,但彼时是"强权即公理"的年代,战争法规则的制定仍然是欧美等强国[3]之间的事项,而且这两次海牙和会的与会者很多都是具有殖民经历的军人,"正是这些埋头于教化使命、殖民剥削和欧洲冒险主义的人,也负责战争法的早期发展。"[4]非欧洲国家在战争法规则制定过程中往往都是程序性的参与,能做出的选择也常常只是具体条约草案通过后是否签署和批准,而是否批准的两大决定因素之一就是"从众画押",即是否与其他"文明国"做法一致。[5]直

---

[1] John Westlake, "The Native States of India", in L. Oppenheim ed., *The Collected Papers of John Westlake on Public International Law*, Cambridge University Press, 1914, p. 623.

[2] Onuma Yasuaki, "When was the Law of International Society Born? -An Inquiry of the History of International Law from an Intercivilizational Perspective", *Journal of the History of International Law*, Vol. 2, Issue 1, 2000, pp. 63-64.

[3] 此时的美国已经是世界列强之一,但其他美洲国家在国际社会中的地位并不一定比中国高。

[4] Frédéric Mégret, "From 'Savages' to 'Unlawful Combatants': A Postcolonial Look at International Humanitarian Law's 'Other'", in Anne Orford ed., *International Law and Its Others*, Cambridge University Press, 2006, p. 274.

[5] 林学忠:《从万国公法到公法外交:晚清国际法的传入、诠释与应用》,上海古籍出版社2009年版,第315、325页。

第四章 "漫长的十九世纪"和战争法的突进

到二战之前,国际法中"几乎所有规则、机构和制度都由主要的西方列强和其他一些欧洲国家创制、解释、管理和实施。尽管日本是列强之一,而中国保持了独立,但作用和影响极其有限。日本是'沉默的伙伴',而中国是'睡狮'。其他非西方国家几乎都在欧洲国家殖民统治下,就算他们独立,也很难对国际法律秩序的创制和惯例施加影响。"[1]虽然像奥斯曼帝国、日本和中国这样所谓的未开化民族最终得到欧洲国家的承认并获许加入国际社会和国际法体系,但遵守"欧洲中心主义"的战争法和国际法是被接纳为文明国家所需要付出的代价。

跟传统国际法一样,战争法只在"文明"国家即欧洲国家之间适用,战争好比"令人尊敬的绅士之间的决斗"。[2]在海牙和会的与会代表看来,战争必须由职业人士按照特定模式进行以确保战争后果可预见,因为"现代职业化、纪律化军队出现的效果是将暴力转变为秩序",欧洲历史上战祸如此巨大的原因就在于这种秩序的脆弱和纪律的失败,而有规则调整、行为节制的战争与欧洲国家对自己"文明国家"的定位完美匹配,但规则不能过于详细:"许多人认为讨论进一步的规制不仅不必要而且是侮辱性的……由于没有更好的词来描述,代表们将讨论扩大战争中的保护或制定更详细的规章视为没有运动精神(unsporting)"。[3]至于殖民战争,当然不适用战争法,当时的国际法学家认为,"未开化的人或半文明部

---

[1] Onuma Yasuaki, *A Transcivilizational Perspective on International Law*, Martinus Nijhoff Publishers, 2010, p. 47.

[2] Martti Koskenniemi, *The Gentle Civilizer of Nations: The Rise and Fall of International Law 1870-1960*, Cambridge University Press, 2001, p. 85.

[3] Helen M. Kinsella, *The Image Before the Weapon: A Critical History of the Distinction Between Combatant and Civilian*, Cornell University Press, 2011, pp. 105-106.

落实施的侵袭或其他暴行往往只能通过惩罚性的征讨才能压制,所有人都得受罪"。[1]因为"战争法历来回答两个问题:什么时候可以发动战争?战争中允许做什么?而这取决于敌人是谁,国际法从来都给出两个完全不同的答案。战争法却保护种族、阶级和文化相同的敌人。外族人、外国人则不受战争法保护。什么时候可以对野蛮人和未开化人发动战争?答案是:一直都行。在对野蛮人和未开化人发动的战争中允许何种行为?答案是:任何行为。"[2]可见,战争法发展过程中一个最明显的特征就是,"在出现'战犯'之前,存在过'野蛮人''异教徒'和'未开化人',他们在'文明战争'的战场上不是平等的人。"[3]

两次海牙和会及其所产生的海牙公约体系标志着战争法的第一次系统编纂,然而这种大规模编纂和发展实质上是欧洲中心主义,"文明国家"的印记十分明显,这是战争法的"原罪","是国际人道法想要抹去的一段过往,但这段过往正在重现,让国际人道法'心神不宁'。这段过往有着可耻的种族主义和殖民主义的印记。它顶多在文献中偶尔被提及,可能是由于认为它大部分都已经超越了自身,也可能部分是因为它不符合国际人道法压倒性的进步主义叙述。"[4]"不管有意无意,

---

[1] John Westlake, *International Law*, Cambridge University Press, 1910, p. 59.

[2] Sven Lindqvist, *A History of Bombing*, trans. by Linda Haverty Rugg, The New Press, 2003, para. 5.

[3] Peter Maguire, *Law and War: An American Story*, Columbia University Press, 2001, p. 20.

[4] Frédéric Mégret, "From 'Savages' to 'Unlawful Combatants': A Postcolonial Look at International Humanitarian Law's 'Other' ", in Anne Orford ed., *International Law and Its Others*, Cambridge University Press, 2006, p. 269.

第四章 "漫长的十九世纪"和战争法的突进

这些协定的一个结果就是不知道国家和政府军队是截然分开的非欧洲民族和人民自动被宣布为土匪。他们什么时候拿起武器,就什么时候被自动视为非法(hors de loi),因此打开了通向各种暴行的路。在殖民地,欧洲部队的行事方式仿佛不是进行战争,而是漫游(safari),他们像杀野兽一样屠戮土著,很少停下来区分首领、武士、妇女、儿童。"[1]殖民地战争中的白人带着"与生俱来的优越感","不把对手当人……当有必要杀掉所有挡路者时,这只被视为技术问题而不是有关人的问题",更何况许多殖民地的部队不是正规军而只是"需要战斗时即抓起武器的普通市民。他们不受制于几百年来影响欧洲正规军建制的传统"。[2]这并非意味着战争法从来不被适用于殖民地战争,但其适用往往并不是因为西方国家认为非西方国家的文明"真的先进","实际上是因为军队纪律和控制的内部必要,以及与生俱来的体面感",顶多是"指挥官的自由裁量和体面"罢了。[3]"在每一个决定性的时刻,战争法只因'文明国家'为规范和战略原因确定的用途而出现。毕竟,只有在'文明国家'和'文明人'之间才能认识到荣誉是一个共同的约束。考虑到同样的国家在帝国主义和殖民主义战争中的暴行,没有国家愿意受这些惯例约束完全说得通。如同马尔顿条款所表明的那样,战争法仅仅是'文明国家'和'文明人'

---

[1] Martin Van Creveld, *The Transformation of War: The Most Radical Reinterpretation of Armed Conflict Since Clausewitz*, Free Press, 1991, p.41.

[2] [美]约翰·埃利斯:《机关枪的社会史》,刘艳琼、刘轶丹译,上海交通大学出版社2013年版,第96—97页。

[3] Elbridge Colby, "How to Fight Savage Tribes", *American Journal of International Law*, Vol.21, No.2, 1927, pp.286-288.

界定和保卫其利益和身份的一种手段罢了。"[1]因此,"有些自相矛盾的是,19世纪的白人(Anglo-Europeans)既是以'文明'和人道力量之名义规范国家间战争和限制其传播的热心支持者,也是推进'文明'和帝国荣耀之名义的极端国家暴力的代理人。"[2]

---

[1] Helen M. Kinsella, *The Image Before the Weapon: A Critical History of the Distinction Between Combatant and Civilian*, Cornell University Press, 2011, p. 106.

[2] Maartje Abbenhuis and Ismee Tames, *Global War, Global Catastrophe: Neutrals, Belligerents and the Transformations of the First World War*, Bloomsbury Academic, 2022, p. 19.

第五章
20 世纪的两次世界大战和两次外交会议

如上一章所述，1856 年《巴黎宣言》拉开了编纂战争法的序幕，1899 年和 1907 年海牙和会制定了陆战规则，1899 年设立了常设国际仲裁庭，1907 年设立了国际捕获法庭，这些似乎都表明法治正在越来越多地取代战争，人类文明在欧美的引领下持续进步，但 1914 年 7 月一战的爆发击碎了这个美梦，也宣告工业化战争世纪开始。一战凸显了工业时代战争的恐怖，也许是因一战给战争法带来的破坏太大，而且一战和战争法编纂史上的两次里程碑事件（即两次海牙和会）相隔过近，导致反差和对比十分鲜明，后世关于一战的论著很少或者羞于提及战争法。结束一战的《凡尔赛和约》等条约主要解决了两大方面的问题：一方面是政治问题，即基于民族自决原则确立新国界的问题，然而条约的制定者很快就意识到民族自决原则的实施远比想象的复杂、困难得多；另一方面是关于赔偿的经济问题，即战争期间遭受的损失赔偿问题，这导致了后十年中国际关系的紧张和摩擦。[1]经历所谓"二十年的休战"，二战爆发，两次世界大战不但给人类社会带来了史无前例的灾

---

[1] [美] 费利克斯·吉尔伯特、[美] 大卫·克莱·拉奇：《现代欧洲史卷六 欧洲时代的终结，1890 年至今》（上），夏宗凤译，中信出版社 2016 年版，第 197 页。

难,而且给战争法造成了极大的破坏,但另一个同样明显的事实是,战争也为战争法的发展提供了同样巨大的推动力。二战结束后出现的战争法相关条约的密集程度堪称旷古绝今,1949年和1974年至1977年的两次日内瓦外交会议分别达成了1949年日内瓦四公约和1977年两个附加议定书,这些条约提出了丛林般密集的规则。相比之下,1856年《巴黎宣言》和1864年的第一个日内瓦公约所包含的规则简直就像几株细弱的芦苇,如果再加上各种人权条约和1985年的《禁止酷刑公约》以及1998年的《国际刑事法院罗马规约》,这一画面就更令人震撼。按照今天的标准,即便是1899年的一系列海牙公约也没有创造出如此密集的条约体系。[1]

战争法的"欧洲中心主义"长期以来是毋庸置疑的事实,一战和二战的经历没有立即改变这一点,如一位学者尖锐地指出,"当西方军队遭遇彼此时,他们打的是现代战争,但当他们与其他民族进行战争时,从欧洲人视角来看,就是更有限的斗争了。他们称之为叛乱(insurrection)、革命、游击战、部落造反(tribal revolt)、反叛(rebellion)、起义(uprising)、警察行动、小战争、不完美战争、殖民战争、有限战争等。"[2]二战结束后,殖民地半殖民地争取独立运动兴起,国际社会的成员和国际政治的现实慢慢发生了重大变化,"种族优越理论曾是支持白人对亚洲和非洲国家进行统治的基础,但现在它已经遭到了纳粹德国和日本帝国不同方式的破坏。一名英国官员在

---

[1] [美]约翰·法比安·维特:《林肯守则:美国战争法史》,胡晓进、李丹译,中国政法大学出版社2015年版,第375页。

[2] Chris Hables Gray, *Postmodern War: The New Politics of Conflict*, The Guilford Press, 1997, p.22.

第五章 20世纪的两次世界大战和两次外交会议

1945年写道，他漫步于加尔各答街头时，感觉'自己就像是一个行走在巴黎林荫大道的纳粹官员'。"[1]大量脱离殖民统治的新国家出现以及冷战的开始和进行使得欧美国家越来越难以主导战争法的修改与制定，如果说西方在1949年日内瓦外交会议上还能相对顺利地实现自己预定的目标，1974年至1977年日内瓦外交会议向全世界宣布了战争法"去欧洲中心主义"的帷幕已经拉开。

第一节 第一次世界大战

一战爆发时，少有人能意识到战争的性质和形态即将发生重大变化，"几乎每个人都认为，鉴于欧洲经济已经形成了复杂的一体化结构，战争只会持续几周或几个月的时间，几场重大战役就会快速决定出战争的胜负。在1914年时，没有人料到接下来的几年里战争竟会一直持续着。"[2]同样，也少有人能预见一战将给战争法带来全方位的挑战。

一、比利时中立之破坏

1914年，进行侵略战争并不为国际法所禁止，所以《凡尔赛和约》中，协约国只能指控德国违反了"国际道德"（international morality），[3]但1914年一战的爆发是一次公然违反

---

[1] [美]马克斯·布特：《隐形军队：游击战的历史》，赵国星、张金勇译，社会科学文献出版社2016年版，第420页。
[2] [美]费利克斯·吉尔伯特、[美]大卫·克莱·拉奇：《现代欧洲史卷六 欧洲时代的终结，1890年至今》（上），夏宗凤译，中信出版社2016年版，第141页。
[3] Article 227, *Treaty of Peace with Germany (Treaty of Versailles)*.

战争法的事件,即德国入侵具有永久中立国地位的比利时。

1815年维也纳会议上,荷兰兼并比利时得到了列强的同意,但比利时人并未接受这种合并,当时比利时的人口比荷兰多两百多万,两国在传统、语言、宗教和经济利益等方面也有很大不同,两国人民关系由此紧张。荷兰在1648年《威斯特伐利亚和约》缔结后正式获得独立,在兼并比利时时已经实际独立近两百年,而比利时先后从属于西班牙和奥地利,荷兰人对比利时人因此颇为轻视。荷兰要求将荷兰语作为比利时的官方语言、所有宗教一律平等(天主教在比利时处于主导地位)等政策和做法更进一步加深了比利时人的不满。1830年法国七月革命[1]的胜利加剧了比利时对荷兰的不满,也激励和鼓舞了比利时脱离荷兰,比利时出现叛乱并于1830年10月成立了临时政府,荷兰则以比利时独立违反了1815年的《维也纳条约》为由请求各国帮助。1839年4月19日,法国、英国、俄国、普鲁士和奥地利五强分别与荷兰和比利时在伦敦签署两个独立的条约,即《伦敦条约》,确定了荷比两国的最终边界和比利时独立的条件。条约规定,"在大英、奥地利、法国、普鲁士和俄国的保护(auspices)下",比利时成为"独立的和永久中立的国家……有义务对所有其他国家遵守此种中立"。[2]由于

---

[1] 法国七月革命是1830年欧洲革命浪潮的序曲,之所以爆发,是因为经历过法国大革命的法国人民难以忍受波旁王室的专制统治,最终群起反抗当时的法国国王查理十世。七月革命的成功是维也纳会议后首次在欧洲成功的革命运动,鼓励了1830年至1831年欧洲各地的革命运动,标志着维也纳会议后由奥地利帝国首相梅涅组织的保守力量未能抑制法国大革命后日益上扬的民族主义及自由主义浪潮。

[2] Article VII, *Annex to the Treaty signed at London, on the 19th April 1839, between Great Britain, Austria, France, Prussia, and Russia, on the one part, and the Netherlands, on the other part.*

第五章 20世纪的两次世界大战和两次外交会议

各列强当时处境不同,俄国、普鲁士和奥地利在解决比利时问题上只起到很小的作用,英法则起到主导作用,宣布了将比利时设为中立国并表示比利时将得到欧洲列强的永久保护。如此一来,其他国家也接受了这一协议,事实上承认了比利时独立。[1]对比利时而言,"国际承认问题和强加的永久中立密切相关。"[2]

事实上,"比利时的中立是欧洲的一项创造,一种终结在其独立问题上引发战争的方式,以及最重要的是防止任何大国,尤其是法国,成为地区霸主。"[3]英国承诺捍卫比利时的中立是因为《伦敦条约》中包含了英国外交政策中最古老的一项原则,即低地国家港口是入侵英格兰的跳板,因此有必要让潜在的敌人跟低地国家保持距离。换言之,列强之所以成为比利时独立和永久中立的保证人是出于自己的利益考虑,由于比利时几乎不可能靠自己保卫独立,要得到主要军事大国对其地位的保证,代价是放弃完全独立的外交政策。可见,1839年《伦敦条约》是个强有力的条约,因为欧洲的每一个大国都是缔约国,它也是一项造法性条约,因为它规定了国际边界、承认了一个新的国家,并为所有国家制定了未来的主要外交政策条件,即所有国家在与比利时的交往中要受其永久中立的限制。既然比利时的中立是在主要军事强国的"保护"下,

---

[1] [美]查尔斯·布鲁尼格、[美]马修·莱温格:《现代欧洲史 卷四 革命的年代:1789—1850》,王皓、冯勇译,中信出版社2016年版,第326—329页。

[2] Frederik Dhondt, "Permanent Neutrality or Permanent Insecurity? Obligation and Self-Interest in the Defence of Belgian Neutrality, 1830–1870", in Inge Van Hulle and Randall Lesaffer eds., *International Law in the Long Nineteenth Century* (1776-1914): *From the Public Law of Europe to Global International Law*? Brill, 2019, p. 161.

[3] Isabel V. Hull, *A Scrap of Paper: Breaking and Making International Law During the Great War*, Cornell University Press, 2014, p. 17.

这也意味着如有违反则会遭到强力制裁,因此,1914年8月4日德军突袭比利时毫无疑问违反了1839年《伦敦条约》,侵犯了比利时的中立。时任德国总理特奥巴登·冯·贝特曼·霍尔维格(Theobald von Bethmann-Hollweg)将1839年《伦敦条约》称为"一张废纸"(scrap of paper),立即成为协约国宣传的重点。《伦敦条约》保证比利时的中立是不争的事实,但问题在于条约没有规定列强"保护"比利时是集体还是单独行动,也没有规定"保护"的具体措施,当时无论是政治家还是国际法学家对此都有不同解释,更棘手的问题在于比利时中立的五个保护国中有一个(即德国)正是侵犯其中立的国家,而另一个国家(即奥地利)是该国的盟国。如果是集体行动,虽然法国、俄国既是英国的盟国也是比利时中立的保护国,但同为保护国的德奥显然不会同意英法俄的意见,五国不可能达成一致。如果是单独行动,尽管主张英国有此权利可能争议不大,但英国独自去保障比利时的中立在当时的英国政治家看来"可能会危及大英帝国自身的存在"。[1]而随着战事的推进,比利时的中立问题也逐渐失去了最初的重要性。

德军突袭比利时不出所料地使得许多比利时平民奋起抗击,但和普法战争中一样,德军认为这些平民根本无权参战,违反了战争法,因此格杀勿论。1914年8月底,德军认为自己在鲁汶(Louvain)受到平民袭击,于是进行大规模报复,枪杀大量平民并纵火烧毁整座城市。9月,德军声称兰斯(Rheims)大教堂的塔楼是法国的观察站,于是放火烧了教

---

[1] James Wilford Garner, *International Law and the World War*, Volume II, Longmans, Green and Co., 1920, p. 229.

第五章 20世纪的两次世界大战和两次外交会议

堂,导致教堂的屋顶和中殿损毁严重。[1]德军在比利时犯下一系列针对平民的暴行,如处决平民、纵火、劫持人质、使用人盾、杀害战俘、劫掠等,史称"比利时暴行"。"比利时暴行"所涉及的战争法问题,如军事必要和报复的范围、劫持和杀害人质、烧毁村庄、集体罚款、谁是合法战斗员、占领的定义、征收和征税的权利等,在一战开始前近半个世纪举行的1874年布鲁塞尔会议上已经得到充分的讨论,在1899年和1907年两次海牙和会上也有不同程度的涉及,在这些问题上德国早就和绝大部分其他欧洲国家观点不和。从这个角度来看,"比利时暴行"在一战开始几十年前就已经埋下了伏笔,而德国有充分的理由认为其行为是合法的、被允许的,或者至少是有理由的,这也是为什么德国从未否认这些行为的存在。德国对于战争法的看法和解释并非孤例,俄国就经常支持德国的观点,而1914年面临大规模非正规军队的奥匈帝国也同样诉诸就地处决、驱逐出境、大规模拘禁平民、劫持人质、集体罚款和纵火等手段。[2]

一战的所有交战国都批准了1899年《海牙陆战法规和惯例公约》,1907年第二次海牙和会对陆战规则改变很小,最重要的是要求民众抵抗公开携带武器以及禁止交战一方强迫被占领地居民提供有关交战另一方军队及其防卫手段的情报。[3]然而,由于土耳其、黑山、塞尔维亚没有在1914年之前予以

---

[1] [美]费利克斯·吉尔伯特、[美]大卫·克莱·拉奇:《现代欧洲史卷六 欧洲时代的终结,1890年至今》(上),夏宗凤译,中信出版社2016年版,第152页。

[2] Isabel V. Hull, *A Scrap of Paper: Breaking and Making International Law During the Great War*, Cornell University Press, 2014, pp. 58-59.

[3] 1907年《海牙陆战法规和惯例章程》第2条、第44条。

批准，根据普遍参加条款，[1] 1907 年的规则对于所有交战方来说都没有约束力，但没有国家宣布废除 1899 年的海牙公约，因此 1899 年的陆战规则对所有交战国都有约束力。战争法中关于被占领领土的平民待遇的规则远没有关于战斗员、战俘或失去战斗力的人的详细，战争法关注的是战斗行为和进行战斗的人，而且认为占领只是暂时的，因此详细规定占领事宜既不紧迫也无必要。尽管如此，布鲁塞尔会议和两次海牙和会上，与会代表还是十分细致地讨论了占领的某些问题，德国（有时包括俄国）和其他国家在此问题上的严重意见分歧在一战中延续。

德国是一战中最大的占领国，德国占领军军事指挥部在比利时发布了一系列法令、命令、规章、条例来表明德国的立场，违反这些规定的人不是在比利时的法庭而是在军事法庭根据德国军法进行审判，根据 1899 年《海牙陆战法规和惯例公约》承认的军事必要性，[2] 德国有权这么做。1899 年《海牙陆战法规和惯例公约》为保障私人财产设立了几个重要的原则，如第 49 条规定一般捐税之外，"占领者在占领地征收其他现金捐税……应仅限于支付该地军队和行政的需要"，第 52 条规定"所征实物或劳务必须与当地资源成比例"，但德国在比利时的做法与这些规定相反，如满足军队的"即将到来的需求"，而不是现在的、实际的需求，战地部队准备战斗就绪

---

[1] 1907 年《海牙陆战法规和惯例公约》第 2 条规定，公约及章程条款"应在缔约国之间，并且只有在交战各方都是缔约国时方能适用。"

[2] 公约第 43 条规定："合法政权的权力实际上既已落入占领者之手，占领者应尽力采取一切措施，在可能范围内恢复和确保公共秩序与安全，并且除非万不得已，应尊重当地现行的法律。"

"绝对优先于被占领地区"等。一战后,德国最高陆军指挥部(Oberste Heeresleitung, OHL)公开解释说,"坚持国际规约越来越难……因为非法的封锁导致经济压力与日俱增",因此,德军在被占领领土进行的更严苛的征用并非劫掠,而是"对国际法中战争必要性的概念的自然回应"。[1]

1899年《海牙陆战法规和惯例公约》中只有第52条涉及平民劳动,[2]这说明与会代表绝大部分思考的是平民提供私人运输或其他暂时的工作,似乎没有设想到大规模、长时间的平民劳动。一战中,协约国可以从其殖民地征募人力,还可以花钱雇用志愿者,但这两个选择德国都没有,人力资源匮乏是德国最不利的因素之一。因此,德国有更强烈的动机和意愿强迫战俘和平民劳动,可战争爆发后的前几个月间德国的安全考量是第一位的。虽然德军在比利时逮捕了大量平民并将其送往德国,但要么是因为这些平民参加了针对德国的敌对行动或者不服从德国的安排在弹药厂、铁丝网厂等地工作而受到的惩罚,要么是因为把这些平民劫持为人质以保证平民人口服从德国人。[3]在劳工问题上,德国最初把重心放在引诱志愿者上,只是因比利时人和法国人的爱国热情,以及德国的工资低且不给外国工人和德国工人同等的工资等原因而收效甚微。1916年初,德国开始为强迫劳动而将占领地居民驱逐出境,3月,

---

[1] Isabel V. Hull, *A Scrap of Paper: Breaking and Making International Law During the Great War*, Cornell University Press, 2014, p. 111, p. 116.

[2] 该条规定:"除非占领军需要,不得向市政当局或居民征用实物或劳务。所征实物或劳务必须与当地资源成比例,其性质不致迫使居民参加反对祖国的作战行动。此项实物和劳务的征用只有在占领地区司令的许可下方得提出。"

[3] James Wilford Garner, *International Law and the World War*, Volume II, Longmans, Green and Co., 1920, p. 163.

德国战争部副部长要求强迫驱逐40万名比利时平民到德国以便德国军工厂的工人去前线服役。经过内部激烈争论,当年10月,德国总理特奥巴登·冯·贝特曼·霍尔维格批准了这个请求。战后,他为该行为辩护的理由是"不可阻挡的军事必要性"迫使他如此决定,军事必要性是整个决策的框架。实际上在德国政府批准将比利时平民驱逐到德国强迫劳动之前,德国最高陆军指挥部就已经强迫大量比利时平民在战斗地区劳动,从事被禁止的军事工作,有时甚至是在火力攻击下工作。[1] 德国人通过拘禁、威胁和系统性的恫吓等手段强迫比利时平民劳动,如有不从,常常会施以集体惩罚,从1916年至1918年,德国人一直在强迫比利时和法国平民进行与军事行动直接或间接相关的工作。[2]

除了劳工,德国在兵源补给上也无法和拥有广袤海外殖民地的英法相比。1915年7月,德国外交部发布名为《英法在欧洲战场使用有色人种部队违反国际法》的白皮书,指控英法大量使用来自非洲和亚洲的有色人种,如廓尔喀人、锡克教徒、阿富汗人(Panthans)、印度兵(Sepoys)、阿拉伯人(Goums)、[3] 摩洛哥人和塞内加尔人,"英法从北海到瑞士的前线都充斥着这些人。他们在战争仍然以最野蛮的形式进行的国家长大,已经将他们国家的习惯带至欧洲……已经犯下的暴行不仅蔑视公认的战争惯例,而且蔑视了整个文明和人类",在德国看来,有色人种部队据称"野蛮"的作战表现与过去

---

[1] Isabel V. Hull, *A Scrap of Paper*: *Breaking and Making International Law During the Great War*, Cornell University Press, 2014, pp. 128-129, pp. 138-141.

[2] James Wilford Garner, *International Law and the World War*, Volume II, Longmans, Green and Co., 1920, p. 134.

[3] 该词特指在法国军队中服役的阿拉伯小分队。

几十年间达成的一系列国际条约的规定和精神相悖,出于维护"人类的利益和日益增长的文明的需要",德国要求英法立即停止使用这些部队。问题在于,没有条约,包括海牙公约,禁止在正规军队中使用有色人种,德国所称的暴行常常不是有色人种部队,而是"文明的多得多的部队"即欧洲国家军队犯下的,更何况德军犯下的同等野蛮残酷的暴行也数不胜数,德国自己也使用了有色人种军队。[1]因此,这个指控最后不了了之。

二、封锁、无限制潜艇战和报复

封锁和无限制潜艇战不仅在一战中法律争议巨大,而且存在密切关联,一是因为后者的正当性部分来自对前者的回应、部分来自军事必要,二是因为两者都因直接打击中立国和敌国平民(尽管方式不同)而直接违反了战争法中最重要的原则。"封锁仍然是英国海军首要的作战方式之一。19世纪后期,封锁辅以能在海上任何地方捕获敌国船舶和中立国船舶装载的违禁品,给世界上最强大的海军一个起效慢但最后完全奏效的武器来对付任何依靠海上交通的敌国。"[2]因此,一战中英国的所谓"封锁"成为其最有争议的作战方法就不令人意外了。根据1856年《巴黎宣言》,封锁必须有效"真正阻止进入敌国海岸"才合法,即必须是真正的而不是纸上的封锁,仅宣布封锁而没有执行的手段不具有法律约束力,英国的"封锁"

---

[1] James Wilford Garner, *International Law and the World War*, Volume I, Longmans, Green and Co., 1920, pp. 292-297.

[2] Geoffrey Best, *Humanity in Warfare: The Modern History of the International Law of Armed Conflicts*, Weidenfeld and Nicolson, 1980, p. 245.

并不能叫作封锁。封锁中的关键概念是战时违禁品，然而《巴黎宣言》本身并未对其进行界定，1907年海牙和会的与会国试图将关于陆战的战争法扩展到海战上但最终失败，不过，与会国同意建立国际捕获法院来裁决海洋争端，问题在于除了《巴黎宣言》，国际捕获法院没有其他法律可以适用。由于国际捕获法院的绝大部分法官将来自中立国或欧洲大陆国家，英国担心该法院可能反对英国的诸多海上惯例，便邀请各海洋大国到伦敦开会以确定习惯海洋法，英国在确立清楚的海战规则方面也有重大利益，其结果是达成了1909年《伦敦宣言》（又称《伦敦海战法规宣言》）。伦敦海军会议的与会国不仅仅是编纂习惯法，还通过一系列折中妥协创造了新的法律，为了避免缔约国通过保留而选择性地接受规则，宣言第65条特意要求"本宣言中的各项规定，应视为一体，不可分离"。《伦敦宣言》在战争法史上首次列举了禁运品的清单并将其分为绝对禁运品（严格意义上的军事物品）、有条件禁运品（可能被军队使用的物品）和自由商品（没有军事价值因此不受捕获）三大类，[1]但宣言没有得到任何国家批准，从未生效。《伦敦宣言》中包含习惯法的部分当然有约束力，但禁运品名单之类的条款并非如此。然而1914年8月1日英国参战后，4日英国海军就设置了禁运品清单，迫使英国商船在英国港口卸载食物和粮草，捕获德国商船或迫使其停留在中立港口。8月20日，英国又发布枢密院命令（order-in-council）要求捕获所有前往敌人的有条件禁运品，引起了中立国的抗议。10月29日，英国发布第二个枢密院命令收紧了捕获的适用理由，大量

---

[1] 1909年《伦敦宣言》第22—44条。

第五章 20世纪的两次世界大战和两次外交会议

食物得以进入德国，但美国（此时仍为中立国）并不满意，谴责英国的举动给美国贸易带来明显的不确定性。不过整体上看，中立国默许了英国的做法，而这对英国来说是其政策的首要考虑。英国参战后，法国对英国施加巨大的压力要求英国加强封锁食物，1915年3月以后，英国对食物的封锁变得越来越严格，德国声称此举违反了"战争法和人道的每一个要求"，而英国外交大臣辩称这是交战国封锁权利的合理结果，认为"中止（stoppage）所有食物是封锁的公认结果……因此，如果划定、宣布并维持了一条有效的与敌人往来的'警戒线'，则无论如何都必须承认中止运给平民人口的食物的权利。"[1]英国发布的禁运品清单随着战事进行频繁调整，整体上愈发严苛，1914年8月4日的第一个清单除了将《伦敦宣言》中列为有条件禁运品的飞行器列为绝对禁运品，其他与《伦敦宣言》所列完全一致。粮食一开始也是有条件禁运品，但1915年2月玉米、小麦和面粉开始成为事实上的绝对禁运品。1916年4月16日之前英国发布的各个清单都区分了有条件禁运品和绝对禁运品，但许多按照《伦敦宣言》应该列为有条件禁运品的物资被列入绝对禁运品，其数量之大，"以至于试图维持区别变得荒谬"，此后英国只发布一个清单，不再区分有条件禁运品和绝对禁运品。英国外交部解释说，这是因为"敌国居民直接或间接参战的比例大到不可能在武装部队和平民人口之间做出真正区分。同样，通过一系列法令和命令，敌国政府基本上控制了有条件禁运品清单中的所有物资，

---

[1] Isabel V. Hull, *A Scrap of Paper: Breaking and Making International Law During the Great War*, Cornell University Press, 2014, pp. 153-154, pp. 164-166, p. 171, p. 178.

现在可以供其使用。"[1]

1914年11月2日,英国海军单方面宣布将整个北海视为战区并会在此布雷,意在迫使中立船只按照设计好的安全航道行驶到英国港口接受检查有无装载禁运品,从而有效控制荷兰和斯堪的纳维亚半岛国家的中立船只对德国的补给。法国对此感到意外而且整体上持反对态度,挪威则抗议此举违反了海洋自由的国际法原则。尽管英国威胁布雷,但没有击沉中立船只,恰恰相反,英国还提供了安全航路和领航员,问题在于英国此举并不合法,因为北海不是实际军事交火的发生地点,而且范围实在太大。1914年12月8日英德爆发福克兰群岛海战,德国海军大败,自此以往,德国决定使用潜艇代替水面攻击舰船,"在德国人看来,使用潜艇能起到双重作用,一方面能有效反击英国皇家海军对北海和英吉利海峡的封锁,另一方面又能攻击英国和中立国家的物资运输船(其目的地往往是英国港口城市)。"[2]1915年2月4日,德国宣布英国的种种做法违反国际法,如妨碍中立国与德国贸易从而使德国人民挨饿、将整个北海当作军事行动区并因此实际上封锁了中立港口和海岸,德国将不得不进行报复,将英国和爱尔兰周边海域(包括整个英吉利海峡)视为战区并采取一切军事手段阻止英国船舶进出此海域,而由于战争的危险性和英国滥用中立国旗帜,德国也不能一直保证中立国船舶不受攻击。[3]

---

[1] James Wilford Garner, *International Law and the World War*, Volume II, Longmans, Green and Co., 1920, pp. 285-287.

[2] [英]菲利普·史蒂文斯:《第一次世界大战史》,许宗瑞译,时代文艺出版社2014年版,第71页。

[3] James Wilford Garner, *International Law and the World War*, Volume I, Longmans, Green and Co., 1920, pp. 334-335.

第五章 20世纪的两次世界大战和两次外交会议

就此，德国宣布在其划定的英国周围的战区进行无限制潜艇战，[1]不得不说，英国将北海宣布为战区某种意义上带了个坏头。

1915年3月11日，英国发布新的枢密院命令封锁德国进出口的货物，声称是对德国无限制潜艇战进行报复，但此举直接违反了1856年《巴黎宣言》。1917年1月10日的枢密院命令将1915年3月的枢密院命令扩展适用于德国的盟国且规定具有回溯力，以解决英国海军非法捕获的价值数百万英镑的奥匈帝国的财产，但这样做有两个问题：一是即使是对德国无限制潜艇战的报复，也应该只针对德国，针对奥匈帝国的捕获则属非法；二是英国捕获法庭不接受溯及既往的法律，导致英国外交部法律官员只好私下写信给捕获法庭庭长解释英国的尴尬处境。1917年2月16日的枢密院命令强迫中立船只在协约国港口停靠否则将予以没收，战争法允许在封锁中进行没收，没收也是常用的、标准的惩罚措施，因此，英国外交部一方面再次考虑宣布封锁，但另一方面，这种做法违背了1856年《巴黎宣言》，也可能激怒美国，而当时美国正由于德国的无限制潜艇战而可能加入协约国阵营。法国驻美大使十分激烈地反对英国的做法，而法国外交部的措辞相对缓和，声称法国"原则上不反对新的枢密院命令"，但认为该命令"失策"（impol-

---

[1] 之所以说是"无限制"潜艇战，是因为德国1915年2月4日发布的第一个命令就不区分敌国船只和中立商船，德国声称由于英国武装了商船并令其以冲撞的方式抵抗德国潜水艇，德国有理由不事先警告而直接将其击沉，中立船只也会被潜水艇或鱼雷击沉。德国2月12日发布的第二个命令虽然规定击沉敌国商船和客轮而中立商船除外，但又规定在船只地位存疑时应进行攻击，实际上仍倾向于击沉一切船只。

itic），因为美国还没有实际参战。[1]1915年5月，一艘德国潜艇击沉了英国远洋客轮卢西塔尼亚号（Lusitania），船上近1200人全部遇难，其中大部分来自中立国，包括188名美国公民。美国的仇德情绪与日俱增，威尔逊总统发出严重警告后，德国有所收敛并调整了潜艇战术，但1917年1月31日德国宣布恢复无限制潜艇战，德国驻美大使在给美国国务卿的照会中解释说这是因为德国"正被迫使用所有能使用的武器继续为生存而战"。[2]美国4月6日对德宣战，而美国参战宣告德国败局已定。

1907年的有关海牙公约和1909年《伦敦宣言》中都没有提及潜艇，但习惯国际法对潜艇战有重要影响，潜艇战的关键问题是交战国能否合法地毁坏商船，以及如果可以，什么情况下可以。敌国商船可被没收也意味着可被毁坏，但由于只有捕获法庭的裁决才能将船只所有权转移给捕获者，在海上毁坏船只原则上不应该发生，而应将被捕获的敌国船只带回捕获法庭进行审判，尽管国家实践承认对此规则有所例外。如果可以不时毁坏敌国商船，毁坏中立国商船显然争议更大。1907年海牙和会和1909年伦敦海军会议上都曾激烈讨论过这个问题，1909年《伦敦宣言》第48条设定了总的原则，"凡中立船只被捕获后，其捕获者不得加以毁坏而应将其拘留至一适当港口，以决定关于捕获是否有效的各种问题。"第49条接着规定，"凡因遵守第48条规定而危及交战者军舰的安全或妨碍其

---

[1] Isabel V. Hull, *A Scrap of Paper: Breaking and Making International Law During the Great War*, Cornell University Press, 2014, pp. 182-185, pp. 192-194.

[2] James Wilford Garner, *International Law and the World War*, Volume I, Longmans, Green and Co., 1920, p. 282.

所进行的战斗行动的成功,则该军舰所捕获并应于没收的中立船只可视为例外而加以毁坏。"很明显,"战斗行动的成功"含义十分宽泛,但还有另外三个规定限制第 49 条:第 51 条要求捕获者证明导致不得不进行毁坏的"特殊需要情况"之存在,如果不能证明,则需要进行赔偿,而且捕获是否有效不再查问,例如即使真的装载有禁运品也没关系;第 52 条规定无效捕获应进行赔偿;第 53 条规定对于"不应没收的中立货物,因船只毁坏而遭到破坏时"应进行赔偿。第 50 条规定"在船只毁坏之前,应把船上的所有人员安置到安全地带,所有船只的文件及有关各方认为对于决定捕获有效与否至关重要的其他文件,应移置于军舰上"反映了习惯法,因为在 1914 年之前,任何情况下都一致同意的国家实践就是毁坏任何商船时应该将乘客和船员救出。[1]德国 1909 年的捕获条例承认在沉船之前将所有船上人员转移至安全地点的义务,但对于允许毁坏的例外情况规定很多;俄国则是 1907 年海牙和会上主张放宽对毁坏中立商船限制的首要鼓吹者。这是因为绝对禁止毁坏中立商船会将海军较弱的国家以及地理位置不利或殖民地很少的国家(增加了带进港口的难度)置于不利的位置,所以这些国家自然想要减少这些不利于其交战权利的规定。德国无限制潜艇战不考虑战争法的首要原因不是德国潜艇击沉船只时或之前将船员安全转移存在技术上的问题,而是因为德国的潜艇数量根本不足以这么做,其次是因为德军将领明显将战区视为无法可依的区域,封锁的时候要求救助船上的人员,但战区可不这么要求。一旦德国将无限制潜艇战视为对英国的报复并选择战区而

---

[1] James Wilford Garner, *International Law and the World War*, Volume II, Longmans, Green and Co., 1920, p.257.

不是封锁，潜艇战的法律决定因素就已经确定了。[1]

一战中交战国也经常以战俘待遇作为报复的途径。一战中处于同盟国（特别是德国）权力之下的战俘数量之多、照料难度之大，远超出欧洲历史上的任何一次战争，没有国家预见到这种情形并做好相应准备，因此在面对数量惊人的战俘时，给养措施必然是仓促的、不足的。例如，1916年8月，德国官方统计显示同盟国有近268万名战俘，而协约国有近170万名战俘，到1917年5月，同盟国有近300万名战俘，其中近170万名在德国。[2]1899年《海牙陆战法规和惯例章程》规定了战俘待遇，1907年又稍加修改，要求每个国家设立战俘情报局，[3]确保战俘"必须得到人道的待遇"，"掌握战俘的政府负责战俘的给养。如交战各方间没有专门协议，战俘在食、宿、衣方面应受到与俘获他们的政府的部队的同等待遇"，允许"国家得按照战俘的军阶和能力使用战俘的劳动力，但军官除外。这种劳动不得过度并不得与作战有任何关系……战俘的工资应用于改善他们的境遇，余款则在释放时扣去给养费后付给他们"。实际上这些关于战俘的规定模糊不清，给一战埋下了隐患。例如，一方面规定掌握战俘的政府负责战俘的给养，另一方面又规定掌握战俘的政府要扣除给养费，似乎暗示战俘必须

---

[1] Isabel V. Hull, *A Scrap of Paper: Breaking and Making International Law During the Great War*, Cornell University Press, 2014, pp. 223-224.

[2] James Wilford Garner, *International Law and the World War*, Volume Ⅱ, Longmans, Green and Co., 1920, p. 1.

[3] 1907年《海牙陆战法规和惯例章程》第14条规定："一旦敌对行动开始，在交战各国，以及必要时在其境内收容交战者的中立国，应设立战俘情报局。该局的任务是答复一切有关战俘的讯问，从各有关机构获取一切有关战俘的扣留、转移、宣誓释放、交换、脱逃、入医院和死亡的情报，以及为每个战俘建立和保存最新的关于其个人报表的一切必要的情报。"

要劳动否则就不可能有工资，而没有工资掌握战俘的政府就无法扣除给养费。换言之，战俘必须劳动才能换取掌握战俘的政府的给养。此外，也没有界定什么叫"过度"使用战俘的劳动力，没有规定如何使用战俘的劳动力与作战有关系。

德国起初按照1907年《海牙陆战法规和惯例章程》的标准对待战俘，但后来迅速恶化成为"复仇"而不是报复，其理由是德军在敌方领土上遭遇了毒物、达姆弹等"可怕的暴行"，而由于德国掌握的法国战俘数量远超过法国掌握的德国战俘数量，法国的报复比较克制，主要是减少德国战俘的食品配给和付给德军军官战俘的工资。[1]由于拥有数量庞大的战俘，德国一方面为减轻自身给养压力，另一方面为剥削和压榨战俘的经济价值，广泛地使用战俘劳工。据估计，处于德国权力下的战俘至少80%都做过劳工，劳动是强制性的，拒绝劳动的战俘会受到关禁闭、剥夺权利等处罚，德国从农业到制造业到采矿等几乎所有行业都使用战俘，"规模之大，可以说战争期间德国的产业是靠战俘劳工运转的。"[2]1916年8月，有消息称德国系统性地强迫战俘在紧邻火线的后方劳动，故意使战俘暴露在其本国或其本国的盟国的火力之下，而德国竭力掩盖此事。英国就此与德国交涉，德国并不否认，但辩称是在对英国的类似做法进行报复。1917年4月，英德达成协议规定双方均不得在火线30公里之内使用战俘，不过此后英国指控德国仍然违反协议使用战俘，英法两国也断然否认两国在紧邻

---

[1] Isabel V. Hull, *A Scrap of Paper: Breaking and Making International Law During the Great War*, Cornell University Press, 2014, pp. 279-282.

[2] James Wilford Garner, *International Law and the World War*, Volume II, Longmans, Green and Co., 1920, p. 42.

火线的后方使用德国战俘的指控。[1]但实际上，所有交战国的军队都时不时用新抓获的战俘从前线帮助挪走伤者和死者，然后才把他们送往内地的战俘营，将战俘放置在战区是将其作为劳动力的一部分，也常和报复交织在一起。[2]

三、齐柏林飞艇、火焰喷射器和毒气

除了潜艇，一战中还使用了其他新式武器。1914年8月24日至25日晚间，德国使用一艘齐柏林飞艇向比利时安特卫普扔下6颗开花弹（shrapnel bomb），8月30日晚间，齐柏林飞艇空袭巴黎，之后，德国时断时续地空袭巴黎和比利时，1915年1月开始空袭英国，10月13日轰炸了伦敦。

判定齐柏林飞艇进行轰炸在战争法中的性质并不容易，因为1907年海牙宣言即《禁止从气球上投掷投射物和爆炸物宣言》虽然规定了"禁止从气球上或用其他新的类似方法投掷投射物和爆炸物"，但受普遍参加条款的限制，而且许多交战国如法国、德国、意大利、日本和俄国等根本没有签字或者加入，所以该宣言在一战时并无法律约束力。不过，关于轰击（bombardment）的规则似乎适用，1899年《海牙陆战法规和惯例章程》第25条规定"禁止以任何手段攻击或轰击不设防的城镇、村庄、住所和建筑物"，第26条规定"攻击部队的指挥官在准备轰击前……应尽可能向有关当局发出警告"，第27条规定"应采取一切必要的措施，尽可能保全专用于宗教、

---

[1] James Wilford Garner, *International Law and the World War*, Volume II, Longmans, Green and Co., 1920, pp. 44-45.

[2] Isabel V. Hull, *A Scrap of Paper: Breaking and Making International Law During the Great War*, Cornell University Press, 2014, pp. 303-304.

第五章　20世纪的两次世界大战和两次外交会议

艺术、科学和慈善事业的建筑物，历史纪念物，医院和病者、伤者的集中场所"。1907年海牙第九公约即《关于战时海军轰击公约》也将同样的标准适用于海军轰击，[1]但实际上提供了更大的自由，因为合法军事目标除了"军事工程、陆军或海军设施、武器或战争物资仓库"，还包括"可用于满足敌国舰队或军队需要的车间和设施以及停泊在港口内的军舰"。[2]因此，轰击的主要问题是某地是否设防、是否可能事先警告以及攻击者是否瞄准了军事目标。

1899年《海牙陆战法规和惯例章程》和1907年《关于战时海军轰击公约》正是当时德国在评估空袭合法性时考虑的公约。不过，时任德国外交部长阿瑟·齐默尔曼（Arthur Zimmermann）认为《关于战时海军轰击公约》或1899年《海牙陆战法规和惯例公约》都不适用，因为这两个公约都不是"规制空战"的。齐默尔曼还强烈建议德军总参谋长埃里希·冯·法金汉（Erich von Falkenhayn）不要对空袭进行事先警告，尤其是因为齐柏林飞艇进行的空袭不够精确、无法满足海牙公约的要求。[3]实际上，齐柏林飞艇不仅投弹不准确，而且飞行速度慢，其主要目标是对被轰炸国家施加心理压力，引起民众恐慌，[4]直接军事作用不太明显。例如，1918年8月6日，

---

[1]《关于战时海军轰击公约》第1、5、6条与1899年《海牙陆战法规和惯例章程》第25—27条规定基本一致。

[2]《关于战时海军轰击公约》第2条。

[3] Isabel V. Hull, *A Scrap of Paper: Breaking and Making International Law During the Great War*, Cornell University Press, 2014, pp. 225-227.

[4] Alexander Gillespie, *A History of the Laws of War: Volume 2: The Customs and Laws of War With Regards to Civilians in Times of Conflict*, Hart Publishing, 2011, p. 20.

德国飞艇向巴黎投下 228 枚炸弹，造成 2 人死亡、392 人受伤；截至 1916 年 6 月 2 日，德国对英国的 44 次空袭造成 409 人死亡、1005 人受伤。尽管不可能检验每一次空袭是否合法，但有足够多的、无可争议的证据表明，数不清的空袭针对的是不设防的城镇、乡村，炸弹也被无差别地投到了街道、广场、民宅、医院、教堂、学校、历史建筑物等非军事目标，死伤的也多为平民，"同样清楚的是大多数情况下都没有造成军事损害，或者说（军事）损害是附带的或可以忽略的，而且和给非战斗人口和私有财产造成的损害相比不成比例。只在罕见的情况下，才毁损了堡垒、军工厂、弹药厂和弹药库、军营或海军设施，而且死亡人数中只有很少的比例为军人。"[1]

火焰喷射器是另一种合法性可能存在问题的新式武器。德国人发明了火焰喷射器，1915 年 2 月 26 日德军在凡尔登对法军首次使用了火焰喷射器。火焰喷射器火力覆盖范围只有 25 码至 30 码，而且火焰喷射手要身背 10 升汽油，移动速度慢、很容易被锁定，因此一开始这种武器没有发挥太大作用，随着战斗不断深入，其价值才在攻击地堡和掩体时体现出来。[2]德国外交部在德国最高陆军指挥部的代表在德国总理特奥巴登·冯·贝特曼·霍尔维格的指示下，评估了火焰喷射器的法律性质，认为德国和法国、日本、俄国一样没有签署 1907 年海牙宣言，该宣言不适用，但《圣彼得堡宣言》禁止使用 400 克以下的投射物，而且 1899 年《海牙陆战法规和惯例章程》第 23 条第

---

[1] James Wilford Garner, *International Law and the World War*, Volume I, Longmans, Green and Co., 1920, pp. 460–465.

[2] [英]菲利普·史蒂文斯：《第一次世界大战史》，许宗瑞译，时代文艺出版社 2014 年版，第 85 页。

第五章 20世纪的两次世界大战和两次外交会议

5款特别禁止"使用足以引起不必要痛苦的武器、投射物或物质",因此,火焰喷射器的法律性质令人生疑。德国外交部报告认为只应对建筑或军舰而不能对人员使用此种装置,但规定了军事必要的例外,即如果对方呈压倒性优势时可以对人员使用。德国战争部则首先反对了火焰喷射器违反1899年《海牙陆战法规和惯例章程》第23条第5款的看法,虽然承认烧死的确比战场上其他类型的死亡更痛苦,但这不一定造成"不必要痛苦",因为只有存在同样有效但痛苦更少的武器时这个说法才成立,而且,速战速决才是最大的人道。[1]法国谴责德军使用火焰喷射器这种"可恶的手段,与德国帝国政府对其他列强的所有神圣承诺相悖,而且不顾人类的所有感情",因此"法国政府将采取措施阻止德国士兵和军方实施其预谋的犯罪和谋杀",之后法国、英国、美国以报复为由也都使用了类似的火焰喷射装置。时人认为,除非确定火焰喷射器"足以引起不必要痛苦",否则不能认为战争法禁止此种武器,尤其是要考虑到其杀伤半径十分有限而且火焰明显可见,被此种武器攻击时逃生的概率要比被投射物或炮弹攻击时大。[2]

毒气可能是一战中最令人震惊的新武器。1915年4月22日,德军在比利时伊普尔(Ypres)打开氯气罐,灰绿色烟雾顺着风势飘到法军阵地,数以千计的法军士兵在震惊之中逃离战壕,前线被放弃,但德军只推进了四公里,没有拿下伊普尔,也没有取得突破。之后德军又数次使用毒气,"然而,它

---

[1] Isabel V. Hull, *A Scrap of Paper: Breaking and Making International Law During the Great War*, Cornell University Press, 2014, p. 230.

[2] James Wilford Garner, *International Law and the World War*, Volume I, Longmans, Green and Co., 1920, p. 288.

作为武器的一种内在缺陷——依赖于风向,以及高效防毒面具的快速发展,确保了这种武器永远不会是决定性的。"[1]毒气战虽然既没有结束僵局也没有缩短战争,但确实震惊了协约国和中立国。一战中所有的交战国都批准了1899年海牙第二宣言即《禁止使用专用于散布窒息性或有毒气体的投射物的宣言》,该宣言禁止缔约国"使用专用于散布窒息性或有毒气体的投射物",但因明确规定了"投射物"和"专用"而大大缩小了禁止的范围。不过,1899年《海牙陆战法规和惯例章程》第23条第1款和第5款也禁止交战者"使用毒物或有毒武器"或"使用足以引起不必要痛苦的武器、投射物或物质",因此整体而言,禁止使用有毒武器的战争法规则比较清楚。作为对伊普尔毒气战的回应,法国战争部立即计划以同样的方式进行报复,法国政府没有提出异议即告批准,而英国的情况略有不同。英国把这个问题视为国际法问题,英国的战争部长认为"使用窒息性气体……违反了战争规则和惯例",但1915年5月4日英国内阁还是批准了报复。英国在一战期间的政策是绝不首先使用毒气,只用作报复,德国事后的辩护理由全都援引了报复,根本没提军事必要性,这说明一战时交战国普遍认为使用毒气是非法的。[2]

第二节 第二次世界大战和两次日内瓦外交会议

一战后、二战前,国际联盟在协调国际关系、维持和平安

---

[1] [英] 约翰·基根:《一战史》,张质文译,北京大学出版社2014年版,第171页。

[2] Isabel V. Hull, *A Scrap of Paper: Breaking and Making International Law During the Great War*, Cornell University Press, 2014, pp. 233-237.

第五章 20世纪的两次世界大战和两次外交会议

全上无疑是失败的,特别是在阻止战争方面堪称无能,集体安全机制也失败了,而一系列海军军备和裁军会议,如1921年华盛顿会议、1932年日内瓦会议和伦敦会议都未能再现两次海牙和会在战争法条约领域取得的进展。1922年2月6日,美国、英国、法国、意大利和日本这五个一战中主要的协约国就潜水艇和毒气相关的战争法达成一致,通过了《关于在战争中使用潜水艇和有毒气体的条约》。条约完全禁止"窒息性、有毒或其他毒气,以及所有类似液体、材料或装置",对敌国和中立国商船适用同样的捕获规则,即只有在拒绝临检和搜查的时候才可被攻击,只有在船员和乘客被救起后才可被毁坏,条约还明确规定潜水艇要遵守水面军舰进行战争的普遍规则。[1]问题在于《关于在战争中使用潜水艇和有毒气体的条约》从未被批准,1930年4月22日的《限制和裁减海军军备的国际条约第四部分关于潜艇作战的规则》虽然也规定潜水艇在对商船的行动中必须遵守水面军舰所应遵守的国际法法规,而且特别要求包括水面船舰和潜水艇在内的所有军舰都遵守捕获规则,[2]但也没有被批准。虽然潜水艇取得了合法地位,但破坏商船的条件、武装商船的地位以及其他问题仍然悬而未决,因此二战中交战国都无限制地击沉商船。

1928年《巴黎非战公约》虽然是第一个宣布战争不再是国家推行政策的合法手段的条约,但漏洞太多,其纸面意义可能多于实践价值。真正产生了一系列调节大国关系条约的1925年洛迦诺会议,不仅使时人对国际联盟寄予很高的期望,

---

〔1〕 1922年《关于在战争中使用潜水艇和有毒气体的条约》第1条、第5条。
〔2〕 1930年《限制和裁减海军军备的国际条约第四部分关于潜艇作战的规则》第22条。

而且《洛迦诺公约》也被张伯伦称为"过去的战争岁月与即将到来的和平年代的分界线",[1]但事实证明,这种乐观情绪错得令人难以置信,而且《洛迦诺公约》几乎早就被国际法学界遗忘。"对国联的盲目信任在1933年至1936年间最为盛行,而充满讽刺意味的是集体安全机制此时恰恰处于崩溃的边缘。"[2]1935年10月,意大利无视国际联盟的禁令侵略阿比西尼亚,六周后国际联盟才宣布软弱无力的制裁,意大利被允许使用苏伊士运河和获得战争所需的所有石油,12月,英法达成秘密交易,将阿比西尼亚的2/3送给意大利作为安慰。意大利使用化学武器与阿比西尼亚进行了一场实力悬殊的较量,1936年3月初,意大利占领阿比西尼亚,而希特勒重新占领了莱茵非军事区,二战行将爆发。

一、第二次世界大战和1949年日内瓦外交会议

二战中交战国可谓在方方面面重现了一战对战争法的挑战与破坏,只是规模更大、程度更深,而且产生了一些新的维度,例如抵抗运动、流亡政府、集中营、种族灭绝、战争罪等问题。1945年初二战即将结束时,红十字国际委员会开始游说修订日内瓦法,得到有关国家默许后开始起草议题、组织正式和非正式讨论等,红十字国际委员会深知其修订日内瓦法的愿望能否实现取决于一些关键国家,特别是安理会五常是否参与和支持,虽然具体立场和态度有差异,但美、法、英、中四

---

[1] [美]詹姆斯·特拉斯洛·亚当斯:《重铸大英帝国:从美国独立到第二次世界大战》,覃辉银译,广西师范大学出版社2018年版,第360页。

[2] [英]劳伦斯·詹姆斯:《大英帝国的崛起与衰落》,张子悦、解永春译,中国友谊出版公司2018年版,第461页。

第五章 20世纪的两次世界大战和两次外交会议

国整体上热情地支持红十字国际委员会的提议，而苏联则认为红十字国际委员会在西班牙内战期间对共产主义有偏见，而且在二战期间对苏联战俘也有偏见，因此十分敌视红十字国际委员会，对其召开外交会议的倡议也视而不见、不做回应。在红十字国际委员会的持续努力下，1946年至1948年间举办了三次关键的预备会议，红十字国际委员会向与会国分发了其准备的报告以产生共识，"这种处理方式使得这家瑞士人道组织能够同时评估且塑造关键国家对新法的设想的态度"。[1] 1949年4月21日在日内瓦召开了一次盛大的外交会议，而在十几天前，苏联最终决定以积极后来证明甚至是合作的态度参会，五个安理会常任理事国全部与会预示着会议有更大的概率取得预定的目标。当时世界上几乎所有的国家（63个）与会，除了欧美等国，还有一些亚非国家，但新脱离殖民统治的亚非国家非常少，这意味着此次外交会议的走向和成果很大程度上取决于美国和其西欧盟国以及苏联及其东欧社会主义盟国。与会代表们一致同意平民在战争期间应受日内瓦法的保护，不应被不分皂白地轰炸，应当更新有关战俘的公约并给予抵抗运动成员免受酷刑之保护，并首次将战争法的适用扩展至内战，其成果是通过了四个日内瓦公约，即1949年《改善战地武装部队伤者病者境遇的日内瓦公约》（《日内瓦第一公约》）、《改善海上武装部队伤者病者及遇船难者境遇的日内瓦公约》（《日内瓦第二公约》）、《关于战俘待遇的日内瓦公约》（《日内瓦第三公约》）和《关于战时保护平民的日内瓦公约》（《日内瓦

---

[1] Giovanni Mantilla, "The Origins and Evolution of the 1949 Geneva Conventions and the 1977 Additional Protocols", in Matthew Evangelista and Nina Tannenwald eds., *Do the Geneva Conventions Matter?* Oxford University Press, 2017, p.38.

第四公约》)。二战后，关于日内瓦四公约的主流叙事是将其视为与会国被二战暴行震惊和受人道精神驱使共同作用的产物，而作为日内瓦四公约的起草者，红十字国际委员会对公约历史的叙述流传范围最广，接受程度最高。实际上，和以往任何一次编纂和发展战争法的会议一样，仅靠人道精神或理想主义无法达成有关条约，条约尤其是战争法的条约，从谈判起草到妥协修改再到最终通过，无不涉及各与会国政治、军事、经济等因素，是特定的国际环境下各与会国激烈博弈的复杂产物。"建构这些公约意味着将某些形式的不人道行为界定为非法的同时容忍其他（不人道行为）。这不仅仅是承认二战经历所揭示的国际法的缺陷，还涉及了多得多的东西。在缔造这些公约时，起草者尝试驳斥欧洲的帝国统治、强化红十字国际委员会、挑战国家主权、与冷战的敌对抗争、确保战时的权利、再创造战争罪的概念，以及为将要到来的（国内）战争做准备。"[1]但毋庸讳言，和以往的战争法条约一样，日内瓦四公约仍然是欧洲中心主义的产物，如同其主要起草者数十年后所承认的，是"欧洲人为了欧洲人而制定"。[2]正是因新独立国家对日内瓦四公约的影响微乎其微，才导致了后来两个附加议定书的出现，日内瓦四公约也恰好处在战争法的两个重要历史阶段之间：1949年以前欧洲在战争法制定过程中居于主导地位，1974年至1977年附加议定书起草期间第三世界国家则公开表达自己的主张。因此，日内瓦四公约一方面主要反映了欧

---

〔1〕 Boyd van Dijk, *Preparing for War: The Making of the 1949 Geneva Conventions*, Oxford University Press, 2022, p. 5.

〔2〕 Jean Pictet, "The Formation of International Humanitarian Law", *International Review of the Red Cross*, Volume 25, Issue 244, 1985, p. 17.

洲国家的经历和诉求，另一方面也表明前殖民地开始参与战争法的制定、表达自己的意见。[1]概言之，日内瓦四公约处在战争法发展历程中承前启后的关键时间点上。

日内瓦四公约中，前三个公约都具有明显的历史延续性。《日内瓦第一公约》和《日内瓦第二公约》关注的都是武装部队伤病员的待遇问题，前者适用于陆战，与第一个日内瓦条约即1864年《改善战地武装部队伤者境遇的日内瓦公约》一脉相承，后者适用于海战，与1899年海牙第三公约（即《关于1864年8月22日日内瓦公约的原则适用于海战的公约》和1907年海牙第十公约（即《关于1906年7月6日日内瓦公约原则适用于海战的公约》）遥相呼应。日内瓦外交会议召开之时，有关在陆战和海战中保护武装部队伤病员的战争法已有数十年的历史，会议关于这些问题少有实质性的、难以弥合的争议，绝大部分改动都是不具有政治内涵、技术性的改进，主要改动涉及如何更好地保护附属军队的有关人员（如医护人员和随军牧师）、更尊重商船及船员等，而《日内瓦第三公约》处理的是战俘问题，与会国就此问题争议巨大。战俘和伤病员都属于失去战斗力的人员，也都是19世纪开始的战争法编纂过程中最早得到关注同时也是最受关注的群体，充分体现了当时（以及后来绵延许久的）战争法的国家中心主义特征。战俘问题是1899年和1907年《海牙陆战法规和惯例公约》篇幅最长、条款最多的章节，但由于两次海牙和会主要是宣告、确认和编纂已有的习惯国际法而不是创设新的规则，

---

[1] Srinivas Burra, "Four Geneva Conventions of 1949: a Third World View", in Md Jahid Hossain Bhuiyan and Borhan Uddin Khan eds., *Revisiting the Geneva Conventions: 1949-2019*, Brill, 2020, p. 212.

有关战俘的条款较少、细致程度不够，特别是由于普遍参加条款的限制，其在处理一战的战俘问题时效果不尽如人意。在一战经验教训的基础上，国际社会制定了1929年《关于战俘待遇的日内瓦公约》，创设了一套新的关于战俘待遇的规则，而不再仅仅是宣告已有的国际习惯法。[1]但问题在于，二战期间，轴心国不承认其俘获的游击队员和抵抗运动成员受法律保护，往往将其就地处决或送往集中营，而同盟国对此也有类似态度：1945年5月8日丘吉尔在要求纳粹德国无条件投降时，宣布"敌对行动将在今晚午夜1分钟后正式终止……德国人还在抵抗俄军，但如果午夜后抵抗还在继续，他们当然会使自己失去战争法的保护"。不仅如此，二战后对战犯的审判也明确确认游击队员不具有受国际法保护的地位。[2]

然而，仅仅是数年之后，当1949年日内瓦外交会议召开时，在游击队员和抵抗运动成员应否以及在多大程度上受国际法保护这个问题上，曾被纳粹德国占领的同盟国的态度发生了重大转变，促使战争法再次在战俘问题上自我更新。与会国提出了许多对战俘公约的修改意见，例如，明确规定要求战俘进行的工作的种类、敌对行动结束后移送/遣返战俘时其地位和待遇的延续时间以及在被俘获前被指控犯罪对其享有人道待遇是否有影响等，但其中争议最大的当数扩大战俘地位和保护的覆盖范围至游击队员。"解放者"（尤其是英美两国）和"被解放者"（法国和西欧国家以及东欧国家）就此存在重大政治

---

[1] 朱路：《论国际法中战俘制度的发展及其当代挑战》，载《法学评论》2014年第2期。

[2] Emily Crawford, *Identifying the Enemy: Civilian Participation in Armed Conflict*, Oxford University Press, 2015, p. 36.

第五章 20世纪的两次世界大战和两次外交会议

分歧,后者由于二战中被占领的经历试图为游击队员提供人道保护,其诉求在外交会议上应者甚众,因为游击队员常被视为英雄,而且原来的游击队员现在掌权甚至正在参会(比如法国)。英美两国虽然并非在会议的所有议题上意见一致,但都反感欧洲大陆国家在战俘问题上"天真"和"多愁善感"的诉求,私下也十分激烈地批评欧洲大陆国家有依靠国际法"作为消除人类邪念的手段"的"极端倾向",两国都坚持除非施加严格的限制条件(例如占领部分领土),否则不能给予游击队员战俘保护,因为这意味着同时也给予了游击队员表面上的合法性。[1]一言以蔽之,以法国为代表的欧洲大陆国家将自己视为未来的被占领国家,因此想要提升战争法对抵抗运动的保护,而英美则把自己视为未来的占领国,因此想要保留的是战争法赋予占领者的法律优势。会议期间,法国等欧洲大陆国家关于游击队员的一手证词产生了强大的道德感召力和影响力,使其不必公开承认自己对未来的悲观看法就可以得到其他国家的同情和支持,而英美两国虽然实力远超这些欧洲大陆国家,但不能公开表达其真正的想法,否则会大损形象。

会议最后通过的《日内瓦第三公约》是迄今为止关于战俘保护和待遇最全面的公约,公约适用于两个或两个以上缔约国间所发生之一切经过宣战的战争或任何其他武装冲突,即使其中一国不承认有战争状态。在缔约国领土部分或全部被占领时,即使此项占领未遇武装抵抗,公约也适用。[2]换言之,

---

[1] Giovanni Mantilla, "The Origins and Evolution of the 1949 Geneva Conventions and the 1977 Additional Protocols", in Matthew Evangelista and Nina Tannenwald eds., *Do the Geneva Conventions Matter?* Oxford University Press, 2017, pp. 40-41.

[2] 《日内瓦第三公约》第2条。

公约实际覆盖所有的国际性战争和武装冲突。公约第 4 条是整个公约篇幅最长、最复杂的条款,其采用列举的方式定义战俘,并将有关人员分为战俘、依照给予战俘待遇之人员、医务人员和随军牧师三大类八小类。公约提供的战俘定义不仅条理较为清楚、规定较为细致,而且最大的进步是使用了"处于敌方权力之下"代替 1929 年《关于战俘待遇的日内瓦公约》第 1 条中的"俘获",因为二战中纳粹德国等国家常常不视投降的战斗员为"俘获"并以此为由拒绝给予战俘地位而就地处决。[1] 公约虽然提及"抵抗运动",但并未降低游击队员能够获得战俘待遇的门槛,[2] 与其说是为游击队员提供了强有力的保护,不如说是打破谈判僵局的权宜之计,因为一方面以法国为代表的欧洲大陆国家因为自身经历要获得在被占领领土进行抵抗的权利以给国内政界和民众交代,另一方面由于东西方两大阵营紧张对峙、殖民地半殖民地争取独立运动以及对共产主义"第五纵队"的忧虑和恐惧,英美强烈、持续地反对将各种非正规军纳入战俘保护的序列,以免这些未来的敌人获得战争法的保护进而危及英美"平叛"的努力和安全利益。[3] 英美、法国、苏联和红十字国际委员会就游击战和游击队员问题进行了大规模、激烈的争辩,经过妥协折中后的最终结果虽然

---

[1] 朱路:《论国际法中战俘制度的发展及其当代挑战》,载《法学评论》2014 年第 2 期。

[2] 《日内瓦第三公约》第 4 条第 2 款规定,"冲突之一方所属之其他民兵及其他志愿部队人员,包括有组织之抵抗运动人员之在其本国领土内外活动者,即使此项领土已被占领,但须此项民兵或志愿部队,包括有组织之抵抗运动人员,合乎下列条件:(甲)有一为其部下负责之人统率;(乙)备有可从远处识别之固定的特殊标志;(丙)公开携带武器;(丁)遵守战争法规及惯例进行战斗。"

[3] Boyd van Dijk, *Preparing for War: The Making of the 1949 Geneva Conventions*, Oxford University Press, 2022, pp. 148-150.

承认在被占领领土上有进行抵抗的权利，但为其提供的保护附有较多的条件，二战后要求降低战俘公约门槛要求的呼吁未能完全如愿。

《日内瓦第四公约》是有史以来第一个在战时专门保护平民的公约，也因此是四公约中唯一一个在当时可以说是"新"的公约。由于"一战后，国家不愿设想可能还有一场大战，这使得他们特别不愿意缔结关于战时平民地位和保护的规约"，[1]然而一战的经历使得"政府和民众同样承认现代、工业化的战争机器中非战斗员至关重要的作用，军事战略家则将其描述为关键军事目标。非战斗员既弱小又十分重要，既是可怜的受害者又是首要目标，正是这种似是而非的对非战斗员的重塑成为对平民居民的新看法。"[2]二战中平民遭受的巨大苦难使得国际社会无法再回避保护平民问题，保护平民因此成为1949年日内瓦外交会议上最受关注的议题之一，而公约的起草者一定程度上领先了时代，预见了人权法和战争法将会产生更密切的联系，因为直到1950年代人权法兴起之前，人权法和战争法一直被视为两个独立、互不相关的领域。换言之，长期以来在战争中是没有人权法的适用空间的。《日内瓦第四公约》严格限制了战争中残酷的平叛措施，将战争法专注于保护士兵转向确保敌方平民的权利并规定了数量创纪录的一系列权利，成为保护交战国和被占领领土上敌方平民权利的第一个有约束力的国际条约。尽管有这些巨大的进步，公约本身并不

---

〔1〕 Adam Roberts, "The Civilian in Modern War", in Hew Strachan and Sibylle Scheipers eds., *The Changing Character of War*, Oxford University Press, 2011, p. 363.

〔2〕 Amanda Alexander, "The Genesis of the Civilian", *Leiden Journal of International Law*, Volume 20, Issue 2, 2007, p. 360.

完美,其保护的平民范围是有限的,最后的文本删除了起草阶段中提及的政治犯,也没有关注强奸,公约的某些规定也有些自相矛盾,例如,一方面禁止种族隔离,要求种族平等,[1]另一方面对于殖民地有关法律只字不提。美英两国认为公约对于占领国的限制过于严厉,也担心由于公约的存在未来两国与苏联的军事对抗是否还有足够的法律上的回旋余地,因此,1949年8月,两国都考虑是否对公约做出保留或者干脆不签署,而两国最终并未如此行事是因为四公约关于内战的规则符合两国的要求。[2]《日内瓦第四公约》没有提及区分原则,没有提及空中轰炸和原子弹轰炸,也没有当然禁止将使平民挨饿作为战争中的武器使用。[3]日内瓦外交会议期间并非没有讨论这些问题,而且实际上苏联参与其讨论意义重大,但苏联在试图将他国使用核武器界定为非法的同时自己还在努力发展核武器以和美国抗衡,[4]对于西欧国家来说,核武器和空中轰炸对于赢得二战似乎起到了决定性的作用,因此要将其界定为非法不仅不现实也令人憎恶,又由于是苏联如此提议的,就"明显是战略和虚伪的"了。总之,保护平民免于不分皂白的

---

[1] 日内瓦四公约共同第三条规定,"不实际参加战事之人员,包括放下武器之武装部队人员及因病、伤、拘留、或其他原因而失去战斗力之人员在内,在一切情况下应予以人道待遇,不得基于种族、肤色、宗教或信仰、性别、出身或财力或其他类似标准而有所歧视"。

[2] Boyd van Dijk, *Preparing for War: The Making of the 1949 Geneva Conventions*, Oxford University Press, 2022, pp. 95-97.

[3] 《日内瓦第四公约》关于保障平民食物的规定并非绝对,而是具有很大弹性,例如,第55条规定,"占领国在其所有方法之最大限度内,负有保证居民之食物与医疗供应品之义务","占领国不得征用占领地所有之食物、物品或医疗供应品,但为占领军或行政人员使用者除外,并须业已顾及平民之需要,始能征用"。

[4] 1949年8月29日,苏联试爆了其第一枚原子弹RDS-1。

战争"恰好是共产主义者在禁止核武器、化学武器和其他毁灭平民及其财产的手段的大旗下兜售的。然而,政治环境并不有助于成功",以美英为首的西方阵营以其超出日内瓦外交会议处理范围为由成功地投票阻止了苏联的提议。[1]同样,在起草和讨论过程中,西方阵营视使平民挨饿以及与之密切相关的封锁为遏制共产主义的得力工具,虽然红十字国际委员会一开始是从二战的经历来看待使平民挨饿的问题并积极推进的,但出于担心招致西方阵营的敌对而做出了让步。此外,美英两国为确保其空中霸权地位,试图将空战以及封锁置于战争法范围之外并且不惜一切代价将有关保护平民的讨论空间降至最低,"通过滥用程序规则并将盟友转变为傀儡,美国最终得以将空战、核战事宜从最终草案中移除,同时创造了能够无差别地将平民居民作为目标这样一个严重的漏洞。"[2]尽管如此,不能忽视的事实是,二战之前的战争法很少涉及"平民",而自《日内瓦第四公约》以往,平民成为战争法中最受关注的主体,也成为最需要得到保护的人群。

日内瓦四公约共同第三条则史上首次将战争法的适用范围扩展至非国际性武装冲突,也是"它们(日内瓦四公约)之中影响最深远的",这个"了不起的成就,既是战争法的创新,也是人权法的里程碑"。[3]二战的结束拉开了殖民地半殖

---

[1] Giovanni Mantilla, "The Origins and Evolution of the 1949 Geneva Conventions and the 1977 Additional Protocols", in Matthew Evangelista and Nina Tannenwald eds., *Do the Geneva Conventions Matter*? Oxford University Press, 2017, p. 46.

[2] Boyd van Dijk, *Preparing for War: The Making of the 1949 Geneva Conventions*, Oxford University Press, 2022, pp. 249-251.

[3] Geoffrey Best, *Humanity in Warfare: The Modern History of the International Law of Armed Conflicts*, Weidenfeld and Nicolson, 1980, pp. 298-300.

民地争取独立运动的序幕,印度支那、印度尼西亚、巴勒斯坦、希腊等地相继爆发革命和叛乱,其宗主国法国、荷兰、英国等欧洲殖民帝国内部的战争成为国际关系中一个不可回避的问题,也是战争法必须面对的一个挑战。1949年日内瓦外交会议召开时,与会国拿到的草案设想的是将四个公约的全部文本完全适用于非国际性武装冲突,红十字国际委员会和瑞士、挪威等国强烈支持这个观点,但遭到美、英、法以及正受内战困扰的中国、希腊等国的反对。欧洲大陆国家此时正面临殖民地反叛的困扰,英国在马来半岛、荷兰在印度尼西亚、法国在摩洛哥和突尼斯都是如此,如果叛军能够得到战争法的保护,无疑会使宗主国受到巨大的限制。美国则同情其欧洲盟友,而且正积极地打击希腊共产党势力。因此,反对意见认为如果不施加严格的保证措施确保叛军遵守战争法就将四个公约适用于非国际性武装冲突,属于一种"幻想",是"往黑暗中走的一步",而且为非国际性武装冲突创造新法还可能使叛军合法化并增强其能力。尽管红十字国际委员会和瑞士、挪威以及一些拉美国家(墨西哥和乌拉圭)坚决支持战争法应调整非国际性武装冲突,但数量不足以对抗美英法等反对阵营,而就此问题的第一轮辩论开始后,苏联领导的社会主义阵营出人意料地大大增强了支持阵营的实力。[1]苏联来日内瓦参会的目标是通过夸张的修辞和支持"极端"的人道以凸显西方自称的自由民主世界观和其对渐进的国际法采取的保守立场之间

---

[1] Giovanni Mantilla, "The Origins and Evolution of the 1949 Geneva Conventions and the 1977 Additional Protocols", in Matthew Evangelista and Nina Tannenwald eds., *Do the Geneva Conventions Matter?* Oxford University Press, 2017, pp. 43-44.

的不协调,从而使西方特别是美英两国难堪。[1] 如果此举可以奏效,苏联不仅可以因羞辱西方而站在道义的制高点,而且可能因迫使西方接受更多、更有约束力的战争法规则而获得战场上的优势。"冷战政治因此对于理解1949年日内瓦四公约的形成至关重要。然而,苏联外交官'人道'立场可能是政治策略这个事实不应该让人忽视其推动国际人道法以渐进的方式发展之实效。"[2] 正是因为苏联及社会主义阵营加入了支持阵营,美、法、英等国才被迫做出让步,最终促成了日内瓦四公约共同第三条的诞生。尽管共同第三条缺乏真正保护内战受害者的保证措施,而且英法这两个参与起草和讨论过程的主要国家有意使共同第三条的范围模糊并因此将紧急状态和许多其他类型的内战及其受害者排除在人道法的范围之外,尽管红十字国际委员会不得不向殖民帝国做出让步,但共同第三条毕竟打破了国际法不适用于内战的禁忌,而且"通过在四公约中将大规模内战国际化推上神坛,外交会议赢得了特别具有象征性的胜利并且改变了战时的国际法。实际上,它开启了一场法律革命,其影响随着时间流逝而日渐增长。其拥护者助力了从纯粹理解交战状态转向将战争的欧洲维度和殖民地维度相连接。"[3]

---

[1] Ilya V. Gaiduk, *Divided Together: The United States and the Soviet Union in the United Nations, 1945-1965*, Stanford University Press, 2013, p. 248.

[2] Giovanni Mantilla, "The Origins and Evolution of the 1949 Geneva Conventions and the 1977 Additional Protocols", in Matthew Evangelista and Nina Tannenwald eds., *Do the Geneva Conventions Matter?* Oxford University Press, 2017, pp. 42-43.

[3] Boyd van Dijk, *Preparing for War: The Making of the 1949 Geneva Conventions*, Oxford University Press, 2022, pp. 142-144.

二、1974 年至 1977 年日内瓦外交会议

1949 年日内瓦四公约通过后，两个关键问题悬而未决，一是如何限制不分皂白的战争给平民造成的损害，二是一国内部暴力情境下政治犯的待遇问题。1950 年代发生在肯尼亚、阿尔及利亚、摩洛哥、罗德西亚、刚果、尼日利亚、老挝等地的内部冲突都证明日内瓦四公约共同第三条的效力不足。不仅如此，二战后绝大部分武装冲突都发生在一国内部或殖民地，亚非大陆的民族解放运动、东欧的共产主义革命和随之而来的紧张局势以及拉美国家形形色色的起义和政变无不证明以国家间战争为中心的战争法难以调整非国际性武装冲突，而仅有的涉及非国际性武装冲突的日内瓦四公约共同第三条同样难以担此重任：一是因为其对非国际性武装冲突的界定十分模糊，几乎没有国家愿意承认自己国内的局势属于非国际性武装冲突；二是因为其对不实际参加战事之人员要求给予的人道待遇十分宽泛，缺乏详细的规定。但很快，国际社会的成员和结构变化将改变这一点。

20 世纪 60 年代、70 年代是殖民地半殖民地争取独立运动如火如荼的年代。20 世纪初，由于殖民关系，拉美国家在欧洲国际法"小圈子"里位次居于欧洲、美国之后，但即便如此，拉美国家的国际法的主张也不为欧美列强所接受，即使成为国际习惯法，也只在拉美国家间有效。作为当时唯一的非西方列强，日本也试图挑战过国际法的"西方中心主义"，但都以失败告终。例如，1919 年的巴黎和会上，日本提议在《国际联盟盟约》中加入种族平等的规定，被断然拒绝了。二战期间，日本侵略中国等亚洲国家，以及对美国、英国和其他欧

洲国家的战争,竟也声称是为了"将亚洲从西方支配下解放出来"。[1]两次世界大战期间,以及二战刚结束时,都不能"称得上是世界范围(适用)国际法的时期",因为前殖民地都以托管的方式置于当时的主要国际组织如国际联盟和联合国的监管之下,"这意味着这些地区没有成为国际社会的一员,而保持着类似于一般的殖民地的国际属国",因此,只有等到20世纪60年代、70年代,"非殖民化运动才产生了一个真正的国际社会,以及一个基于欧洲国际法的世界范围的国际法",而从"欧洲国际法"扩展到"世界范围的国际法"之所以缓慢,就是因为"欧洲并不想要扩展,因为其主要目的是征服欧洲额外的领土,或者至少是将这些领土作为属国,而不是平等的主体。"[2]正是由于殖民地半殖民地争取独立运动,对国际法和战争法的欧洲中心主义的批评和修正的努力才有了实质进展。

"1949年日内瓦四公约是在两次世界大战的阴影下起草的,而这次(外交会议)的代表们是在反殖民冲突的阴影下工作,尤其是在阿尔及利亚和越南发生的冲突。"[3]美国深陷越南战争的泥潭引发了国内民众的普遍关切,也削弱了其对战争法的保守态度。由于北越认为美军是侵略者并因此不能得到

---

[1] Onuma Yasuaki, *A Transcivilizational Perspective on International Law*, Martinus Nijhoff Publishers, 2010, p. 180.

[2] Jörg Fisch, "Power or Weakness? On the Causes of the Worldwide Expansion of European International Law", *Journal of the History of International Law*, Vol. 6, Issue 1, 2004, p. 24.

[3] Emma Stone Mackinnon, "Contingencies of Context: Legacies of the Algerian Revolution in the 1977 Additional Protocols to the Geneva Conventions", in Ingo Venzke and Kevin Jon Heller eds., *Contingency in International Law: On the Possibility of Different Legal Histories*, Oxford University Press, 2021, p. 319.

人道待遇，自1965年以后美国领导层越来越关注被北越所俘美国士兵的命运，也开始认为将战俘待遇扩展至所有被俘士兵（无论是在国际性还是非国际性武装冲突中）符合美国利益，这样越共找不到理由不给被俘美军战俘待遇。[1]1968年3月16日美军屠杀三百余名无辜越南村民的美莱大屠杀事件于1969年曝光后，美国更无法公开反对加强在战争和武装冲突期间对平民的保护问题。

阿尔及利亚的情况较复杂一些。早在欧洲列强召开瓜分非洲的柏林会议（1884年至1885年）之前，法国就已经开始从撒哈拉北部征服非洲，1830年至1847年法国"平定"阿尔及利亚漫长且残暴的战斗第一次出现了欧洲征服战争和土著居民抵抗的诸多特征：法国在阿尔及利亚建立了单独的"非洲军团"（Armée d'Afrique）和外籍军团（The French Foreign Legion）进行殖民地战争；针对非洲战争长距离、环境敌对性强、传统军事目标少、敌人飘忽不定难以发现的特点，适用相应的政治军事战略和战术予以应对，特别是介入土著居民的政治分而治之、各个击破；1834年法国政府决定法军不仅负责殖民地战争，也负责殖民地的行政，使得军队在殖民地一家独大；等等。"正是在这个时期的阿尔及利亚，欧洲殖民战争一些最为人所知的制度象征（symbols）和最持久的意象（imagery）得以首次形成"。[2]二战后，法国非常不愿意放弃其殖民地。1954年5月奠边府大捷最终使得法国撤军，印度支那分化成

---

〔1〕 Giovanni Mantilla, "The Origins and Evolution of the 1949 Geneva Conventions and the 1977 Additional Protocols", in Matthew Evangelista and Nina Tannenwald eds., *Do the Geneva Conventions Matter?* Oxford University Press, 2017, pp.54-55.

〔2〕 Bruce Vandervort, *Wars of Imperial Conquest in Africa, 1830-1914*, UCL Press, 1998, pp.56-57.

第五章 20世纪的两次世界大战和两次外交会议

柬埔寨、老挝和越南三个国家，1956年10月苏伊士运河事件中法国最终撤出运河地区，法国随后在非洲推行了新的殖民政策。在共和传统看来，法国帝国主义是为了解放"未开化"的民族，仿佛1789年法国大革命解放法国农民一样，放弃这项"教化使命"，是法国国家的失败，也是法国进步理念的失败，因此，法国减轻不满的方式不是去殖民化，而是更新帝国的结构，独立的要求被法国谴责为反动。不仅如此，"海外帝国领土向来是自由法国的支柱。戴高乐在1943年立阿尔及尔为其首都；殖民地部队曾协助解放巴黎；法国受损的名声也让维持帝国势力成为感受深刻的重责大任。"[1]法国在北非推行紧密的一体化政策，阿尔及利亚和突尼斯的行政部门并入了宗主国法国的行政体系，法国官方还支持本国公民移居北非，特别是普法战争后背井离乡的阿尔萨斯-洛林地区的法国人。[2]

1954年11月1日，阿尔及利亚民族解放阵线发起攻击，法国视之为叛乱并宣布阿尔及利亚民族主义者是叛乱分子和罪犯，法军为"维护秩序"采取了强硬手段维护殖民统治，特别是由于在印度支那和苏伊士接连溃败，法军急切地需要证明自己的价值和实力。1956年3月，法国同意摩洛哥和突尼斯独立，但阿尔及利亚与印度支那、摩洛哥和突尼斯都不同，摩洛哥和突尼斯的现代教育都是双语制，而阿尔及利亚的现代教育只用法语，更重要的是，阿尔及利亚作为法国的属国已经一百余年，许多法国人都定居于此，阿尔及利亚（对法国来说）就是法国的一部分。面对法国的区别对待，阿尔及利亚发动了

---

[1] [英]罗伯特·图姆斯、[法]伊莎贝尔·图姆斯：《甜蜜的世仇：英国和法国，300年的爱恨情仇》，冯奕达译，中信出版社2022年版，第933—934页。

[2] Norman Davies, *Europe: A History*, Harper Perennial, 1998, p. 851.

更多袭击,到1956年底阿尔及利亚已经处处是战火,而法国则不得不将所有征召军人(conscripts)送往阿尔及利亚,但法国仍不承认战争状态的存在,而是声称这是一场"事件",仅仅是内政而已。在这场"没有名字的战争"中,"自始至终,根本没有给予平民任何保护,尽管绝大部分受害者都是平民"。[1]虽然遭到法军的残酷报复,但阿尔及利亚仍然依靠游击战打败了40多万人的法军并于1962年7月3日正式独立,这场战争中,2.3万名法国士兵丧生,6.5万名士兵受伤,6000名平民死亡,阿尔及利亚方面估计有25万至30万人死亡,而据阿尔及利亚统计则有150万人死于种族屠杀。[2]在阿尔及利亚战争期间,其他反殖民运动和新独立国家都公开支持阿尔及利亚,都要求将民族解放战争界定为国际性武装冲突,尽管具体的理由不尽一致。在阿尔及利亚看来,其反对法国殖民者的冲突之所以是国际性武装冲突并因此应当适用包括日内瓦四公约在内的战争法并不仅仅是因为阿尔及利亚和法国是两个独立的国家,而是与去殖民化、民族解放和侵略密切交织在一起。阿尔及利亚的理由有三个:一是革命政府为什么应被视为合法,二是法国在阿尔及利亚进行的残酷镇压为什么应被视为侵略,三是这场冲突为什么应被明确视为受国际关注的事项。其中前两个得到了其他第三世界国家的支持,而最后一

---

[1] Raphaëlle Branche, "The French Army and the Geneva Conventions During the Algerian War of Independence and After", in Matthew Evangelista and Nina Tannenwald eds., *Do the Geneva Conventions Matter?* Oxford University Press, 2017, p. 167.

[2] [德]沃尔夫冈·赖因哈德:《征服世界:一部欧洲扩张的全球史,1415—2015》(下),周新建、皇甫宜均、罗伟译,社会科学文献出版社2022年版,第1656—1657页。

个没有。[1]二战后,民族解放战争成为战争的常态,而阿尔及利亚独立战争则是民族解放战争中"截至当时宣传得最好的,从军事角度看也是最激烈的",因此也"是催化剂,将民族解放战争具体化为自60年代初期开始马克思主义者和第三世界就共同持有的那种理念。"[2]

1972年,即日内瓦外交会议召开前两年,先召开了筹备会。一些非洲和阿拉伯国家提出,"注意到有大量可供使用的技术手段的国家和新独立国家和民族解放运动之间缺乏平衡,已经导致游击战和反游击战、技术和电子战的升级……而且进一步注意到,这些冲突情形已经损害了互惠这个遵守国际人道法的事实上的要素……并就提交给红十字国际委员会的两个议定书草案中所含规则未能充分解决这些重要的问题深表关切"。[3] 1974年日内瓦外交会议召开后,第三世界国家强烈要求解决西方发达国家和新独立国家以及民族解放运动之间存在的"缺乏平衡"问题,用与会的埃及代表(一名国际法学家)的话说,"第三世界的态度"就是,"尤其是在对付西方国家的时候,任何能够用精确的条款表示的作战规则都是废话。"[4]

---

[1] Emma Stone Mackinnon, "Contingencies of Context: Legacies of the Algerian Revolution in the 1977 Additional Protocols to the Geneva Conventions", in Ingo Venzke and Kevin Jon Heller eds., *Contingency in International Law: On the Possibility of Different Legal Histories*, Oxford University Press, 2021, pp. 321-322.

[2] Geoffrey Best, *Humanity in Warfare: The Modern History of the International Law of Armed Conflicts*, Weidenfeld and Nicolson, 1980, pp. 310-312.

[3] *Conference of Government Experts on the Reaffirmation and Development of International Humanitarian Law Applicable in Armed Conflicts, Second Session, 3 May - 3 June 1972, Report on the Work of the Conference*, Volume II (Annexes), p. 116.

[4] Jeremy Rabkin, "The Strange Pretensions of Contemporary Humanitarian Law", in Christopher Ford and Amichai Cohen eds., *Rethinking the Law of Armed Conflict in an Age of Terrorism*, Lexington Books, 2012, p. 61.

1974年2月20日，日内瓦外交会议开幕，此时的国际社会结构与以往相比已经有明显的不同，这尤其直观地反映在与会国的数量上。1945年旧金山制宪会议召开时，联合国只有46个会员国；1949年日内瓦外交会议有63个国家参加，通过了日内瓦四公约；1974年的日内瓦外交会议共有126个国家参加，基本上包括了当时联合国的所有成员国，与会国数量是1949年日内瓦外交会议的两倍，是1907年第二次海牙和会的近三倍，更是1899年第一次海牙和会的近五倍。从1945年二战结束，到1974年日内瓦外交会议召开，近三十年的时间内，国际社会成员数量几乎翻了三倍，大量新出现的国家几乎全是争取独立成功的非洲和亚洲的前殖民地和半殖民地，即所谓"第三世界"国家。第三世界国家的出现改变了国际社会的力量对比，在当时的国际事务中，能够"抱团取暖"，形成了"不结盟运动""七十七国集团"等组织，在国际法领域提出和实现了一系列原则和规则，如"民族自决权""自然财富与资源永久主权""和平共处五项原则"等。1974年日内瓦外交会议不仅有大量第三世界国家参加，而且在其坚持下，像巴勒斯坦解放组织、与南非白人政府进行激烈游击战的非洲人国民大会（African National Congress）等近十个民族解放运动组织都以观察员的身份参会，这直接导致西方国家越来越难以获得投票上的数量优势，也被迫倾听第三世界国家的诉求并做出相应的妥协。非欧洲国家也不再像1899年和1907年两次海牙和会上"人微言轻"、唯一能做的就是要不要签署欧洲国家主导的会议通过的条约，这次日内瓦外交会议上，第三世界国家不仅能够提出意见建议，还能使其获得通过。实际上，1974年会议召开伊始，就定下了"强烈反对'犹太复国主义者'

第五章 20世纪的两次世界大战和两次外交会议

(the Zionists)、罗德西亚、南非、葡萄牙,强烈支持在柬埔寨和越南的民族解放运动、巴勒斯坦解放组织以及一般'自由战士'"的调子,以至于与会的美国代表(同时也是国际法学家和战争法专家)产生了"是人道法还是人道政治"的疑惑。[1]到1977年6月10日,日内瓦外交会议结束时所通过的两个附加议定书虽然名叫"附加议定书",却包含大量新规则和新制度,涉及许多新问题,其中最重要的是早就应该得到编纂确认的区分原则、比例原则和预防措施终于得到了编纂确认,[2]这很大程度上是由于非欧洲国家的出现和参与改变了规则制定过程。战争法的规则终于得以改写,其结果是,"特别是在1970年代,第三世界特别是新近脱离殖民统治的国家,切实促成了战争法的'去西方化'。"[3]具体来说,1974年至1977年日内瓦外交会议有以下四点特别值得注意。

第一,国际性武装冲突的范围得以扩大。1949年日内瓦四公约共同第二条规定,公约"适用于两个或两个以上缔约国间所发生之一切经过宣战的战争或任何其他武装冲突,即使其中一国不承认有战争状态",而《第一附加议定书》第1条第3、4两款则规定"补充"日内瓦四公约共同第二条所指的各场合,"包括各国人民在行使庄严加载联合国宪章和关于各国依联合国宪章建立友好关系及合作的国际法原则宣言的自决

---

[1] R. R. Baxter, "Humanitarian Law or Humanitarian Politics – the 1974 Diplomatic Conference on Humanitarian Law", *Harvard International Law Journal*, Vol. 16, 1975, p. 9.

[2]《第一附加议定书》第48条、第51条、第57条。

[3] Frédéric Mégret, "From 'Savages' to 'Unlawful Combatants': A Postcolonial Look at International Humanitarian Law's 'Other'", in Anne Orford ed., *International Law and Its Others*, Cambridge University Press, 2006, p. 295.

权中,对殖民统治和外国占领以及对种族主义政权作战的武装冲突"。这意味着殖民地和半殖民地在争取独立运动期间与宗主国之间的暴力冲突不仅不能再被视为暴乱、动荡或者顶多是内战,而且被提高到国际性武装冲突的类别。民族解放战争能否被视为国际武装冲突是此次日内瓦外交会议期间争议最大、最激烈的议题,西方国家强烈反对把对殖民统治和外国占领以及对种族主义政权作战的武装冲突视为国际性武装冲突,主要理由有两个:一是从判断标准上看,只有当冲突达到一定的军事烈度或者跨越了地理界线的时候才能成为国际性武装冲突;二是这种做法是向战时法中引进诉诸战争的权利,向国际人道法中引入正义战争学说,从而形成双重标准,战争的正义与否源自其起因或所针对政权的性质,当战争是正义的时候,适用调整国际性武装冲突的国际法,而当战争不是正义的时候,适用何种法律则取决于冲突的地理因素和军事烈度。[1]认为《第一附加议定书》将民族解放战争批准为一种新型的正义战争某种程度上也能说得过去,因为"给予一个特许类别的反叛分子特殊法律权利的基础是其目标的正义性",[2]所以,美国学者称这次外交会议为"政治事业的胜利和重返11世纪的'正义战争'概念"不能说完全没有根据。[3]当日内瓦

---

[1] David P. Forsythe, "The 1974 Diplomatic Conference on Humanitarian Law: Some Observations", *American Journal of International Law*, Vol. 69, No. 1, 1975, p. 80.

[2] Stephen C. Neff, *War and the Law of Nations: A General History*, Cambridge University Press, 2005, p. 374.

[3] David E Graham, "The 1974 Diplomatic Conference on the Law of War: A Victory for Political Causes and a Return to the Just War Concept of the Eleventh Century", Washington and Lee Law Review, Vol. 32, No. 1, 1975, pp. 25-64.

第五章 20世纪的两次世界大战和两次外交会议

外交会议真的通过《第一附加议定书》第1条第4款时，绝大部分西方国家持负面态度，"主要是担心可能在人道法中引入危险的正义战争概念，并可能导致其他规定仅限于对从事'正义战争'的人进行法律保护，或是担心可被解释为对此种战争外部干预的正当理由"，美国则直接宣称该款是"有害的"，特别是"因为将经常使用恐怖战术的团体成员视为战士，如巴勒斯坦解放组织成员，会提高其声望"，这不仅"令人讨厌"，而且还"损害了文明国际社会"。[1]但实际上，将民族解放战争和反抗种族主义政权的战争纳入国际性武装冲突的类别完全是在已有的武装冲突类别框架内行事，而且这种"改变实效甚少。议定书生效时（1978年）还存在的殖民地非常少，因此民族解放战争很少。而且，南罗德西亚（1980年代早期）和20世纪90年代的纳米比亚以及南非白人种族主义政权的垮台意味着关于反抗种族主义政权的冲突的规定失去了其实际意义。"[2]

第二，战斗员和战俘的条件被进一步放宽。尽管1949年日内瓦四公约将战斗员主体扩展至满足条件的有组织抵抗运动人员和"自称效忠于未经拘留国承认之政府或当局之正规武装部队人员"，然而"要成为战斗员，必须符合本质上是西方的关于发动战争是什么的模式化观念（stereotype）。从根本上说，战争法投射出当兵是什么的幻想，而这个幻想最终是关于

---

[1] George H. Aldrich, "Prospects for United States Ratification of Additional Protocol I to the 1949 Geneva Conventions", *American Journal of International Law*, Vol. 85, Issue 1, 1991, p. 5.

[2] Stephen C. Neff, *Justice among Nations: A History of International Law*, Harvard University Press, 2014, p. 435.

同一性（sameness）的幻想。"[1]但《第一附加议定书》打破了这个幻想，弹性很大的第43条第1款将战斗员扩展至任何为其部下行为向该方负责的司令部统率下的有组织的武装部队、团体和单位成员，无论该方政府或当局是否被敌方承认，解决了非殖民化过程中游击队员因无法达到1907年《海牙陆战法规和惯例公约》或1949年日内瓦四公约中的战斗员标准而被视为非法的问题，[2]是对殖民地争取独立运动的法律回应，将战斗员特权扩展至民族解放运动成员，也是对第三世界国家要求与殖民国家作战合法性的承认。[3]而根据《第一附加议定书》第44条第3款，游击队员只需要"在每次军事上交火期间"和"在从事其所参加的发动攻击前的部署时为敌人所看得见的期间"公开携带武器，即可具有战斗员身份并在落于地方权力之下成为战俘，如果没有这么做也仅仅是失去了战俘的权利，但受到的保护与战俘相同，这就舍弃了1907年《海牙陆战法规和惯例公约》和1949年《日内瓦第三公约》中将遵守战争法作为享有战俘地位条件的规定，导致"无论在何种情况下，战斗员都必然享有战俘待遇，唯一的区别是，有的战斗员是因为享有战俘权利而享有战俘待遇，而有的战斗员虽然失去战俘权利，却具有与战俘待遇同等的

---

[1] Frédéric Mégret, "From 'Savages' to 'Unlawful Combatants': A Postcolonial Look at International Humanitarian Law's 'Other'", in Anne Orford ed., *International Law and Its Others*, Cambridge University Press, 2006, p. 307.

[2] 朱路：《论国际人道法中的战斗员概念及其当代挑战》，载《广西大学学报（哲学社会科学版）》2015年第4期。

[3] Christopher Greenwood, "A Critique of the Additional Protocols to the Geneva Conventions of 1949", in Helen Durham and Timothy L. H. McCormack eds., *The Changing Face of Conflict and the Efficacy of International Law*, Martinus Nijhoff Publishers, 1999, p. 6.

保护。"[1]反对的国家认为该款将给保护平民带来负面影响,但最终《第一附加议定书》第44条获得73票支持,1票反对（以色列）,21票弃权,而绝大部分弃权的国家是西方国家。[2]自然而然,许多西方国家,如英国、法国、德国、澳大利亚、比利时、加拿大等在签署或批准《第一附加议定书》时,都声明只承认第44条第3款仅适用于被占领领土或第1条第4款中的民族解放战争,[3]而美国没有批准《第一附加议定书》的理由就包括第44条第3款使得"议定书给予游击队员的法律地位常常高于正规部队",[4]该款"明显没有反映习惯法",[5]美国还将巴勒斯坦解放组织等民族解放运动视为恐怖组织,并声称《第一附加议定书》"将恐怖分子视为战士也提高了其名望,给文明国际社会造成了损害",[6]"这些结论不是分析得出的结果,而是拒绝批准《第一附加议定书》所预设的前提。"[7]可见,"第44条第3款的规定及其包含

---

[1] 朱路：《论国际法中战俘制度的发展及其当代挑战》,载《法学评论》2014年第2期。

[2] Jean-Marie Henckaerts and Louise Doswald-Beck eds., *Customary International Humanitarian Law*: *Volume 1*: *Rules*, Cambridge University Press, 2005, p. 387.

[3] Jean-Marie Henckaerts and Louise Doswald-Beck eds., *Customary International Humanitarian Law*: *Volume 2*: *Practice*, Cambridge University Press, 2005, p. 2551.

[4] George H. Aldrich, "Prospects for United States Ratification of Additional Protocol I to the 1949 Geneva Conventions", *American Journal of International Law*, Vol. 85, Issue 1, 1991, p. 11.

[5] Jean-Marie Henckaerts and Louise Doswald-Beck eds., *Customary International Humanitarian Law*: *Volume 2*: *Practice*, Cambridge University Press, 2005, p. 2560.

[6] Abraham D. Sofaer, "Agora: The U. S. Decision Not to Ratify Protocol I to the Geneva Conventions on the Protection of War Victims (Cont'd)", *American Journal of International Law*, Vol. 82, No. 4, 1988, p. 786.

[7] Hans-Peter Gasser, "Acts of Terror, 'Terrorism' and International Humanitarian Law", *International Review of the Red Cross*, Vol. 84, No. 847, 2002, p. 564.

的区分原则的例外情形……是在一个已经有争议的法律文书中增加的最有争议的内容之一"。[1]此外，《第一附加议定书》还非常有针对性地处理了宗主国借以镇压民族解放运动的一大主体，即雇佣军，并规定"外国雇佣兵不应享有作为战斗员或成为战俘的权利"。[2]

第三，互惠对于国际人道法不再重要。长期以来欧洲国家彼此间遵守战争法的动力就是正向和反向的互惠（即报复），但报复也为《第一附加议定书》所一般禁止。在日内瓦外交会议期间，英国、法国、加拿大、澳大利亚等西方国家反复主张，如果冲突一方违反了规则，另一方就有权进行某种形式的报复，然而，这种观点遭到持续反对，《第一附加议定书》的最终文本也几乎禁止了所有报复。因此，西方国家并不急于接受《第一附加议定书》的新规则，议定书通过十年之后，才有65个国家批准，其中只有比利时、丹麦和挪威三个北约国家，而且这三个是所有西方国家中最不可能实际进行军事行动的国家。但随着冷战结束，几乎所有北约成员国都批准了《第一附加议定书》，"新世纪开始时，认为存在一个超然的人道法的想法似乎已经广为接受了"。[3]主要的西方军事强国里，随着英国和法国分别于1998年和2001年批准《第一附加议定书》，北约成员国里只有美国至今仍未批准《第一附加议定书》。实际上，《第一附加议定书》通过后的最初几年，在

---

[1] Emily Crawford, *Identifying the Enemy: Civilian Participation in Armed Conflict*, Oxford University Press, 2015, p. 41.

[2] 《第一附加议定书》第47条第1款。

[3] Jeremy Rabkin, "The Strange Pretensions of Contemporary Humanitarian Law", in Christopher Ford and Amichai Cohen eds., *Rethinking the Law of Armed Conflict in an Age of Terrorism*, Lexington Books, 2012, pp. 51-52.

第五章 20世纪的两次世界大战和两次外交会议

美国还没有反对第1条第4款和第44条第3款之前，"当时美国政府内部唯一争议所在就是是否应该保留议定书所禁止的某些报复的权利"。[1]正是因为《第一附加议定书》一般禁止报复从而大大削弱了互惠在遵守国际人道法中的作用，一位英国国际法学者1988年评论道，报复作为以暴力来阻却国家违反战争法或提醒国家其战争法义务的手段虽然"令人遗憾"，从互惠的角度而言却是必要的，因此，"国家应该对1977年两个议定书中禁止报复某些目标的规定进行保留。同理，国家也应该对1949年日内瓦四公约中类似规定进行保留"，而1974年至1977年的日内瓦外交会议"既损害了法治也伤及了人类自身"。[2]

第四，国内低烈度武装暴乱仍未能纳入《第二附加议定书》的调整范围。因为独立来之不易，新脱离殖民统治的国家最看重的是在非洲和亚洲继续推进民族解放事业，推翻南非的白人统治，支持巴勒斯坦反对以色列占领。在战争法语境下，这就涉及提升民族解放在现有国际法中的合法性和殖民主义、种族主义和占领的非法性，加强战争法对民族解放运动成员的保护，扭转民族解放运动成员相比殖民者军队在战争法中处于不利地位之局面。同样因为独立来之不易，新脱离殖民统治的国家尤其坚决地捍卫主权和反对干涉，认为如何处理其社会动乱、分离威胁等均属内政，反对制定处理非民族解放的内部武装冲突的新法，或者说充其量是对制定此类新法的提议没

---

[1] George H. Aldrich, "Prospects for United States Ratification of Additional Protocol I to the 1949 Geneva Conventions", *American Journal of International Law*, Vol. 85, Issue 1, 1991, p. 2.

[2] Francoise J. Hampson, "Belligerent Reprisals and the 1977 Protocols to the Geneva Conventions of 1949", *International and Comparative Law Quarterly*, Vol. 37, No. 4, 1988, p. 843.

有兴趣,而拉美国家、社会主义国家、阿拉伯国家和个别大国(特别是面临北爱尔兰问题的英国)对制定此类新法也有同样的判断,担心这些法律一方面会使其处理国内情势时受到束缚,另一方面会增强国内反对派的势力。第三世界国家、社会主义国家、拉美国家和阿拉伯国家组成的多数派认为,如果出现关于非民族解放的内部武装冲突的新规则,它们只能适用于大型内战,叛军一方得有组织良好的军队,能够控制领土而且有可能通过命令指挥体系和纪律要求实际遵守法律。换言之,除非是像西班牙内战或尼日利亚内战那样非常严重的情形,《第二附加议定书》不应该被适用。美国、加拿大、斯堪的纳维亚国家认为调整非国际性武装冲突的法律应当宽松,对国家和非国家主体也都应适用,但由于没有投票优势,1975年供大会全体审议的《第二附加议定书》草案仍然是多数派的意见。美国最终抱着失败主义心态看待《第二附加议定书》草案,加拿大则为了西方利益试图与多数派达成妥协,斯堪的纳维亚国家则尽力确保两个附加议定书内容尽可能相似。多数派对此不能接受,1976年第三次会议结束之际已经可以明显看出《第二附加议定书》草案岌岌可危,一年后不可能通过了。红十字国际委员会、加拿大、少数第三世界国家特别是巴基斯坦开始努力挽救《第二附加议定书》草案,一方面保留让多数派满意的高门槛适用标准,另一方面大幅减少草案内容。1977年最终表决草案时,巴基斯坦代表介绍了像条约一样长的"修正案",经过大会逐条审议,最终通过了《第二附加议定书》。[1]

---

 [1] Giovanni Mantilla, "The Origins and Evolution of the 1949 Geneva Conventions and the 1977 Additional Protocols", in Matthew Evangelista and Nina Tannenwald eds., *Do the Geneva Conventions Matter*? Oxford University Press, 2017, pp. 63-64.

如多数派所愿,《第二附加议定书》明确规定"本议定书不应适用于非武装冲突的内部动乱和紧张局势,如暴动、孤立而不时发生的暴力行为和其他类似性质的行为",但也在红十字国际委员会、斯堪的纳维亚国家等坚持下,经过修改后规定了对平民居民的保护、对平民居民生存所不可缺少的物体的保护以及对含有危险力量的工程和装置的保护等。[1]

---

[1]《第二附加议定书》第1条、第13—15条。

结　论

毋庸讳言，战争法主要是西方文明的产物，尽管其中之精神和一些原则及规则在其他文明中也有迹可循，但自19世纪开始，西方国家在战争法的编纂和发展过程中占据了主导地位，战争法也因此不可避免地多是反映西方国家的经历、立场和诉求。

从根本上说，西方文明源自古希腊、古罗马，希腊罗马世界的战争惯例和规则给后来的西方战争法定下了基调，特别反映在明确的自我和极端的排外意识上。希腊人自认为区别并对立于"野蛮人"之想法始于希波战争，因为胜利，希腊人产生了持久的认同感和自豪感，希腊免于波斯的统治并成为"光荣的西方"、"自由之地"、美与智慧的故乡，而东方则是奴隶制度、暴政和无知的所在地，因此，希腊人认为所有非希腊人都是"野蛮人"并且二者处于天然的、永恒的敌对状态。罗马人也有类似的自我意识和优越感，对罗马人来说，其对立一方是"蛮族"，但与希腊人不同的是，罗马人主要从法律角度看待这种差异。罗马人认为自己与"蛮族"的根本差异在于其不仅有成文法，而且受制于成文法，这也是罗马压倒性优势所在。这种差异反映在罗马法中就是公民权，与希腊人视自己为绝对封闭的群体不同，罗马的公民权理论上是向所有认同并且臣服于罗马的人开放的，公民权不仅是"罗马精神"和"文明"的体现，更是维系罗马战争、确保罗马成功的关键因

结　论

素。到帝国后期，由于基督教逐渐取代罗马的原始宗教成为新的、唯一的帝国宗教，罗马人对立并优越于"蛮族"又多了一层宗教维度。正是在这种主观、片面的认知基础上，"文明"与"欧罗巴"、"西方"、基督教变得密不可分起来，不同时具备这些条件不仅不属于这个团体，而且也不能适用这个团体内的战争惯例和规则。

在战争事宜上，希腊人认为勇气及对城邦的认同是士兵应该具有的品质，作战是权利而非义务，战争基于交战方是否同为希腊人而存在质的差异，希腊人只将俘获的异族作为奴隶。宗教在希腊人的战争中占据首要位置，而战争要开始得先经过宣战，战争也严格地遵循仪式和程序，犹如竞技体育一般。罗马人的战争继承和延续了希腊人的做法，尽管同样是混杂宗教、政治和法律，但罗马人更强调战争的法律属性，运用法律维系和推进战争也相当熟练。以复杂的规则通过祭司团员宣战是罗马战争最突出的特点，这直接影响了后世的欧洲国家无论在理论还是实践中均强调宣战是确保战争合法的要件之一。罗马人开放地看待公民权并将其作为确保兵源供应的主要手段，而公民权和附带的服兵役义务以及士兵拥有比公民更多的法律保障有效维持了罗马军队的战斗力。罗马人也强调法律在处理俘虏和财产事宜中的重要性并制定了详尽的归复法，为以后战争法中的军事占领制度奠定了基础。

作为基督教的经典，《旧约》和《新约》中对待暴力和战争的态度截然相反，《旧约》中屠城随处可见，而《新约》中则是强烈的和平主义，早期基督教反对暴力、反对战争的和平主义基调源自《新约》。基督教起初在罗马因其宗教宽容政策而得以传播，后来遭到一些程度不等的迫害，随着313年《米兰敕令》将基督教确立为帝国宗教，基督教相应地修正了其坚决反对武力的立场以配合帝国尚武的政策，特别是解决基督徒能不能上阵杀敌的问题，由此形成了正义战争学说。罗马帝国则利用基督教进行社会整合，通过基督教强化对"文明"的认识，应对北部"蛮族"和异教徒的威胁。基督教和罗马帝国相辅相成，理性、神圣性和使命感体现为具有优越感的"文明"，与"野蛮"截然对立，为后来的基督教世界拉开了序幕，也为近现代以"文明"自居的欧洲国际法和战争法奠定了基础。

中世纪的主要战争形态是围城战，围城战往往十分残酷，但数百年来形成的惯例是先给予被围攻一方投降的权利，如不屈从，该方才面临被劫掠一空、屠戮殆尽的结局。攻城一方常常援引《申命记》来证明自己行为的正当性，中世纪乃至现代早期的国际法学家也都普遍承认该做法的合法性。中世纪正义战争学说的两大渊源是《圣经》和罗马法，经过基督教神学家的持续讨论，在13世纪阿奎那的论述中基本定型，但此时正义战争学说的首要关切是谁有权合法地发动战争，具有恰当的身份是最重要的，而正当的理由不仅关系到战争是否正义，也会直接决定交战方是否有权占有战利品。

正义战争学说为区分公战和私战提供了理论依据，也是教会试图控制战争的理论依据。主权者进行的公战比封臣和贵族进行的私战更符合基督教的道德观，也更有正当性，但无论公战还是私战都必须遵守程序要求，即公战必须宣战，私战需要挑战，否则合法性就成了问题。因内在逻辑所限，公战在欧洲的基督徒之间很少发生，即便有，也是教皇针对异端或不服从其命令之人的镇压措施，公战多是针对外部敌人即穆斯林的所

结　论

谓"圣战"。私战发生在贵族之间，不仅平民百姓，甚至连教会也深受其害，私战中的武力几乎不受克制，许多私战比纯粹的抢劫好不到哪里去。正因如此，教会在10世纪末发动了和平运动，试图通过"上帝的和平"和"上帝的休战"来控制战争，保持教会在整个社会中的核心地位和影响力。在这个过程中，战时法有了一定的发展，后世战争法中的区分原则也雏形初现，还出现了对特定武器的禁止，但由时代所限，这些措施实效甚微。应注意到，"上帝的休战"所规定的保护农民等非战斗员的动机并非因为这些人是弱者、是最易受战祸所害的群体，而是因其对社会生产和物质财富的意义才受到保护，换言之，区分原则最初的动力更多是教会的一己之私，绝非纯粹的人道考虑。

骑士是中世纪战争的核心主体，是当时社会公认可以合法从事战争的群体。骑士从头到脚都罩在盔甲下，识别骑士只能靠纹章，因此产生了纹章学和纹章官，后者专门负责识别骑士、评价和记录骑士的英勇事迹，在战争中还作为使者传递挑战、投降或者停战等信息，发挥了重要作用。纹章官因骑士的兴起而出现并与骑士相辅相成，随着16世纪骑士因社会发展特别是火器的出现和传播而消亡后，纹章官也自然成了无本之木。由于骑士有着共同的贵族背景和行为规范，中世纪的战争有着类似希腊战争的竞赛感、游戏感：交战方在约好的战场排兵布阵，骑士尽量不杀害对方的骑士，甚至在俘虏对方时给予尊重、以礼相待。然而，这种看似风度翩翩的战争仅限于基督教世界的骑士之间，如果对方是"野蛮人"、异教徒、异端或者是普通士兵、脚夫、弓箭手等，则不可能受到任何保护。骑士精神、骑士准则仅适用于贵族、以社会阶层为前提条件，骑士声称保护弱者和无辜之人，只是展示并维护其特权的一种手段。骑士精神、骑士准则以骑士个体为基础，关键组成部分是个人荣誉和勇武行为，尽管存在一些经济和社会层面的制约因素，但是否遵守很大程度上取决于个人。

纹章法是中世纪战争法的主要表现形式之一，纹章官和法学家对其传承和传播做出了巨大贡献，但纹章法并不只在战时适用，而且调整的是骑士的行为而非国家的行为，纹章法也旨在保护骑士的权利，而不是非战斗员的权利。战利品对纹章法和赎金法有至关重要的影响，经济利益不仅是纹章法得以遵守的动力，也是其不断发展并得到普遍承认的原因。用战俘换取赎金是骑士遵守纹章法最直接的动机，没有对赎金的允诺和期待，骑士精神和骑士准则不可能保证战俘的性命，而由于赎金在纹章法中出现频率之高，甚至产生了"赎金法"一说。概言之，骑士对非战斗员和战俘的保护或是为彰显其上层地位的恩赐之举，或是出于追求经济收益的世俗之举，与道德高尚或遵守战争法几乎没有关系。因此，高估甚至神化骑士、骑士精神、骑士准则和纹章法在战争法发展历程中的意义并不符合历史事实。

雇佣军是中世纪战场上的另一大主体，实际上许多雇佣军原本就是骑士。雇佣军不符合基督教的价值观和道德观、不受控制，从根本上危及教会的利益和整个封建秩序，因此长期以来遭到口诛笔伐，但由于其作战经验丰富、无须平时给养，雇佣军仍一直是中世纪战场不可或缺的一部分。雇佣军面临内在的逻辑困境，战胜就失业，战败就死亡，而只有战事一直延续下去才最有利，如果雇主不愿意这么做或者无钱可付，雇佣军就转而烧杀劫掠、为害一方，这在英法百年战争中尤甚,并直接推动深受其害的法国于15世纪上半叶组建了近代的第一支常备军。自此以往,常备军成为近现代国家的标配。

文艺复兴时期的正义战争学说发生了明显的变化。一方面,道德色彩减弱,法律化、制度化的趋势增强;另一方面,政治的重要性与日俱增,诉诸战争的权利或者说发动战争理由的重要性下降,战时法或者说战争行为的重要性上升。欧洲国家间的战争以宣战保障合法性,而宣战改用文告的方式推动了常驻大使制度的发展,欧洲国家对殖民地使用武力时也会宣战,典型做法即是西班牙对美洲印第安人使用的降服劝告状,但这几乎纯粹是形式,其目的在于确保对土著人发起的是"正义战争"以争取本国统治阶级的支持,更重要的是防止竞争对手对所涉土地提出主张。随着欧洲国家普遍将社会分为军队和平民两部分、只允许军队合法从事战争,17世纪、18世纪期间,正规军的正统地位已经逐渐稳固,非正规军虽然受到鄙夷和厌恶,但并未消失。

18世纪后半叶北美和欧洲大陆相继发生了一系列对世界历史和战争法史都意义重大的战争。在北美,七年战争和随后的美国独立战争最值得注意的地方是参战人员构成及其对欧洲战争法的态度,这两场战争在人员、战术、战俘待遇等方面均与欧洲国家间的战争有很大区别,士兵多为民兵或者散兵游勇,还包括印第安人和奔着自由而去的黑人奴隶,交战时常常至少有一方并不形成战斗阵型而是躲在树后或灌木丛中偷袭,游击战成为主要的作战方式,伤害战俘和平民司空见惯,欧洲的战争法常常被弃之不顾,有时交战甚至根本不知其为何物。自相矛盾的是,这两场战争一方面强化了正规军在战争法中的正统地位，另一方面却又凸显了非正规军在战场上的重要价值。

在欧洲大陆，法国大革命时期的战争和随后的拿破仑战争开启了全面战争的时代，战争的形态永远发生了改变。法国大革命期间，"国家"第一次用来代表一个基于公民身份的"国民"情感共同体，而"爱国者"是一个值得骄傲的称呼。现代爱国主义源于法国大革命，也保证了法国能够进行规模空前的动员、组建规模极其庞大的军队，整个国家和民族倾尽所有去摧毁敌人，拉开了全面战争时代的序幕。革命激情和爱国热情让士兵不惜牺牲生命，加上更好的纪律和灵活的纵队战术，给法军带来了巨大优势，也向整个世界展示了动员、纪律和意识形态如果有效结合，可以打造出战斗力强大的军队。法国大革命期间，国内政治和国际形势对战争法有明显影响："全民皆兵"的法令使得全国民众随时处于战备状态，废除了战斗员和平民的区别；无视保护战俘的战争法规惯例、宣布对英国和汉诺威士兵"不留活口"，但实际上并未执行。政府军以极端强硬的手段镇压旺代等地的叛乱，将非正规战士范围大幅扩张并将非正规战士和罪犯、政治对手融为一体，影响了后来战争法中对非正规战士的理解和评价，而远征埃及的种种暴行表明，战争法仅适用于欧洲国家间的战争。拿破仑战争中，游击队员和游击战的军事影响和潜能得到空前释放，游击队员是否适用战争法以及在战争法中具有何种地位开始成为一大争议，而法国大革命时期的战争和拿破仑战争对战争法的最大贡献在于将征服法转为军事占领法。

美国独立战争和法国大革命时期的战争共同特征就是军事问题政治化，特别反映在哪些类别的士兵才合乎战争法的要求以及战俘应该如何处理等方面。此前，叛乱分子毫无疑问在战争法的保护范围之外，美国人显然是叛乱分子，但英国人仍然承认了其合法的交战者地位，而在旺代等地，不仅叛乱分子的范围被扩大，而且被悉数屠戮。虽然起义的农民之前也在战争法的保护范围之外，如今却不能一概而论，因为民族主义和爱国主义，大量的农民可以经过动员而参军，也可以在外敌入侵时自发拿起武器进行抵抗或者进行游击战。这两场战争中，交战方也常常无法达成战俘交换协议，进而导致长时间监禁战俘，而因后勤、安全以及军队罕有大规模关押战俘的经验等原因，经常出现因战俘待遇而起的争端，这些反过来又给交战方的政治争端火上浇油，形成恶性循环。

《巴黎宣言》是战争法的第一个多边条约，也是科技进步、大国角力等多种因素的产物，英国的决定性作用凸显了权力和政治在战争法形成过程中的重要性，而《巴黎宣言》当时的坚定反对者美国对此有非常直观的认识。在稍后的美国内战中，游击战成为主要的交战形式，游击队员具有何种地位是内战双方普遍关心的问题，北方军队的《利伯守则》作为战争法中第一次系统思考游击队员和游击战问题的文件，具有里程碑式的意义。几乎与此同时，在欧洲大陆进行的索尔费里诺战役催生了第一个日内瓦公约和红十字国际委员会，前者标志着作为传统战争法两大分支之一的日内瓦法开始形成，而后者自此以降成为战争法（或者说国际人道法）最坚定的支持者、捍卫者和推动者。

游击战和游击队员也是普法战争中最受关注的对象。进行游击战的义勇兵虽然未使普军造成严重伤亡，但引发了普鲁士的愤怒，普鲁士坚称义勇兵严重违反战争法，既不承认法国战败，也使用了背信弃义的作战方式，因此对义勇兵、帮助过义勇兵的平民，甚至只是住在义勇兵出没之地的平民进行严厉惩罚。战争爆发时，平民如何成为武装部队的一员、交战一方军队对另一方平民有何义务等在战争法中是一片空白，由于普法战争在这些问题上引发了激烈争执，欧洲各国于1874年举行布鲁塞尔会议进行讨论。谁拥有合法作战的权利和军事占领问题是会议的核心议题，但由于与会国分歧过大，只通过了草案，未形成国际条约，这份草案将成为1899年海牙和会有关条约谈判的基础。布尔战争中，布尔人的游击战行之有效，而英军的回应就是焦土战术，不仅宰杀牲畜、将农场付之一炬，甚至将大批布尔平民关进集中营。特别应注意的是，尽管布尔人和英国人一样同为白人，英国人显然并不认为战争法应在二者之间适用。

1899年和1907年两次海牙和会大规模地编纂和制定了战争法条约，是战争法史上的盛事，但讽刺的是，两次和会的主要目的是裁军而非编纂战争法，但裁军努力完全失败，通过一系列战争法条约属于意外收获。此前的战争法条约和文件，如1864年《改善战地武装部队伤者境遇的日内瓦公约》和《利伯守则》，多关注如何保护战斗员的权利，使其免受游击队员所害并减轻伤病员的痛苦，几乎不涉及保护平民，甚至没有"平民"一词，而最接近平民一词的可能就是《利伯守则》中提及的"未武装的公民"和"无害的个人"，足见平民在当时战争法编纂活动中处于边缘位置。两次海牙和会关心的仍然是如何让战争按照法律规则来进行，特别是界定合法的交战者资格问题，根本不是如何保护平民。恰恰相反，对于军事强国而言，由于更有可能成为占领军，平民对他们来说始终是危险的

结 论

存在，因为他们或者本身就会成为游击队员，或者会去帮助游击队员，所以，占领军总是以防备的心态对待平民并随时准备对其进行严厉惩罚，而只有当平民完全服从占领军时才可以得到保护。两次海牙和会争议最激烈的问题就是战斗员的条件，一方是拥有大规模常备军的德国和俄国，主张严格限制，另一方则是没有或者不可能有大规模常备军的英国、比利时等国，主张放宽标准。很明显，战斗员门槛的高低直接影响国家自保的能力，如同美国认为1856年《巴黎宣言》是欧洲列强操纵并牺牲美国微弱的军事力量为代价的规则一样，较弱的国家也认为战斗员的法律要件可能在未来的战争中钳制他们，因此双方博弈非常激烈，最后达成的妥协是与会国的军事实力、国际社会的力量对比和政治考量的综合产物。

两次海牙和会的与会国之所以能在编纂战争法上取得堪称惊人的成果，不仅因为相比裁军来说编纂战争法难度要小，也因为欧洲国家自视并承认彼此为"文明国家"，而且对于"文明国家"间的战争必须要按规则进行深信不疑。在"文明国家"组成的俱乐部里，战争仿佛是饶有趣味的运动或竞赛（就像希腊人曾经认为的那样），适用的规则因此必须完全平等、公平（普遍参加条款起到了这个作用），否则就违背了体育精神，背信弃义、诈术等不入流的做法也要尽可能减少，战争必须由满足特定条件的职业人士进行，不在俱乐部的国家必须满足"文明国家"的标准并获其承认后才可能部分或全部适用这套规则，而殖民地战争几乎总是被排除在战争法的适用范围之外。

一战宣告工业化战争的时代来临，也暴露了"文明国家"的战争法根本不足以减少战争造成的损害，无论是对武装部队成员还是对平民而言都是如此。一战始于德国公然侵犯具有永久中立国地位的比利时，英国对德国的所谓"封锁"和德国的反封锁以及无限制潜艇战，都在不同程度上违反了战争法，而如齐柏林飞艇、火焰喷射器和毒气之类的新武器，也暴露了战争法规则之稀疏、能力之匮乏。一战中交战国最常用的借口就是报复，但无限制潜艇战和使用毒气并不是真正的报复，其目标并不是迫使敌人按法律规则行事，像使用火焰喷射器这样的武器找不到报复作为幌子，就用军事必要性充当理由。进行空战的理由则是类比炮击或海军轰击，即仅仅是正常军事实践的扩展。[1]一战促进了战争法对战争手段和方法的规制，也使战争法更关注战俘待遇和被占领地平民的权利，但一战结束后二十年就爆发了规模和破坏性更大的二战，经过这两次世界大战，欧美国家很难再自信地宣称自己是"文明国家"，而要断定1945年之后战争法的发展哪些源自一战、哪些源自二战也同样困难。

二战前的战争法很少涉及平民，自18世纪以来普遍认为战争是军队专属的领域，而平民无论如何也得置身事外，既不参与也不受害，其中的逻辑和中世纪教会试图以"上帝的和平"和"上帝的休战"来约束战争如出一辙。平民，不管是农民还是商人，如果自由和安全得到保障，如果可以继续营生，其产生的作用和价值对交战国来说都更大，因为不管输赢，政府和统治精英都依赖于平民的物质生产和财富创造。对于军队来说，有序征用显然比无节制地掠夺和报复性地破坏更能从平民手里压榨出东西，肆意妄为不仅危及军纪进而影响战

---

[1] Isabel V. Hull, *A Scrap of Paper: Breaking and Making International Law During the Great War*, Cornell University Press, 2014, p. 238.

结 论

斗力,而且还会激起平民的抵抗。况且,一片焦土、荒无人烟的土地即使到了战胜国手中也意义不大。总之,"只要有可能,18世纪的政府就不会将武器交到其国民手中",[1]而国家的利己主义恰好与19世纪中叶兴起的人道主义思潮产生了共鸣,区分战斗员与平民不仅有权力、政治上的实际价值,还被披上了一层崇高的道德外衣。

二战后,红十字国际委员会发起了1949年日内瓦外交会议和1974年至1977年日内瓦外交会议,试图再现两次海牙和会编纂战争法的盛景,整体而言,两次外交会议是成功的。尽管两次日内瓦外交会议仍然也有政治角力和博弈,但没有出现两次海牙和会期间那么赤裸、直白地将权力和军事必要置于人道和保护平民之上的做法,抵抗运动和游击战数量之多、意义之大,已经成为战争法无法回避的主题。1949年外交会议与会国家数量较少,欧美国家占据主导地位并仍然具有明显的话语权优势,通过的四个公约也在很大程度上反映了欧洲国家的经历和诉求。其中,涉及陆战和海战中武装部队伤病员保护的前两个公约由于相关规则在日内瓦法和海牙法中已有数十年历史,实质性的意见分歧很少,进行无关政治的技术性更新比较容易。涉及战俘的第三个公约争议颇多,主要是有被占领历史、预计自己将来也可能成为被占领国的法国等欧洲大陆国家和没有被占领历史、预计自己将来可能(继续)成为占领国的美英之间的矛盾,焦点集中在抵抗运动成员获得战俘地位需要满足多少条件以及什么条件,最后达成的折中结果更多体现

---

[1] Geoffrey Best, "Restraints on War by Land Before 1945", in Michael Howard ed., *Restraints on War: Studies in the Limitation of Armed Conflict*, Oxford University Press, 1979, p. 27.

了美英的意志。《日内瓦第四公约》和日内瓦四公约共同第三条都具有划时代的意义，前者是战争法史上第一次制定专门在战时保护平民的公约，后者是战争法第一次调整非国际性武装冲突，尽管二者存在种种缺陷、不足和遗憾之处，但其开创性的意义和价值不容被忽视和否认。

1960年代见证了殖民地半殖民地争取独立运动的勃兴，而游击战是殖民地半殖民地争取独立的首要方式，此时战争法中的主要矛盾是殖民地半殖民地人民一方面根据国际法有实现民族自决的合法权利，另一方面因不能满足战争法中的战斗员要件而成为"非法战斗员"。1974年至1977年日内瓦外交会议召开时，与会国中已有大量新独立国家和民族解放运动，第三世界国家的勃兴使得世界政治力量对比出现了变化，加上冷战两大阵营紧张对峙、人权概念的重要性上升、保护人权的范围扩大等，"欧洲中心主义"遭遇了重大挫折，尤其体现在《第一附加议定书》将民族解放战争视为国际性武装冲突并给予民族解放运动成员合法战斗员地位以及进一步放宽战斗员和战俘条件上。和以往每一次编纂和发展战争法的会议一样，纯粹出于人道精神参与谈判并且愿意接受更多、更有约束力的规则的与会国只占极少一部分，绝大部分与会国寻求达成的是既能够增强自己的优势同时又不过分限制自己未来军事行动的战争法。1974年至1977年日内瓦外交会议在加强人道保护上可谓硕果累累，但这些成就得来非常不易，是激烈交锋后的折中妥协、巧妙隐藏真实意图的遣词酌句和迫于舆论和道德影响而言不由衷的产物。因此，像《第一附加议定书》这样具有较强"去欧洲中心主义"色彩同时又如此重要的战争法条约，

结 论

出现"持续反对"的西方国家并不令人意外。[1]

从战争法的漫长历史来看,无论是新的作战方法和手段给既有法律带来的挑战,还是以种种理由和借口实施的不遵守战争惯例法规的行为,都不仅不是反常,而且事实上还是推动战争法更新和发展的动力。长期以来,战争法是权力博弈的产物,从古希腊、古罗马到中世纪到近现代无不如此,但19世纪出现的红十字国际委员会为其增加了纯粹的人道元素,以红十字国际委员会为代表的非国家主体在推动战争法发展的过程中作用也越来越大,特别体现在1949年和1974年至1977年两次日内瓦外交会议上,红十字国际委员会不仅召集了会议,而且还负责起草了诸多公约草案作为讨论基础。这两次会议也是战争法史上迄今为止最后的两次大规模编纂发展活动,自1977年后,国际社会虽然在不同场合谈判缔结了一系列有关战争法的条约,但没有一次能和任何一次日内瓦外交会议相媲美。国际政治和国内政治对战争法的发展具有显而易见的重要影响,但归根结底,大国政治对战争法的影响更大。时代的进步使得赤裸裸的权力政治成为历史,战争作为实现国家政策固有的、天然的合法工具也已是明日黄花,战争法很大程度上仍然是大国博弈的产物和表现,但如今已经少有国家公开反对人

---

[1] 例如,作为世界头号军事强国,美国迄今没有批准《第一附加议定书》,主要是因为第1条第4款、第44条第3款和禁止报复的有关条款。由于长期和巴勒斯坦解放组织等处于武装冲突中,以色列迄今不批准《第一附加议定书》的三个理由与美国类似,认为议定书适用于民族解放组织、给予游击队员战俘地位和损害了遵守战争法的义务并鼓励游击组织将恐怖手段用作战术。以色列还是唯一对两个附加议定书最终文本投反对票的国家。See Ruth Lapidot, Yuval Shany and Ido Rosenzweig, *Israel and the Two Protocols Additional to the Geneva Conventions*, The Israel Democracy Institute, 2011, iv.

道在战争法中的价值和意义。尽管如此，也应该警惕对人道的盲目推崇和乐观，这种心态很可能和曾经的权力政治一样对战争法有害。特别值得注意的是，自19世纪晚期以来，法学家们变得越来越坚定地忠诚于其理想主义事业，战时法、诉诸战争的权利和新近出现的"战后法"被视为通往终极正义、建立太平盛世的工具，"而法学家的工作不是去创造一个完美世界，而应是去制定出一系列我们能够接受的方案。当战争意在改造世界时，战争就将进入最危险的领地，同样的话也可以用在法学家身上。"[1]

---

〔1〕 ［美］詹姆斯·Q. 惠特曼：《战争之谕：胜利之法与现代战争形态的形成》，赖骏楠译，中国政法大学出版社2015年版，第261页。

参考文献

一、中文部分

(一) 著作类

1. [澳] 彼得·麦克菲:《自由与毁灭:法国大革命,1789—1799》,杨磊译,中信出版社 2019 年版。
2. [德] 汉斯·德尔布吕克:《战争艺术史:古典时代的战争》,姜昊骞译,世界图书出版有限公司北京分公司 2021 年版。
3. [德] 汉斯·德尔布吕克:《战争艺术史:蛮族入侵》,姜昊骞译,世界图书出版有限公司北京分公司 2021 年版。
4. [德] 汉斯·德尔布吕克:《战争艺术史:现代战争的黎明》,姜昊骞译,世界图书出版有限公司北京分公司 2021 年版。
5. [德] 汉斯·德尔布吕克:《战争艺术史:中世纪战争》,姜昊骞译,世界图书出版有限公司北京分公司 2021 年版。
6. [德] 克劳塞维茨:《战争论》(第三卷),中国人民解放军军事科学院译,解放军出版社 2011 年版。
7. [德] 克劳塞维茨:《战争论》(第一卷)(第 2 版),中国人民解放军军事科学院译,解放军出版社 2005 年版。
8. [德] 克里斯蒂安·迈耶:《自由的文化:古希腊与欧洲的起源》,史国荣译,文化发展出版社 2019 年版。
9. [德] 克里斯托弗·诺恩:《俾斯麦:一个普鲁士人和他的世纪》,陈晓莉译,社会科学文献出版社 2018 年版。
10. [德] 沃尔夫冈·赖因哈德:《征服世界:一部欧洲扩张的全球史,

1415—2015》(上),周新建、皇甫宜均、罗伟译,社会科学文献出版社 2022 年版。

11. [德] 沃尔夫冈·赖因哈德:《征服世界:一部欧洲扩张的全球史,1415—2015》(下),周新建、皇甫宜均、罗伟译,社会科学文献出版社 2022 年版。

12. [德] 沃尔夫冈·赖因哈德:《征服世界:一部欧洲扩张的全球史,1415—2015》(中),周新建、皇甫宜均、罗伟译,社会科学文献出版社 2022 年版。

13. [德] 乌尔里希·格罗斯曼:《城堡的世界:历史、建筑与文化》,孟薇译,生活·读书·新知三联书店 2020 年版。

14. [德] 乌维·维瑟尔:《欧洲法律史:从古希腊到〈里斯本条约〉》,刘国良译,中央编译出版社 2016 年版。

15. [德] 约翰内斯·布克哈特:《战争的战争:欧洲的国家建构与和平追求》,马绎译,浙江人民出版社 2020 年版。

16. [法] 菲利普·努里:《大航海时代的世界帝国:一部西班牙史》,郑东晨译,敦煌文艺出版社 2023 年版。

17. [法] 卢梭:《社会契约论》,何兆武译,商务印书馆 1980 年版。

18. [法] 蒙田:《蒙田随笔全集》(上卷),潘丽珍等译,译林出版社 1996 年版。

19. [法] 米歇尔·伏维尔:《法国大革命:1789—1799》,张香筠译,商务印书馆 2020 年版。

20. [法] 米歇尔·维诺克:《自由的声音:大革命后的法国知识分子》,吕一民、沈衡、顾杭译,文汇出版社 2019 年版。

21. [法] 帕特里斯·格尼费:《帝国之路:通向最高权力的拿破仑,1769—1802》,王雨涵、黎炜健译,九州出版社 2020 年版。

22. [古罗马] 奥古斯丁:《上帝之城》(上下卷),王晓朝译,人民出版社 2006 年版。

23. [古罗马] 苏维托尼乌斯:《罗马十二帝王传》,张竹明等译,商务印书馆 1995 年版。

24. 《塔西佗〈编年史〉》（上册），王以铸、崔妙因译，商务印书馆1981年版。
25. 《塔西佗〈编年史〉》（下册），王以铸、崔妙因译，商务印书馆1981年版。
26. [古罗马] 西塞罗：《西塞罗文集·政治学卷》，王焕生译，中央编译出版社2009年版。
27. [古罗马] 优西比乌：《教会史》，[美] 保罗·L. 梅尔英译、评注，翟旭彤译，生活·读书·新知三联书店2009年版。
28. [古希腊] 色诺芬：《希腊史：详注修订本》，徐松岩译注，上海人民出版社2020年版。
29. [古希腊] 希罗多德：《历史：详注修订本》（上册），徐松岩译注，上海人民出版社2018年版。
30. [古希腊] 希罗多德：《历史：详注修订本》（下册），徐松岩译注，上海人民出版社2018年版。
31. [古希腊] 修昔底德：《伯罗奔尼撒战争史：详注修订本》（上册），徐松岩译注，上海人民出版社2017年版。
32. [古希腊] 修昔底德：《伯罗奔尼撒战争史：详注修订本》（下册），徐松岩译注，上海人民出版社2017年版。
33. [古希腊] 亚里士多德：《政治学》，吴寿彭译，商务印书馆1965年版。
34. [荷] 约翰·赫伊津哈：《游戏的人：文化中游戏成分的研究》，何道宽译，花城出版社2017年版。
35. [美] 埃里克·R. 沃尔夫：《欧洲与没有历史的人》，贾士蘅译，民主与建设出版社2018年版。
36. [美] 安东尼·帕戈登：《两个世界的战争：2500年来东方与西方的竞逐》，方宇译，民主与建设出版社2018年版。
37. [美] 彼得·布朗：《穿过针眼：财富、西罗马帝国的衰亡和基督教会的形成，350~550年》（上），刘寅等译，李隆国、吴彤校，社会科学文献出版社2021年版。

38. [美] 彼得·布朗：《穿过针眼：财富、西罗马帝国的衰亡和基督教会的形成，350~550 年》（下），刘寅等译，李隆国、吴彤校，社会科学文献出版社 2021 年版。

39. [美] 彼得·科曾斯：《大地之泣：印第安战争始末》，朱元庆译，北京大学出版社 2021 年版。

40. [美] 查尔斯·布鲁尼格、[美] 马修·莱温格：《现代欧洲史 卷四 革命的年代：1789—1850》，王皓、冯勇译，中信出版社 2016 年版。

41. [美] 道格拉斯·R. 埃格顿：《重建之战：美国最进步时代的暴力史》，周峰译，上海译文出版社 2022 年版。

42. [美] 费利克斯·吉尔伯特、[美] 大卫·克莱·拉奇：《现代欧洲史 卷六 欧洲时代的终结：1890 年至今》（上），夏宗凤译，中信出版社 2016 年版。

43. [美] 费利克斯·吉尔伯特、[美] 大卫·克莱·拉奇：《现代欧洲史 卷六 欧洲时代的终结：1890 年至今》（下），高迪迪译，中信出版社 2016 年版。

44. [美] 弗雷德·安德森：《七年战争：大英帝国在北美的命运，1754—1766》，冬初阳译，九州出版社 2022 年版。

45. [美] 胡斯托·L. 冈萨雷斯：《基督教史：初期教会到宗教改革前夕》（上卷），赵城艺译，上海三联书店 2016 年版。

46. [美] 杰弗里·瓦夫罗：《普法战争：1870—1871 年德国对法国的征服》，林国荣译，社会科学文献出版社 2020 年版。

47. [美] 理查德·邓恩：《现代欧洲史 卷二 宗教战争的年代：1559—1715》，康睿超译，中信出版社 2016 年版。

48. [美] 林恩·亨特、[美] 杰克·R. 森瑟：《法国大革命和拿破仑：现代世界的锻炉》，董子云译，中信出版社 2020 年版。

49. [美] 林恩·亨特：《法国大革命中的政治、文化和阶级》，汪珍珠译，北京大学出版社 2020 年版。

50. [美] 马克斯·布特：《隐形军队：游击战的历史》，赵国星、张金勇译，社会科学文献出版社 2016 年版。

51. [美]诺曼·里奇:《现代欧洲史 卷五 民族主义与改革的年代:1850—1890》,王潇楠、王珺译,中信出版社2016年版。
52. [美]帕特里克·格里:《民族的神话:欧洲的中世纪起源》,吕昭、杨光译,广西师范大学出版社2022年版。
53. [美]乔纳森·德瓦尔德:《欧洲贵族 1400—1800》,姜德福译,商务印书馆2008年版。
54. [美]斯塔夫里亚诺斯:《全球分裂:第三世界的历史进程》(上册),迟越等译,商务印书馆1993年版。
55. [美]谭旋:《暴力与反暴力:法国大革命中的恐怖政治》,黄丹璐译,山西人民出版社2019年版。
56. [美]许田波:《战争与国家形成:春秋战国与近代早期欧洲之比较》,徐进译,上海人民出版社2009年版。
57. [美]伊塞·沃洛克、[美]格雷戈里·布朗:《现代欧洲史 卷三 18世纪的欧洲:传统与进步,1715—1789》,陈蕾译,中信出版社2016年版。
58. [美]尤金·赖斯、[美]安东尼·格拉夫顿:《现代欧洲史 卷一 早期现代欧洲的建立:1460—1559》,安妮、陈曦译,中信出版社2016年版。
59. [美]约翰·埃利斯:《机关枪的社会史》,刘艳琼、刘轶丹译,上海交通大学出版社2013年版。
60. [美]约翰·法比安·维特:《林肯守则:美国战争法史》,胡晓进、李丹译,中国政法大学出版社2015年版。
61. [美]詹姆斯·Q. 惠特曼:《战争之谕:胜利之法与现代战争形态的形成》,赖骏楠译,中国政法大学出版社2015年版。
62. [美]詹姆斯·奥唐奈:《新罗马帝国衰亡史》,夏洞奇、康凯、宋可即译,中信出版社2016年版。
63. [瑞士]亨利·杜南:《索尔费里诺回忆录》,杨小宏译,红十字国际委员会,2009年。
64. [意]尼科洛·马基雅维里:《君主论》,潘汉典译,商务印书馆

1985 年版。

65. ［英］F. H. 欣斯利编：《新编剑桥世界近代史》（第十一卷），中国社会科学院世界历史研究所组译，中国社会科学出版社 1987 年版。

66. ［英］H. D. F. 基托：《希腊人》，兰莹译，社会科学文献出版社 2022 年版。

67. ［英］T. C. W. 布兰宁：《法国大革命：阶级战争抑或文化冲突》（第 2 版），梁赤民、刘昊译，北京大学出版社 2020 年版。

68. ［英］阿德里安·戈兹沃西：《布匿战争：罗马、迦太基与地中海霸权的争夺》，李小迟译，广东旅游出版社 2022 年版。

69. ［英］阿德里安·戈兹沃西：《罗马和平：古代地中海世界的暴力、征服与和平》，薛靖恺译，广东旅游出版社 2022 年版。

70. ［英］阿德里安·戈兹沃西：《以罗马之名：缔造罗马伟业的将军们》，敖子冲译，广东旅游出版社 2022 年版。

71. ［英］埃里克·埃克：《俾斯麦与德意志帝国》，启蒙编译所译，上海社会科学院出版社 2015 年版。

72. ［英］安东尼·艾福瑞特：《罗马的崛起：帝国的建立》，翁嘉声译，中信出版社 2019 年版。

73. ［英］彼得·格林：《希波战争》，王志超译，广东旅游出版社 2022 年版。

74. ［英］彼得·希瑟：《帝国与蛮族：从罗马到欧洲的千年史》，任颂华译，中信出版社 2020 年版。

75. ［英］彼得·希瑟：《罗马的复辟：帝国陨落之后的欧洲》，马百亮译，中信出版社 2020 年版。

76. ［英］彼得·希瑟：《罗马帝国的陨落：一部新的历史》，向俊译，中信出版社 2016 年版。

77. ［英］查尔斯·弗里曼：《埃及、希腊与罗马：古代地中海文明》，李大维、刘亮译，张强审校，民主与建设出版社 2020 年版。

78. ［英］大卫·安德烈斯：《法国大革命：农民的抗争与被忽略的历史》，李天宇译，北京燕山出版社 2022 年版。

79. [英]菲利普·史蒂文斯:《第一次世界大战史》,许宗瑞译,时代文艺出版社 2014 年版。

80. [英]亨利·卡门:《西班牙帝国:走向全球霸权之路,1492—1763》,罗慧玲译,中信出版社 2023 年版。

81. [英]杰森·沙曼:《脆弱的征服:欧洲扩张与新世界秩序创建的真实故事》,黄浩译,重庆出版社 2022 年版。

82. [英]克里斯·威克姆:《罗马帝国的遗产:400—1000》,余乐译,中信出版社 2019 年版。

83. [英]劳伦斯·詹姆斯:《大英帝国的崛起与衰落》,张子悦、解永春译,中国友谊出版公司 2018 年版。

84. [英]劳特派特修订:《奥本海国际法》(下卷第一分册),石蒂、陈健译,商务印书馆 1972 年版。

85. [英]理查德·迈尔斯:《古代世界:追寻西方文明之源》,金国译,社会科学文献出版社 2018 年版。

86. [英]理查德·迈尔斯:《迦太基必须毁灭:古文明的兴衰》,孟驰译,社会科学文献出版社 2016 年版。

87. [英]罗伯特·巴特利特:《欧洲的创生》,刘寅译,民主与建设出版社 2021 年版。

88. [英]罗伯特·图姆斯、[法]伊莎贝尔·图姆斯:《甜蜜的世仇:英国和法国,300 年的爱恨情仇》,冯奕达译,中信出版社 2022 年版。

89. [英]罗杰·克劳利:《征服者:葡萄牙帝国的崛起》,陆大鹏译,社会科学文献出版社 2016 年版。

90. [英]罗素:《西方哲学史》(上卷),何兆武、李约瑟译,商务印书馆 1963 年版。

91. [英]马克·莫里斯:《城堡的故事:半部英国史》,付稳译,化学工业出版社 2018 年版。

92. [英]马修·雷斯托尔:《西班牙征服的七个神话》(增订版),李音译,上海人民出版社 2023 年版。

93. ［英］玛丽·比尔德：《罗马元老院与人民：一部古罗马史》，王晨译，民主与建设出版社 2018 年版。
94. ［英］迈克尔·琼斯：《黑太子：中世纪欧洲骑士精神之花的传奇》，王仲译，社会科学文献出版社 2021 年版。
95. ［英］乔纳森·萨姆欣：《百年战争（第二卷）：烈火的审判》（上），李达、王宸、傅翀译，社会科学文献出版社 2022 年版。
96. ［英］乔纳森·萨姆欣：《百年战争（第二卷）：烈火的审判》（下），李达、王宸、傅翀译，社会科学文献出版社 2022 年版。
97. ［英］乔纳森·萨姆欣：《百年战争（第一卷）：战争的试炼》（上），傅翀、吴畋、王一峰译，社会科学文献出版社 2019 年版。
98. ［英］乔纳森·萨姆欣：《百年战争（第一卷）：战争的试炼》（下），傅翀、吴畋、王一峰译，社会科学文献出版社 2019 年版。
99. ［英］乔纳森·伊斯雷尔：《法国大革命思想史：从〈人的权利〉到罗伯斯庇尔的革命观念》，米兰译，民主与建设出版社 2020 年版。
100. ［英］威廉·奥康纳·莫里斯：《法国大革命与法兰西第一帝国》，高苗译，华文出版社 2019 年版。
101. ［英］西蒙·普莱斯、［英］彼得·索恩曼：《古典欧洲的诞生：从特洛伊到奥古斯丁》，马百亮译，中信出版社 2019 年版。
102. ［英］西蒙·沙玛：《风雨横渡：英国、奴隶和美国革命》，李鹏程译，南京大学出版社 2020 年版。
103. ［英］伊恩·戴维森：《法国大革命：从启蒙到暴政》，鄢宏福、王瑶译，天地出版社 2019 年版。
104. ［英］约翰·基根：《一战史》，张质文译，北京大学出版社 2014 年版。
105. ［英］约翰·基根：《战争史》，林华译，中信出版社 2015 年版。
106. ［美］詹姆斯·特拉斯洛·亚当斯：《缔造大英帝国：从史前时代到北美十三州独立》，张茂元、黄玮译，广西师范大学出版社 2019 年版。
107. ［美］詹姆斯·特拉斯洛·亚当斯：《重铸大英帝国：从美国独立

到第二次世界大战》，覃辉银译，广西师范大学出版社 2018 年版。
108. [英] 朱丽叶·巴克：《阿金库尔战役：百年战争中最传奇的胜利》，王超斑译，汕头大学出版社 2021 年版。
109. 黄德明主编：《国际人道法若干问题研究》，武汉大学出版社 2013 年版。
110. 贾兵兵：《国际公法：和平时期的解释与适用》，清华大学出版社 2015 年版。
111. 贾兵兵：《国际公法：理论与实践》，清华大学出版社 2009 年版。
112. 李筠：《罗马史纲：超大规模共同体的兴衰》，岳麓书社 2021 年版。
113. 林学忠：《从万国公法到公法外交：晚清国际法的传入、诠释与应用》，上海古籍出版社 2009 年版。
114. 倪世光：《中世纪骑士制度探究》，商务印书馆 2007 年版。
115. 盛红生、肖凤城、杨泽伟：《21 世纪前期武装冲突中的国际法问题研究》，法律出版社 2014 年版。
116. 宋帅：《法国大革命时期的战俘》，山东大学出版社 2022 年版。
117. 杨泽伟：《国际法史论》，高等教育出版社 2011 年版。
118. 游斌：《基督教史纲》（插图本），北京大学出版社 2010 年版。
119. 赵林：《基督教与西方文化》，商务印书馆 2013 年版。
120. 朱路：《论当代武装冲突对国际法和战争法的挑战》，人民日报出版社 2022 年版。
121. 朱路：《昨日重现：私营军事安保公司国际法研究》，中国政法大学出版社 2017 年版。
122. 朱文奇：《国际人道法》，中国人民大学出版社 2007 年版。

（二）论文类

1. 郭逸豪：《从万民法到万国法——论欧洲中世纪到近代早期"国际法"理论的嬗变》，载《北大法律评论》编辑委员会编：《北大法律评论》第 21 卷第 2 辑（2020），北京大学出版社 2021 年版。

2. 韩逸畴：《从欧洲中心主义到全球文明——国际法中"文明标准"概念的起源、流变与现代性反思》，载《清华大学学报（哲学社会科学版）》2020 年第 5 期。

3. 何蓓：《困境与出路：论马尔顿条款在国际法中的地位和适用》，载《武大国际法评论》2017 年第 4 期。

4. 侯中军：《一战爆发后中国的中立问题——以日本对德宣战前为主的考察》，载《近代史研究》2015 年第 4 期。

5. 黄艳红：《"记忆之场"与皮埃尔·诺拉的法国史书写》，载《历史研究》2017 年第 6 期。

6. 梁西：《国际法的危机》，载《法学评论》2004 年第 1 期。

7. 倪世光：《骑士制度与西欧中世纪贵族观念》，载《中国社会科学》2022 年第 10 期。

8. 盛红生：《嬗变的战争法》，载《国际政治科学》2006 年第 1 期。

9. 田文林：《"文明与野蛮"叙事与等级性世界秩序》，载《政治学研究》2023 年第 5 期。

10. 王静：《光绪末年清廷参加第二次海牙保和会的困窘》，载《历史档案》2021 年第 1 期。

11. 袁灿兴：《一战期间中国收容及遣回德奥俘虏始末》，载《中南大学学报（社会科学版）》2011 年第 3 期。

12. 朱利江：《海上封锁国际法中的利益平衡：传统、当代与挑战》，载《深圳大学学报（人文社会科学版）》2021 年第 6 期。

13. 朱路：《论国际法中战俘制度的发展及其当代挑战》，载《法学评论》2014 年第 2 期。

14. 朱路：《论国际人道法中的平民概念——兼评红十字国际委员会〈解释性指南〉》，载《暨南学报（哲学社会科学版）》2013 年第 6 期。

15. 朱路：《论国际人道法中的战斗员概念及其当代挑战》，载《广西大学学报（哲学社会科学版）》2015 年第 4 期。

二、英文部分

(一) 著作类

1. Alan Baker, *The Knight*, John Wiley & Sons, Inc., 2003.
2. Alberico Gentili, De lure Belli Lihri Tres (1612), reprinted in *The Classics of International Law*, trans. by John C. Rolfe, Clarendon Press, 1933.
3. Albert Seaton, *The Austro-Hungarian Army of the Seven Years War*, Osprey Publishing, 1973.
4. Alejandro Colás and Bryan Mabee eds., *Mercenaries, Pirates, Bandits and Empires: Private Violence in Historical Context*, Columbia University Press, 2010.
5. Alexander Gillespie, *A History of the Laws of War: Volume 1: The Customs and Laws of War With Regards to Combatants and Captives*, Hart Publishing, 2011.
6. Alexander Gillespie, *A History of the Laws of War: Volume 2: The Customs and Laws of War With Regards to Civilians in Times of Conflict*, Hart Publishing, 2011.
7. Alexander Gillespie, *A History of the Laws of War: Volume 3: The Customs and Laws of War With Regards to Arms Control*, Hart Publishing, 2011.
8. Alexander Mikaberidze, *The Napoleonic Wars: A Global History*, Oxford University Press, 2020.
9. Alexander Moseley, *A Philosophy of War*, Algora Publishing, 2002.
10. Alexis Heraclides and Ada Dialla, *Humanitarian Intervention in the Long Nineteenth Century: Setting the Precedent*, Manchester University Press, 2015.
11. Anna Komnene, *The Alexiad*, edited and trans. by Elizabeth A. S. Dawes, Routledge, Kegan, Paul, 1928.
12. Anne Orford ed., *International Law and Its Others*, Cambridge University

Press, 2006.

13. Anthony Burke, *Beyond Security, Ethics and Violence: War Against the Other*, Routledge, 2006.
14. Anthony Pagden, *The Enlightenment and Why It Still Matters*, Random House, 2013.
15. Antony Anghie, *Imperialism, Sovereignty and the Making of International Law*, Cambridge University Press, 2004.
16. Arthur M. Eckstein, *Mediterranean Anarchy, Interstate War, and the Rise of Rome*, University of California Press, 2006.
17. Balthazar Ayala, *Three Books on the Law of War and on the Duties Connected With War and on Military Discipline*, Vol. II, trans. by John Pawley Bate, Carnegie Institution of Washington, 1912.
18. Barbara Levick, *Claudius*, Routledge, 2015.
19. Bardo Fassbender and Anne Peters eds., *The Oxford Handbook of the History of International Law*, Oxford University Press, 2012.
20. Alberico Gentili, Benedict Kingsbury and Benjamin Straumann eds., *The Wars of the Romans, A Critical Edition and Translation of De Armis Romanis*, trans. by David Lupher, Oxford University Press, 2011.
21. Bert S. Hall, *Weapons and Warfare in Renaissance Europe: Gunpowder, Technology, and Tactics*, Johns Hopkins University Press, 1997.
22. Boyd van Dijk, *Preparing for War: The Making of the 1949 Geneva Conventions*, Oxford University Press, 2022.
23. Bruce Vandervort, *Wars of Imperial Conquest in Africa, 1830–1914*, UCL Press, 1998.
24. Carl Schmitt, *The Nomos of the Earth in the International Law of Jus Publicum Europaeum*, trans. by G. L. Ulmen, Telos Press Publishing, 2006.
25. Charles Mills, *The History of Chivalry or Knighthood and Its Times*, Lea and Blanchard, 1844.
26. Charles Tilly, *Coercion, Capital, and European States, A. D. 990–1990*,

Basil Blackwell, 1990.

27. Chris Hables Gray, *Postmodern War: The New Politics of Conflict*, The Guilford Press, 1997.

28. Chris McNab, *Armies of the Napoleonic Wars: An Illustrated History*, Osprey Publishing, 2009.

29. Christian Hofreiter, *Making Sense of Old Testament Genocide: Christian Interpretations of Herem Passages*, Oxford University Press, 2018.

30. Christopher Ford and Amichai Cohen eds., *Rethinking the Law of Armed Conflict in an Age of Terrorism*, Lexington Books, 2012.

31. Christopher Allmand, *The Hundred Years War: England and France at War c.1300-c.1450*, Revised Edition, Cambridge University Press, 2001.

32. Christopher Harper-Bill and Ruth Harvey eds., *Medieval Knighthood IV: Papers from the Fifth Strawberry Hill Conference, 1990*, Boydell Press, 1992.

33. Clifford Ando, *Law, Language, and Empire in the Roman Tradition*, University of Pennsylvania Press, 2011.

34. Coleman Phillipson, *The International Law and Custom of Ancient Greece and Rome*, Vol.2, Mac-Millan and Co., Limited, 1911.

35. Craig M. Nakashian and Daniel P. Franke eds., *Prowess, Piety, and Public Order in Medieval Society*, Brill, 2017.

36. Craig Taylor, *Chivalry and the Ideals of Knighthood in France During the Hundred Years War*, Cambridge University Press, 2013.

37. D. J. B. Trim ed., *The Chivalric Ethos and the Development of Military Professionalism*, Brill, 2003.

38. Daniel Baugh, *The Global Seven Years War 1754-1763: Britain and France in a Great Power Contest*, Routledge, 2011.

39. Daniel E. Sutherland, *A Savage Conflict: The Decisive Role of Guerrillas in the American Civil War*, The University of North Carolina Press, 2009.

40. Daniel Marston, *The Seven Years' War*, Osprey Publishing, 2001.

41. Daniel Moran and Arthur Waldron eds., *People in Arms: Military Myth and*

National Mobilization Since the French Revolution, Cambridge University Press, 2003.

42. David A. Bell and Yair Mintzker eds. , *Rethinking the Age of Revolutions: France and the Birth of the Modern World*, Oxford University Press, 2018.

43. David A. Bell, *The First Total War: Napoleon's Europe and the Birth of Warfare as We Know It*, Houghton Mifflin, 2007.

44. David Andress ed. , *The Oxford Handbook of the French Revolution*, Oxford University Press, 2015.

45. David J. Breeze, *The Roman Army*, Bloomsbury Academic, 2016.

46. David Stevenson, *Armaments and the Coming of War: Europe, 1904-1914*, Oxford University Press, 1996.

47. David Whetham, *Just Wars and Moral Victories: Surprise, Deception and the Normative Framework of European War in the Later Middle Ages*, Brill, 2009.

48. Dieter Fleck ed. , *The Handbook of International Humanitarian Law*, Second Edition, Oxford University Press, 2008.

49. Douglas Hill Robinson, *The Zeppelin in Combat: A History of the German Naval Airship Division, 1912-1918*, Schiffer Publishing, Ltd. , 1994.

50. Douglas M. Johnston, *The Historical Foundations of World Order: The Tower and the Arena*, Brill, 2008.

51. E. J. Hobsbawm, *The Age of Empire: 1875-1914*, Vintage, 1989.

52. E. Mary Smallwood, *The Jews Under Roman Rule: From Pompey to Diocletian*, Brill, 1976.

53. Edith Hall, *Inventing the Barbarian: Greek Self-Definition Through Tragedy*, Clarendon Press, 1989.

54. Eleonore Stump and Norman Kretzmann eds. , *The Cambridge Companion to Augustine*, Cambridge University Press, 2001.

55. Emily Crawford, *Identifying the Enemy: Civilian Participation in Armed Conflict*, Oxford University Press, 2015.

56. Francis Lieber, *Guerrilla Parties: Considered With Reference to the Laws*

and Usages of War, D. Van Nostrand, 1862.
57. Frank Ledwidge, *Aerial Warfare: The Battle for the Skies*, Oxford University Press, 2018.
58. Frank Tallett, *War and Society in Early Modern Europe, 1495–1715*, Routledge, 1997.
59. Fred Anderson, *A People's Army: Massachusetts Soldiers and Society in the Seven Years' War*, University of North Carolina Press, 1984.
60. Frederic J. Baumgartner, *Declaring War in Early Modern Europe*, Palgrave Macmillan, 2011.
61. Frederick H. Russell, *The Just War in the Middle Ages*, Cambridge University Press, 1975.
62. Frederick William Holls, *The Peace Conference at the Hague, and Its Bearings on International Law and Policy*, The Macmillan Company, 1900.
63. Frits Kalshoven, *Belligerent Reprisals*, Martinus Nijhoff Publishers, 2005.
64. Geoffrey Best, *Humanity in Warfare: The Modern History of the International Law of Armed Conflicts*, Weidenfeld and Nicolson, 1980.
65. Geoffrey Best, *War and Law Since 1945*, Clarendon Press, 1994.
66. Geoffrey Wawro, *Warfare and Society in Europe, 1792–1914*, Routledge, 2000.
67. Georges Duby, *The Three Orders: Feudal Society Imagined*, trans. by Arthur Goldhammer, University of Chicago Press, 1981.
68. Gerard Delanty, *Inventing Europe: Idea, Identity, Reality*, St Martin's Press, 1995.
69. Gerrit W. Gong, *The Standard of 'Civilization' in International Society*, Clarendon Press, 1984.
70. Gregory Fremont-Barnes ed., *The Encyclopedia of the French Revolutionary and Napoleonic Wars: A Political, Social, and Military History* (3 Volumes), ABC-CLIO, 2006.
71. Gunner Lind ed., *Civilians at War: From the Fifteenth Century to the Present*, Museum Tusculanum Press, 2014.

72. Gunther Rothenberg, *The Napoleonic Wars*, Cassell, 1999.
73. H. M. Hozier, *The Franco-Prussian War: Its Causes, Incidents, and Consequences*, Volume 1, William Mackenzie, 1872.
74. H. M. Hozier, *The Franco-Prussian War: Its Causes, Incidents, and Consequences*, Volume 2, William Mackenzie, 1872.
75. Hans J. Morgenthau, *Politics Among Nations: The Struggle for Power and Peace*, 4th Edition, Alfred Knopf, 1967.
76. Hedley Bull, Benedict Kingsbury and Adam Roberts eds., *Hugo Grotius and International Relations*, Clarendon Press, 1990.
77. Hedley Bull, *The Anarchical Society: A Study of Order in World Politics*, Palgrave Macmillan, 2002.
78. Helen Durham and Timothy L. H. McCormack eds., *The Changing Face of Conflict and the Efficacy of International Humanitarian Law*, Martinus Nijhoff Publishers, 1999.
79. Helen M. Kinsella, *The Image Before the Weapon: A Critical History of the Distinction Between Combatant and Civilian*, Cornell University Press, 2011.
80. Hew Strachan and Sibylle Scheipers eds., *The Changing Character of War*, Oxford University Press, 2011.
81. Hugo Grotius, On the Law of War and Peace, Book I, Batoche Books, 2001.
82. Hugo Grotius, The Rights of War and Peace, Book III, Liberty Fund, 2005.
83. Ilya V. Gaiduk, *Divided Together: The United States and the Soviet Union in the United Nations, 1945-1965*, Stanford University Press, 2013.
84. Inge Van Hulle and Randall Lesaffer eds., *International Law in the Long Nineteenth Century (1776-1914): From the Public Law of Europe to Global International Law?* Brill, 2019.
85. Ingo Venzke and Kevin Jon Heller eds., *Contingency in International Law: On the Possibility of Different Legal Histories*, Oxford University Press, 2021.
86. Isabel V. Hull, *A Scrap of Paper: Breaking and Making International Law During the Great War*, Cornell University Press, 2014.

87. J. R. Hale, *War and Society in Renaissance Europe, 1450 – 1620*, Johns Hopkins University Press, 1986.

88. James C. Riley, *The Seven Years War and the Old Regime in France: The Economic and Financial Toll*, Princeton University Press, 1986.

89. James Molony Spaight, *War Rights on Land*, Macmillan and Co., Limited, 1911.

90. James Turner Johnson, *Ideology, Reason, and the Limitation of War: Religious and Secular Concepts, 1200-1740*, Princeton University Press, 1975.

91. James Turner Johnson, *Just War Tradition and the Restraint of War: A Moral and Historical Inquiry*, Princeton University Press, 1981.

92. James Wilford Garner, *International Law and the World War*, Volume I, Longmans, Green and Co., 1920.

93. James Wilford Garner, *International Law and the World War*, Volume II, Longmans, Green and Co., 1920.

94. Jean Pictet, *Development and Principles of International Humanitarian Law*, Martinus Nijhoff Publishers, 1985.

95. Jean-Marie Henckaerts and Louise Doswald-Beck eds., *Customary International Humanitarian Law: Volume 1: Rules*, Cambridge University Press, 2005.

96. Jean-Marie Henckaerts and Louise Doswald-Beck eds., *Customary International Humanitarian Law: Volume 2: Practice*, Cambridge University Press, 2005.

97. Jennifer Pitts, *Boundaries of the International: Law and Empire*, Harvard University Press, 2018.

98. Jeremy Black, *The French Revolutionary and Napoleonic Wars: Strategies for a World War*, Rowman & Littlefield Publishers, 2022.

99. Joachim Bumke, *The Concept of Knighthood in the Middle Ages*, trans. by W. T. H. Jackson and Erika Jackson, AMS Press, 1982.

100. John F. Shean, *Soldiering for God: Christianity and the Roman Army*,

Brill, 2010.
101. John France ed., *Mercenaries and Paid Men: The Mercenary Identity in the Middle Ages*, Brill, 2008.
102. John Lawrence Tone, *The Fatal Knot: The Guerrilla War in Navarre and the Defeat of Napoleon in Spain*, The University of North Carolina Press, 1994.
103. John Mark Mattox, *Saint Augustine and the Theory of Just War*, Bloomsbury Academic, 2006.
104. John Westlake, *Chapters on the Principles of International Law*, Cambridge University Press, 1894.
105. John Westlake, *International Law*, Cambridge University Press, 1910.
106. Karma Nabulsi, *Traditions of War: Occupation, Resistance and the Law*, Oxford University Press, 1999.
107. Krzysztof Ulanowski, *Neo-Assyrian and Greek Divination in War*, Brill, 2021.
108. L. Oppenheim ed., *The Collected Papers of John Westlake on Public International Law*, Cambridge University Press, 1914.
109. Lawrence Keppie, *The Making of the Roman Army: From Republic to Empire*, Routledge, 1998.
110. Leslie C. Green, *Essays on the Modern Law of War*, Transnational Publishers, 1999.
111. Lothar Kotzsch, *The Concept of War in Contemporary History and International Law*, E. Droz, 1956.
112. Łukasz Różycki, *Battlefield Emotions in Late Antiquity: A Study of Fear and Motivation in Roman Military Treatises*, Brill, 2021.
113. Lyle N. McAlister, *Spain and Portugal in the New World, 1492–1700*, University of Minnesota Press, 1984.
114. M. H. Keen, *The Laws of War in the Late Middle Ages*, Routledge & Kegan Paul, 1965.

115. Maartje Abbenhuis and Ismee Tames, *Global War, Global Catastrophe: Neutrals, Belligerents and the Transformations of the First World War*, Bloomsbury Academic, 2022.

116. Malcolm Vale, *War and Chivalry: Warfare and Aristocratic Culture in England, France, and Burgundy at the End of the Middle Ages*, The University of Georgia Press, 1981.

117. Marco van der Hoeven ed., *Exercise of Arms: Warfare in the Netherlands, 1568-1648*, Brill, 1997.

118. Mark B. Salter, *Barbarians and Civilization in International Relations*, Pluto Press, 2002.

119. Mark Hebblewhite, *The Emperor and the Army in the Later Roman Empire, AD 235-395*, Routledge, 2017.

120. Martin Van Creveld, *The Transformation of War: The Most Radical Reinterpretation of Armed Conflict Since Clausewitz*, Free Press, 1991.

121. Martti Koskenniemi, *From Apology to Utopia: The Structure of International Legal Argument*, Cambridge University Press, 2006.

122. Martti Koskenniemi, *Histories of International Law: Dealing With Eurocentrism*, University of Utrecht, 2011.

123. Martti Koskenniemi, *The Gentle Civilizer of Nations: The Rise and Fall of International Law 1870-1960*, Cambridge University Press, 2001.

124. Matt Killingsworth and Timothy L. H. McCormack eds., *Civility, Barbarism, and the Evolution of International Humanitarian Law: Who Do the Laws of War Protect?* Cambridge University Press, 2024.

125. Matthew C. Ward *Breaking the Backcountry: Seven Years War in Virginia and Pennsylvania 1754-1765*, University of Pittsburgh Press, 2003.

126. Matthew Evangelista and Nina Tannenwald eds., *Do the Geneva Conventions Matter?* Oxford University Press, 2017.

127. Matthew Strickland, *War and Chivalry: The Conduct and Perception of War in England and Normandy, 1066-1217*, Cambridge University Press,

1996.

128. Maurice Keen, *Chivalry*, Yale University Press, 1984.

129. Maurice Keen ed., *Medieval Warfare: A History*, Oxford University Press, 1999.

130. Jahid Hossain Bhuiyan and Borhan Uddin Khan eds., *Revisiting the Geneva Conventions: 1949-2019*, Brill Nijhoff, 2020.

131. Meyer Michael and McCoubrey Hilaire eds., *Reflections on Law and Armed Conflicts: The Selected Works on the Laws of War by the Late Professor Colonel G. I. A. D. Draper, OBE*, Brill, 1998.

132. Michael Bryant, *A World History of War Crimes: From Antiquity to the Present*, Second Edition, Bloomsbury Academic, 2021.

133. Michael Fellman, *Inside War: The Guerrilla Conflict in Missouri During the American Civil War*, Oxford University Press, 1989.

134. Michael Howard, George J. Andreopoulos and Mark R. Shulman eds., *The Laws of War: Constraints on Warfare in the Western World*, Yale University Press, 1994.

135. Michael Howard ed., *Restraints on War: Studies in the Limitation of Armed Conflict*, Oxford University Press, 1979.

136. Michael Howard, *The Franco-Prussian War: The German Invasion of France 1870-1871*, Routledge, 1990.

137. Niall Christie and Maya Yazigi eds., *Noble Ideals and Bloody Realities: Warfare in the Middle Ages*, Brill, 2006.

138. Norman Davies, *Europe: A History*, Harper Perennial, 1998.

139. Onuma Yasuaki, *A Transcivilizational Perspective on International Law*, Martinus Nijhoff Publishers, 2010.

140. Patricia Seed, *Ceremonies of Possession in Europe's Conquest of the New World, 1492-1640*, Cambridge University Press, 1995.

141. Percy Bordwell, *The Law of War between Belligerents: A History and Commentary*, Callaghan & Co., 1908.

142. Peter Maguire, *Law and War: An American Story*, Columbia University Press, 2001.
143. Philippe Contamine, *War in the Middle Ages*, trans. by Michael Jones, Blackwell, 1991.
144. Pierre Serna et al. eds. , *Republics at War, 1776–1840: Revolutions, Conflicts, and Geopolitics in Europe and the Atlantic World*, Palgrave Macmillan, 2013.
145. Pliny the Younger, *Complete Letters*, trans. by P. G. Walsh, Oxford University Press, 2006.
146. Polybius, *The Histories*, Vol. III, trans. by W. R. Paton, Harvard University Press/ William Heinemann Limited, 1923.
147. Polybius, *The Histories*, Vol. IV, trans. by W. R. Paton, Harvard University Press/ William Heinemann Limited, 1925.
148. R. R. Palmer, *Twelve Who Ruled: The Year of the Terror in the French Revolution*, Princeton University Press, 2005.
149. Rémy Ambühl, *Prisoners of War in the Hundred Years War: Ransom Culture in the Late Middle Ages*, Cambridge University Press, 2013.
150. Rene Provost, *International Human Rights and Humanitarian Law*, Cambridge University Press, 2002.
151. Reynald Secher, *A French Genocide: The Vendée*, trans. by George Holoch, University of Notre Dame Press, 2003.
152. Richard Barber, *The Knight and Chivalry*, Longman, 1970.
153. Richard W. Kaeuper, *Chivalry and Violence in Medieval Europe*, Oxford University Press, 1999.
154. Richard W. Kaeuper, *Holy Warriors: The Religious Ideology of Chivalry*, University of Pennsylvania Press, 2009.
155. Robert B. Asprey, *War in the Shadows: The Guerrilla in History*, William Morrow & Company, Inc. , 1994.
156. Robert Bartlett, *The Making of Europe: Conquest, Colonization, and Cul-

tural Change, 950–1350, Penguin, 1994.
157. Robert Taber, *The War of the Flea: A Study of Guerilla Warfare Theory and Practice*, The Citadel Press, 1970.
158. Ruth Lapidot, Yuval Shany and Ido Rosenzweig, *Israel and the Two Protocols Additional to the Geneva Conventions*, The Israel Democracy Institute, 2011.
159. Sibylle Scheipers, *Unlawful Combatants: A Genealogy of the Irregular Fighter*, Oxford University Press, 2015.
160. Simon Chesterman ed. , *Civilians in War*, Lynne Rienner, 2001.
161. Stephen A. Barney et al. , *The Etymologies of Isidore of Seville*, Cambridge University Press, 2006.
162. Stephen C. Neff, *Justice among Nations: A History of International Law*, Harvard University Press, 2014.
163. Stephen C. Neff, *War and the Law of Nations: A General History*, Cambridge University Press, 2005.
164. Sven Lindqvist, *A History of Bombing*, trans. by Linda Haverty Rugg, The New Press, 2003.
165. T. C. W. Blanning, *The French Revolutionary Wars, 1787–1802*, Arnold, 1996.
166. Tacitus, *Agricola and Germany*, trans. by Anthony R. Birley, Oxford University Press, 1999.
167. The Program on Humanitarian Policy and Conflict Research at Harvard University, *HPCR Manual on International Law Applicable to Air and Missile Warfare*, Cambridge University Press, 2013.
168. Theodor Meron, *Henry's War and Shakespeare's Laws: Perspectives on the Law of War in Later Middle Ages*, Clarendon Press, 1993.
169. Theodor Meron, *The Humanization of the Law of War*, Martinus Nijhoff Publishers, 2006.
170. Thomas Erskine Holland, *Lectures on International Law*, Sweet & Maxwell,

Limited, 1933.
171. Thomas Erskine Holland, *Studies in International Law*, Clarendon Press, 1898.
172. Thomas F. Arnold, *The Renaissance at War*, Smithsonian Books, 2006.
173. Thomas Head and Richard Allen Landes eds. , *The Peace of God: Social Violence and Religious Response in France around the Year* 1000, Cornell University Press, 1992.
174. Thomas Hippler, *Citizens, Soldiers and National Armies: Military Service in France and Germany, 1789-1830*, Routledge, 2008.
175. Thomas Pakenham, *The Boer War*, Abacus, 1992.
176. Thomas Richard Davies, *NGOs: A New History of Transnational Civil Society*, Oxford University Press, 2014.
177. Victor Davis Hanson, *The Wars of the Ancient Greeks, and Their Invention of Western Military Culture*, Cassell, 1999.
178. Ward Thomas, *The Ethics of Destruction: Norms and Force in International Relations*, Cornell University Press, 2001.
179. Wilhelm Georg Grewe, *The Epochs of International Law*, trans. by Michael Byers, Walter de Gruyter, 2000.
180. William Ballis, *The Legal Position of War: Changes in its Practice and Theory from Plato to Vattel*, Martinus Nijhoff, 1937.
181. William Edward Hall, *A Treatise on International Law*, The Clarendon Press, 1890.
182. William Isaac Hull, *The Two Hague Conferences and Their Contributions to International Law*, Ginn & Company, 1908.
183. William Urban, *Medieval Mercenaries: The Business of War*, Greenhill Books, 2006.
184. Winston S. Churchill, *A History of the English-Speaking Peoples*, *Volume 3: The Age of Revolution*, Dodd, Mead & Company, Inc. , 1957.

(二) 论文类

1. "Prisoners of War in Ancient Greece", *International Review of the Red Cross*, Vol. 9, Issue 100, 1969.
2. Abraham D. Sofaer, "Agora: The U. S. Decision Not to Ratify Protocol I to the Geneva Conventions on the Protection of War Victims (Cont'd) ", *American Journal of International Law*, Vol. 82, No. 4, 1988.
3. Adam Roberts, "Land Warfare: From Hague to Nuremberg", in Michael Howard, George J. Andreopoulos and Mark R. Shulman eds., *The Laws of War: Constraints on Warfare in the Western World*, Yale University Press, 1994.
4. Adam Roberts, "The Civilian in Modern War", in Hew Strachan and Sibylle Scheipers eds., *The Changing Character of War*, Oxford University Press, 2011.
5. Adriaan Lanni, "The Laws of War in Ancient Greece", *Law and History Review*, Vol. 26, Issue 3, 2008.
6. Adrian Ailes, "The Knight, Heraldry and Armour: The Role of Recognition and the Origins of Heraldry", in Christopher Harper-Bill and Ruth Harvey eds., *Medieval Knighthood IV: Papers from the Fifth Strawberry Hill Conference* 1990, The Boydell Press, 1992.
7. Alan Forrest, "Military Trauma", in David Andress ed., *The Oxford Handbook of the French Revolution*, Oxford University Press, 2015.
8. Amanda Alexander, "The Genesis of the Civilian", *Leiden Journal of International Law*, Volume 20, Issue 2, 2007.
9. Annie Crépin, "The Army of the Republic: New Warfare and a New Army", in Pierre Serna et al. eds., *Republics at War, 1776-1840: Revolutions, Conflicts, and Geopolitics in Europe and the Atlantic World*, Palgrave Macmillan, 2013.

10. Anthony J. Pollard, "English Chivalry and the Decline of Strenuous Knighthood in the Later Fifteenth Century", in Craig M. Nakashian and Daniel P. Franke eds., *Prowess, Piety, and Public Order in Medieval Society*, Brill, 2017.

11. Antonio Cassese, "The Martens Clause: Half a Loaf or Simply Pie in the Sky?" *European Journal of International Law*, Vol. 11, No. 1, 2000.

12. Arnulf Becker Lorca, "Eurocentrism in the History of International Law", in Bardo Fassbender and Anne Peters eds., *The Oxford Handbook of the History of International Law*, Oxford University Press, 2012.

13. Benedict Kingsbury and Benjamin Straumann, "Introduction: Roman Wars and Roman Laws", in Alberico Gentili, Benedict Kingsbury and Benjamin Straumann eds., *The Wars of the Romans, A Critical Edition and Translation of De Armis Romanis*, trans. by David Lupher, Oxford University Press, 2011.

14. Christian Rosaz-Lauranson, "Peace from the Mountains: The Auvergnat Origins of the Peace of God", in Thomas Head and Richard Allen Landes eds., *The Peace of God: Social Violence and Religious Response in France around the Year* 1000, Cornell University Press, 1992.

15. Christopher Allmand, "War and the Non-Combatant in the Middle Ages", in Maurice Keen ed., *Medieval Warfare: A History*, Oxford University Press, 1999.

16. Christopher Greenwood, "A Critique of the Additional Protocols to the Geneva Conventions of 1949", in Helen Durham and Timothy L. H. McCormack eds., *The Changing Face of Conflict and the Efficacy of International Law*, Martinus Nijhoff Publishers, 1999.

17. David E Graham, "The 1974 Diplomatic Conference on the Law of War: A Victory for Political Causes and a Return to the Just War Concept of the Eleventh Century", *Washington and Lee Law Review*, Vol. 32, No. 1, 1975.

18. David J. Hay, " 'Collateral Damage?' Civilian Casualties in the Early Ideologies of Chivalry and Crusade", in Niall Christie and Maya Yazigi eds.,

Noble Ideals and Bloody Realities: *Warfare in the Middle Ages*, Brill, 2006.
19. David P. Forsythe, "The 1974 Diplomatic Conference on Humanitarian Law: Some Observations", *American Journal of International Law*, Vol. 69, No. 1, 1975.
20. Edward Kwakwa, "Belligerent Reprisals in the Law of Armed Conflict", *Stanford Journal of International Law*, Vol. 27, Issue 1, 1990.
21. Elbridge Colby, "How to Fight Savage Tribes", *American Journal of International Law*, Vol. 21, No. 2, 1927.
22. Emma Stone Mackinnon, "Contingencies of Context: Legacies of the Algerian Revolution in the 1977 Additional Protocols to the Geneva Conventions", in Ingo Venzke and Kevin Jon Heller eds., *Contingency in International Law: On the Possibility of Different Legal Histories*, Oxford University Press, 2021.
23. Everett L. Wheeler, "Ephorus and the Prohibition of Missiles", *Transactions of the American Philological Association*, Vol. 117, 1987.
24. F. Kalshoven, "Belligerent Reprisals", *Military Law and Law of War Review*, Vol. 12, No. 2, 1973.
25. Francoise J. Hampson, "Belligerent Reprisals and the 1977 Protocols to the Geneva Conventions of 1949", *International and Comparative Law Quarterly*, Vol. 37, No. 4, 1988.
26. Frédéric Mégret, "From 'Savages' to 'Unlawful Combatants': A Postcolonial Look at International Humanitarian Law's 'Other' ", in Anne Orford ed., *International Law and Its Others*, Cambridge University Press, 2006.
27. Frederik Dhondt, "Permanent Neutrality or Permanent Insecurity? Obligation and Self-Interest in the Defence of Belgian Neutrality, 1830–1870", in Inge Van Hulle and Randall Lesaffer eds., *International Law in the Long Nineteenth Century (1776–1914): From the Public Law of Europe to Global International Law?* Brill, 2019.
28. G. I. A. D. Draper, "Grotius' Place in the Development of Legal Ideas About

War", in Hedley Bull, Benedict Kingsbury and Adam Roberts eds. , *Hugo Grotius and International Relations*, Clarendon Press, 1990.

29. G. I. A. D. Draper, "Combatant Status: An Historical Perspective", *Military Law and Law of War Review*, Vol. 11, 1972.

30. Gareth B. Matthews, "Post-Medieval Augustinianism", in Eleonore Stump and Norman Kretzmann eds. , *The Cambridge Companion to Augustine*, Cambridge University Press, 2001.

31. Gavin Daly, "Sieges and the Laws of War in Europe's Long Eighteenth Century", in Matt Killingsworth and Timothy L. H. McCormack eds. , *Civility, Barbarism, and the Evolution of International Humanitarian Law: Who Do the Laws of War Protect?* Cambridge University Press, 2024.

32. Geoffrey Best, "Restraints on War by Land Before 1945", in Michael Howard ed. , *Restraints on War: Studies in the Limitation of Armed Conflict*, Oxford University Press, 1979.

33. Geoffrey Koziol, "Monks, Feuds, and the Making of Peace in Eleventh-Century Flanders", in Thomas Head and Richard Allen Landes eds. , *The Peace of God: Social Violence and Religious Response in France around the Year* 1000, Cornell University Press, 1992.

34. Geoffrey Parker, "Early Modern Europe", in Michael Howard, George J. Andreopoulos and Mark R. Shulman eds. , *The Laws of War: Constraints on Warfare in the Western World*, Yale University Press, 1994.

35. Geoffrey S. Corn, "Thinking the Unthinkable: Has the Time Come to Offer Combatant Immunity to Non-State Actors", *Stanford Law & Policy Review*, Vol. 22, Issue 1, 2011.

36. George H. Aldrich, "Prospects for United States Ratification of Additional Protocol I to the 1949 Geneva Conventions", *American Journal of International Law*, Vol. 85, Issue 1, 1991.

37. Giovanni Mantilla, "The Origins and Evolution of the 1949 Geneva Conventions and the 1977 Additional Protocols", in Matthew Evangelista and Nina

Tannenwald eds. , *Do the Geneva Conventions Matter*? Oxford University Press, 2017.

38. Gunner Lind, "Genesis of the Civilian in the Western World, 1500-2000", in Gunner Lind ed. , *Civilians at War: From the Fifteenth Century to the Present*, Museum Tusculanum Press, 2014.

39. Gunther Rothenberg, "The Age of Napoleon", in Michael Howard, George J. Andreopoulos and Mark R. Shulman eds, *The Laws of War: Constraints on Warfare in the Western World*, Yale University Press, 1994.

40. H. Lauterpacht, "The Limits of the Operation of the Law of War", *British Year Book of International Law*, Vol. 30, 1953.

41. Halvard Leira and Benjamin de Carvalho, "Privateers of the North Sea: At Worlds End—French Privateers in Norwegian Waters", in Alejandro Colás and Bryan Mabee eds. , *Mercenaries, Pirates, Bandits and Empires: Private Violence in Historical Context*, Columbia University Press, 2010.

42. Hans-Peter Gasser, "Acts of Terror, 'Terrorism' and International Humanitarian Law", *International Review of the Red Cross*, Vol. 84, No. 847, 2002.

43. Hans-Werner Goetz, "Protection of the Church, Defense of the Law, and Reform: On the Purposes and Character of the Peace of God, 989-1038", in Thomas Head and Richard Allen Landes eds. , *The Peace of God: Social Violence and Religious Response in France around the Year* 1000, Cornell University Press, 1992.

44. Hedley Bull, "The Importance of Grotius in the Study of International Relations", in Hedley Bull, Benedict Kingsbury and Adam Roberts eds. , *Hugo Grotius and International Relations*, Clarendon Press, 1990.

45. Howard G. Brown, "The Thermidorians' Terror: Atrocities, Tragedies, Trauma", in David A. Bell and Yair Mintzker eds. , *Rethinking the Age of Revolutions: France and the Birth of the Modern World*, Oxford University Press, 2018.

46. Ingrid Detter, "The Law of War and Illegal Combatants", *George Washington Law Review*, Vol. 75, Issues 5/6, 2007.
47. J. de Preux, "The Geneva Conventions and Reciprocity", *International Review of the Red Cross*, Volume 25, Issue 244, 1985.
48. James Thuo Gathii, "International Law and Eurocentricity", *European Journal of International Law*, Vol. 9, Issue 1, 1998.
49. Jean Pictet, "The Formation of International Humanitarian Law", *International Review of the Red Cross*, Volume 25, Issue 244, 1985.
50. Jeppe Büchert Netterstrøm, "Military and Civilian in Fifteenth-and Sixteenth-Century Denmark", in Gunner Lind ed., *Civilians at War: From the Fifteenth Century to the Present*, Museum Tusculanum Press, 2014.
51. Jeremy Rabkin, "The Strange Pretensions of Contemporary Humanitarian Law", in Christopher Ford and Amichai Cohen eds., *Rethinking the Law of Armed Conflict in an Age of Terrorism*, Lexington Books, 2012.
52. John France, "Introduction", in John France ed., *Mercenaries and Paid Men: The Mercenary Identity in the Middle Ages*, Brill, 2008.
53. John Horne, "Defining the Enemy: War, Law, and the Levée en mass from 1870 to 1945", in Daniel Moranand Arthur Waldron eds., *The People in Arms: Military Myth and National Mobilization Since the French Revolution*, Cambridge University Press, 2003.
54. John Westlake, "The Native States of India", in L. Oppenheim ed., *The Collected Papers of John Westlake on Public International Law*, Cambridge University Press, 1914.
55. John Whiteclay Chambers II, "American Views of Conscription and the German Nation", in Daniel Moran and Arthur Waldron eds., *People in Arms: Military Myth and National Mobilization Since the French Revolution*, Cambridge University Press, 2003.
56. Jörg Fisch, "Power or Weakness? On the Causes of the Worldwide Expansion of European International Law", *Journal of the History of International*

Law, Vol. 6, Issue 1, 2004.
57. Karma Nabulsi, "Evolving Conceptions of Civilians and Belligerents: 100 Years After the Hague Peace Conferences", in Simon Chesterman ed., *Civilians in War*, Lynne Rienner, 2001.
58. Kelly Devries, "Medieval Mercenaries Methodology, Definitions, and Problems", in John France ed., *Mercenaries and Paid Men: The Mercenary Identity in the Middle Ages*, Brill, 2008.
59. Liliana Obregón Tarazona, "The Civilized and the Uncivilized", in Bardo Fassbender and Anne Peters eds., *The Oxford Handbook of the History of International Law*, Oxford University Press, 2012.
60. Marco van der Hoeven, "Introduction", in Marco van der Hoeven ed., *Exercise of Arms: Warfare in the Netherlands, 1568-1648*, Brill, 1997.
61. Marie-Jeanne Rossignol, "A 'Black Declaration of Independence'? War, Republic, and Race in the United States of America, 1775-1787", in Pierre Serna et al. eds., *Republics at War, 1776-1840: Revolutions, Conflicts, and Geopolitics in Europe and the Atlantic World*, Palgrave Macmillan, 2013.
62. Martti Koskenniemi, "Histories of International law: Dealing with Eurocentrism", *Rechtsgeschichte-Legal History*, Vol. 19, 2011.
63. Martti Koskenniemi, "The Politics of International Law–20 Years Later", *European Journal of International Law*, Vol. 20, No. 1, 2009.
64. Matt C. C. III Bristol, "The Laws of War and Belligerent Reprisals against Enemy Civilian Populations", *Air Force Law Review*, Vol. 21, No. 3, 1979.
65. Matthew Bennett, "Why Chivalry? Military 'Professionalism' in the Twelfth Century: The Origins and Expressions of a Socio-Military Ethos", in D. J. B. Trim ed., *The Chivalric Ethos and the Development of Military Professionalism*, Brill, 2003.
66. Maurice Keen, "The Changing Scene: Guns, Gunpowder, and Permanent Armies", in Maurice Keen ed., *Medieval Warfare: A History*, Oxford Uni-

versity Press, 1999.
67. Michael Broers, "Changes in War: The French Revolutionary and Napoleonic Wars", in Hew Strachan and Sibylle Scheipers eds., *The Changing Character of War*, Oxford University Press, 2011.
68. Michael Howard, "Constraints on Warfare", in Michael Howard, George J. Andreopoulos and Mark R. Shulman eds., *The Laws of War: Constraints on Warfare in the Western World*, Yale University Press, 1994.
69. Michael Howard, "Temperamenta Belli: Can War Be Controlled?" in Michael Howard ed., *Restraints on War: Studies in the Limitation of Armed Conflict*, Oxford University Press, 1979.
70. Nicholas Onuf, "Eurocentrism and Civilization", *Journal of the History of International Law*, Vol. 6, No. 1, 2004.
71. Onuma Yasuaki, "When was the Law of International Society Born? —An Inquiry of the History of International Law from an Intercivilizational Perspective", *Journal of the History of International Law*, Vol. 2, Issue 1, 2000.
72. Paul D. Solon, "Popular Response to Standing Military Forces in Fifteenth-Century France", *Studies in the Renaissance*, Vol. 19, 1972.
73. Paul Weithman, "Augustine's Political Philosophy", in Eleonore Stump and Norman Kretzmann eds., *The Cambridge Companion to Augustine*, Cambridge University Press, 2001.
74. Peter E. Russell, "Redcoats in the Wilderness: British Officers and Irregular Warfare in Europe and America, 1740 to 1760", *The William and Mary Quarterly*, Vol. 35, No. 4, 1978.
75. R. R. Baxter, "Humanitarian Law or Humanitarian Politics—the 1974 Diplomatic Conference on Humanitarian Law", *Harvard International Law Journal*, Vol. 16, 1975.
76. Raphaëlle Branche, "The French Army and the Geneva Conventions During the Algerian War of Independence and After", in Matthew Evangelista and Nina Tannenwald eds., *Do the Geneva Conventions Matter?* Oxford

University Press, 2017.
77. Richard Shelly Hartigan, "Saint Augustine on War and Killing: The Problem of the Innocent", *Journal of the History of Ideas*, Vol. 27, No, 2, 1966.
78. Robert C. Stacey, "The Age of Chivalry", in Michael Howard, George J. Andreopoulos and Mark R. Shulman eds., *The Laws of War: Constraints on Warfare in the Western World*, Yale University Press, 1994.
79. Rupert Ticehurst, "The Martens Clause and the Laws of Armed Conflict", *International Review of the Red Cross*, Volume 37, Issue 317, 1997.
80. Sean Watts, "Reciprocity and the Law of War", *Harvard International Law Journal*, Vol. 50, No. 2, 2009.
81. Shane Darcy, "The Evolution of the Law of Belligerent Reprisals", *Military Law Review*, Vol. 175, 2003.
82. Shirley Jackson Case, "Religion and War in the Graeco-Roman World", *The American Journal of Theology*, Vol. 19, Issue 2, 1915.
83. Srinivas Burra, "Four Geneva Conventions of 1949: A Third World View", in Jahid Hossain Bhuiyan and Borhan Uddin Khan eds., *Revisiting the Geneva Conventions: 1949-2019*, Brill Nijhoff, 2020.
84. Tami Davis Biddle, "Air Power", in Michael Howard, George J. Andreopoulos and Mark R. Shulman eds., *The Laws of War: Constraints on Warfare in the Western World*, Yale University Press, 1994.
85. Theodor Meron, "The Humanization of Humanitarian Law", *American Journal of International Law*, Vol. 94, Issue 2, 2000.
86. Zbigniew Jaworowski, "Eurocentrism", *Polish Foreign Affairs Digest*, Vol. 3, No. 2, 2003.

三、其他资源

（一）条约、典籍、原始文献、工具书

1. ［英］莎士比亚：《莎士比亚全集》（第三卷），朱生豪等译，人民文学出版社 1978 年版。

2. 《关于 1906 年 7 月 6 日内瓦公约原则适用于海战的公约》。
3. 《关于敷设自动触发水雷公约》。
4. 《关于在战争中使用潜水艇和有毒气体的条约》。
5. 《关于战时海军轰击公约》。
6. 《关于战争开始的公约》。
7. 《国际法院规约》。
8. 《国际联盟盟约》。
9. 《禁止在战争中使用窒息性、毒性或其他气体和细菌作战方法的议定书》。
10. 《旧约》中文和合本。
11. 《新约》中文和合本。
12. 《中立国和人民在陆战中的权利和义务公约》。
13. 1899 年《海牙陆战法规和惯例公约》及《海牙陆战法规和惯例章程》。
14. 1907 年《海牙陆战法规和惯例公约》及《海牙陆战法规和惯例章程》。
15. 1909 年《伦敦宣言》。
16. 1930 年《限制和裁减海军军备的国际条约第四部分关于潜艇作战的规则》。
17. 1949 年《日内瓦第二公约》。
18. 1949 年《日内瓦第三公约》。
19. 1949 年《日内瓦第四公约》。
20. 1949 年《日内瓦第一公约》。
21. 1977 年日内瓦四公约《第二附加议定书》。
22. 1977 年日内瓦四公约《第一附加议定书》。
23. Aaron X. Fellmethand Maurice Horwitz, *Guide to Latin in International Law*, Oxford: Oxford University Press, 2009.
24. *Annex to the Treaty signed at London, on the 19th April 1839, between Great*

Britain, Austria, France, Prussia, and Russia, on the one part, and the Netherlands, on the other part.

25. *Conference of Government Experts on the Reaffirmation and Development of International Humanitarian Law Applicable in Armed Conflicts*, Second Session, 3 May – 3 June 1972, Report on the Work of the Conference, Volume II (Annexes).
26. *Convention for the Amelioration of the Condition of the Wounded and Sick in Armies in the Field. Geneva*, 6 July 1906.
27. *Declaration (XIV) Prohibiting the Discharge of Projectiles and Explosives from Balloons. The Hague*, 18 October 1907.
28. *Declaration Respecting Maritime Law. Paris*, 16 April 1856.
29. Division of International Law of the Carnegie Endowment for International Peace, *The Proceedings of the Hague Peace Conferences: The Conferences of 1899*, New York: Oxford University Press, 1920.
30. *General Orders No. 100: The Lieber Code, Instructions for the Government of Armies of the United States in the Field.*
31. *Peace Treaty between Great Britain, France, the Ottoman Empire, Sardinia andRussia, Paris, March 30*, 1856.
32. *Treaty of Peace with Germany (Treaty of Versailles)*.

(二) 网络资源

1. *Convention for the Amelioration of the Condition of the Wounded in Armies in the Field. Geneva, 22 August 1864*, available at https://ihl-databases.icrc.org/applic/ihl/ihl.nsf/Treaty.xsp?documentId=477CEA122D7B7B3DC12563CD002D6603&action=openDocument, last visited on 2019-09-22.
2. Lactantius, *The Divine Institutes, Book VI Of True Worship*, available at https://www.newadvent.org/fathers/07016.htm, last visited on 2022-04-13.
3. Livy, *History of Rome, Book 1*, available at http://www.perseus.tufts.ed-

u/hopper/text? doc=Perseus：text：1999. 02. 0026：book=1，last visited on 2022-04-06.

4. Maurus Servius Honoratus, *Commentary on the Aeneid of Vergil*, available at https：//www. perseus. tufts. edu/hopper/text? doc=Perseus%3Atext%3A 1999. 02. 0053%3Abook%3D9%3Acard%3D47, last visited on 2022-04-06.

5. *Project of an International Declaration concerning the Laws and Customs of War. Brussels*, *27 August 1874*, available at https：//ihl-databases. icrc. org/applic/ihl/ihl. nsf/xsp/. ibmmodres/domino/OpenAttachment/applic/ihl/ihl. nsf/42F78058BABF9C51C12563CD002D6659/FULLTEXT/IHL-7-EN. pdf, last visited on 2020-03-15.

6. St. Thomas Aquinas, *Summa Theologica*, *translated by The Fathers of the English Dominican Province*, *Second Part of the Second Part*, *Treatise on the Theological Virtues*, *Question. 40 - of War（Four Articles）*, available at https：//www. sacred-texts. com/chr/aquinas/summa/index. htm, last visited on 2022-03-15.

7. St. Thomas Aquinas, *Summa Theologica*, *translated by The Fathers of the English Dominican Province*, *Second Part of the Second Part*, *Treatise on the Cardinal Virtues*, *Question. 64 - of Murder（Eight Articles）*, available at https：//www. sacred-texts. com/chr/aquinas/summa/sum320. htm, last visited on 2022-03-22.

8. Theodore Roosevelt, *State of the Union 1904 - 6 December 1904*, available at http：//www. let. rug. nl/usa/presidents/theodore-roosevelt/state-of-the-union-1904. php, last visited on 2020-03-20.

9. 高峰枫：《〈圣经〉与暴力（上）：〈旧约〉中的"杀绝净尽"》，载 https：//www. thepaper. cn/newsDetail_forward_7101856，最后访问日期：2021年8月27日。

10. 高峰枫：《〈圣经〉与暴力（下）：圣经考古与想象的杀戮》，载 https：//www. thepaper. cn/newsDetail_forward_7117980，最后访问日期：

2021年8月27日。

11. 钱金飞：《近代早期德意志民族神圣罗马帝国的多层次治理》，载 https://epaper.gmw.cn/gmrb/html/2020-12/07/nw.D110000gmrb_20201207_2-14.htm，最后访问日期：2021年9月17日。

后 记

本书是疑惑的结果。自读研到读博到做博后到工作,多年来我一直专注战争法,走上教师岗位后,在给研究生上"国际人道法"这门课时会首先介绍该部门法的发展历程。备课时,我发现有关资料并不丰富,中文资料尤其如此,有时不同说法还会差别很大。上课时,我发现同学们对战争法史、国际法史所知甚少,而且不认为这是问题,然而这样便无法深入理解战争法及其中的重要条约,更不用说恰当评价或展望未来。为什么会这样?也许除了因为国内有关论著不多,还因为国际法学界整体上对历史不太重视,尽管近些年来有了改善的迹象。因此,研究战争法史可以首先回答我自己对一些问题的不解,其次可以给同样感到疑惑并想寻求答案的人们提供指引或答案。

本书是勇气的结果。战争法在我国国际法学界是冷门,而国际法史在国际法中也是冷门,从冷门的国际法史的角度去写冷门的战争法,看起来很像考虑不周的决定,在"不发表就出局"、内卷与日俱增的学术环境下至少也疑似投入产出不成比例的失策之举。毫无疑问,写这本书需要巨大的,甚至可能是愚蠢的勇气,结果求知欲获胜——我决意一试,无论结局是好是坏。

本书是坚持的结果。2017年夏天我有了研究战争法史的初步想法,当年秋天至次年秋天我在剑桥大学劳特派特国际法中心访学期间完成了大部分的资料收集和消化工作，直到后来断断续续写了一些章节才蓦然意识到此书的写作比预计的要复杂、困难得多。我虽然对历史饶有兴趣，但毕竟没受过专业的历史训练，在阅读和写作中会遇到大量欧洲历史、战争、军事、社会、宗教问题和术语以及生僻的人名、地名等，导致进展缓慢、时有停滞，挫败感甚至让我一度想要放弃。最终，我在2022年夏天完成了初稿，2023年夏天完成了一改，2024年春节前完成了二改。如果没有坚持的话，这份稿子的结局很可能是作为讲课材料，尽管我为它投入了巨大的时间精力。

　　感谢我所供职的首都经济贸易大学法学院和学校以及北京市教委，他们为本书的研究和写作提供了最初的可能性。2017年夏天，我抱着尝试的心态以"战争法史"为题申请北京市教委青年拔尖人才培育计划，经学院推荐后由学校报北京市教委，后来入选，实属意外之喜。感谢首都经济贸易大学法学院院长张世君教授对我持续的鼓励和敦促，否则这本书会完成得更晚。感谢谢海霞教授、金晓晨教授对我一直以来的帮助，以及国际法教研室同事和其他同事的支持。感谢国家高端智库武汉大学国际法研究所所长肖永平教授、国家高端智库武汉大学国际法治研究院副院长邓朝晖博士，特别是我的导师黄德明教授对我一如既往的关心。感谢中国政法大学出版社第四编辑部的编辑老师们出色的编辑工作，书稿中的标点、语句、错字等问题，他们均一一发现并修正，如此认真细致的审校和高度的责任心令我感动和钦佩。感谢我的家人给我的爱与陪伴，我希望自己至少做到了同等的回馈。感谢由由不远万里给我背回一本年代久远的珍贵图书，尽管印刷于1981年，但40年过去，它奇迹般地几乎完好无损、绕过大半个地球到了我手中，确是

后 记

缘分。感谢我曾经的学生李子懿帮我找到了两本难以获得的资料。感谢所有关心、帮助我的师长亲友,恩情永记。

因为能够发现和收获新知,探索整体上是令人愉快、充满期待的过程,但写作在最好的时候是孤独的,一般情况下则令人沮丧。很多时候,用几天时间读完一本书,了解了不少之前未曾听说或者知之不多的事情确实会感到振奋,但写在书稿里也许就是一句话。即便如此,如谢海霞教授所说,"别人还觉得你在堆砌材料"。我曾有些纠结于此,但后来想起英国皇家学会的箴言"*Nullius in verba*",最重要的是自己去探究、有收获,这就够了。至于投入产出成不成比例,能不能"多快好省"地出成果、拿项目,我想这是一个人各有志、各得其所的事情。本书以三十余万字的容量去涵盖时间跨度这么大、主题那么丰富的战争法史,难免挂一漏万,我还放任自己对细节的兴趣,而且因能力和时间所限,我也只讨论了战争法在欧洲(或者确切说西欧)的历史,未能放眼更广阔的其他地区,颇感遗憾。尽管全力以赴,但仍力有不逮,书中可能还存在班门弄斧、一知半解乃至贻笑大方之处,我为所有疏漏和错误承担责任,同时期待并欢迎批评指正。

朱 路

2024 年 1 月 28 日